평화에 대한 기독교적 성찰

한반도평화연구원

대표 편저자

전우택

공동 저자

김병로
김중호
박원곤
양혁승
이상민
이윤주
이창호
이해완
임성빈
정성철
조동준

홍성사

발간사

평화의 왕이신 예수 그리스도(사 9:6)

예수님께서는 평화와 화평을 위해 이 땅에 오셨습니다. 그리고 이 땅에 교회가 세워진 이유도 개인과 가정, 사회와 민족, 그리고 세상이 그리스도의 평화로 말미암아 하나님의 나라를 이루기 위해서입니다.

최근 1세기의 역사를 돌아보면 한반도는 참 많은 시련과 고통을 겪어야 했습니다. 나라 잃은 아픔으로 인해 폭력과 억압 그리고 불안과 공포 가운데 지냈습니다. 광복의 기쁨을 채 누리기도 전에 민족 분단과 전쟁의 아픔을 겪으며 상상할 수 없는 고난도 겪었습니다. 전쟁은 멈추었지만 감당하기 어려울 만큼의 이념적 갈등이 한국 사회의 심각한 혼란과 분열을 초래했고, 그러한 갈등은 여전히 지속되고 있습니다. 오늘날 한국 사회는 급속한 성장 이후 물질주의로 인한 세속화, 사람에 대한 무관심, 사회에 대한 책임의식 부재, 주인의식 없는 냉소적인 비판, 소통 없는 자기주장 등으로 대안 없는 시간을 보내고 있는 것입니다.

이런 격변의 역사를 간직한 한국 사회와 한국 교회는 아이러니하게도 유례를 찾을 수 없는 성장과 부흥을 경험했습니다. 저는 이러한 축복이, 많은 아픔을 겪은 한국의 그리스도인과 교회들이 오히려 평화의 사도가 되어야 함을 원하시는 하나님의 뜻과 명령이라고 믿습니다.

　　이 책은 이 시대가 가장 필요로 하는 '평화'를 주제로 개인과 가정, 사회와 교회, 나라와 나라의 평화를 어떻게 이룰 수 있는지 진단하는 동시에, 어떻게 하면 그 평화를 한국 사회에서 이룰 수 있을지 제언하고 있습니다. 감사하게 생각하는 것은 이 책이 개인에서 국제사회까지, 미시적 관점에서 거시적 관점의 영역까지 모두 담아내고 있다는 것입니다. 거기에 더해 냉철한 분석, 깊은 역사적 통찰, 성경의 평화적 의미에 대한 명확한 설명을 통해 하나님의 나라가 이 땅 가운데 이루어지기를 원하는 간절한 소망을 담고 있습니다. 각 분야의 전문성을 가진 신앙인들이 오랜 기간 열정과 헌신으로 연구했음을 알 수 있었습니다. 또한 이 책을 통해 한국 교회와 그리스도인들이 어떻게 세상을 섬겨야 하는지에 대해 많은 영감을 얻을 수 있습니다. 그로써 여전히 하나님께서 성실하게 역사하고 계심을 깨닫고 함께 나누시기를 바랍니다.

　　이런 모두의 간절한 소망이 모여 이 땅에 진정한 하나님의 평화가 이루어질 것을 믿습니다. 하나님의 뜻이 하늘에서 이루어진 것같이 땅에서도 이루어지게 하소서!

한반도평화연구원 이사장
김지철 목사

서문

그 남자의 대답

북아일랜드 해방군(IRA) 출신의 그 강인해보이던 50대 후반 남자는 잠시 생각하기 위해 대화를 멈추었다. 북아일랜드를 영국의 통치로부터 해방시키기 위해, 10대 때부터 자신의 형과 함께 북아일랜드에 주둔하고 있던 영국군과 신교도 주민들을 향한 테러 준비 정보를 수집하는 일을 했고, 그러다 결국은 감옥에 수감되기도 했던 사람이었다.

170만 명이 살던 북아일랜드에서는 1969년부터 1998년까지 30년 동안 신교도와 구교도 간의 지속적인 충돌로 3,600명이 폭탄이나 총으로 자행된 테러로 죽었고, 3만 명이 심각한 부상을 당했다. 희생자의 70%는 20-30대였고, 희생자들의 직계 가족만도 10만 명이 넘어섰다. 가장 큰 비극은 이들 희생자 대부분이 민간인이었고, 같은 마을의 이웃들에 의하여, 그리고 많은 경우 자신들이 왜 테러의 대상이 되었는지도 잘 모르는 가운데 그런 희생을 당했다는 것이었다. 너무도 복잡한 역사적, 민족적, 정치적, 경제적 배경을 가지고 있던 이 상호 증오의 끝없는 보복은 1998년 4월, 평화협정을 통해 마침내 끝났다. 그로부터 17년의 세월이 흐른 2015년 1월, 북아일랜드의 평화와 사회치유를 연구하기 위해 런던데리를 방문했던 필자는 그 남자를 만나 다음과 같이 질문했다. "어떻게 그런 긴 기간 극단적인 증오를 가지고도 평화협정에 동의할 수 있었습니까? 그 이유가 무엇이었는지요?"
잠시 생각을 하던 그가 마침내 입을 열었다. 그 대답은 필자가 예상한 것과
는 다른 것이었다.

그냥… 우리의 아이들만은… 더 이상 우리와 같은 그런 폭력적 삶을 살다
가 또 희생을 당하면 안 되겠다는… 그런 생각 때문이었습니다.

그들은 알고 있었다. 그런 증오를 가지고 지속하는 상호 보복은, 결국
모든 북아일랜드인이 다 죽어야만 끝날 수 있다는 것을. 그래서 정말로 서로
를 너무도 증오했고, 정말로 평화협정을 맺기 싫었지만, 자신들의 어린아이
들이 이 땅에서 살아남고, 행복한 삶을 누리도록 하려면, 이제는 여기서 멈
추어 서야 한다는 것을. 그것이 기적과 같은 1998년의 평화협정을 만든 이
유였다. 1998년 당시, 미국 하버드 대학에 연구원으로 있던 필자는, 아일랜
드계가 많이 사는 보스턴 지역의 대표적 신문 《보스턴 글러브》지 1면 전체
에 너무도 큰 먹글씨로 "평화협정 체결"이라고 쓰여 있던 것을 선명하게 기
억하고 있다.

하지만 북아일랜드와 같은 평화의 소식은 인류에게는 매우 낯설고
드문 일에 속한다. 그런 평화의 결단은 인간에게 거의 불가능에 가까운 일이
기 때문이다. 인간 내면의 그 뿌리 깊은 원한, 증오심, 복수심은 평화협정을
맺느니 차라리 적과 자신들을 포함한 전부가 함께 죽기를 원할 정도의 어쩔
수 없는 존재임을 보여준다. 그러한 일들을 우리는 인류 역사 속에서, 오늘
의 신문 속에서, 그리고 때로는, 정말 가슴 아프게도, 우리의 교회와 가정 안
에서도 보게 된다. 그것이 이 책을 기획하게 된 이유였다.

이 책은 2014년 한반도평화연구원이 '평화에 대한 기독교적 성찰'이
라는 주제로 네 차례 진행한 공개포럼에 발표된 원고를 묶은 것이다. 우리
삶의 각 영역에서 이루어야 할 평화를 연구원의 연구위원으로 수고하고 계
신 학자 분들이 평화에 대한 총론적 생각에서부터 개인과 가정, 교회, 한국
사회, 국제사회 등 영역별로 준비하여 발표하고 토론했던 그 시간들은 우리
에게 매우 소중하고 의미 있는 시간이었다. 독자들도 이 책을 통해 평화에
대한 더 깊은 성찰의 기회를 가지길 기대한다.

인간의 평화 vs 하나님의 평화

그러나 인간의 그 뿌리 깊은, 아니, 어쩌면 인간의 DNA에 철저하게 '장착'되어 있는, 반평화(反平和)의 태도는 우리가 아무리 '평화에 대해 성찰'해도 해결될 수 없을지 모른다. 사실, 그것은 죄로 말미암아 타락한 인간의 어쩔 수 없는 모습임을 성경은 이야기하고 있기 때문이다. 인간에 의하여 처음으로 태어났던 '인간 가인'이 자기의 동생 아벨을 잔인하게 쳐 죽임으로 인류의 역사는 시작된다(창 4:8). 그리고 가인의 6대손 라멕은 자신에게 약간의 해를 입힌 타인들을 잔인하게 보복하여 죽이는 자신의 행위를 거대한 자부심과 자랑을 가지고 노래한다(창 5:23-24). 평화가 원천적으로 인간에게 불가능한 것임을 성경의 시작은 이야기하고 있는 것이다. 그 이후의 인류 역사와 인간의 모습을 우리는 잘 알고 있다. 스스로는 절대로 평화를 이룰 수 없는 인간의 일그러진 모습을 사도 바울은 다음과 같이 묘사했다.

> 여러분이 항상 자기 마음대로 살려고 할 때 여러분의 삶이 어떻게 될지는 아주 분명합니다. 사랑 없이 되풀이되는 값싼 섹스, 악취를 풍기며 쌓이는 정신과 감정의 쓰레기, 과도하게 집착하지만 기쁨 없는 행복, 껍데기 우상들, 마술쇼 같은 종교, 편집증적 외로움, 살벌한 경쟁, 모든 것을 집어삼키지만 결코 만족할 줄 모르는 욕망, 잔인한 기질, 사랑할 줄도 모르고 사랑받을 줄도 모르는 무력감, 찢겨진 가정과 찢어진 삶, 편협한 마음과 왜곡된 추구, 모든 이를 경쟁자로 여기는 악한 습관, 통제되지도 않고 통제할 수도 없는 중독, 이름뿐인 꼴사나운 공동체 등이 그것입니다. 더 열거할 수도 있지만 그만하겠습니다(유진 피터슨 역, 《메시지 성경》, 갈 5:19-21).

이런 인간이기에, 인간이 원하는 평화는 사실, 인간의 힘으로는 얻기 불가능한 것이다. 그것은 인간이 아닌, 하나님에 의해서만, 그리스도의 복음에 의해서만 이루어질 수 있기 때문이다. 그것이 우리가 평화를 얻기 위해 하나님을 바라보아야 하는 이유이고, 우리가 평화를 위해 하나님께 기도해야 하는 이유일 것이다. 이런 평화의 삶에 대하여 바울은 다시 다음과 같이 이야기했다.

그러나 우리가 하나님의 방법대로 살면 어떤 일이 일어날까요? 과수원의 과일이 풍성히 맺히는 것처럼, 하나님께서 우리의 삶에 여러 가지 선물-다른 사람에 대한 호의, 풍성한 삶, 고요함 같은 것들-을 풍성히 주실 것입니다. 또한 우리는 끝까지 견디는 마음과, 긍휼히 여기는 마음과, 사물과 사람들 속에 기본적인 거룩함이 스며들어 있다는 확신을 갖게 될 것입니다. 우리는 충성스럽게 헌신하고, 우리가 살아가는 방식을 강요하지 않으며, 우리의 에너지를 슬기롭게 모으고 관리할 수 있을 것입니다(유진 피터슨 역,《메시지 성경》, 갈 5:22-23).

평화는 하나님 안에서만 이루어질 수 있음을 고백하는 이를 우리는 '그리스도인'이라 부른다. 예수의 복음이 자기 안에서 평화를 이룰 수 있도록 영접하고 그대로 평화롭게 사는 이를 우리는 '그리스도인'이라 부른다. 그리고 그 하나님의 평화가, 그 하나님의 나라가, 이 세상에서 이루어지도록 기도하고 그것을 위하여 조용히, 그러나 당당히 활동하는 이를 우리는 '그리스도인'이라 부른다.

평화를 위한 합창

10년 전인 2007년, '통일을 위한 기독교 싱크탱크'로 한반도평화연구원이 창립되었다. 그리고 벌써 10년의 세월이 흘렀다. 부족하지만, 주어진 여건 아래에서 한반도의 평화와 통일을 위해 다양한 학문 분야의 기독 신앙을 가진 학자들이 모여 함께 기도하고, 토론하며, 포럼을 열고, 출판물들을 만들어왔다. 한반도평화연구원의 전신인 남북나눔운동 연구위원회 시절부터 십수 년 동안 함께 활동했던 그 '젊었던' '기독 소장 학자'들은 이제 다 중년을 넘어 서고 있다. 그리고 다시 새로운 젊은 학자들과 석박사 대학원생들이 신앙과 학문적 열정, 그리고 평화와 통일을 향한 소망을 가지고 한반도평화연구원에 들어와 활동을 시작하고 있다. 그동안 여러 권의 책을 냈지만, 이 책은 특히 한반도평화연구원 창립 10주년을 기념하는 역할도 하게 되었다. 한반도평화연구원에서 먼저 나왔던 책 중《평화와 반평화》(2013년)와《통일에 대한 기독교적 성찰》(2014년)이 이 책의 주제와 맥을 같이하고 있기에 관심 있는 분들에게는 일독을 권한다. 이 책 내용의 발표와 토론을 위해 수고하신 모든 분에게, 그리고 책이 나올 수 있도록 수고를 아끼지 않았던 한반도평화연구원의 손인배 팀장과 홍성사 분들에게도 깊은 감사를 드린다.

그 어디에도 평화의 소식이 없는 이 차갑고 암울한 세계 속에서, 우리는 아기 예수의 탄생 속에 울리던 천사들의 합창을 듣는다. 그 작고 여린 갓난아기의 잠자는 얼굴 속에서 우리는 진정한 하나님의 평화를 만나는 것이다.

지극히 높은 곳에서는 하나님께 영광이요
땅에서는 하나님이 기뻐하신 사람들 중에 평화로다(눅 2:14).

2016년 성탄을 기다리며
저자들을 대신하여

한반도평화연구원 원장
전우택

차례

1부
총론

1장_ 기독신앙과 평화

전우택(연세대학교 의과대학 교수)

I. 들어가는 글: 어려운 말, "평화"

세상은 온통 폭력의 소식들로 가득 차 있었다. 전쟁과 전쟁의 소식들, 수많은 사람들의 학살 소식들, 강탈과 억압 그리고 끝없는 유랑의 길을 떠나는 피난민에 대한 소식과 소문들…. 지금의 이야기가 아니다(비록 그렇게 들리겠지만). 1세기 팔레스타인 지역에서의 일이었다. 그 어지러운 시대 한가운데에 예수가 계셨다. 그리고 어느 날, 그는 수많은 사람 앞에 서서 조용히 입을 여신다.

> 화평(평화)하게 하는 자는 복이 있나니 그들이 하나님의 아들이라 일컬음을 받을 것임이요(마 5:9).

평화를 만드는 자에게 하나님의 아들(딸)이라는 최고의 호칭이 주어지고, 그를 하나님의 자녀로 인정하시겠다는 말을 들으며, 그 첫 번째 청중은 무엇을 떠올렸을까? 아마도 두 가지 생각을 동시에 했을지 모른다. 첫째, 그들은 어차피 로마군과 헤롯 군대에 저항할 힘조차 가지지 못하여 이미 굴종에 의한 '소극적 평화'를 만들고 있으니, 스스로 '나약한 하나님의 자녀'가 되었다고 생각했을지도 모른다. 둘째, 전통적인 메시아관에 의하여 사람들은 예수가 이스라엘 군대를 이끌고 압제자 로마를 정복해, 그로 인한 '팍스

로마나' 식의 '팍스 메시아' 평화가 이스라엘을 통해 이루어질 것에 대한 기대를 가졌을 것이다. 그리고 그것을 통하여 '정복자적 평화'를 이루는 '강력한 하나님의 자녀'가 될 것이라 생각했을 것이다. 그러나 예수님이 말씀하셨던 평화는 그 어느 것과도 일치하지 않았다. 그는 '제3의 새로운 평화'를 이야기하셨기 때문이다.

> 평안(평화)을 너희에게 끼치노니 곧 나의 평안(평화)을 너희에게 주노라. 내가 너희에게 주는 것(평화)은 세상이 주는 것과 같지 아니하니라. 너희는 마음에 근심하지도 말고 두려워하지도 말라(요 14:27).

그때 예수님이 말씀하신 "평화"는 과연 무엇이었을까? 사실, 평화의 이야기는 가장 평화롭지 못하다. 언뜻 생각하면 너무도 뻔한, 단순한 일인 것 같으나, 조금만 깊이 생각한다면, 즉 이 책의 제목처럼 '성찰'을 한다면, 매우 복잡하고 너무도 어렵고도 혼란스러운 논쟁의 여지를 매우 많이 가지고 있기 때문이다. 그래서 예수님조차도 다시 이렇게 말씀하셨다.

> 내가 세상에 화평(평화)을 주러 온 줄로 생각하지 말라. 화평(평화)이 아니요 검을 주러 왔노라(검을 던지러 왔노라)(마 10:34).

어떤 종류의 평화든, 즉 소극적 평화이든 정복자적 평화이든, 기존의 개념을 가지고 평화의 왕으로 예수님이 이 땅에 오신 줄 알았던 사람들에게 예수님의 이 말씀은 얼마나 황당한 이야기였을까? 그렇다면 그분이 생각하신 평화는 과연 무엇이었을까? 그리고 그것은 지금 여기 우리의 삶과 사회, 국가, 세계 속에서 어떤 모양과 의미를 가지는 것인가? 이 책은 그러한 것을 생각해보기 위하여 만들어졌다. 이 글은 이 책의 서장으로서 이후의 내용을 읽어나가는 데 도움을 주기 위해 평화학과 기독신앙이 바라보는 평화를 개괄했다.

II. 평화학이 보는 평화

우리 시대 대표적 평화학자 중 한 명인 요한 갈퉁은 그의 저서《평화적 수단에 의한 평화》에서 평화의 본질과 종류를 이야기했다. 그런데 그는 평화를 이야기하기 위하여 먼저 평화에 대립된 상태, 즉 반평화(反平和) 또는 폭력에 대해 정의한다. 그의 이야기는 몇 가지 점에서 주목할 만하기에 여기에서 그의 폭력이론을 먼저 보고자 한다.

1. 폭력의 본질

요한 갈퉁은 폭력의 본질을 "인간의 기본적 욕구를 모독하는 것"[1]으로 정의 내린다. 그러면서 그는 인간의 기본적인 욕구를 다음의 네 가지로 구분하면서 그에 대한 모독을 폭력의 내용으로 설명한다.

첫째, 생존 욕구에 대한 모독이다. 이것은 사람의 생명을 빼앗는 것, 전쟁, 사형제도, 대학살과 같은 현상을 의미한다.

둘째, 복지 욕구에 대한 모독이다. 이것은 생명이 이루고 있어야 할 정상적 상태를 이루지 못하도록 하는 것이다. 신체를 불구로 만드는 폭력, 경제 제제 혹은 봉쇄로 식품이나 의약품이 공급되지 못하도록 하여 인간을 고통 속에 빠트려 '조용한 학살', '구조적 학살'이 일어나게 하는 것 등을 포함한다.

셋째, 정체성 욕구에 대한 모독이다. 한 인간이 고유하게 가지고 있는 특성을 모독하는 것으로, 예를 들어 여성, 소수자, 편견의 대상이 되는 특정 민족이나 인종에 속하는 사람들을 사회적으로 소외시키고, 폭력의 대상이 되도록 하고, 그들이 가진 자기 정체성을 비하하고, 스스로 그것을 가치 없는 것으로 여기도록 강제적으로 만들어 버리는 것을 말한다. 그에 따라 이들은 자신들의 정체성을 부정하게 되고, 새로운 정체성을 강요받기도 한다.

넷째, 자유 욕구에 대한 모독이다. 사람을 억압하고 감금하고 추방하는 등의 행위를 의미한다. 난민으로 떠나게 강제하고, 강제노동수용소에 살게 하는 것 등이 여기에 속한다.

인간을 향한 반평화, 즉 폭력은 이런 '모독'을 본질로 하고 있다는 것이다.

2. 폭력의 종류

이러한 본질적 특성을 가진 폭력을 요한 갈퉁은 다시 세 가지로 구분한다.[2] 이것은 그 이후의 평화에 대한 개념을 확장하고 정립했다는 점에서

---

1. 요한 갈퉁, 《평화적 수단에 의한 평화》, 들녘, 2000, 9.

중요한 의미를 지니는 이론인데, 폭력이 우리가 흔히 말하는, 소위 '물리적 폭력'만을 의미하는 것이 아니라고 지적한 것에서 탁월성을 가진다. 그는 폭력을 세 가지로 구분했다. 내용은 다음과 같다.

첫째, 물리적 폭력이다. 이것은 전쟁, 목숨을 빼앗는 것, 신체에 피해를 주는 것 등을 의미하며 직접적인 폭력을 말한다. 여기에는 행동적 폭력뿐만 아니라 언어적 폭력까지 포함된다.

둘째, 구조적 폭력이다. 이것은 물리적 폭력은 아니지만 정치적 억압, 사회적 불평등, 경제적 착취 등을 통해 사회구조적으로 인간을 억압하고 착취하는 모든 것을 포함한다. 우리 사회에서 소위 '왕따', '차별'이라 부르는 것도 여기에 속한다. 이러한 구조적 폭력은 사람들 사이뿐만 아니라 집단, 사회, 지역, 국가 사이에도 있을 수 있다.

셋째, 문화적 폭력이다. 이것은 물리적, 구조적 폭력을 정당화하고 합법화하는 종교, 사상, 언어, 예술, 과학, 학문의 활동을 통해 폭력의 실체를 정당화하거나 최소한 잘못된 것은 아니라고 사회적으로 용납되게 만드는 것이다. 즉 어떤 집단에 물리적 폭력을 가하거나 억압하고 착취하는 것은 그 대상이 되는 사람이나 집단이 그런 일을 당할 만한 이유를 다 가지고 있기에 그러는 것이므로 나쁜 행동이 아니라고 생각하도록 만드는 것이다. 이러한 문화적 폭력은 학문 이론, 미디어, 국가 정책 등을 통해 사회 전체로 퍼져나가게 된다. 대규모 문화적 폭력의 예는 바로 '편견'이라 할 수 있다.

그러면서 그는 모든 폭력의 근본에는 문화적 폭력이 있고, 그에 따라 구조적 폭력이 있게 되고, 그 최종 결과로 물리적 폭력이 발생한다고 보았다. 그런 의미에서 겉으로 볼 수 있는 물리적 폭력은 사실 폭력이라는 빙산의 일각일 뿐이라는 것이다. 예를 들어 제2차 세계대전 시기에 나치가 유대인 600만 명을 아우슈비츠 등의 강제수용소에서 죽인 것은 물리적 폭력이다. 그러나 그들을 인종적 이유로 억압하고 착취하다가 최종적으로 강제수용소로 보냈다는 점에서 물리적 폭력보다 구조적 폭력이 앞서 있었다. 그리고 무엇보다도, 그와 같은 구조적 폭력, 물리적 폭력의 대상이 되기에 충분

---

2. 요한 갈퉁, 앞의 책, 8-9, 28-29.

하고 합당한 '이유'를 유대인이 가지고 있다고 주장한 이론들과 그에 동조한 종교, 사회적 여론과 차별 등이 이미 독일 사회에 있었다는 점에서, 문화적 폭력은 먼저 더 깊이 작동하고 있었다고 할 수 있다. 그래서 그는 평화를 크게 두 가지로 나누어 표현하기도 한다.[3] '소극적 평화'는 전쟁을 포함한 직접적, 물리적 폭력이 없는 상태를 말한다. 이것은 국가안보 개념의 평화를 의미하며, 이미 벌어진 일들에 대한 대처를 주목한다는 점에서 치료적 처방의 개념을 가진다. 그에 비하여 '적극적 평화'는 구조적, 문화적 폭력이 없는 상태를 말한다. 이것은 국가안보가 아닌 인간안보 개념의 평화다. 또한 물리적 폭력이 발생하지 않도록 미연에 방지하는 의미도 가지고 있어 예방적 평화라고도 한다.

　　우리는 물리적 폭력에서 인간의 잔학성이 드러난다고 생각한다. 그러나 사실은 구조적 폭력이 더 잔학한 것이고, 문화적 폭력이 가장 잔학한 것이 된다. 문화적 폭력에 의해 구조적 폭력이 일어나고, 구조적 폭력의 자연스러운 귀결이 물리적 폭력이기 때문이다. 그런 의미에서 우리는 이런 폭력의 단계를 다시 주목해야 할 필요가 있다. 예를 들어 남성들은 스스로 의식하지 못한 가운데 남성우월주의라는 문화적 폭력 사상을 가질 수 있다. 남성우월주의는 임금이나 노동 기회 등에서 여성들을 불리한 사회 조건으로 내모는 구조적 폭력의 모습을 지니며, 이것은 결국 직장이나 가정 내에서의 물리적 폭력으로 표현되는 것이다. 이러한 현상은 그 외에도 수많은 사례 속에서 볼 수 있다. 흑인이나 원주민들에 대한 태도의 문화적 편견과 그에 의한 구조적 억압 그리고 그것이 최종적으로 물리적 폭력으로 나타나는 현상, 강대국이 약소국에 가지는 문화적 편견이 구조적 착취로 이어지고, 최종적으로는 군사적 행동을 자유롭게 하는 것 등은 모두 같은 패턴을 가지고 있다고 할 수 있다.

III. 종교적 폭력에 대하여

　　그런데 요한 갈퉁의 평화 이론에서 기독교인으로서 우리가 주목해야 하는 지점은 그가 문화적 폭력의 원인과 현상 중 하나로 종교와 이데올로기

----

3. 요한 갈퉁, 앞의 책, 9.

를 들고 있다는 것이다. 살인과 폭력은 그것을 정당화하는 문화 속에서 만들어지게 되는데, 그 폭력 문화의 핵심 전달자가 바로 종교와 이데올로기라는 것이다. 요한 갈퉁은 개인적으로 기독교인은 아닌 것으로 생각된다. 그러나 그가 지적한 종교의 문화적 폭력성은 기독신앙인들에게 생각을 요구한다. 그는 종교나 이데올로기는 그것이 만들어진 이후에 경성(硬性, hard)과 연성(軟性, soft)으로 변화하게 되고, 어느 쪽으로 변하느냐에 따라 폭력성을 가지기도 하고 가지지 않기도 한다고 본다.[4] 그는 경성 종교나 이데올로기는 일반적으로 목표를 초월하여 관념적인 것에 초점을 맞추므로, 현실적 인간의 욕구나 감정, 연민 등을 중시 여기지 않는다고 보았다. 그에 따라 초월적 신이나 이데올로기의 승리를 위해 인간을 희생시키는 것을 당연하게 여긴다는 것이다. 그런 의미에서 그는 경성 종교로 기독교, 유대교, 이슬람교를 들었다. 이데올로기로는 자본주의, 사회주의, 민주주의, 파시즘과 같은 것을 들었다. 반대로 연성 종교나 이데올로기로는 초월적 목표나 이념보다 인간의 현실적이고 기본적인 욕구와 인간의 감정, 연민에 초점을 두며, 그에 따라 모든 생명을 존중한다는 것이다. 그런 의미에서 그는 연성 종교로 불교나 힌두교를 들었다. 그러면서 갈퉁은 유일주의적이고 보편주의적인 특성을 가진 기독교나 이슬람교가 자신만이 유일하게 진리를 정당하게 전한다고 주장하며, 자신들이 그 신념을 보호하고 전파해야 하는 선택받는 존재라는 "선민의식"을 주장하는 것은 매우 위험한 것으로 보았다. 그런 태도가 폭력과 전쟁으로 이어진 역사적 사실들을 보았기 때문이다. 즉 십자군운동과 같은 물리적 폭력, 흑인 노예제도 운영 등의 구조적 폭력의 배경에 기독교라는 문화적 폭력이 존재했다고 본 것이다. 실제로 역사적으로 많은 폭력적 사건들, 비평화적 사건들은 인간의 종교적 열심에 의해 일어난 것들이 많았다. 21세기 들어 발생한 이슬람 원리주의자들이 저지른 9·11 사건이나 IS 사태와 같은 것들부터, 역사를 거슬러 올라 1572년 있었던 프랑스 구교도들의 신교도들에 대한 대학살(성 바돌로메 학살), 영국 청교도들의 구교도 탄압, 종교개혁에 이어졌던 종교전쟁 등 그 예는 수없이 많다. 아니, 더 가까이는 한국의 교회 내에서 안타깝게 표출되고 있는 수많은 갈등과 물리적 충돌 역시 각자가 가지고 있는 '경성의 종교적 열심'에 의해 만들어진 부분이 많다. 이

---

4. 요한 갈퉁, 앞의 책, 28-30 참조.

슬람의 경우는 차치하더라도, 사랑과 평화를 강조하는 기독교가 왜 반(反)평화적이고 폭력적인 문화적 근거를 제공하는 존재가 되었는가 하는 것은 기독신앙인들에게 중요한 질문이다. 이에 대한 대답은 매우 다양하게 나올 수 있지만, 여기서는 세 가지로 정리해본다.[5]

1. 옳고 그름을 나누는 이원론적 태도

성경은 옳고 그른 것을 분명히 나누어주는 지침서 역할을 한다. 그 지침 자체는 문제가 아니라 오히려 우리에 대한 가장 큰 축복이다. 그러기에 그것은 당연히 하나님 앞에서 옳은 것이다. 그러나 문제는 그런 내용을 자신의 해석에 따라 판단해 자신은 옳은 쪽에 있고, 생각이 다른 타인들은 악한 쪽에 있다고 규정하는 것이다. 그러면서 일반적으로는 자신이 가지고 있는 크고 작은 악은 축소하거나 부정하고, 타인의 악은 작은 것까지 전부 뒤져내면서 극단적으로 과장하는 태도를 가지는 것이다. 이런 태도를 '이원론적 태도'라고 한다. 이런 이원론적 태도는 성경이 제시하는 옳은 원칙에 내가 귀속되려 하는 것이 아니라, 성경이 이야기한 선을 나를 중심으로 나에게 귀속시키려는 특징을 가진다. 이런 태도는 결국 "나는 선이고 타인은 악이다"라는 결론에 이르게 된다. 이런 태도의 극한에 서 있었던 사람들이 예수님 시대의 바리새인들과 율법사들이었다. 그리고 예수님은 그들을 가장 사악한 존재로 단정하시고 비난하셨다. 사도 바울은 이러한 현상을 다음과 같이 이야기했다.

> 내가 증언하노니 그들이 하나님께 열심이 있으나 올바른 지식을 따른 것이 아니니라. 하나님의 의를 모르고 자기 의를 세우려고 힘써 하나님의 의에 복종하지 아니하였느니라(롬 10:2-3).

2. 유토피아 세계를 강요하는 것

이러한 이원론적 사고는 자신이 생각하는 유토피아에 대한 강한 욕망을 만들어낸다. 그것은 성경에서 이야기하는 '하나님 나라'에 대한 소망이 아니다. '자기 나라'에 대한 욕망이다. 그리고 그런 자기 나라를 만들기 위해

---

5. 오스 기니스, 《고통 앞에 서다》, 생명의말씀사, 2008, 299-305을 참조했다.

자신의 생각을 타인에게 강요하고 강제하기 시작한다. 이러한 강요를 만들어내는 '유토피아주의'는 인간 스스로 완벽한 세상을 만들 수 있다는 신념에 기반을 둔다. 실제로 공산주의는 '무신론적 유토피아주의'였다.[6] 공산주의자들은 그들이 생각한 유토피아를 건설할 수 있다고 믿었고, 그것을 폭력적으로 강요하는 과정을 스스로 혁명이라고 불렀다. 그래서 그 사망자의 숫자로 볼 때 인류 역사상 최악의 비극들이 발생했고, 북한은 아직도 그 비극에서 벗어나지 못하고 있다. 그런데 문제는 '무신론적 유토피아주의'만 있는 것이 아니라 '유신론적 유토피아주의'도 존재한다는 것이다. 바로 기독신앙을 가졌다고 이야기하는 사람들이 자신들을 중심으로 구성되는 유토피아를 강제적으로 만들어가는 것에 '하나님의 나라'라는 겉포장을 덮고 있는 것이다. 그러면서 '종교적 명분'을 가지고 '자신의 나라'를 만드는 것에 열정을 쏟아부었다. 이것은 이슬람뿐만 아니라 기독교도 같은 문제를 만들었던 역사적 경험들을 가지고 있다. 그것이 '강압적' 선교, 힘에 의한 선교(주로 돈의 힘에 의한)와 굴복을 요구하는 태도로 연결되었고, 그것을 '선교적 열정'이라 생각하는 태도를 가지고 있었다. 이런 태도는 타 종교나 타 문화권, 타 국가, 다른 기관뿐 아니라 자신의 가족 내에서도 있을 수 있는데, 반기독교적인 특성으로 심각한 문제를 일으키게 된다.

3. 용서가 불가능함

종교적 폭력의 또 다른 모습은 용서가 불가능하다는 것이다. 즉 옳고 그름에 대하여 자신에게 확신이 있게 되면, 옳지 않은 위치에 있다고 판단되는 사람들을 이해하고 용납하고 용서하는 것이 불가능해진다. 자신만이 정의이고 자신의 믿음만이 옳은 믿음이라고 생각하기 때문이다. 그리고 이것은 '옳지 않다고 판단되는 사람들'에 대한 잔인한 처리를 정당화하는 근거가된다. 모든 종교적 잔혹성은 여기서 기인한 부분들이 많았다.

그러나 문제가 있다. 바로 예수님이 이러한 이슈에 대하여 전혀 다른 태도를 보이셨다는 것이었다. 요한복음 8장 1-11절은 간음하다 현장에서 잡혀 끌려온 여인과 예수님의 만남을 이야기한다. 그 자리에 함께 있던 모든 이스라엘 사람은 당연히 그 여자를 돌로 쳐 죽이는 것이 하나님의 의를 이

---

6. 오스 기니스, 앞의 책, 88.

루는 방법이라 생각했다. 간음은 분명 십계명이 금지하는 범죄였고(신 5:18), 모세오경에서도 그에 대한 처벌을 사형이라고 분명하게 정해놓았기 때문이었다(레 20:10; 신 22:22). 그러기에 그 여자를 예수 앞에 끌고 온 서기관들과 바리새인들은 모두 당당하게 그리고 살기에 가득 차서 돌을 들 준비를 했다. 그러나 그 긴장된 상황 속에서 예수님은 긴 침묵에 들어가신다. 하나님의 아들, 메시아이시고 진리의 근본이 되시는 그분, 율법을 완성하러 이 땅 위에 오신 그분은 대답을 강요하던 서기관들과 바리새인들을 향하여 침묵 속에 땅에 무언가를 쓰시기만 했던 것이다. 그러다가 예수님은 천천히 고개를 드시면서 다음과 같이 말씀하신다.

　　　너희 중에 죄 없는 자가 먼저 돌로 치라(요 8:7).

　　이 짧은 말 한마디에 그 여인을 고소하며 소리 지르던 서기관들과 바리새인들은 갑자기 할 말을 잊는다. 그러고는 모두 침묵에 빠진다. 그러다가 서기관들과 바리새인들은 한 명씩 그 자리를 떠나기 시작한다. 마침내 예수와 여인만이 남게 되었다. 성경은 이 순간의 대화를 다음과 같이 기록한다.

　　　예수께서 일어나사 여자 외에 아무도 없는 것을 보시고 이르시되 여자여 너를 고발하던 그들이 어디 있느냐? 너를 정죄한 자가 없느냐? (여인이) 대답하되 주여 없나이다. 예수께서 이르시되 나도 너를 정죄하지 아니하노니 가서 다시는 죄를 범하지 말라 하시니라(요 8:10-11).

　　여기서 우리는 예수님이 간음을 용납하신 것이 아님을 본다. 예수님은 "다시는 죄를 범하지 말라"고 엄히 말씀하심으로 간음이 범하면 안 되는 죄임을 분명히 하셨기 때문이다. 그러나 예수님은 간음이라는 '죄'를 주목하신 것이 아니었다. 그보다는 간음이라는 죄를 짓고, 그것을 사람들에게 발각당하여 극도의 수치와 공포 속에 성전으로 끌려와, 바들바들 떨고 있었던 그 '여인'을 주목하신다. 그리고 그에게 말씀하신다. "나도 너를 정죄하지 않겠다. 가서 다시는 죄를 짓지 말라." 예수님은 죄, 즉 악은 반대하시고 용납하시지 않았지만, 그 악을 저지른 인간, 즉 죄인은 용납, 즉 용서하심을 선언하신 것이다. 필자 역시, '죄'와 '죄인', '악'과 '악인'을 구분하는 것은 일종의 논리적 말장난이라고 생각하던 때가 있었다. 그래서 '악인'은 당연히 '악'

25

이므로 처벌하고 없애버려야 한다고 생각했다. 그러나 예수님의 이 말씀과 행동은 그런 생각이 근본적으로 잘못된 것이고, 위험한 것임을 보여준다. 종교적 폭력의 가장 큰 특성은 그것이 '용서는 불가능하다'고 생각하는 것에 기반을 두었다는 것이다. 그러나 예수님은 그 '용서가 가능하다'는 것을 말씀하셨다. 그러면서 예수님은 죄 없는 자가 먼저 돌로 치라는 말씀을 하셨다. 즉 인간들로 하여금 타인에게 돌을 들기 전에 너 자신을 먼저 바라보라는 말씀을 하신 것이다. 우리가 자기 눈 속의 들보(큰 나무기둥)는 무시하면서 타인 눈의 티끌에 대하여는 지극히 예민하고 분노한다는 것을 그는 정확히 보고 계셨던 것이다(눅 6:41-42).

IV. 간디의 평화사상

위에서 이야기한 내용들을 생각하다 보면, 자연스레 떠오르는 사람이 있다. 바로 마하트마 간디다.[7] 우리의 평화에 대한 생각에 많은 과제를 던져줬던 사람이다. 그는 제국주의 시대에 식민지 백성으로 살아야 했던 사람이었다. 그리고 국가 독립을 위한 투쟁을 했으나 그 수단으로 모든 사람이 당연히 받아들인 폭력 사용을 거부하고 무저항 비폭력을 주장하고 실천한 사람이었다. 그런데 그것은 압도적인 무력을 가지고 있는 영국에 폭력적 힘으로 맞서는 것이 많은 인도인을 희생시킬 것이고, 결과도 패배로 끝날 것이기 때문에, 우회적 전략으로 영국을 괴롭히며 독립의 여건을 만들어보자는 정도의 전술적 차원의 무저항 비폭력이 아니었다. 간디의 무저항 비폭력 평화운동은 그와는 전혀 다른 측면과 차원을 가지고 있었기에 여기서는 그에 대한 생각을 간단히 정리해본다.

1. 간디는 폭력의 한계를 분명히 보고 있었다

오직 힘만이 모든 것의 궁극적 해결책이라고 믿던 제국주의와 식민지 침략 시절에 그는 힘과 폭력의 한계를 분명히 보고 있었다. 폭력으로 상대방을 제압하고 굴종시킨다 할지라도, 상대방은 마음으로 그것을 수용하지 않는다는 것을 본 것이다. 그리고 승리를 한 사람들도 그 승리를 통하여

---

7. 필립 얀시, 《내 영혼의 스승들》, 좋은씨앗, 2004; 차기벽, 《간디의 생애와 사상》, 한길사, 2004; 요한 갈퉁, 앞의 책, 253-279을 참조했다.

더 높은 정신적 상태로 들어가는 것이 아니라, 폭력에 중독이 되면서 더 낮은 수준으로 내려간다고 본 것이다. 그리고 그런 폭력에 대한 중독은 승자뿐만 아니라 패자에게도 벌여져서 그도 폭력을 통하여 보복하려 하고, 자신의 그런 보복은 정당한 것이라고 생각하게 되기 때문에, 누구도 폭력의 굴레에서 벗어나지 못한다고 본 것이다. 그런 의미에서 그는 폭력은 그 누구에게도 진정한 해결책이 되지 않는다고 생각했다. 이것이 그가 비폭력을 주장한 이유였다.

2. 간디는 타인의 '악'을 없애는 것이 아니라, 그 타인을 '선한 사람으로 만드는 일'을 목표로 삼았다

간디는 인간의 폭력을 눈으로 볼 수 있는 물리적 폭행 문제로 보지 않고 그 인간 속에 내재한 근본적인 악의 문제로 파악했다. 따라서 그는 스스로 폭력에 도전하는 사람이 아니라 악에 도전하는 사람이 되고자 했다. 그래서 간디는 그의 활동 목표를 '악에 대한 승리'가 아닌, '인간의 변화'에 두었다. 즉 사람들을 선한 사람으로 바꾸는 것을 목표로 삼았던 것이다. 이것은 때로 사람들에게 많은 혼란을 주기도 했다. 왜냐하면 영국에 대한 특정 투쟁 운동에 대중 동원이 성공하고, 영국이 크게 궁지에 몰려 이제 그 마지막 순간에 다가가고 있다고 판단되는 시점에서 간디는 모든 투쟁 운동을 중지하고 영국과 타협의 대화에 들어간다고 선언하는 식이었기 때문이다. 간디를 추종하던 인도인들은 이것을 이해할 수 없었다. 승리가 목전에 있는데 왜 지금 물러서느냐는 것이었다. 그러나 간디는 승리가 목적이 아니었다. 그는 '영국인의 선한 변화'가 목적이었다. 그래서 그는 아무런 주저 없이 투쟁을 멈추고 영국인의 변화를 유도하기 위한 대화에 들어가곤 했던 것이다.

3. 간디는 모든 종류의 폭력에 저항했다

우리는 일반적으로 간디를 인도의 독립을 위해 투쟁했던 사람으로 알고 있다. 그러나 간디는 독립 투쟁만을 한 사람이 아니었다. 사실 그의 더 치열했던 투쟁은 인도 카스트 제도에서 최하층 계층인 불가촉천민들에 대한 사회적 멸시와 차별에 대한 투쟁이었다. 영국의 악과 폭력을 비난하면서도 실제로 인도인들은 같은 인도인들인 불가촉천민들에게 훨씬 더 가혹하고 부당한 악을 저지르고 있음을 본 것이었다. 그래서 그는 불가촉천민들과 나병 환자들을 돌보고 그들의 화장실을 청소하는 활동을 함으로써 인도인들이 스스로 가지고 있던 거대한 구조적 폭력과 문화적 폭력에 과감한 도전과 투쟁을 했던 것이다. 또한 그는 인도의 힌두교도들과 이슬람교도들 간의 잔인한 대립과 폭력에 대한 반대 투쟁을 격렬히 했다. 종교라고 하는 근거를 가진 문화적 폭력이 잔인한 물리적 폭력으로 바뀌어 가던 그 역사의 현장 한가운데서 그는 양쪽을 향하여 서로 용납하고 평화를 만들라고 호소했다. 결국 간디는 인도 독립 투쟁 때문에 영국인들의 손에 죽은 것이 아니라, 인도의 힌두교도와 이슬람교도 사이의 갈등을 막아서려다가 자신과 같은 힌두교도의 총에 죽게 된다. 이것은 그가 어떤 투쟁을 하며 살아갔던 사람이었는지를 가장 선명하게 보여주는 장면이다. 그의 비폭력 운동은 물리적 폭력에 대한 투쟁만이 아니었다. 그는 불가촉천민들에 대한 구조적 폭력에 대항했고, 종교 간 갈등의 문화적 폭력에 대항했던 사람이었다. 그는 모든 폭력에 대해 투쟁했던 것이다.

4. 간디는 자기정화를 중요하게 보았다

앞에서 보았듯이, 간디의 궁극적 목표는 악인을 선한 인간으로 바꾸는 것이었다. 그러기에 그러한 일을 하는 사람으로서 가장 중요한 조건은 자신의 순결이었다. 그는 그 점에 있어 스스로 엄격하게 자기정화를 추구하여 나갔고 자신과 뜻을 함께하는 사람들에게도 그것을 요구했다. 그리고 자신의 활동을 통하여 상대방이 변하지 않았다면, 그들이 더 악하기 때문이라기보다는 자신의 자기정화가 부족했기 때문이라 생각했다. 그래서 그는 극도의 갈등이 생길 때마다 자기정화를 위한 단식에 들어가곤 했던 것이다. '악의 제거'를 목표로 하는 사람들에게는 '물리적 힘'이 필요하다. 그러나 '인간의 변화'를 목표로 하는 사람들에게는 '자기정화'가 필요하다. 간디는 그것을 보고 실천하고 죽어간 사람이었다. 그래서 그의 사상과 활동은 그 이후 전 인류에게 큰 영향을 끼쳤다.

간디의 평화사상을 돌아보면, 우리는 앞에서 보았던 '종교적 폭력'을 극복하는 방법들을 발견하게 된다. 그리고 간음한 여인에 대한 예수님의 반응과도 많은 점에서 유사하다는 것을 볼 수 있다. 그런 의미에서 간디는 기독교인들을 당황시킨다(이에 대해서는 필립 얀시의 《내 영혼의 스승들》 간디 편에 잘 정리되어 있다). 기독교인이 아니었던 그가 어떻게 기독교인보다도 더 기독교적 특성과 혜안을 가지고 평화의 문제를 바라보았는가 하는 데서 기인하는 당혹감이기도 하다. 그는 기독교인은 아니었으나 인류의 정신적 스승으로서 중요한 의미를 가지고 우리에게 가르침을 주고 있다. 그리고 간디 자신이 예수님의 가르침과 기독교 사상가였던 톨스토이로부터 큰 영향을 받았음을 우리는 알고 있다. 그렇다면 이제부터는 성경이 말하는 평화에 대한 성찰로 들어가보자.

V. 성경이 말하는 평화

성경은 평화에 대하여 어떤 이야기를 하고 있을까? 이것에 관해 많은 학자들과 사상가들의 다양한 의견이 있지만, 여기서는 이 책의 목표에 맞추어 몇 가지 생각만을 간단히 정리해보고자 한다.

1. 하나님의 창조질서가 회복되는 상태로서의 평화

S. E. 포터(S. E. Porter)는 평화를 "물질이나 인간 모두를 포함하는 하나님이 지으신 세상과 그분과의 관계에서 창조질서에 관한 하나님의 권위와 능력이 분명히 나타나는 상태"라고 정의한다.[8] 평화란 궁극적으로는 하나님의 창조질서가 다시 회복되는 상태라는 것이다. 하나님께서 세상과 인간을 처음 창조하셨을 때 세상과 인간은 평화로웠다. 그러나 인간이 하나님께 반역을 하면서 그 평화는 깨지게 되었다. 그리고 그 결과로 인간의 모든 잔혹함과 악, 그리고 자연의 부조화와 재앙들이 나타나게 되었다. 그렇기에, 궁극적으로 평화란 하나님의 창조질서가 회복되는 상태를 의미하는 것이다. 열두 해 동안 혈루병으로 고통받던 여인을 치유하시고는 "예수께서 이르시되 딸아 네 믿음이 너를 구원하였으니 평안히 가라(평화 안에서 가라)"(눅 8:48)고 평화를 선언하신 것은 그 여자가 창조시의 건강했던 모습으로 돌아간 것을 지칭하신 것이었다. 예수의 발에 향유를 부은 죄 많은 여인에게도 "예수께서 여자에게 이르시되 네 믿음이 너를 구원하였으니 평안히 가라(평화롭게 가라)"(눅 7:50)고 말씀하신다. 창녀로 죄를 짓고 있었든, 또는 귀신들림으로 고통받는 상태였든, 그 상태에서 벗어나 이제 창조의 처음 모습으로 되돌아간 상태가 된 것에 대한 평화 선언을 하시는 것이다. 그런 의미에서 진정한 평화는 '하나님께 돌아감'과 같은 의미를 가질 수밖에 없음을 보게 된다.

---

8. 데스몬드 알렉산더·브라이언 로스너 외, 《IVP 성경신학사전》, IVP, 2004, 1141.

2. 종교적 자기만족이 아닌, 하나님의 뜻 앞에 겸손한 상태로서의 평화

이상하게도, 예수님이 반대하고 증오했던 사람들은 정복자로 팔레스타인에 주둔하며 잔인한 일들을 벌이던 로마 군인들이나, 이스라엘 사람들이 '공식 대표 악인'들로 간주하던 세리나 창녀들이 아니었다. 오히려 예수님은 그들에게 매우 친근한 태도를 보이셔서 함께 어울리고 식사도 하셨기에 "세리와 죄인의 친구"(눅 7:34)라는 별명까지 얻게 되셨다. 그러나 반대로 예수님이 가장 격렬히 반대하고 증오하던 사람들은 그 시대에 가장 종교적인 열정과 성경적 지식이 많고 율법을 가장 철저히 지켜, 사람들에게 선하다고 인정받고 존경받고 있었던 바리새인들과 서기관들이었다. 왜 그러셨을까? 그 대답은 이것이다. 예수님은 그들의 특성을 한마디로 '종교적 위선'이라 보셨고, 자기 의에 도취하여 하나님께 겸손히 무릎 꿇지 못하는, 지극히 세속화된 속물들로 판단하셨던 것이다. 그들에게 신앙과 종교는 하나님과 자신과의 일이 아니라 자신과 다른 사람들과의 일이었다. 그들은 하나님을 의식한 것이 아니라, 타인들에게 끝없는 존경을 받으려 온갖 노력을 다했고, 종교를 자신의 돈을 버는 비즈니스로 만들었으며, 무거운 종교적 짐을 타인들에게 지우는 일에는 스스럼없었으나, 고통받는 사람들을 위하여 짐을 대신 져주고 도와주려는 태도는 전혀 가지지 않았기에 예수님이 분노하신 것이다(마 23:1-35). 바리새인들은 악을 분석하고 징계하는 일에는 몰두했지만, 악인들에 대한 관심과 사랑, 용서는 없었던 것이다.

결국 진정한 평화, 샬롬이란, 스스로 자기 의에 만족하며 스스로 규정한 평화 속에 있는 바리새인식 평화가 아니다. 그것은 타인과의 관계에서 서로의 진정한 연대성이 이루어지면서 만들어지는 상태임을 예수님은 보고 계셨던 것이다. 그래서 예수님은 하나님의 나라를 다음과 같이 말씀하셨다.

> 하나님의 나라는 볼 수 있게 임하는 것이 아니요, 또 여기 있다 저기 있다고도 못하리니, 하나님의 나라는 너희 안에 있느니라(눅 17:20-21).

여기서 예수님은 최후의 심판이 오기 전에 미리 이 땅에서 경험하게 되는 하나님 나라가 물리적으로 눈에 보이는 것, 또는 지역적으로 구분되어 나눌 수 있는 것이 아닌 "너희 안"에 존재하는 것이라 선언하신다. 그런데 여기서 "너희 안"이라는 말은 영어로는 'within you'가 아니라 'among you'를 의미한다. 즉 "네 마음속"이 아니라 "너희들의 관계 속"에 있다는 것이다. 예수님이 보신 이 땅 위에서의 하나님 나라는 "하나님과 인간 사이의 겸손한 관계" 그리고 "인간과 인간 사이의 겸손한 관계" 속에서 만들어지는 것이었다. 그런 의미에서 자신 안의(within me) 종교적 만족과 종교적 평화를 추구한 바리새인들은 하나님의 나라와 가장 먼 사람들이었다.

3. 갈등 속에서 투쟁을 통하여 하나씩 만들어가는 평화

평화는 아무 일도 없이 늘 적막한 공동묘지와 같은 상태를 말하는 것이 아니다. 평화는 반평화 상태, 폭력의 상태 속에서 평화를 향한 치열한 노력과 투쟁, 소위 "갈등상태에 대한 창의적 변환 노력"[9]을 통하여 '쟁취를 위하여 투쟁하는 상태'를 말한다. 좀더 성경적 표현을 쓴다면, 평화는 생명의 희생이라는 값비싼 대가를 치르는 과정이며, 그 과정을 통해 얻는 결과로서의 상태를 말하는 것이다. 구약에서 이야기하는 제사 중 화목제, 영어로는 'peace offering'(레 3:1-17)은 하나님과 인간 사이의 평화를 이루기 위한 제사였다. 그리고 이것은 소나 양의 생명을 바쳐야 이룰 수 있는 제사였다. 예수 그리스도가 하나님과 인간 사이의 평화를 이루기 위하여 하신 일도 자신의 목숨을 십자가에서 버리는 희생을 통해서였다. 그러기에 기독교적 의미에서 평화는 반드시 그를 위한 생명의 희생을 필요로 하는 것이 되었다. 공짜로 얻어지는 평화란 본질적으로 없다. 영적인 차원에서만 그런 것도 아니다. 현실 세계에서도 평화를 이루는 것은 누군가의 진정한 헌신과 희생을 필요로 하기 때문이다. 그 희생을 알고 계셨기에, 예수님도 평화를 만드는 사람들을 하나님의 자녀라 부르신 것이었다.

4. 하나님의 자녀를 만들어가는 과정으로서의 평화

그러기에 평화는 하나님의 자녀를 만들어가는 과정으로서의 의미를 가지게 된다. 그 과정을 통하여 깊은 상처들을 받지만, 그럼으로써 더 강하고 성숙한 '평화의 사람'으로 변화해가는 과정을 거치는 것이다. 사실, 인간과 하나님의 관계에서 상처를 받는 존재는 언제나 하나님이셨다. 사랑과 기대 속에서 인간을 창조하고 인간과 계약을 맺은 분은 하나님이셨다. 그리고 그 인간의 일방적인 배반과 타락으로 인하여 너무도 깊고 큰 상처를 입

---

9. 요한 갈퉁, 앞의 책, 560.

은 이도 하나님이셨다. 그런데 그런 하나님께서 다시 먼저 인간에게 손을 내미시고 그 관계를 복구하시며 그 인간을 평화 가운데 두려 하셨다. 그래서 예수님이 십자가에서 피를 흘리며 죽어가셨던 것이다. 그런 의미에서 평화는 하나님의 속성이다. 그러기에 그 평화를 이 땅 위에서 만들어보기 위하여 희생하고 수고하는 사람들을 예수님은 하나님의 자녀, 즉 하나님의 속성을 나누어 받은 사람들이라 부르신 것이다. 비록 처음에는 그 평화를 위한 노력이 적고 불완전할 수밖에 없다. 그러나 평화의 사람이 되기 위해 꾸준히 노력하면서, 그 하나님의 자녀들은 점차 더 크고 완전한 하나님의 평화를 이루어가는 사람들로 변화한다. 그리고 평화를 위하여 상처 입은 치유자가 되신 예수님을 따라 평화를 만드는 사람들도 이 세상을 치유하게 되는 것이다.

VI. 평화를 만드는 사람들의 조건

그렇다면 우리는 어떻게 평화를 만드는 사람으로 살아갈 수 있고, '하나님의 자녀'가 될 수 있을까? 여기서는 그 방법들에 대하여 생각해보자.

1. 하나님은 절대화하고, 나는 상대화해야 한다

우리가 평화를 만들어가지 못하는 이유는 대부분이 하나님에 대한 절대적 믿음이 부족해 하나님을 상대화시키면서, 반대로 자신과 자신의 생각을 절대화하는 것에서 기인한다. 우리는 하나님의 절대적 진리성과 그분의 권능에 대한 믿음을 더욱 강화하는 동시에, 나라는 인간이 얼마나 부족하고 불완전한가를 분명하게 인식하며 자신을 상대화시켜야 한다. 그래서 내가 가진 하나님에 대한 생각과 이해조차도 사실은 매우 불완전하고 불충분하다는 것을 겸손히 인정할 수 있어야만 평화를 만드는 사람으로서의 기본적인 자격을 지니게 되는 것이다. 아우슈비츠 강제수용소의 생존자였던 아르보스트 루스티히는 다음과 같이 말했다고 한다.[10] "우리에게서 인간성을 제거해 동물을 만드는 데 얼마나 적은 노력이 필요한지를 직접 목격한 사람들만이 우리가 태어난 이 세상을 이해할 수 있다." 이 말은 나치 독일인에

---

10. 오스 기니스, 앞의 책, 213.

게만 적용되는 말이 아니다. 모든 인간, 그리고 자신에게도 똑같이 적용되는 것임을 인정하는 사람들이 평화를 만드는 사람이 될 것이다. 자신의 의, 자신의 생각에 대하여 절대적 확신을 가지는 사람들은 일반적으로 평화를 깨는 사람이 된다. 왜냐하면 인간은 그런 자기 확신을 가지면 안 되는 '타락한 존재'이기 때문이다. 그런 의미에서 솔제니친은 다음과 같은 말을 한 적이 있다. "나는 선과 악을 구분하는 선이 국가나 계층, 당파가 아니라 개개인의 마음, 즉 모든 인간의 마음을 관통하고 있다는 사실을 서서히 의식하게 되었다."[11] 스스로를 선하다고 믿는 인간의 마음속에 악이 더 강력하게 존재하고 있다는 사실을 깨달은 사람들만이 평화를 위하여 일할 수 있는 사람이 되는 것이다.

2. 하나님의 나라가 만들어지는 데는 시간이 걸린다는 것을 인정하고, 끝까지 기다릴 수 있는 능력이 있어야 한다

누가복음 13장 18-21절에서 예수님은 하나님의 나라를 설명하면서 작은 겨자씨가 자라 나무가 되는 것과 같고, 큰 밀가루 반죽에 아주 적은 누룩이 들어가 전체를 부풀리는 것과 같다는 말씀을 하신다. 이 비유들의 공통점은 하나님의 나라가 만들어지는 것은 어느 한순간에 "짠!" 하면서 마술처럼, 기적처럼 한 번에 이루어지는 것이 아니라는 것이다. 작은 겨자씨가 땅에 떨어져 작은 새싹이 돋아 비바람 속에서 점점 굵어져 마침내는 새들이 깃들 수 있을 만큼의 거대한 나무가 되는 데는 수십 년의 세월이 필요하다. 큰 밀가루 반죽에 들어간 아주 적은 누룩이 그 역할을 다 하여 전체 반죽을 부풀어 오르게 만드는 데도 긴 시간이 필요하다. 결국 하나님의 나라는 '기다림'이라는 절대적 요소를 가진다는 것이다. 우리는 지금 당장의 평화가 이루어지지 않는 것에 조바심 내고 분노하고 좌절한다. 그러나 예수님은 하나님의 나라를 위하여, 평화를 위하여, 노력하고 활동하면서 "기다려야 한다"고 말씀하신다. 알곡과 가라지를 당장 구분해 처리하는 것 (마 13:24-30)이 평화가 아니다. 긴 시간을 기다려 마침내 추수할 마지막 시점이 되었을 때, 하나님께서는 하나님의 방식으로 알곡과 가라지를 구분하시고, 최후의 평화를 만드실 것이다. 중간에 좌절하고 포기하지 않고 그것

---

11. 오스 기니스, 앞의 책, 291.

을 믿고 기다리는 것, 이것이 평화를 만드는 사람들, 기독교인이 가져야 하는 특성이다.

3. 타인이 아닌, 나로 인한 폭력이 없도록 늘 깨어 생각하고, 행동해야 한다

20세기 인류의 평화를 깨는 데 악역을 담당했던 사람들 중 하나로 아돌프 아이히만이 있다. 그는 나치의 게슈타포 유대인과장으로 유대인 학살의 실무 책임자였다. 전쟁 후 도피생활을 하다가 1960년 체포되어 마침내 예루살렘에서 재판을 받는다. 그 재판을 취재했던 여성 철학자 한나 아렌트는 이때 아이히만이 사람들이 상상했던 괴물과 같은 존재가 아닌, 그저 지극히 평범한 관료형 인간이라는 사실에 경악한다.[12] 그리고 아이히만은 "나는 단지 명령에 따랐을 뿐이다"라는 말을 반복함으로써 자신의 책임을 모면하려 애쓴다. 그는 '스스로의 생각은 없이 그저 단순한 의무감과 내면의 권력욕을 가진 보통 사람'이라는 것을 보여준 것이었다. 그래서 인류는 경악한다. 유대인 600만 명을 잔인하게 죽이는 일을 한 것은 '괴물'이 아니라 '보통 사람'이었기 때문이었다. 그리고 '생각하지 않는 평범한 인간'은 누구나 아이히만과 같은 범죄를 저지를 수 있다는 가능성을 보게 된다. 그러기에 나의 상급자나 주변 환경이 시켰기에 나는 그대로 따랐다는 식으로 인생을 살지 않는 것, 그것에 대한 결단과 행동이 있어야 한다는 것이 매우 중요하게 되었다. 만일 그런 결단과 적극적 행동이 없다면, 나로 인한 잔혹한 물리적, 구조적, 문화적, 종교적 폭력은 언제든지 발생할 수 있다는 것을 우리는 늘 인식하고 살아야 한다. 이와 같이 하나님 앞에서 스스로를 경계하고, 스스로에게 깨어 있는 삶을 살아가는 사람들만이 평화를 만드는 사람이 된다.

4. 평화를 위하여 준비되어야 한다

요한 갈퉁은 평화를 만드는 갈등 해결자의 조건으로 다음과 같이 네 가지 특성을 들었다.[13] 첫째, 갈등이 있는 영역과 평화에 대한 지식이 있는 사람. 둘째, 많은 갈등을 겪고 다루어 본 경험이 있어 갈등에 익숙한 사람. 셋째, 시각이 넓어 한 분야만 바라보지 않고 전체적 시각을 가질 수 있는 사

12. 한나 아렌트, 《예루살렘의 아이히만》, 한길사, 2006.
13. 요한 갈퉁, 앞의 책, 240.

람. 넷째, 자기성찰을 통해 자신의 인지적, 감정적, 의지적 조건들을 스스로 관리할 수 있는 사람이다.

그런 의미에서 지금까지 인생을 살면서 많은 갈등, 많은 비(非)평화, 많은 반(反)평화를 겪어 본 사람들은 평화를 만드는 사람, 즉 하나님의 자녀가 되기에 매우 유리한 입장에 있다는 것을 알 수 있다. 인간적으로는 그것이 불행한 것이었는지 모르지만, 하나님의 나라를 향한 활동을 위해서는 오히려 큰 장점이고 축복인 것이다. 그러기에 이 세상에서 가난한 자는 복이 있어 천국이 그들의 것이고, 애통해하는 자는 복이 있어 그들이 위로를 받을 것이며, 의를 위하여 핍박을 받는 자는 복이 있어 천국이 그들의 것이 되는 일이 있게 되는 것이다(마 5:1-12). 삶 속에서 겪는 그 갈등, 그 다양한 종류의 폭력 상황들을 통하여 좌절하는 것이 아닌, 하나님을 바라보면서 더 높은 차원으로 성숙해 나아가는 것이 바로 평화를 위하여 일할 수 있는 사람이 되어가는 것이다. 그런 의미에서 이 땅 위에서 우리가 겪는 고통과 폭력의 상황들은 오히려 하나님을 바라보면서 성숙해갈 수 있는 길이기에, 우리는 그것을 하나님께 감사해야 할지도 모르겠다. 결코 쉬운 일이 아닐지라도 말이다.

5. 성령의 인도하심을 따르는 대화가 가능해야 한다

기독교는 타 종교처럼 진리 자체에 모호한 입장을 취하거나 상식적 입장을 취하는 종교가 아니다. 기독교는 타협이 불가능한 분명한 구원의 메시지와 하나님의 뜻을 고백한다. 그런 의미에서 요한 갈퉁이 기독교를 경성 종교로 본 것은 일정 부분 맞다. 그러나 기독신앙이 고백하는 그 하나님이 사랑과 용서, 포용과 희생의 하나님이시기에, 기독교는 그 어떤 종교보다도 더 연성적 성격을 가지고 있다. 즉 기독교는 경성과 연성을 모두 가지고 있는 종교다. 그러기에 과제는 그런 경성과 연성의 내용들이 어떻게 진정한 의미에서 조화를 이루게 할 것인가에 있다.

예수님께서 이야기하신 '돌아온 탕자의 비유'(눅 15:11-32)에 등장하는 큰아들은 경성의 종교적 태도를 보인다. 그는 아버지에게 충성했고, 아버지의 뜻에 맞추어 열심히 일한 모범적 아들이었다. 그래서 그는 아버지의 재산을 창녀들과 함께 탕진해버린 동생과 그런 동생에게 달려가 껴안아주고 잔치를 요란하게 여는 아버지를 도저히 이해할 수도, 용납할 수도 없었다. 그러나 그 아버지가 무조건 연성적 특성만 가지고 있었던 것은 아니다. 그는 유산을 미리 달라고 하는 극도로 무례한 작은아들의 요청을 거절하지 않았고, 매일 그 작은아들이 돌아오기를 간절히 기다리고 있었지만, 작은아들을 찾아 울면서 먼 길을 직접 떠나지는 않았었다. 작은아들이 분명히 자신의 뜻과 자기 발로 돌아올 때까지 엄격한 자기 원칙을 가지고 기다리고 또 기다렸던 것이다. 즉 경성과 연성의 조화가 아버지에게는 있었던 것이다. 그러나 큰아들에게는 연성이 존재하지 않았다. 그것이 큰아들이 평화를 만들지 못하는 사람이 된 이유였다. 성경은 '뱀처럼 지혜롭고 비둘기처럼 순결하라'(마 10:16)든지, '사랑과 공의의 하나님'과 같은 공존하기 어려워 보이는 두 가지 속성을 동시에 요구하는 내용들을 가지고 있다. 그래서 이 공존하기 어려워 보이는 내용들이 조화를 이루게 하기 위해서는 조건이 필요하다. 첫째, 성령님의 역사다. 그 조화는 인간의 상상력과 노력으로는 사실상 불가능하다. 그래서 우리는 하나님께 그 조화를 위하여 겸손히 기도해야 하고, 하나님께서는 성령의 역사로 그 일을 이루어 가실 것이다. 둘째, 그 조화를 이루기 위한 대화가 필요하다. 한 개인 안의 연성과 경성의 대화, 가족 안의 연성과 경성의 대화, 사회 안의 연성과 경성의 대화, 국가 간의 연성과 경성의 대화를 얼마나 할 수 있느냐가, 그래서 조화를 이룰 수 있느냐가, 갈등을 극복하고 진정한 평화를 이루는 길을 열 수 있다는 것을 보아야 할 것이다. 이 대화를 피하지 않아야 한다. 그 대화의 용기를 가지고 앞으로 움직일 때 성령님께서 역사하실 것이다.

VII. 나가는 글: 한반도와 그리스도의 평화

평화는 분명히 혁명적 사상이다. 자신이 정의의 편에 섰다고 우기면서, 자신이 규정한 악 또는 악인을 힘으로 제압하는 것만이 유일한 평화의 방법이라고 생각하는 인간들의 상식과 신념과 행동에 대해 성경은 '아니다'라고 선언한다. 그리고 예수님이 말씀하신 그 평화, 이 세상이 주는 것과 전혀 다른 그 평화를 성경은 선포한다. 예수님은 하나님의 말씀에 겸손히 순종하는 것, 자신과 자신의 믿음과 자신의 의가 중심이 아닌, 겸손히 자신을 부인하고 자신을 한없이 낮추는 가운데 하나님이 중심이 되시는 상태에서만 이루어지는 그 평화를 우리에게 말씀하셨다. 그리고 그 평화의 하나님 나라를 이 땅 위에서 만들어나가라고 말씀하신다. 그것이 우리가 주기도문을 통하여 매일 기도하는 "뜻이 하늘에서 이루어진 것같이 땅에서도 이루어지이다"의 내용이다.

특히 이 시대 한반도의 기독교인들에게 평화는 너무도 절박하고 중요한 주제다. 분단과 냉전적 대립, 그로 인한 물리적 폭력과 긴장이 여전히 존재하고, 그것을 뒷받침하는 구조적 폭력이 강력하게 작동하며, 더 크고 깊게는, 그런 냉전적 증오와 폭력을 정당화하고 합리화하는 온갖 논리들과 이론들이 시대정신으로 작동하는 문화적 폭력이 모든 것을 지배하고 있는 곳이 바로 한반도이기 때문이다. 그러기에 한반도는 이 지구상 어느 곳보다도 더 평화를 만드는 하나님의 자녀라 일컬음을 받는 사람들이 절박하게 필요한 곳이다.

그러나 평화는 혁명적인 만큼 너무도 어렵다. 아니, 불가능하다. 죄로 인하여 타락한 우리가 그런 하나님의 평화를 흉내내는 것조차 근본적으로 불가능하기 때문이다. 솔직히 우리에게는 그런 열정도, 힘도, 지혜도 없다. 그래서 세계와 한반도의 평화는 고사하고, 내가 사는 지역, 내 직장, 내 교회, 내 가정, 게다가 내 마음속의 평화조차 이루지 못하고 살고 있다. 이런 우리 사정을 너무도 잘 알았기에, 사도 바울은 이런 편지를 쓴 것 같다.

아무것도 염려하지 말고 다만 모든 일에 기도와 간구로, 너희 구할 것을 감사함으로 하나님께 아뢰라. 그리하면 모든 지각에 뛰어난 하나님의 평강이(평화가) 그리스도 예수 안에서 너희 마음과 생각을 지키시리라(빌 4:6-7).

그 평화가 오늘 우리와 함께 하기를 기도한다.

37

참고문헌

김선욱 외, 《평화와 반평화-평화인문학적 고찰》, 한반도평화연구원, 한울, 2013.

데스몬드 알렉산더, 브라이언 로스너 외, 《IVP 성경신학사전》, IVP, 2004.

오스 기니스, 《고통을 말하다》, 생명의말씀사, 2008.

요한 갈퉁, 《평화적 수단에 의한 평화》, 들녘, 2000.

전우택 외, 《통일에 대한 기독교적 성찰》, 새물결플러스, 2014.

차기벽, 《간디의 생애와 사상》, 한길사, 2004.

필립 얀시, 《내 영혼의 스승들 I, II》, 좋은씨앗, 2004.

한나 아렌트, 《예루살렘의 아이히만》, 한길사, 2006.

2장_ 사랑, 평화를 일구는 삶의 윤리적 기초

이창호(장로회신학대학교 기독교와 문화과 조교수)

I. 들어가는 글

가톨릭과 개신교 신앙 전통의 가장 중요한 토대가 되는 고대 교회의 신학자 아우구스티누스(Augustinus) 이래로, 기독교 신학과 윤리의 역사에서 기독교인의 윤리적 삶을 규율하고 안내하는 가장 중요한 규범은 '사랑'이며 기독교인들은 삶의 모든 영역에서 사랑을 따라 행동하고 살아야 한다는 넓은 공감대를 형성해왔다. 사랑은 신자들의 교회 내적 삶뿐 아니라 교회 밖 영역, 곧 공적, 정치적 영역에서 그들의 도덕적 판단과 선택 그리고 행동을 규율하는 규범으로 작용해야 한다는 인식인 것이다. 기독교 신자들과 다른 정치사회 공동체 구성원들 사이에 역사적 실존에 필요한 정치적 조건들이라는 관점에서 어떤 공감대가 존재한다는 점을 전제하면서, 아우구스티누스는 기독교인들이 그러한 조건들을 보존하고 증진하기 위해 힘써야 한다고 강조한다. 곧 정치사회 공동체의 구성원들 사이에 다양한 사랑의 지향들(혹은 의지의 지향들)이 존재한다 하더라도 그 지향들이 사회적 실존을 위한 기본적 요건들을 마련하기 위해 결합되어야 할 때는 그러한 결합을 이룰 수 있는 방향으로 힘써야 한다는 사회윤리적 조언인 것이다. 대표적인 보기가 평화다. 평화를 구현하는 것이, 기독교인들이 신앙 공동체 밖의 사람들과 협력하면서(의지의 지향에서 결합을 추구하면서) 추구해야 할 목적이라는 것이다. 아우구스티누스에 따르면, 평화는 역사 안에서 최고의 선이다.[1] 역사적, 정치사회적 선(善)으로서의 평화의 가치를 확인하면서, 아우구스티누스는 그러기에 역사를 살아가는 모든 사람은 평화를 공동의 선으로 삼고 협력하여 추구하게 된다는 점을 역설한다. 특별히 아우구스티누스는 평화를 이루기 위해 전쟁 수행이 불가피하다며 기독교인들도 이를 수용할 수 있는 규범적 정당화의 여지를 남겨둔다. 아우구스티누스의 무력 사용에 대한 이러한 정당화는 이른바 정당전쟁(just war) 상황을 상정하는데, 불의한 정치적 폭력 앞에서 생명의 위기를 겪고 있는 '스스로를 보호할 능력을 갖추지 못한 무고한 이웃'을 보호하기 위해 대응 폭력을 사용하는 것이 기독교 사랑의 계명을 구체적으로 실천하는 것으로 본 것이다. 이는 사랑의 정치사회적 실천이며 이를 통해 평화의 목적에 이르게 되는 것이다. 여기서 아우구스티누스는 기독교 사랑의 삶과 평화 윤리의 통합 가능성, 곧 평화 구현을 위한 공적 실천의 규범적 기초로서 사랑의 윤리의 한 가능성을 제시한다고 평가할 수 있을 것이다.

본 연구의 목적은 평화를 일구는 삶의 규범적 기초로서의 사랑의 윤리를 탐색하는 것이다. 다시 말해, 평화의 실현을 궁극적 목적으로 삼는 기독교 전쟁과 평화 전통의 주요 흐름들을 윤리적으로 검토하면서, 각각의 흐름의 규범적 요체로서 사랑의 원리가 작용하고 있다는 점을 밝히고자 하는 것이다. 이를 위해 필자가 하고자 하는 바는 크게 두 가지다. 하나는 기독교 사랑의 윤리 담론 형성과 발전에 주도적인 역할을 해온 것으로 평가받는 미국 예일 대학교 명예교수인 아웃카(Gene Outka)를 중심으로 사랑의 규범적 본질에 관한 일반적인 고찰을 수행할 것이다. 다른 하나는 사랑이라는 규범적 원리가 평화 윤리 형성을 위해 이 흐름들에서 어떻게 전개되는지 탐구하고 이들을 비교·평가함으로써 그 논의의 지평을 확장하고자 한다.

저명한 교회사가인 베인턴(Roland H. Bainton)에 따르면, 기독교 윤리의 역사에서 전쟁과 평화에 관한 대표적인 세 가지 입장은 평화주의, 정당전쟁 그리고 십자군 전쟁이다. 이에 관한 베인턴의 말을 들어보자.

연대기적으로 보면 차례대로다. 초대교회는 콘스탄티누스 황제 이전까지 평화주의를 지향하고 있었다. 그러나 이 황제 때에 이르러서, 부분적으

---

1. Augustine, *The City of God*, tr. by Markus Dods(New York: Random House, 2000), XIX.11.

로는 교회와 국가가 밀착되어 있었다는 이유로, 또 부분적으로는 야만족의 침입 때문에 기독교인들은 4세기와 5세기에 고전 세계로부터 정당전쟁 교리를 들여오게 된다. 정당전쟁의 목적은 정의와 평화를 되찾는 것이다. 정당전쟁은 국가의 권위 아래서 치러져야 했고 또 선한 믿음과 인간애(humanity)의 규범을 지켜야만 했다. 아우구스티누스가 덧붙인 요소는 그 동기가 사랑이어야 한다는 것과 수도승과 사제들이 참여해서는 안 된다는 것이다. 십자군은 중세에 일어났는데, 이는 일종의 거룩한 전쟁으로 교회나 영감을 받은 종교 지도자의 후원으로 진행되었다. 생명과 재산의 관점에서 정의를 위해 싸운 것이 아니라 이상, 곧 기독교 신앙을 위해서 싸웠다.[2]

여기서 우리는 평화주의, 정당전쟁, 거룩한 전쟁과 같은 전쟁과 평화 이론들의 주된 목적이 평화의 유지와 회복이라는 점을 알 수 있다. 또한 평화를 목적으로 한 폭력(혹은 강제력)의 금지 또는 허용을 정당화하는 가장 중요한 윤리적 기준들 가운데 하나가 사랑이라는 점을 확인할 수 있다. 이러한 점들을 고려할 때, 이 이론들에 대한 탐구는 평화를 일구는 삶의 규범적 기초로서의 사랑의 윤리를 탐색하는 데 매우 의미 있게 기여할 수 있다고 생각한다. 평화주의는 예수 그리스도의 비폭력, 무저항, 사랑의 명령에 철저하게 뿌리를 내리고 모든 형태의 폭력을 거부함으로써 평화를 추구하며, 앞에서 잠깐 살핀 대로, 아우구스티누스로 대표되는 정당전쟁 전통 역시 이웃 사랑 계명에 근거해 폭력의 위협에 직면한 무고한 이웃을 위한 대응폭력의 사용을 용인한다. 심지어 거룩한 전쟁 전통 역시 동료 신자에 대한 배타적 사랑을 규범적 기준으로 견지하면서 사랑의 이름으로 폭력을 정당화한다. 거룩한 전쟁 전통이 이념적·종교적 신념의 보존과 확장을 명분으로 선제적 무력 사용과 침략 전쟁을 무비판적으로 수용하고 또 폭력을 통한 적의 굴복을 평화의 지름길로 강조한다는 점을 고려할 때, 이 전통은 참된 평화의 길과는 배치되며 그리하여 평화를 일구는 사람과 공동체의 윤리를 탐색하는 데 적절치 못하다고 판단할 수 있다. 그래서 필자는 거룩한 전쟁 전통에 대한 비판적 성찰이 요구된다고 생각하며, 사랑에 근거한 기독교 평화의 윤리를 형성하는 필수적 고려 대상에서 제외하고자 한다.

---

2. Roland H. Bainton, *Christian Attitudes Toward War and Peace: A Historical Survey and Critical Re-Evaluation*(New York/ Nashville: Abingdon, 1960), 14.

정당전쟁을 다룰 때 고전 신학자로 아우구스티누스를, 그리고 현대 신학자로 램지(Paul Ramsey)를 선택할 것이다. 아우구스티누스는 기독교 정당전쟁 전통 형성의 이론적, 실제적 시원을 점하는 인물이기 때문이며, 램지는 기독교 정당전쟁 전통에 서 있는 대표적인 기독교 이타주의자로서 정당전쟁의 정당성을 사랑의 관점에서 가장 정연하게 전개한 이론가이기 때문이다. 평화주의의 평화 이해와 사랑의 윤리 탐색을 위해서는 에라스무스(Desiderius Erasmus)와 요더(John Howard Yoder)를 주로 다룰 것이다. 에라스무스의 전쟁과 평화 이론이 성경과 교부들의 가르침에 근거하고 있을 뿐 아니라 이성과 인간 본성에도 근거를 두고 있다는 점에서 평화주의의 보편적 토대 형성에 중요한 기여를 했다고 판단하기 때문이며, 요더는 평화 교회 전통의 가장 중요한 옹호자로서 성경에 기반을 둔 기독론 중심적 접근으로 평화주의에 대한 기독교의 특수주의적 정당화에 지대한 공헌을 했기 때문이다. 이 두 전통의 평화를 지향하는 사랑의 윤리를 고찰하고 나서 비평적으로 성찰할 것이며, 이러한 성찰을 위해 아웃카의 관점을 주요한 비평의 참고틀로 채택할 것이다. 아웃카 채택은 유용한데, 그가 앞의 두 전통에 대해 진지하고도 철저한 분석과 평가를 수행하고 일종의 제3의 길을 제시하고 있기 때문이다.

이제 기독교 평화주의와 정당전쟁 전통의 평화 이해와 사랑의 윤리를 탐색하고, 평화를 일구는 삶의 윤리적 기초로서의 사랑의 관점에서 몇 가지 윤리적 제안을 제시하고자 한다. 이러한 작업이 다양한 공적, 정치사회적 관계들에서 존재하는 긴장과 갈등 그리고 충돌을 해소하고 평화라는 목적에 조금이라도 더 다가서는 데 이론적으로 또 실제적으로 보탬이 될 수 있기를 바란다.

II. 기독교 사랑에 관한 윤리적 이해

1. 동등 배려로서의 인간 아가페

아웃카에 따르면, 기독교 사랑은 '동등 배려'(equal regard)다. 먼저 '동등'이란 사랑의 대상에 대한 가치 평가와 관련된 개념이다. 기독교 사랑의 계명은 모든 인간을 차별 없이 사랑하라는 명령을 그 본령으로 한다. 모든 동료 인간에 대한 '동등한' 배려란 개별 인간 존재가 고유하게 보유하고 있는 속성이나 삶과 행동의 방식들로부터 구별되는 인간 자체의 가치에 대한 차별 없는 배려를 의미한다.[3] 그럴 만한 가치가 없는데도 그렇게 가치를 인정하고 사랑하는 것이 아니다. 오히려 모든 사람을 도무지 더 축소할 수 없는, 또 그 어느 것으로도 환치할 수 없는(환원할 수 없는) 가치의 존재로 받아들이고 사랑하는 것이다. 다음으로 '배려'는 타자를 위한 마음가짐과 구체적 행동을 내포하는 개념이다. 이는 내적 혹은 심리적 상태만을 가리키는 개념이 아니다. 동기나 마음가짐뿐 아니라 구체적인 사랑의 실행도 포함한다. 사랑의 행위자는 사랑의 대상의 필요, 바람, 행복(복지), 최선 등에 깊고도 예민한 관심을 가지고 바라보며 할 수 있는 대로 힘을 다해 구체적으로 돕고자 한다.[4] 이러한 사랑의 실천은 타자의 반응이나 대가와는 상관없이 혹은 초월하여 이루어진다. 모든 것을 다해 사랑했는데, 심지어는 생명을 바치는 헌신으로 사랑했는데, 돌아오는 반응은 오직 적대적인 반응일지라도 끝까지 지속적으로 사랑하는 것이 바로 '배려'에 담긴 의미다.

　　이 점에서 아웃카의 사랑 이해는 키르케고르(Søren Kierkegaard)과 연속성을 갖는다. 키르케고르에게 인간의 얼굴을 하고 있는 모든 존재는 사랑의 대상인 '이웃'이다. 그는 사랑의 삶을 살고자 하는 이들을 향하여 대상을 그 가치 인식에 있어서 저울질하지 말라고, 또 사랑을 이해타산적(利害打算的) 관계로 퇴락시키지 말라고 강력하게 경고한다. 따라서 반대급부적 응답을 기대하거나 염두에 두고 행하는 사랑은 윤리적으로 용납될 수 없다.[5] 아웃카는 기독교의 사랑을 동등 배려로 규정하지만 '자격심사를 뛰어넘는 배려'(unqualified regard)로도 정의할 수 있다는 점을 밝힌 적이 있다.[6] 자격심사를 뛰어넘는 사랑이 기독교 사랑이라면, 이는 키르케고르의 '가치 저울질'에 대한 반감에 깊이 공감하는 사랑이다. 자격이 모자라도, 아니 자격이 되지 않는데도 사랑하는 것, 그 대상을 있는 그대로 품고 사랑하는 것이 기독교 사랑의 본질이라고 보는 것이다. 또한 대가나 반응에 좌우되지 않고 그것을 초월해서 대상을 '일방향적으로' 배려하는 것이 인간 아가페의 본질이라는 아웃카의 이해는 키르케고르의 사랑론과 연속성을 가진다.

　　아웃카의 비판가들은 키르케고르와 아웃카의 연속성을 상정하면서,

---

3. Gene Outka, *Agape; an Ethical Analysis*(New Haven: Yale University Press, 1972), 9.

4. Gene Outka, 앞의 책, 10-13.

5. Gene Outka, 앞의 책, 16.

6. Gene Outka, "Comment on 'Love in Contemporary Christian Ethics'", *Journal of Religious Ethics* 26, 1998, 438.

43

아웃카가 일방향성을 기독교 사랑의 규범적 특징으로 강조하다가 쌍방적 혹은 상호적 관계 형성의 중요성을 소홀히 여기고 있는 것이 아닌가 의문을 제기한다. 인간의 얼굴을 가진 모든 존재를 차별 없이 품고자 하는 기독교 사랑의 보편성을 강조하는 것이 구체적인 사랑의 관계들이 정서적으로 친밀한 유대로 발전해가는 것을 가로막는 요인이 되지 않는가 하는 우려인 셈이다. 이러한 비판에 대해 아웃카는 크게 두 가지 측면에서 응답하는데, 그의 응답에서 우리는 키르케고르와는 다른 아웃카의 입장을 탐지할 수 있다. 첫째, 아웃카는 상호적 관계 형성과 증진에 필수적인 자연스러운 감정의 반응이나 질서를 부정하지 않는다. 그가 신중하게 구분하여 제시하는 동사(動詞)에 주의할 필요가 있다. 반응이나 대가를 자연스럽게 욕구하거나 소망할 수는 있다(desire or hope). 그러나 적극적 의도를 가지고 기다리거나 요구해서는(await, anticipate or demand) 안 된다. 다시 말해 사랑의 대상으로부터 자신의 사랑에 대한 응답을 '자연스럽게' 욕구하거나 소망하게 되는 것 자체를 두고 윤리적으로 문제 있다고 할 수는 없다는 것이다.[7] 둘째, 아웃카는 일방향성이 기독교 사랑의 궁극적 목적 혹은 결실은 아니라는 점을 역설한다. 기독교 사랑은 원수까지도 동등 배려의 대상으로 포함하고 사랑하는 것은 물론이고, 한 걸음 더 나아가 그 원수를 친구로 만드는 데까지 이르러야 한다는 신념을 드러낸다. 아웃카에 따르면, 원수와 돈독한 우정의 관계를 형성하는 것이 일방향적으로 원수를 사랑하는 것보다 더 고상하다. 여기서 아웃카는 대가와 반응에 좌우되지 않는 사랑으로 서로 사랑하고 그러한 순수한 사랑이 상호작용하여 이루어지는 '사귐'(koinonia)이 기독교 사랑의 궁극적 이상이요, 결실이라는 점을 강조하고 있는 것이다.[8]

44

2. 사랑의 규범적 본질로서의 자기희생적 이타성

예수 그리스도를 신앙의 대상으로 삼는 기독교인들은 예수의 삶과

7. Gene Outka, "Universal Love and Impartiality", Edmund N. Santurri and William Werpehowski (eds.), *The Love Commandment: Essays in Christian Ethics and Philosophy* (Washington, D.C.: Georgetown University Press, 1992), 89.

8. Gene Outka, "Agapeistic Ethics", in Philip Quinn and Charles Taliaferro(eds.), *A Companion to Philosophy of Religion* (Oxford: Blackwell, 1997), 485-486. 아웃카는 규범적으로 일방향성과 보편도 중요하고 친밀한 상호적 관계의 형성도 중요하지만 전자에 우선순위를 두고자 한다. 다시 말해 온전한 상호적 사귐에 이르는 것이 기독교 사랑의 궁극적 목적이지만, 대가와 반응을 뛰어넘어 모든 인간을 차별 없이 사랑해야 한다는 규범적 우선순위를 설정하는 것이다.

윤리적 가르침을 따라 자기희생적 이타적 사랑을 그들의 삶에서 실현하고자 한다. 다시 말해, 자기희생적 이타성(自己犧牲的 利他性)을 구현하는 사랑의 실천에서 기독교인의 윤리적 삶의 본령을 찾는 것이다. 아웃카는 예수 그리스도의 사랑의 소명에 충실하게 응답하고자 하는 기독교인들은 일반적으로 '선한 사마리아인'이 되어 섬김과 돌봄이 절실한 누군가의 '이웃'이 되고자 한다는 점을 밝히면서, 기독교 신자들은 "단순히 그 이웃의 선(善)을 감소시키지 않도록 힘써야 할 뿐 아니라 증진하기 위해 힘써야 한다"는 도덕적 책임감을 갖는 경향이 강하다는 점을 지적한다.[9] 가난하고 소외된 이웃을 타자배려적인 자기희생적 사랑으로 돌보는 것은 기독교인들에게 도덕적 선택 사항이 아니고 마땅히 해야 할 바이기에, "만약 그러한 사역을 감당하는 데 실패한다면 비난을 받는다 해도 그러한 비난을 부적절하다고 할 수 없을 것이다."[10] 기독교인들은 소극적 차원에서 타자의 선의 감소를 방지하기 위해 힘쓰는 한편 적극적 차원에서 그 이웃의 선의 증진을 위해 자기 자신을 내어주는 이타적 삶을 살아야 한다는 도덕적 부르심 앞에 서 있으며, 이 부르심에 대한 응답은 구원의 조건도 아니고 종말론적 보상의 이유가 되는 것도 아니다.

　　타자를 위한 자기희생적 봉사나 일반적으로 불가능하다고 여겨지는 용서와 같은 행동은 기독교인이라면 누구든지 마땅히 수행해야 하는 도덕적 책무로 보기보다는 개별 신자들이 자유롭게 선택할 수 있는 의무 이상의 도덕적 과제, 곧 공덕적 행위로 보는 이들도 있지만, 아웃카를 비롯한 많은 기독교 신학자들과 윤리학자들은 공덕으로 간주하는 이러한 행동을 기독교 사랑의 '자기희생적 이타성'을 구현하는 도덕적 의무로 강조한다. 다만 자기희생적 이타성이 규범적으로 무엇을 의미하는지에 대해서 다양한 응답이 있었는데, 특별히 불의한 폭력에 직면하는 상황에서 기독교 사랑의 이타성이 어떻게 구현되어야 하는가 하는 물음에 대한 응답은 평화를 일구는 삶의 윤리적 기초로서의 '사랑'의 원리를 윤리적으로 성찰함에 있어 매우 중요한 의미가 있다. 평화 구현이라는 목적과 연관해 기독교 사랑이 폭력의 문제

---

9. Gene Outka, "The Protestant Tradition and Exceptionless Moral Norms", Donald G. McCarthy (ed.), *Moral Theology Today: Certitudes and Doubts*(St. Louis: The Pope John Center, 1984), 1958-1959.

10. Gene Outka, "Universal Love and Impartiality", 23.

를 어떻게 보는지에 관해 자아-타자 관계와 타자-타자 관계 사이의 구분 그리고 신앙공동체 안팎의 구분의 관점에서 주목할 만한 해석적, 실천적 패러다임들로 나타났다는 점을 지적하면서, 아웃카는 정당전쟁 전통과 깊은 사상적 연속성을 견지하는 기독교 이타주의와 기독교 평화주의의 가장 중요한 이론적 실천적 담지체인 평화교회 전통을 그 대표적인 보기로 제시한다. 기독교 이타주의는 아우구스티누스를 비롯한 기독교 정당전쟁 전통에 충실하게 자아-타자 관계에서 자기희생적 이타성의 규범적 원리에 근거하여 악에 대한 저항의 금지를 마땅히 해야 할 의무로 요구하는 반면, 타자-타자 관계에서는 스스로를 보호할 능력을 갖추지 못한 약자를 위한 불가피한 대응 폭력의 사용을 도덕적 책무로 규정한다. 평화교회 전통[11]은 자아-타자 관계와 타자-타자 관계 사이의 이타주의적 구분을 철폐하고 이 두 관계 모두에서 자기희생적 이타성의 원리가 비폭력, 무저항의 사랑으로 현실화되어야 한다고 강조한다. 다만 이 전통은 교회와 세상을 구분하여 신앙공동체 밖에 존재하는 도덕 행위자들에게 비폭력, 무저항의 사랑을 도덕적 책무로 명령하거나 강제하지는 않는다.

이제 불의한 폭력에 대한 저항, 자아-타자와 타자-타자 관계의 구분, 신앙공동체 안과 밖의 구분 등의 논점들을 중심으로 정당전쟁 전통과 평화주의 전통이 규범적 기초로서의 사랑의 관점에서 평화 실현을 위한 윤리적 정당화를 어떻게 전개해 가는지를 탐색하고자 한다. 이를 통해 기독교 평화론과 사랑의 윤리에 관한 신학적·윤리적 성찰과 논의의 지평을 확장할 수 있기를 바란다.

III. '전쟁과 평화' 전통과 그 규범적 기초로서의 사랑

1. 정당전쟁 전통의 평화 이해와 사랑의 윤리

1) 아우구스티누스의 정당전쟁론과 기독교 사랑의 윤리

아우구스티누스에게, 세속 도성에서 누릴 수 있는 평화는 '불행에 대

---

11. 자발적으로 참여한 구성원들로 형성되는 소규모의 공동체를 지향하며 성경에 드러난 예수 그리스도의 평화와 사랑의 윤리적 가르침을 공동체적으로 철저하게 구현하고자 하는 교회 전통을 가리킨다. 재세례파(Anabaptists), 메노나이트(Mennonites), 퀘이커(Quakers) 등을 묶어 역사적 평화 교회로 범주화한다.

한 위로'일 뿐이다.[12] 세속 도성과 신의 도성을 구분하는 것이 아우구스티누스 평화 이해의 특징이다. 천상의 평화는 완전하고 절대적이지만, 이 땅 위에서 이룰 수 없다. 신의 도성 사람들은 하나님을 진심으로 사랑하며, 다른 이들의 유익을 위해 자신의 이익을 희생할 줄 아는 이들이다. 기독교인들이 추구하는 참된 사랑에서 세속 도성 사람들의 이기적 사랑은 찾아볼 수가 없다. 그들은 공동의 선을 위해, 개인적 유익과 이해를 언제든지 포기할 줄 아는 이들이다. 그들에게 이것은 당연한 일이다. 왜냐하면 그들의 사랑은 다른 이들과 행복과 선을 나누기 좋아하고 또 공동체 안에서 함께 평화를 누리며 살기 원하기 때문이다. 아우구스티누스는 이것을 "섬기는 사랑인데, 이 사랑은 많은 사람의 마음을 한데 모으고, 모두가 기쁨으로 나누는, 곧 완벽한 일치를 이루는 사랑"이라 말한다.[13] 다른 한편, 지상의 평화는 불완전하고 부분적이고 상대적이다. 잘못된 자기 사랑이 압도할 때, 세속 도성의 사람들은 자신의 이익을 앞세우고 또 다른 이들을 착취하기까지 한다. 아우구스티누스가 정당화하는 전쟁은 천상의 평화를 위한 것이 아니라, 죄된 인류가 가질 수 있는 지상의 평화를 위한 것이다. 정당전쟁은 갈등의 정당한 (just) 해결을 추구한다. 이러한 해결은 종말론적 완성의 때로 미루어진 '참된 정의'를 반영하는 것이 아니라, 상대적 혹은 최소한의 의미에서 조화로운 질서를 의미한다. 카힐(Lisa S. Cahill)에 따르면 아우구스티누스에게 악에 대한 보복적 정의는 "'중간 단계'의 의미를 갖는데, 복수와 저항을 뛰어넘는 '완전한 평화'를 목표로 하나님의 백성을 교육한다는 면에서 임시적 가치를 갖는다. 현재의 질서에서 평화와 사랑은 힘, 폭력적 힘까지도 배제하지 않는다."[14] 아우구스티누스의 전쟁에 대한 정당화는 그의 세속 정부 이해와 연동하는데, 그것의 기능은 사회 안에서 평화와 질서를 유지하고 인간 실존의 조건들을 보장하는 것이며 또한 이 땅에서 신앙생활을 위한 공간을 마련해주는 것이다.

아우구스티누스의 정당전쟁의 정당화와 이와 연동된 세속 정부에 대한 긍정은 인간 역사와 사회적 세계에 대한 하나님의 구원론적, 섭리적 역사

---

12. Augustine, *The City of God*, XIV.27.
13. Augustine, 앞의 책, XV.3.
14. Lisa Sowle Cahill, "Nonresistance, Defense, Violence, and the Kingdom in Christian Tradition", *Interpretation* 38 O 1984, 383.

와 신학적 연관성을 갖는데, 이러한 신학적 구원론적 섭리는 온 인류를 포괄하는 하나님의 창조의 지평을 존중한다. 앞에서 언급한 대로, 아우구스티누스에게 평화는 역사 안에서도 가장 좋은 선이다. "평화는 너무나 좋은 것이어서, 이 지상의 삶에서도 그렇게 큰 기쁨으로 들을 수 있는 다른 어떤 것이 없다 할 만큼 기쁘게 하는 것이며, 그토록 열심히 추구할 만한 것이 또 없을 만큼 추구하는 것이고 또 다른 어떤 것보다도 우리를 만족스럽게 하는 것이다."[15] 이어서 말하기를, "신의 도성의 사람들도 지상의 평화를 필요로 한다. 이 땅의 순례에서 믿음과 경건의 삶에 해를 입히지 않는 한에서, 생존에 필수적인 것들에 대한 공동의 의견 일치를 바라고 또 유지해야 하며, 지상의 평화를 하늘의 평화에 연결시켜야 한다."[16] 앞에서 잠깐 살핀 대로, 여기서 아우구스티누스는 성과 속의 공동기반(common ground)을 허용한다. 이러한 공동기반에 대한 두 가지 신학적 논거를 들고자 한다. 첫째는 신의 도성 사람들이 세속의 법질서에 복종하는 것에 관한 것이다. 세속 도성의 시민법들이 천국을 향한 순례의 길의 순수성과 진행에 장애가 되지 않는 한에서 따를 것을 권고한다. 신의 도성 사람들의 복종은 이 땅에서 평화를 이루는 데 기여할 것이다.[17] 아우구스티누스에 따르면, 정치적 체제는 창조의 질서에 속하는 것이 아니라 타락 이후에 인간 공동체가 고안해낸 것이다. 인간의 죄와 인간 사회의 죄악된 상태의 결과이기도 하고 동시에 치유의 방편이기도 하다. 정치 체제들이 치유의 방편으로 고안되었다고 하지만, 범죄와 타락의 가능성을 늘 갖고 있고 하나님 나라와도 거리가 있음을 기억해야 할 것이다. 정치권력을 오용하거나 인간 통치자를 절대화하려는 우상숭배적 시도의 위험도 상존한다. 이러한 위험을 감안하면서, 아우구스티누스는 정치 체제들 안에서 하나님의 섭리가 있음을 강조한다. 하나님은 그들을 사용하여 인간 사회 안에 잠재하고 있는 또 일어나고 있는 죄와 악행을 제어하고 통제하려 하신다. 두 번째, 인간 생존에 필수적인 요소들을 확보하는 것과 연관이 있다. 세속 정부는 구성원들이 이 땅에서 생존하는 데 필요한 외적 요소들을 제공하고 보장하는 기능을 수행한다. 기본적 질서, 평화, 생존의 물적 토대 등이다.

48

---

15. Augustine, *The City of God*, XIX.11.

16. Augustine, 앞의 책, XIX.17.

17. Augustine, 앞의 책.

2) 램지의 정당전쟁론과 이타주의적 사랑의 윤리

기독교인들은 자신의 신적 영광을 포기하고 인류를 위해 생명을 바친 예수 그리스도의 자기희생적 사랑을 모범으로 삼아 자신들의 개인적, 공동체적 삶에서 예수의 사랑의 삶을 구현하도록 부름받는다. 램지는 이 '소명'에서 기독교인의 윤리적 삶의 본령을 찾고 있는 것이며, 인간의 도덕적, 종교적 의무는 '사랑의 이중 계명'과 같은 예수 그리스도의 윤리적 가르침에 그 근거를 두어야 한다고 강조한다.[18]

램지는 예수 그리스도의 사랑의 윤리는 비폭력 혹은 수동적 저항을 허용하지 않으며 오직 무저항의 사랑을 명령한다고 본다. 이 사랑은 타자를 위한 철저한 이타적 헌신을 내포한다. 무저항의 사랑에 대한 예수 그리스도의 입장은 참으로 엄격하고 절대적이기에 폭력적 저항은 말할 것도 없고 그어떤 형태의 저항도 허용하지 않는다고 풀이한다. 여기서 자아-타자의 관계에서의 악에 대한 저항이라는 관점에서 타자 지향적 자기희생의 문제를 검토해보자. 램지는 자아-타자 관계에서 악에 대한 저항을 허용하지 않는다. 자아가 직면하는 불의한 폭력에 대해 '저항하는 것'이 아니라 '받아들이는 것'이 도덕적으로 '요구된다.' 이런 맥락에서 램지는 고대교회의 대표적인 이타주의자인 암브로시우스(St. Ambrosius)를 인용한다. "정의롭고 지혜로운 삶을 사는 기독교인은 다른 사람의 죽음을 딛고 자신의 생명을 살려서는 안된다. 무장 강도를 만났다고 생각해보라. 자신의 생명을 지키느라고 이웃에 대한 사랑을 오염시키지 않도록 그 이웃(무장 강도)에 대해 대응폭력을 행사해서는 안 된다. 복음서는 분명한 답을 준다…. 그리스도를 살해한 악인보다 그 강도가 더 증오스러운가? 그리스도는 박해자들에게 상처를 입히면서 자신을 보호하려 하지 않을 것이며, 오히려 그는 자신의 상처를 통해 만인을 치유하시길 원하신다."[19] 여기서 암브로시우스는 타자 지향적 자기희생을 내포하는 무저항의 사랑 실천의 근거는 그리스도의 희생적 삶이라는 점을 역설하고 있는 것이다. '그리스도는 박해자들에게 상처를 입히면서 자신을 보호하려 하지 않을 것'이기 때문에, 그리스도를 닮고자 하는 신자들은 그 모범을 따라 폭력을 동반하는 악의 현실에 대응폭력으로 반응하거나 저항해서는 안 되는 것이다. 램지는 암브로시우스와 마찬가지로 그리스도의

---

18. Paul Ramsey, *Basic Christian Ethics*(New York: Scribner's, 1950), 65.
19. Ambrose, *Duties of the Clergy*, IV. 27; Paul Ramsey, *Basic Christian Ethics*, 173에서 재인용.

49

2장_사랑, 평화를 일구는 삶의 윤리적 기초

이타적인 자기희생적 사랑에서 인간 아가페의 규범적 핵심을 찾는 한편, 인간의 이기적 본성의 강력한 역동을 적절하게 고려한다면 그리스도의 사랑의 모범은 의지적으로 타자 지향적 삶과 행위를 결단하고 실천하고자 할 때 구현될 수 있다는 점을 강조한다. 아웃카는 이 점에서 램지가 "타자에게 선호를 가지면서 자아-타자 관계에서 나 자신의 명분을 판단하려 할 때 있을 수 있는 자기기만의 가능성을 경계해야 한다"는 점을 제안하고 있다고 풀이한다. 나의 소유나 생명에 상해를 입히고자 하는 분명한 의도를 가진 무장 강도와 맞닥뜨린 상황을 상상해보라. '자기기만의 가능성을 경계'한다는 것은 "아마도 그 무장한 강도는 정당한 불만의 요인을 가지고 있을지도 모르며 아마 나는 스스로 가정하는 것보다 덜 결백할 수도 있다"는 여지를 열어두는 것을 내포한다.[20]

예수 그리스도의 사랑의 윤리는 무저항의 사랑을 규범적 요체로 삼는다고 해석하면서 이타적 자기희생과 무저항이 원칙이라고 강조하지만, 램지는 신중하게 '악에 대한 저항'을 정당화할 수 있는 여지를 남겨둔다. 무엇보다도 이타주의적 사랑 이해에 내포된 '타자에 대한 책임성'이라는 요소가 현실주의적 적용을 가능하게 한다. "저항은 비폭력적이라고 해서 좀더 기독교적인 행위로 간주될 수 없으며, 무력을 동반한 저항은 그 무력 때문에 비기독교적인 것으로 간주되는 것이 아니라 저항적이기에 그렇게 간주되는 것이다. 적극적 저항이나 수동적 비협조도 엄격한 예수의 무저항의 윤리와 동일시될 수 없는 것은 물론이고, 근접한 것이라고도 말할 수 없다. 그러므로 예수의 (무저항의) 윤리로부터 떨어져 나와 기독교인들이 무저항의 원칙을 내려놓는 데까지 기독교인의 저항을 정당화하는 상황들과 주장들이 있을 수 있고, 그러한 상황들과 주장들은 무력을 통한 저항까지도 허용할 수 있는 계기로 작용할 수 있다."[21] 기독교인들은 타자의 필요가 있는 자리가 있다면 어디에서든 구체적으로 구현될 수밖에 없는 본성을 가진 '사랑'으로 추동되는 존재이며, 그리하여 언제나 "자신과 이웃이 처한 특수하고 또 구체적인 상황들에서 옳은 행동을 결정해야 하는" 여러 문제들에 응답해야 한다.[22] 기독교 사랑은 어떤 상황에서든 그 상황에 응답하는 책임적인 사회윤

---

20. Gene Outka, "Universal Love and Impartiality", 24-25.
21. Paul Ramsey, *Basic Christian Ethics*, 69.
22. Paul Ramsey, 앞의 책, 345-346.

리를 추구한다. 무저항의 사랑의 윤리를 유보할 수 있게 하는 '상황들과 주장들'(circumstances and arguments)은 정의의 판단을 요구하는 현실의 관점에서 설명할 수 있다. 인종차별 문제를 교정하기 위해 경제적 압박책을 기독교인들이 사용할 수 있는가에 대해 논하면서, 램지는 예수 그리스도의 무저항의 사랑의 윤리는 "공동생활의 전체적인 안정과 질서를 위해 구성원들 가운데 다른 이들보다 특정한 다른 이들의 지위를 고양하는 것을 선호하는 방향으로 대책을 수립할 수 있고 또 해야만 하는" 여지를 마련할 수 있다고 주장한다.[23] 정의의 판단은 무저항의 사랑이 인종차별과 그 행위자들에 대한 저항을 허용하도록 하는 요인으로 작용한다는 것이다.

이런 맥락에서 램지는 스스로를 보호할 능력을 갖추지 못한 무고한 이웃이 불의한 폭력에 의해 생명을 위협받고 있다면, 자아-타자의 관계에서처럼 자기희생의 규범을 그 무고한 이웃에게 권고하거나 요구할 수 있는지에 대해 심각한 의문을 제기한다. 램지는 타자-타자 관계에서는 오히려 불의한 폭력에 맞서 대응 수단을 동반하여 개입하는 것이 오히려 기독교 사랑에 근접한 행동이라고 생각하며, 이 경우 저항이 사랑의 '의무'가 된다고 본 것이다. "모든 동료 인간을 향한 타자 배려의 사랑으로부터 특정한 이웃들에 대한 우선적 배려가 정당화될 수 있고 그렇게 되어야 할 경우가 있다. 사랑을 위하여(사랑의 실천으로 살인 금지의 원칙을 생각할 수 있다), 기독교적 사상과 윤리는 단 하나의 예외를 설정하게 되는데, 이는 하나님의 지극히 작은 이들이 무책임하게 내버려지거나 필요 이상으로 과도한 상해를 입지.않도록 불의한 폭력은 필요하다면 대응 폭력을 사용해서라도 거부되어야 하고 군사적 무력을 사용하는 행위자들은 직접적으로 제어되어야 한다. 이렇게 본다면, 이는 '예외'라기보다는 정의와 자비의 결정적 표현이라 할 수 있다. 다시 말해, 참으로 애통한 마음으로 허용해야 하는 동료 인간에 대한 애정에 입각한 표현인 것이다."[24]

3) 정당전쟁 전통의 평화를 지향하는 사랑의 윤리 요약

사랑은 공적 영역(혹은 정치사회 영역)에서도 기독교인의 윤리적 판단과

23. Paul Ramsey, *Christian Ethics and the Sit-in*(New York: Association Press, 1961), 102.
24. Paul Ramsey, 앞의 책, 102.

행동을 지시하고 이끌어가는 기준이어야 한다. 다양한 삶의 영역에서의 기독교인의 사랑은 무엇보다도 온 인류와 피조 세계를 향한 하나님 사랑이라는 창조와 섭리의 지평을 존중한다. 인류와 역사 그리고 세계를 향한 하나님의 애정 어린 섭리의 반영으로서 세속 정부(혹은 국가권력)의 가치를 인정하지만, 기독교인들은 무조건적으로 세속 정부의 강제력 사용을 정당화하거나 신중한 고려 없이 그러한 사용을 지지하지는 않는다. 정당전쟁에 관해서는, 정당전쟁의 기준들을 충족할 때 비로소 수용할 수 있으며 그것도 참으로 비통하고 무거운 마음으로 그렇게 해야 한다. 불의한 폭력 앞에서 생명의 위협을 겪고 있는 무고한 '우리의 이웃'을 위해 강제력을 사용하여 대응하는 것은 비통한 심정으로 수행해야 하는 불가피한 사랑의 행위로 받아들여야 하는 것이다. 기독교회가 이러한 폭력 사용을 무조건적으로 수용하거나 정치 영역에서 철저히 분리되어 사는 것을 마땅히 수행해야 할 공적 소명이라고 생각한다면, 정치권력이 극도로 폭력화할 때 교회가 마땅히 가져야 할 저항의 힘을 상실하게 될 것이다. 이런 면에서 기독교회와 신자들은 궁극적 규범인 예수 그리스도의 사랑의 윤리를 구현하며 살아가면서 불의한 폭력에 대한 대안으로서의 영향력을 나타내는 것을 중요한 도덕적 책임으로 받아들여야 한다는 것이 정당전쟁 전통의 윤리적 신념인 것이다.

정당전쟁 전통은 하나님 나라의 기준을 오늘의 윤리적 삶의 궁극적 기준으로 존중하면서도, 하나님 나라의 완성과 인간 공동체의 역사적 성취 사이에는 분명한 간격(혹은 차이)이 있다는 점을 견지한다. 이러한 종말론적 긴장은 아우구스티누스 전통(램지도 이 전통에 서 있다)의 인간 이해와 맞닿아 있다. 인간의 도덕적 가능성을 전면적으로 부정하지 않지만, 인간의 죄악됨과 유한함에 대한 예민한 인식을 결코 버리지 않는다. 그러기에 사랑은 '손쉬운 가능성'(simple possibility)이 아님을 기억해야 한다. 또한 사랑의 이상이 정의의 형태로서 근사치적으로 실현되는 가능성도 열어두어야 하는 것이다.

2. 평화주의 전통의 평화론과 사랑의 윤리

1) 에라스무스의 평화주의와 사랑의 윤리

에라스무스는 르네상스 인문주의자로서 고대의 고전들을 중요하게 참고하면서, 동시에 기독교인으로서 성경과 기독교 신학 전통에 입각한 개혁적 사상을 전개해간다.[25] 카힐은 에라스무스의 과업은 "기독교 전통 전체를 정화하기 위해 최상의 인문주의 산물을 핵심적 기독교 교리들에 적용하는 것"이었다고 밝히고 있으며,[26] 베인턴은 에라스무스에 대해 "평화는 교육을 통해 교회와 사회를 개혁하고자 하는 그의 기획에 필수적인 것이었다"라고 평가하고 있다.[27]

에라스무스는 보편적 이성과 특수한 기독교 계시 모두에 근거하면서 자신의 평화론을 펼쳐가는데, 그의 평화 사상은 교회 안팎에서 평화주의를 이론적으로 또 실천적으로 강화하는 데 크게 이바지한다. 그의 평화 옹호는 무엇보다도 자연 질서와 인간 본성에 의존한다. 야생의 동물들도 본능적으로 싸움을 즐겨하지 않으며 싸운다 해도 동족과는 싸우지 않는다는 점을 밝히면서 '악마적 과학이 만들어낸 기계들'로 동족을 살상하기를 서슴지 않는 인간 종족과는 분명히 다르다는 점을 지적한다. 야수도 어린 자녀를 보호하고 생존의 양식을 구하기 위해 싸울 뿐인데, 인간이 벌이는 치명적 전쟁이라는 것은 "야망과 탐욕, 그것이 아니면 내면의 병적 역동이 원인이 되어 발생한다"고 한탄한다.[28] 인류에게 전쟁은 본성을 거스르는 부자연스러운(unnatural) 것이다. 인간의 본능에 충실한 삶과 사회는 어떤 모습이며 또 어떤 모습이어야 하는가? 에라스무스의 답은 분명하다. 인류 공동체에 '자연스러움'은 치명적 수단을 통한 물리적 충돌을 중단하고 평화롭게 더불어 사는 것이다.

신학적으로 말해, 하나님은 인간을 평화 친화적 존재로 창조하셨다. 타자와의 평화로운 공존에로의 지향성은 인간의 본성에 새겨져 있다는 말이다. 에라스무스의 말을 들어보자. "자연은 인간의 마음속에 배타적 삶을 혐오하고 함께 어울려 사는 삶을 사랑하는 지향성을 심어두었다. 또한 인간의 심장에 온통 자애로운 애착의 씨앗을 뿌려놓았다."[29] 이렇듯 '함께 어울

---

25. 이 부분은 역대 한국 정부의 통일 정책을 기독교윤리적으로 분석·평가한 필자의 연구에 기초하면서 본 발제의 목적에 맞추어 다시 전개했음을 밝힌다. 이창호, "역대 한국 정부의 통일 정책에 대한 기독교 윤리적 응답: 전쟁과 평화 전통을 중심으로",《기독교사회윤리》20(2010/12), 249-254.

26. Lisa Sowle Cahill, *Love Your Enemies: Discipleship, Pacifism and Just War Theory*(Minneapolis: Fortress, 1994), 153.

27. Roland H. Bainton, *Christian Attitudes Toward War and Peace: A Historical Survey and Critical Re-Evaluation*(Nashville: Abingdon, 1979), 131.

28. Desiderius Erasmus, "Letter to Antoon van Bergen", lines 30-35. James Turner Johnson, *The Quest for Peace: Three Moral Traditions in Western Cultural History*(Princeton: Princeton University Press, 1987), 155에서 재인용.

려 사는 삶을 사랑하는 지향성'과 '자애로운 애착의 씨앗'이 주어진 인간의 마음은 본성적으로 전쟁과 같은 상호 파괴적 갈등을 거부할 수밖에 없다고 보는 것이다. 곧 하나님은 인간 본성의 설계도 안에 '상호 간의 친밀한 감정적 교류와 사랑과 우정의 애착 관계'의 인자를 심어두셨다는 것이 에라스무스의 이해다.[30] 요컨대, 에라스무스는 자연의 질서와 창조의 본성에 근거하면서 인간은 평화로운 공존과 상호 의존을 추구하는 것이 '자연스러운' 존재로 창조되었다는 점을 강조한다.

에라스무스는 그의 평화주의를 예수 그리스도의 삶과 가르침에 입각하여 심화시킨다. 그에 따르면, 평화 추구는 기독교 제자도의 핵심이다. 다시 말해, 모든 기독교인이 그리스도의 본을 따라 사는 것을 가장 중요한 삶의 목적으로 삼아야 한다는 것이다. 이러한 순종의 삶은 특별히 선택받은 이들의 집단이나 종교적 엘리트들에게만 해당되는 것이 아니라, 그리스도를 믿고 따르는 이라면 누구든지 완수해야 할 복음적 이상이라는 점을 강조한다.[31] 에라스무스는 '평화와 사랑'을 기독교회와 신자의 윤리적 삶의 요체로 역설하는 복음서의 권고들을 도무지 외면할 수도 없고 또 그렇게 해서도 안 된다고 호소한다. 복음서가 전하는 예수 그리스도의 사랑과 평화의 윤리적 가르침은 전쟁과 폭력이 예수의 사랑의 법을 위배하는 것이라는 에라스무스의 단호한 입장을 지지한다. 에라스무스의 말을 들어보자. "어디에서 그토록 많은 완벽한 일치의 맹세들을, 그토록 많은 평화의 교훈들을 찾을 수 있을까? 그리스도가 스스로 자신의 것이라 부른바, 하나의 계명 곧 사랑의 계명이 있다. 무엇이 이보다 더 전쟁을 반대할 수 있을까? 예수는 그의 친구들을 복된 평화의 인사로 맞이한다. 제자들에게 오직 평화를 주셨고, 오직 평화만을 남기셨다."[32] "오직 온유만을 설교하시고 또 행하신 그리스도의 뒤를 따르며 스스로를 '기독교인'이라 부르는 것을 자랑스러워하는 우리에게, 한 몸으로 부름받아 한 성령으로 살고 동일한 성례 가운데 자라가며 또 한 머리에 참여하는 우리에게 … 도대체 그 무엇이 우리로 전쟁에 동참하라고

---

29. Desiderius Erasmus, "Antipolemus: Or the Plea of Reason, Religion and Humanity Against War"(1813), reprinted in *The Book of Peace: A Collection of Essays on War and Peace*(Boston: George C. Beckwith, 1845). http://mises.org/daily/4134.

30. Desiderius Erasmus, 앞의 글.

31. Lisa Sowle Cahill, *Love Your Enemies: Discipleship, Pacifism and Just War Theory*, 154.

32. Desiderius Erasmus, *Dulce bellum in expetis* in The 'Adages' of Erasmus, tr. by Margaret Mann Phillips(London: Cambridge University Press, 1964), 327.

할 만큼 중요하다는 말인가?"[33]

예수 그리스도의 윤리적 가르침에 근원적으로 또 직접적으로 의존하면서, 에라스무스는 평화의 추구를 기독교의 도덕적, 종교적 의무로 강조하고 있는 것이다. 예수 그리스도를 생명의 주인으로 받아들인 이라면, 오직 그의 가르침과 삶의 본을 따라 평화와 사랑을 증거하고 또 구현하고자 힘쓸 수밖에 없다는 말이다. 다시 말해, 기독교인들은 사랑과 평화의 삶 외에 다른 어떤 것도 가르치지 않으시고 사랑 자체로서 오직 사랑의 삶을 살아간 그리스도를 모범으로 삼아 구체적으로 평화를 구현하며 살아야 한다는 것이다.[34]

2) 요더의 평화주의와 사랑의 윤리

평화교회 전통에 서 있는 대표적인 현대 신학자를 꼽으라면 누구보다도 요더를 먼저 생각할 수 있다. 요더의 평화주의는 성경적이고 기독론적이다. 그는 예수 그리스도의 비폭력 무저항의 사랑을 중심으로 한 성경 해석에 근거해서 자신의 사회윤리를 전개해간다. "새로운 공동체 성립과 모든 폭력을 거부하는 것을 특징으로 하는 사회적 지향은 처음부터 끝까지 신약성경 선포의 주제다. 그리스도의 십자가는 기독교의 효율이며, 모든 믿는 이들에게 하나님의 능력이다."[35] 여기서 예수 그리스도의 십자가로 계시된 말씀은 기독교 신앙 공동체와 신자들의 윤리적 삶을 규율하는 규범의 토대라는 점을 추론할 수 있다. 또한 십자가가 해석학적으로 결정적이기 때문에 구약 성경에 근거해 정당화했던 폭력의 사용은 재고되어야 한다는 것이 요더의 생각이다.

요더는 기독교 사회윤리의 규범을 이성이나 자연법 혹은 자연신학에 근거하려는 시도가 결국 예수 그리스도를 제외시키는 결과를 낳을 것이라고 우려한다.[36] 이렇게 볼 때 기독교 사회윤리의 관심 주제는 "진리를 소종

---

33. Desiderius Erasmus, "Letter to Antoon van Bergen", lines 38-44. James Turner Johnson, *The Quest for Peace: Three Moral Traditions in Western Cultural History*(Princeton: Princeton University Press, 1987), 157에서 재인용.

34. Desiderius Erasmus, "Antipolemus: Or the Plea of Reason, Religion and Humanity Against War"(1813).

35. John Howard Yoder, *The Politics of Jesus: Vicit Agnus Noster*, 2nd Ed.(Grand Rapids: Eerd-mans, 1994), 242.

36. John Howard Yoder, 앞의 책, 19.

파 운동으로 제한하는 것이 아니라, 자연계시를 뒷받침하는 상식적 인식론을 비판적으로 검토하는 것"이 될 것이라고 강조한다.[37] 특별히 전쟁에서의 폭력 사용이라는 주제는 기독교인들이 그리스도 예수를 윤리적 삶의 궁극적 기준으로 진정성 있게 인정하느냐 아니냐를 가름하는 시금석이 된다고 주장한다.[38] 그는 정당전쟁을 포함하여 어떤 형태의 전쟁에도 비판적인데, 기독교 사랑의 윤리의 본질적 원칙을 부정하는 것이기 때문이다. 모든 기독교인이 마땅히 따라 행해야 하는 도덕적 '의무'는 예수 그리스도의 삶과 말씀 가운데 드러난 비폭력 무저항의 사랑이라는 것이다. 불의한 폭력의 위협 앞에 처해 있더라도 자기희생적 이타성을 구현해 폭력에 저항하지 않고 감내하는 것이 기독교 사랑의 본질에 부합되는 것이라 보는 것이다.

이 점에서 요더는 램지와 같은 이타주의자와 마찬가지로 자아-타자 관계에서 자기희생적 이타성을 기독교 사랑의 규범적 요체로 강조한다. 신자가 되고 신앙 공동체의 구성원이 되는 것은 의무가 아니다. 다시 말해, 그것은 자발적 선택과 결단으로 되는 것이다. 그러나 그렇게 공동체의 구성원이 되는 것을 자발적으로 결정하고 그 공동체에 속하게 된 이들이 따라야 하는 엄격한 의무 사항이 하나 있다. 그것은 비폭력이다. 이는 신앙 공동체에 속한 모든 구성원들을 구속력을 가지고 규율하는 절대적 규범이 된다. 이를 어기는 것은 불신앙이며 '공동체의 가장 중요한 삶의 방식으로부터 일탈'이다. 악에 대한 저항을 엄금하며 비폭력을 요구한다. 신앙의 공동체의 모든 구성원들은 무저항의 실천이라는 절대적인 부르심을 받았기에, 이 소명의 관점에서 행위자의 선택의 여지는 허용되지 않는다.[39] 그러므로 비폭력과 무저항은 의무가 된다. 기독교 사랑에 규범적 근거를 두는 의무로서 필수적으로 실천해야 하는 규범이 되는 것이다.

요더에게 교회는 예수 그리스도로 시작된 새 세대(new aeon)의 사회적 현실이다. 그리스도의 통치는 종말론적 완성의 때까지 유보되는 것이 아니라 현재라는 시간 속에서도 실현되어야 하는데, 세속 영역에서가 아니라

56

---

37. John Howard Yoder, *The Priestly Kingdom: Social Ethic as Gospel*(Notre Dame: University of Notre Dame Press, 1984), 43.

38. John Howard Yoder, *The Original Revolution: Essays on Christian Pacifism*(Scottdale, Pa.: Herald Press, 1971), 134-135.

39. John Howard Yoder, 앞의 책, 72.

40. 이창호, "교회의 공공성에 관한 신학적 윤리적 탐구",《기독교사회윤리》29(2014/8), 166.

교회 안에서다.[40] 요더에 따르면, "신약 성경은 현재의 시대(교회의 시대, 예수의 오심부터 재림까지)를 두 세대(two aeons)가 겹치는 시기로 본다. 이 두 세대(혹은 에온)는 함께 존재하기 때문에, 별개라 할 수 없다. 이것들은 본성에서 혹은 방향에서 다르다. 곧 한 세대는 그리스도 밖(혹은 전)의 인간 역사를 과거 지향적으로 가리키는가 하면, 다른 한 세대는 미래 지향적으로 하나님 나라의 충만한 실현을 향한다. 각 세대는 사회적 드러남인데, 전자는 '이 세상' 속에 일어나는 것이고 후자는 교회 안에서 이루어진다."[41] 요더는 하나님 나라를 이 땅 위에 드러나게 하는 데에 교회가 결정적인 도구라고 생각한다. 교회는 역사 안에 존재함으로써 하나님 나라를 불러일으키는 일에 부름받는다.[42] 자아-타자 관계를 규율하는 의무는 개인뿐 아니라 공동체 차원에까지 구속력을 갖는다. 곧 예수 그리스도의 평화와 사랑의 가르침에 순종함으로써 하나님 나라를 구현해야 한다는 소명은 공동체 전체를 상정한다. 이 점에서 요더는 자아-타자 관계와 타자-타자 관계 사이의 도덕적 차이를 철폐한다고 볼 수 있다. 곧 타자-타자 관계에서도 비폭력 무저항의 사랑 실천은 행위자로서 개별 신자가 실행 여부를 스스로 결정(혹은 선택)할 수 있는 성격의 것이 아니라 마땅히 행해야 하는 바로서의 도덕적 의무가 된다. 다만 요더는 교회와 세상을 구분한다. 비폭력은 신앙 공동체 안에서 개별 신자와 공동체적 관계 모두를 규율한다. 세상도 교회가 구현하여 보여주어야 할 하나님 나라의 도덕적 이상 곧 예수 그리스도의 사랑의 윤리를 궁극적인 규범으로 삼기를 희망해야 하겠지만, 세상은 옛 세대에 속하여 있으며 그리하여 "교회 밖에 있는 사람들은 '국가의 경찰 기능'을 허용하면서 그러한 국가의 기능 안에서 그들의 삶을 구성하고" 있다는 점을 받아들여야 한다.[43]

　　타자-타자 관계에서도 기독교인들은 무저항 비폭력의 사랑의 실천을 통해 자기희생적 이타성을 구현해야 한다는 원칙을 견지하면서, 요더는 국가권력의 강제력(혹은 폭력) 사용에 대한 기독교 윤리적 입장을 신중하게 전개해간다. 로마서 13장과 같은 성경의 증언에 근거하여, 요더는 교회 공동체와 신자들은 국가 권력에 순종해야 한다(subordinate)고 가르친다. 다만 요더는 순종과 복종(subordination and obedience)을 구분한다. 기독교인들은 국가

41. John Howard Yoder, *The Original Revolution*, 55.
42. John Howard Yoder, 앞의 책, 107-124.
43. John Howard Yoder, 앞의 책, 76-77.

에 순종해야 하지만, 불복종할 수 있다. 특별히 국가 권력이 스스로를 우상화하려 할 때는 더더욱 그렇게 할 수 있다. 기독교인은 국가 권력이 하나님의 주권적 뜻에 어긋나지 않을 때에만 순종한다. 기독교인들은 복종하지 말라고 부름받을 수 있지만(not to obey), "항상 순종하도록(subject) 부름받는데 반란을 일으키거나 국가가 존재하지 않았던 것처럼 행동해서는 안 된다는 의미에서 그렇다."[44] 다시 말해 기독교인은 국가 권력에 불복종할(not obey) 수 있지만, 그 '불복종'에 대한 형벌을 받음으로써 결국 '순종'(subordination)을 실천하는 것이다. 그리하여 요더는 로마서 13장 1절에서 사도 바울은 순종(subordination)을 말하는 것이지, 복종(obedience)을 말하는 것이 아니라고 풀이한다. '복종'하지 않더라도 '순종'할 수는 있다는 것이다.[45]

국가에 순종해야 한다면 국가의 폭력 혹은 강제력 사용을 어떻게 이해할 것인가? 요더는 로마서 13장, 디모데전서 2장, 베드로전서 2장 등을 인용하면서 국가 권력의 정당성은 국가 공동체 안에서 평화를 보장하느냐 그렇지 못하느냐에 달려 있다고 주장한다. 사회적 평화와 질서는 무고한 시민들이 보호되고 악을 행하는 이들이 적절히 제어되고 또 형벌이 가해질 때 이루어질 수 있다고 보는 것이다.[46] 요더는 사회적 삶에 필수적인 기본적 평화와 질서를 확보하기 위한 경찰 기능을 수용하고 있는 것이다. 그러나 국가 권력의 강제력 사용을 국제적 차원으로 확장하는 것은 반대한다. 반대 논지의 요점을 들어보자. "경찰이 한 범법자를 충분히 제어할 수 있기에, 저항이 소용이 없다…. 그러나 정당전쟁의 이론은 다르다. (정당전쟁이라고 주장하는 국가 간의 전쟁에서는) 그렇게 성공적이지 않다."[47] 다시 말해, 국내적 차원에서 경찰력을 사용할 때 무고한 시민과 범법자가 구별이 되고 또 평화와 질서 유지라는 목적을 이룰 수 있으나 국제적 차원에서 이 둘 다 가능하지 않다는 것이다. 요컨대, 국내적 차원과 국제적 차원을 구분하면서, 요더는 한편으로 전쟁을 비롯한 국가 간의 무력 충돌에서의 정당성을 전면 부정하며 다른 한편으로 개별 국가 안에서 사회적 생존에 필수적인 최소한의 강제력 사용을 조심스럽게 수용한다. 다만 비폭력을 절대적 규범으로 삼는 기독교인들은

---

44. John Howard Yoder, *The Original Revolution*, 75.
45. John Howard Yoder, *The Politics of Jesus*, 208-209.
46. John Howard Yoder, *The Christian Witness to the State*(Newton, KS: Faith and Life Press, 1964), 36.
47. John Howard Yoder, *The Politics of Jesus*, 204.

경찰 기능의 수행에 참여할 수 없는데, 왜냐하면 그러한 참여는 강제력(혹은 합법적 폭력)의 사용을 의미하기 때문이다.

요컨대, 요더는 삶의 전 영역에서 신자들의 윤리적 삶을 규율하는 핵심적인 규범은 비폭력 무저항의 사랑이어야 한다는 점을 강조한다. 한편으로 경찰력이라는 강제력 사용의 불가피성을 수용하지만 기독교인들이 그러한 강제력 행사에 주체로 참여하는 것을 허용하지 않으며 다른 한편으로 폭압적 정권에 대해 비폭력적 방식으로 저항하는 여지를 남겨두지만 그것이 교회의 복음적·윤리적 본질에 부합되는 것은 아니라는 점을 견지함으로써 요더는 기독교 사랑의 규범적 운용에서 교회와 세상의 구분을 견지하고자 한다.

3) 평화교회 전통의 평화를 지향하는 사랑의 윤리 요약

앞에서 본 대로, 에라스무스의 평화주의적 사랑의 윤리는 창조신학적 신념을 본질적 토대로 삼는다. 인간은 평화적·친화적으로 창조되었다. 곧 인간은 평화롭게 공존하며 우정과 사랑을 증진하도록 창조되었기에, 전쟁에서 무력 사용과 같은 폭력 실행은 본질적으로 인간 본성에 배치된다. 정의로운 혹은 정당한 폭력이란 있을 수 없는 것이다. 정당전쟁의 가능성을 말하지만 전쟁에서 정의로운(just) 동기를 찾는 것은 불가능한데 전쟁이 야기하는 악한 결과들과 결정권자의 정당치 못한 동기 때문이다. 그러므로 평화주의자들은 정치적 권위들이 모든 경우에 화해를 이루기 위한 협상이나 중재 등의 평화적인 방법을 사용해야 한다고 역설한다.

또한 평화주의자로서 에라스무스와 요더의 평화 지향적 사랑의 윤리는 성경적이고 기독론적인데, 예수 그리스도의 비폭력 무저항의 사랑을 중심으로 한 성경 해석에 근거해서 자신의 신학적 윤리를 전개해간다는 의미에서 그렇다. 평화주의의 전통은 예수 그리스도의 십자가로 계시된 말씀이 기독교 신앙 공동체와 신자들의 윤리적 삶을 규율하는 규범의 토대라는 점을 굳게 견지한다. 앞에서 살핀 대로, 요더와 같은 평화주의자들은 전쟁에서의 폭력 사용이라는 이슈는 기독교인들이 그리스도 예수를 자신들의 윤리적 삶의 궁극적 기준으로 진정으로 받아들이냐 아니냐를 가늠하는 핵심 주제라고 생각하며, 정당전쟁을 포함하여 어떤 형태의 전쟁도 반대해야 한다고 역설한다. 그렇게 해야 하는 까닭은 한편으로는 폭력이 예수 그리스도의 평화와 사랑의 가르침을 본질적으로 위배하기 때문이며, 다른 한편으로

59

는 모든 기독교인이 도덕적으로 마땅히 행해야 하는 바가 예수 그리스도의 삶과 말씀 가운데 드러난 비폭력 무저항의 사랑이기 때문이다. 요컨대, 기독 교회와 신자들은 사랑 자체로서 오직 사랑과 평화의 삶을 가르치시고 또 몸소 그러한 삶을 살아내신 예수 그리스도를 모범으로 삼아 철저한 이타성에 근거한 비폭력 무저항의 사랑을 실천함으로써 평화를 일구는 삶을 구현해야 하는 것이다.

3. 비교와 평가 및 제3의 길 모색

평화주의 전통뿐 아니라 정당전쟁 전통도 자아-타자 관계의 관점에서 기독교 사랑의 자기희생적 이타성을 규범적 본질로 견지하면서 자아-타자 관계에서 폭력에 대한 폭력의 응답이 아니라 무저항이 평화를 위한 기독교인의 선택이어야 한다는 점을 강조한다. 앞에서 살핀 대로, 정당전쟁 전통은 일반적으로 예수 그리스도의 비폭력 무저항의 사랑에 관한 윤리적 가르침과 구체적 실천의 모범에 입각하여 '내'가 직면하고 있는 불의한 폭력은 주체적 행위자로서 저항해야 할 대상이 아니라 '수용자'로서 받아들일 것을 명령하기에, 대응 폭력을 통한 저항은 금지된다. 평화주의 전통 역시 성경에 드러난 예수 그리스도의 삶과 가르침에 근거하여 타자를 위한 철저한 이타적 헌신과 무저항의 사랑을 기독교인의 윤리적 삶의 요체로 역설하며, 비폭력과 무저항을 마땅히 행할 바로서의 도덕적 '의무'로 제시한다. 다만, 이러한 이타성에 입각한 무저항의 사랑의 윤리의 강조가 자아를 정당한 사랑의 대상에서 철저하게 배제하는 경직된 이타주의로 전개될 위험이 있음을 지적해두어야 하겠다. 아웃카는 이러한 이타주의의 경향을 타자뿐 아니라 자아도 모든 인간을 품고자 하시는 하나님의 보편적 사랑의 범위 안에 있으며 또 있어야 한다는 '신 중심적' 관점에서 비판한다. 아웃카는 타자뿐 아니라 자아도 정당한 사랑의 대상으로 포괄하지 못하는 '기독교 사랑'론을 온전히 담아내는 그릇으로서의 역할에서 실패했다는 평가를 내린다.[48]

특별히 사랑의 대상에 내재된 악의 가능성의 관점에서, 자아를 철저

---

[48]. 정당전쟁론과 평화주의 전통의 기독교 사랑 이해에 대한 아웃카의 비평적 성찰을 탐구한 필자의 연구를 본 발제의 목적에 맞추어 발전적으로 전개했음을 밝힌다. 이창호, "사랑의 규범적 본질에 관한 신학적 윤리적 탐구·자기희생적 이타성의 윤리사상 탐색을 중심으로", 《장신논단》 47-1(2015/3), 222-226.

히 부정하는 '온전히 이타적인 사랑의 행위자'는 사랑의 대상에게 악용당할 수 있다.[49] 아웃카는 진정으로 대상을 위한다면 사랑이 그 대상에게 부정적으로 작용할 가능성과 그 대상이 받고 있는 사랑과 사랑의 행위자를 악용할 가능성에 대해 적절히 고려해야 하며 또 할 수 있는 대로 '지혜롭게' 대응해야 한다고 제안한다. 성폭행을 당하는 상황에서 이타적 자기희생을 명령할 수 있겠는가? 아웃카는 부정적으로 응답한다. 자아-타자 관계에서 자기배려에 입각한 저항을 정당한 것으로 보는 견해를 주목할 필요가 있겠다. 이런 경우, 적절한 자기배려의 강조는 자기배려를 전적으로 타자배려와 연관해서만 보지 않고 '자아의 복지'에 직접적으로 관계한다고 보는 견해를 반영한다.

또 한 가지, 아웃카는 자아-타자 관계에서 자기희생적 이타성을 기독교 사랑의 규범적 본질로 강조하는 정당전쟁과 평화주의 전통이 자아의 이타적 헌신에 과도한 비중을 설정하다가, 자아-타자 관계에서 나 자신의 사랑의 행위의 정당성을 판단하려 할 때 타자를 위해 희생하거나 헌신하는 '나'는 항상 옳다고 생각하는 자기기만에 빠질 수 있다는 점을 지적한다. '나의 입장'에서 어떤 타자가 나에게 피해를 입히고자 하는 의도를 가졌다고 판단하고 그 타자의 행동에 대해 나는 자기희생적 자세와 행동으로 응답해야 한다고 '스스로' 결단하는 상황을 가정해보라. 아웃카는 이러한 상황 속에서 도덕 행위자로서 나는 그렇게 그 타자의 의도와 행위를 악(혹은 폭력)으로 판단하지만 나는 '선'이고 그는 '악'이라는 식의 절대적 구분을 설정하고 도덕적 판단과 행동을 실행하는 것에 대해 신중해야 한다고 조언한다. 또한 아마도 그는 나에 대해 "정당한 불만의 요인을 가지고 있을지도 모르며 아마 나는 스스로 가정하는 것보다 덜 결백할 수도 있다"는 점을 지적한다.[50] 이러한 신중한 판단과 행동이 '자기기만의 가능성'을 방지하는 길이 될 것이라는 아웃카의 제안은 주목할 만한 가치가 있다.

앞에서 살핀 대로, 평화주의 전통과 요더는 자아-타자 관계와 타자-타자 관계 모두에서 비폭력 무저항의 사랑을 구속력 있는 규범으로 견지한

---

49. John Howard Yoder, *The Christian Witness to the State*, 17.
50. Gene Outka, "Universal Love and Impartiality", 24-25.

다. 이와 대비적으로, 정당전쟁 전통과 기독교 이타주의자들은 자아-타자 관계와 타자-타자 관계를 구분한다. 한편으로 자아-타자 관계의 관점에서 대응폭력의 금지를 도덕적 의무로 견지하고자 하며, 다른 한편으로 타자-타자 관계의 관점에서 불의한 폭력 앞에 선 무고한 타자 보호를 위한 대응폭력의 사용을 정당화한다. 필자는 자아-타자 관계와 타자-타자 관계 사이의 구분과 타자-타자 관계에서 사랑의 이름으로 수행되는 폭력(혹은 강제력) 사용에 관한 정당전쟁 전통의 정당화의 논지에 기본적으로 동의하면서, 평화주의 전통에 대한 비평적 성찰이 필요하다고 생각한다. 자아-타자 관계와 타자-타자 관계 구분의 철폐에서 타자에 대한 도덕적 책임을 소홀히 할 위험을 탐지할 수 있다. 우리의 무고한 이웃이 불의한 권력의 극단적인 폭력으로 인해 고통받고 있다면, 예수 그리스도의 사랑의 계명을 도덕적 의무로 받은 기독교인들은 이러한 현실에서 그 이웃이 폭력의 희생자가 되도록 내버려둘 수 있겠는가? 필자는 에라스무스나 요더와 같은 평화주의자들과 함께 이타적인 자기희생적 사랑을 역사 속에서 기독교인들이 따라야 하는 궁극적인 규범적 기준으로 인정하지만, 정치사회적 영역에서 만나는 관계들을 현실적으로 또 적절하게 검토함으로써 기독교인들은 사랑의 이타성을 신중하게 실현해야 한다고 본다. 불의한 군사적 폭력 앞에 생명의 위협을 경험하고 있는 정당전쟁의 상황이나 폭력적인 권력의 강압과 같은 절박한 상황에서 나 자신과 내 이웃이 동일하게 간직하고 있는 '고귀한 인간의 얼굴이 참혹하게 공격'당하는 현실을 직면한다면, "(그러한 불의한 폭력에 대응하는 정의로운 폭력은) 사랑의 이름으로 정당화되어야 한다"[51]는 점을 견지하는 아웃카의 견해는 주목할 만하다. 다시 말해, 아웃카는 무고한 이웃의 피와 불특정한 어느 누군가의 피를 구분하면서 인간 공동체 안에서 발생하는 수많은 폭력적 상호작용들을 현실주의적·이타주의적 관점에서 평가하면서, 기독교 사랑의 윤리는 이러한 폭력의 상황에서 이타적 자기희생의 사랑에 입각한 비폭력과 무저항을 의무로 견지하는 것이 도덕적으로 옳은 것인지에 대한 비평적 성찰을 요구해야 한다고 보는 것이다.

---

51. Gene Outka, 앞의 글.

IV. 나가는 글

기독교인들에게 타자를 위한 자기희생적 사랑을 실천하는 것은 도덕적 책무, 곧 윤리적으로 마땅히 해야 할 바다. 예수 그리스도의 가르침과 삶의 본을 따라 구체적으로 사랑을 실천함을 통해 기독교인들은 그들의 삶의 자리에서 평화를 일구어야 하는 것이다. 필자는 자기희생적 이타성의 구현을 도덕적 책무로 중시하면서, 한편으로 자아-타자 관계와 타자-타자 관계의 구분을 존중하는 정당전쟁 전통의 입장을 존중하고 다른 한편으로는 적절한 자기배려마저도 철저하게 배제하는 이타주의적 경향을 경계하는 입장을 긍정적으로 평가한다. 또한 자아-타자 관계와 타자-타자 관계의 구분을 철폐하여 규범적 일관성을 견지하고자 하는 평화주의 전통의 근본 취지를 존중하면서도, 그러한 철폐가 무고하고 연약한 이웃에 대한 도덕적 책임의 방기로 귀결될 가능성이 있다는 점을 지적하고자 한다. 이제 이상의 논의를 참고하면서 몇 가지 신학적·윤리적 제안을 하고자 하는데, 이 제안들이 평화를 지향하는 기독교회와 신자의 사랑의 삶에 관한 윤리적 성찰과 실천의 성숙에 기여할 수 있기를 바란다.

첫째, 자아·타자 관계에서의 자기희생적 사랑의 실천과 그것에 대한 신학적·윤리적 정당화에 관한 것이다. 앞에서 본 대로, 정당전쟁 전통과 평화주의 전통의 기독교 사랑에 대한 규범적 이해는 예수 그리스도의 삶과 윤리적 가르침에 그 근본을 둔다는 면에서 성경적이고 기독론적이다. 두 전통 모두 예수 그리스도가 사랑의 삶에 있어서 완전한 이타적 자기희생을 그 모범으로 가르치고 구현하셨기에 기독교인은 그 사랑을 따라 타자를 위한 온전한 자기희생을 실현하는 것이 마땅하다고 보는 것이다. 특별히 인격적 관계 혹은 자아-타자 관계에서 기독교인들은 타자를 위한 희생적 삶을 이상으로 삼아야 한다. 타자가 부당한 폭력을 동반하여 '나'에게 상해를 입힌다 하더라도, 자기희생적 이타성이라는 규범적 이상에 입각해서 그러한 '악'을 상응하는 대응수단으로 응답하거나 저항하지 말고 감내해야 한다는 것이 기독교 역사에서 사랑의 규범적 본질을 논하는 주된 주장들과 전통들이 기본적으로 동의하는 바인 것이다. 이러한 이타적 자기희생이 참으로 고통스럽겠지만 이를 통해 자아와 타자가 연루된 관계 안에서 평화를 이루게 될 것이다. 다만 인격적 관계에서 타자를 향한 자기희생적 헌신의 태도와 실천을 견지하는 것은 '지속적으로' 일방향적이어서는 안 된다. 인격적 관계들에 참여하는 '모든' 사랑의 주체들이 '결국' '공히' 견지해야 할 윤리적 이상인 것이다.

이런 의미에서 기독교 사랑의 본질을 신학적으로 뒷받침할 때 더 포괄적이고 균형 잡힌 접근이 필요하다. 특별히 필자는 기독론적 토대와 더불어 삼위일체적 정당화가 절실하다는 점을 지적하고자 한다. 다시 말해, 사랑의 윤리적 본질과 실천에 대해 논할 때 기독론적 의미, 곧 예수 그리스도의 윤리적 가르침과 실천의 의미를 진지하게 성찰하는 것도 중요하지만, 삼위 하나님의 인격 상호 간의 '사귐'이라는 신적 사랑의 본질이 시사하는 바도 신중하게 검토해야 한다는 것이다. 후자의 관점에서 삼위의 친밀한 사귐에 상응하여 기독교 사랑의 규범적 요체를 상호적 사랑에서 찾는 삼위일체적 접근이 필요하다. 기독론적 의미에 지나치게 집중할 때 기독교 사랑의 본질 이해가 자아에 대한 최소한의 배려도 배제하는 경직된 이타주의로 흐를 가능성이 있다는 점을 감안하면서, 삼위일체적 접근을 통해 친밀한 상호 관계의 형성을 기독교 사랑의 궁극적 이상으로 보는 규범적 이해를 강화하자는 제안인 것이다.

둘째, 적절한 자기배려에 관한 규범적 허용에 관한 것이다. 기독교 사랑이 대가와 반응에 대한 기대나 요구를 철저하게 부정한다는 의미에서의 이타적 '일방향성'에 대한 극단의 강조는 최소한의 자기배려의 필요성도 규범적으로 부정하는 극단적인 형태의 이타주의로 이어질 가능성이 높다. 이타적 일방향성을 규범적으로 존중하면서도 이러한 부정성을 극복하기 위해 존중해야 할 신학적 윤리적 관점들이 있다. 무엇보다도 하나님 사랑의 보편적 범위를 강조하는 신 중심적 관점을 중시할 필요가 있다. 신 중심적 관점에서 사랑의 대상을 논할 때 우리는 하나님의 사랑의 폭과 넓이에 상응하여 타자뿐 아니라 자아도 정당한 사랑의 대상 범위에 포함시켜야 한다. 또한 자기중심적 욕구충족의 경향과 역동을 원죄의 원천으로 보는 전통적 죄론에 대한 새로운 이해가 필요하다. 전통적 죄론의 근본 취지를 전적으로 부정하지는 않지만, 이를 극단으로 밀어붙임으로써 적절한 최소한의 자기배려마저도 심각한 죄의 범주에 포함시킴으로써 윤리적으로 정당화될 수 있는 자기사랑의 명령을 신학적으로 정죄하는 시도는 경계하고자 하는 것이다. 다시 말해, 자기사랑이라면 어떤 형태가 되었든 심각한 죄가 되는 반면 자아의 유익이나 복지를 전적으로 부정하는 이타적 헌신은 숭고한 기독교 사랑의 실천이라는 식의 이분법적 구도는 신중하게 재고되어야 한다고 생각한다.

이런 맥락에서 기독교의 사랑은 백지수표를 남발하는 것이 아니라는 아웃카의 지적은 주목할 만한 가치가 있다. 백지수표를 남발하지 않을 수 있는 길들 중에 가장 중요하고 또 유효한 길은 적절하게 자기를 배려하는 것이다. 적절한 자기배려를 전면적으로 배제하고 이타적 자기희생으로 사랑했음에도 사랑의 대상을 망칠 수 있다는 점, 지고지순한 사랑을 확인하고 같은 사랑으로 응답하기보다는 오히려 악용할 수 있다는 점 등을 진지하게 고려할 필요가 있다는 아웃카의 조언에 귀 기울여야 한다. 우리의 순수한 이타적 사랑이 아름다운 결실을 맺기 위해 한편으로는 적절하게 자기를 배려하고 다른 한편으로는 타자 안에 내재하는 악의 가능성을 소홀히 여기지 않아야 한다는 것이다.

셋째, 정치사회적 관계 혹은 타자-타자 관계에서 기독교인들이 사랑의 이타성을 구현할 때 그 구현이 정의의 원리에 부합되어야 한다는 점을 제안하고자 한다. 필자는 램지와 같은 정당전쟁 전통의 옹호자들이 자아-타자 관계와 타자-타자 관계를 구분하는 것이 규범적 일관성을 침해한다고 비판하는 요더와 같은 평화주의자들의 입장을 존중하면서도 정치사회 영역에서 이루어지는 타자-타자 관계에서 정의로운 사랑의 실천이 절실하게 요구된다는 점을 지적하고자 한다. 예를 들어, 정당전쟁 전통은 이러한 정의로운 사랑에 민감하게 반응하고자 한다. 정당전쟁의 상황에서의 무력 사용의 정당화는 불의한 침략자들에게서 스스로를 보호할 수 있는 능력을 갖추지 못한 무고한 시민들을 보호함으로써 악을 제어한다는 의미에서 '이웃 사랑을 근본 동기로 하는 정의의 구현'이라는 논지를 내포하는 것이다. 여기에서 우리는 중요한 신학적 근거를 찾을 수 있다. 정치사회 영역에서 형성되는 타자-타자 관계에서의 정의로운 사랑의 구현은 인류와 역사에 대한 하나님의 주권적 사랑의 표현이라 할 수 있다. 이 하나님의 사랑은 악을 제어하고 교정함으로써 평화와 사회적 안정과 같은 인간 공동체의 생존에 필수적인 요건을 제공하고자 하는 섭리적 사랑인 것이다. 다시 말해, 평화와 공동체의 안전과 같은 생존을 위한 외적 조건들을 마련하시고자 하는 하나님의 애정 어린 섭리적 관심을 드러내는 인간적 사랑의 실천이 되는 것이다.

2부
개인의 삶과 평화

———

3장_ 가정의 평화와 그리스도인의 삶

이윤주(프라이빗정신건강의학과의원 원장, 연세대학교 의과대학 외래교수)

I. 들어가는 글

요즈음 한국 사회가 많이 아프다. 가정이 해체되고 사회병리가 깊어지고 있는 것이다. 서울대학교의 김난도 교수에 의하면 한국 사회는 집단의 분화현상과 함께 싱글족이 더 늘어날 전망이라고 한다.[1] 집단문화의 급격한 해체는 한국 사회에 경제 질서의 파괴를 비롯해 가정 붕괴와 같이 다양한 분야에서 큰 위기를 불러올 수 있다.

현대 사회는 개인주의가 팽배하여 한 개인의 필요와 사정이 모든 것에 앞서서 배려를 받게 되는데 의식의 개별화 과정(individuation process)이 강화되면서 기존의 전통 집단체계가 전체적으로 도전에 직면하게 된 것이다. 즉 현대인의 삶에서 개인의 욕구충족, 자기발전이 최우선 과제가 되면서 가장 기본적인 집단체계인 가정생활 역시 우선순위에서 밀려나게 되었다.

인간 사회에서 가장 인간다운 삶이 일어나는 곳, 구성원 한 사람 한 사람이 그의 선천적인 재능이나 삶에서 획득한 소유에 상관없이 자신의 모습 그대로 사랑받고 인정받는 공동체인 가정이 무너지고 있는 것이다. 인간의 성장과정에서 가정은 개인이 필요한 신체적인 영양소뿐만 아니라 정서적

---

1. 김난도 외, 《트렌드코리아 2013》, 미래의창, 2012.

으로 안정될 수 있도록 안전한 환경을 제공하는 유일한 장소이기도 하다. 건강한 개인은 건강한 가족관계의 산물이며 건강한 사회의 기본단위가 된다.

기독교는 사랑과 생명의 종교다. 인간의 본질적인 문제에 대하여 해답을 주는 것이다. 예수 그리스도의 십자가와 보혈은 인간의 근원적인 죄성과 죄악된 세상에 대해서 공의와 사랑의 하나님이 내리신 극약처방이다. 이 약을 먹는 자는 영원히 살지만 이 약을 먹지 않으면 죽게 될 것이다. 예수님의 십자가를 받아들인다는 것은 나를 위해 하나님께서 하신 일을 인정하고 그분과 화목한다는 것을 의미하며 하나님을 대적하던 자리에서 내려와서 그분과 평화를 누린다는 뜻이다. 즉 하나님과 관계가 회복되는 것이다.

기독교는 관계의 종교다. 하나님은 본질적으로 하나님 아버지, 성자 예수님, 보혜사 성령 간의 긴밀한 유대관계를 가지며 삼위가 일체가 되어서 움직인다. 좋은 관계는 화목하고, 갈등과 긴장관계는 불화한다. 현대의 가장 큰 특징은 개인의 이해와 욕구가 충돌하는 가운데 생기는 인간관계의 분쟁이며 사회 각 분야의 투쟁과 정치적 대립, 서로 이해관계로 얽힌 국가 간의 전쟁이다.

그리스도인의 삶에서 가정은 매우 중요하다. 초대교회의 선교지에서 사도 바울과 실라가 복음 사역으로 옥에 갇혔을 때 그들에게 일어난 하나님의 역사를 보고 그들을 지키던 간수가 '내가 어떻게 하여야 구원을 받을 수 있을까요?' 하고 물었을 때 '주 예수를 믿으라 그리하면 너와 네 집이 구원을 받으리라'고 하면서 그 집에 있는 모든 사람에게 말씀을 전하고 온 가족이 다 세례를 받았으며 온 집안이 하나님을 믿으므로 크게 기뻐하였다(행 16:19-34)는 사건이 나온다. 사도 바울의 선교팀은 로마의 식민지인 두아디라에서 루디아를 만났을 때에도 그의 집 모든 식구에게 세례를 베풀었다(행 16:11-15). 복음의 역사는 한 개인을 넘어 모든 가족에게 전달되는 특징이 있다. 가족을 전도하는 가정 사역모델(Family Ministry)은 그리스도인들이 가정 내에서 어떻게 평화를 이루며 화목한 가족관계를 이룰지에 대해 잘 인도해 줄 수 있을 것이다.

가정의 평화는 그리스도인의 삶의 열매이며 과제이기도 하다. 현대의 가족 해체 및 가정 붕괴 현상에 대해, 특히 한국 가정의 경우에 가족관계에서 평화를 이룰 수 있는 안들을 제시하려고 노력했다. 나아가 개인의 삶에서 평화를 이루는 것은 그가 속한 사회와 교회 안에 평화를 이루는 첩경이 될 것이다.

II. 진정한 평화의 의미: 인간성의 회복

행동의학에서는 인간 사이의 장애물을 네 가지 측면에서 분석한다. 첫째는 근거 없는 잘못된 소문이나 왜곡된 인간관계에 의해서 생긴 오해다. 가족 사이에 외부 사람의 의견이나 생각이 마치 두 사람이 서로에 대해 알고 있는 것보다 더 진실한 것처럼 행세할 때가 있다. 실제 가족관계에서 작은 오해가 큰 불화를 일으키는 불씨가 되는 경우는 비일비재하다. 오랜 시간을 두고 쌓았던 신뢰인데 SNS의 험담이나 외부의 루머에 의해서 부부간에 의심이 생기고 부모와 자식 사이의 막역한 관계가 여지없이 허물어지는 것이다.

둘째는 사람 간의 차이가 만들어내는 갭(gap)이다. 이 갭은 세대 차이, 문화 차이, 나이 차이, 성별 차이, 교육 차이, 경제력 차이, 지위 차이 등 인간의 처지가 각각 다를 수밖에 없는 필연적인 차이로 생기는 공간(space)이다. 이 공간에서 인간은 각자의 입장을 대변하는 편견과 고정관념을 생성하게 된다. 가족관계가 형성되려면 먼저 서로 다른 환경에서 성장한 두 남녀가 만나게 되는데 바로 이 엄청난 갭에서부터 가정이 시작되는 것이다. 그러므로 가정생활을 잘 영위하려면 서로의 차이점을 잘 극복하고 이 필수적인 갭(공간)을 어떻게 신뢰와 애정의 연결 줄로 메워갈 수 있을지가 큰 관건이다.

셋째는 감정통제력(self-control)의 상실이다. 사람은 누구나 약점이나 남과 비교해 어느 부분에서는 열등감을 가지고 있다. 그러나 가까운 관계일수록 자신의 좋은 점을 보여 주려고 하고 약점을 감추기 때문에 자기보호본능과 자기방어기제가 작용하게 되는데 서로를 주장하다 보면 의도치 않게 서로의 상처를 건드리게 되고 그로 인한 분노와 죄책감 같은 부정적 감정이 쌓이게 된다. 그러면 어느 한 순간 억제하지 못할 때 감정폭발이나 충동조절장애와 같은 행동을 하게 된다. 특히 가정 안에서 서로의 솔직한 감정을 숨기고 외부적인 문제노출을 피하기 위해 급급할 때 더욱 가족관계의 벽이 두꺼워지면서 가족들은 서로에 대한 감정통제력을 상실해갈 것이다. 최근 한국 사회에 부부간의 폭언이나 폭행, 부모와 자식 간의 패륜이 증가하는 것도 이런 이유 때문일 것이다.

넷째는 개인의 방어적인 태도다. 인간은 본능적으로 자기중심적이며 자신을 보호하기 위해 외부에 대해 자신을 방어한다. 대인관계에서 지나치게 방어적일 경우 자신의 정당성을 너무 강하게 주장하다가 상대방을 공격하게 되면 인간관계에서 고립될 수 있는데 가정생활에서도 자신의 입장이나 생각을 너무 고집할 경우에 가족 내에서 소외될 수 있다. 상대방의 입장을 배려하고 존중하는 태도는 인간관계, 가정생활에서 매우 중요하다.

인간은 자기발전과 더불어 사회적으로 인정받기 원하는 이중구조를 가지고 있다. 즉 인간은 스스로를 어느 수준까지 성취함과 동시에 타인과 좋은 관계를 맺고 주위에 선한 영향력을 끼치며 바람직한 공동체의 일원이 되어 일정한 소속감을 가질 때에 진정한 자기가치를 느낄 수 있다는 뜻이다. 전통적인 정신분석학에서는 인간 행동의 근원적인 동기를 유아적인 성(sexuality)과 공격성(aggression), 즉 육체의 동물적인 원초적 본능으로 해석했는데 신 프로이드학파가 중심이 되는 자아심리학도 인간의 다양한 사회적 행동과 개인의 정신병리를 설명하기에는 역부족이다. 최근에 발전된 대상관계 이론이나 사회심리학적 측면에서 볼 때 인간내면의 갈등은 단순한 개체의 갈등구조로만 설명할 수 없는 관계적인 측면을 가진다. 특히 자신의 인생에서 중요한 인물(the significant other)과 어떠한 관계를 맺고 유지하느냐에 따라 지대한 영향을 받는다.

인간 사이의 평화는 개인의 인간성의 존엄성에 대한 회복 없이는 불가능하다. 한 인간이 상대방의 존재와 그의 가치를 인정하지 않으면 그와 평화를 이루기 어렵다. 경제적 가치를 최우선으로 하는 요즘 한국 사회는 생산성과 효율성을 중시하는 IT산업이 급속히 발전하고 있는데 동시에 그에 동반되는 스트레스를 해소하기 위한 레저산업도 빠르게 성장하고 있는 추세다. 인간 본성에 더 새롭고 강한 자극을 주기 위하여 영화와 음악, 문학과 예술에 이르기까지 변화의 속도가 가속되고 있는 것이다. 그러나 우리의 인간성은 바닥을 치고 있으며 우리 사회에서 그 누구도 주위의 고통받는 사람의 이웃(선한 사마리아인)이 되기를 원하지 않는다. 최근에 한 독거노인의 죽음이 수개월이 지나도 문 앞에 쌓여 있는 우편물을 수상히 여긴 우체부에 의해서 비로소 세상에 알려진 일이 있었다. 빛의 속도로 정보를 나누는 인터넷 세상이지만 정작 다른 사람에 대한 관심은 전혀 없는 것이다. 가족끼리도 각자의 공간에서 컴퓨터나 스마트폰과 지내는 시간이 서로 대화하는 시간보다 훨씬 많다. 식사를 하기 위해 레스토랑을 찾은 젊은 부부가 음식을 시킨 후 각자 자신의 휴대폰으로 인터넷서핑을 하거나 게임을 하고, 음식을 먹을 때도 스마트폰 화면에서 눈을 떼지 않는 것을 보면서 함께 웃고 즐기며 식사하는 모습을 기대한 것이 얼마나 어색했는지 모른다.

가정에서부터 각자의 개성과 서로의 차이점을 인정해주고 함께 서로 간의 장애물을 넘어서 **서로가 서로에게 최고의 중요한 인물**(the significant other)이 될 수 있다면, 이러한 가정에서 이루어지는 평화의 관계로 인하여 진정한 한국 사회의 패륜과 갈등, 불화와 반목이 치유될 것이며 가정 내에서 부부, 부모, 자녀 모든 이의 인간성이 회복될 것임을 의심치 않는다.

III. 관계적 평화의 특징: 적절한 경계

한국의 대표적인 교단 총회에서 열린 '본질적인 목회회복과 힐링 사역을 통한 교회성장 세미나'에서 주 강사는 목회의 본질이 목회자 개인의 치유를 바탕으로 한 관계회복과 밀접한 연관성이 있다는 것을 역설했다. "하나님의 사랑이 우리에게 이렇게 나타난 바 되었으니 하나님이 자기의 독생자를 세상에 보내심은 그로 말미암아 우리를 살리려 하심이라"(요일 4:9). 하나님의 사랑은 예수님을 우리 가운데 보내심으로 나타났고 예수님 안의 생명은 우리와 같은 죽을 생명이 아닌 영원한 생명이기 때문에 우리 인류사에 진정한 소망, 빛이 되신 것이다(요 1:4). 그러므로 목회의 본질은 이러한 그리스도의 생명을 통하여 목회자 개인이 먼저 치유를 받고 이를 바탕으로 하나님의 사랑을 전하고 나누는 것이며 바로 이러한 행위로 **이웃과의 관계가 회복**될 것이다. 즉 가족구성원 한 사람 한 사람이 자신의 내면에서 역사하시는 예수 그리스도의 생명을 사랑의 언어와 섬김의 행동을 통해서 가족관계에서 표현할 때에 비로소 그 가정은 평화의 장소가 될 수 있다.

에리히 프롬이 《사랑의 기술》에서 말한 가장 핵심적인 것은 '필요에 의한 자기중심적 사랑'(I love you because I need you)과 '사랑 그 자체를 위하여 상대방이 필요한 경우'(I need you because I love you)가 극명히 대비된다는 것이다. 인간적인 사랑은 자신의 필요에 의해서 상대방을 사랑하게 되나 사랑의 본체이신 하나님은 우리 인간을 '사랑의 대상'(love-object)으로 필요로 하심을 볼 수 있다. 에리히 프롬은 "사랑이 없으면 하루도 인간성은 존재할 수 없다"(Without love, humanity could not exist for a day)고 했다. 인간이 가장 굶

주려 하는 사랑을 인간 실존의 한계와 문제에 대한 해답으로 정의한 그는 사랑을 단순한 감정의 차원이 아닌 음악이나 미술, 승화된 의술과 같은 예술의 경지로 인식했다.

인간의 삶은 예술이다. 한 폭의 그림을 그리거나 아름다운 선율의 대서서시를 연주하는 것과 같다. 예술가가 좋은 그림을 그리거나 음악을 연주하려면 오랜 기간의 숙련이 필요하다. '사랑의 삶' 역시 배우고 익히고 훈련해서 얻어질 수 있다. '처음 사랑에 빠지는 것'(falling in love)과 '영원히 사랑 속에 거하는 것'(being in love eternally), 그리고 '사랑 안에 서 있는 것'(standing in love)에는 차이가 있다. 상대방의 순간적인 매력에 의한 흥분된 느낌에 머무르지 않고 어떻게 하면 지속적인 진정한 사랑을 추구할 수 있는지에 대해서 구체적으로 제시하면서 에리히 프롬은 "우리 안에 존재하는 나누어져 있는 마음—즉 분열된 인간성—은 개별적으로 분리된 상태에서 진정한 사랑의 다리를 통하여 서서히 우리 안에 통합이 일어나고 더 나아가 주위와의 인간관계에서도 서로가 완벽한 하나인 것을 확인할 수 있을 단계가 오는데 그때서야 비로소 인간성 회복의 경험이 가능하다"고 했다.

남편이 아내를 자신의 필요(need)가 아닌 사랑의 대상(love-object)으로 볼 때, 아내가 남편에게 자신의 필요를 요구하는 대신 사랑하는 대상으로 도울 때, 부모가 자식을 자신의 필요를 채우는 존재로 보지 않고 무조건적인 사랑으로 대할 때, 자녀가 부모를 자신의 필요를 위해 존재하는 대상으로 대하지 않고 진정으로 사랑해야 할 대상으로 여길 때 그 가정의 구성원은 한 사람 한 사람이 **인간성을 존중받는 인격적인 존재**로 느껴질 것이며 서로 간에 진정한 **관계적 평화**가 일어날 것이다.

현대의 성공주의와 물질만능주의 가치관은 사람들을 여유 없는 마음과 분주한 스케줄로 내몰아 가족들도 서로에게 쉽게 화를 내게 만들고 더 나아가 자신의 기대에 미치지 못하면 서로를 냉정하게, 더 심하면 가혹하게 대하도록 만들었다. 인간 사이에는 **적절한 경계**(boundary)가 필요하다. 타인과의 명확하지 못한 경계선은 끊임없는 외부의 요구나 필요에 대하여 스스로 자신을 보호하거나 방어하지 못하고 오히려 자신의 감정을 고갈상태로 만들어 탈진하게 된다. 인간의 사회활동에서 필요한 자아를 '공적인 자아'(persona)라고 하는데, 이 페르소나가 외부적으로 여러 가지 공적인 업무를 수행하기 위해 효율적으로 움직이는 자아기능이기는 하나 이것이 곧 인간 내면의 진정한 자아(true self)는 아니다. 가정생활에서는 가족끼리 공적인 자아보다 내면의 진정한 자아끼리 더 많이 부딪히게 된다. 공적인 관계는 역할로 관계를 맺는 데 비해 가족관계는 사적인 감정으로 관계를 맺기 때문이다.

한국 문화는 집단의식이 강하며 나와 너의 경계가 분명치 않다. 특히 우리(we)라는 개념은 구성원들에게 소속감을 주며 공동체에 동질성을 부여한다. 개인이 건강한 자아의식 없이 우리라는 울타리에 속하게 되면 결과적으로 나와 너의 문제가 서로 엉키거나 우리의 문제로 인식되어 울타리 밖의 제삼자인 외부의 탓으로 돌려질 가능성이 높다. 문제 인식 후 책임 소재가 불분명해 남을 비난하거나 무책임한 행동을 하게 된다. 또한 더 나아가 자신의 정체성을 외부의 성취에 의존하기 때문에 자신의 진정한 모습을 직면하는 대신 외부에서 주어지는 기능적 역할로 자신의 가치나 자존감을 평가하게 되는 위험이 있다.

진정한 자기이해와 돌봄 없이 외부의 스트레스나 압력에 노출될 경우에 뇌를 포함한 인간의 신체는 과민반응을 일으키게 되는데, 특히 외상(trauma)에 노출된 뇌는 균형 감각이 깨어지고 자율신경계의 조절 능력이 약화되어 쉽게 정서적인 증상을 겪게 된다. 뇌의 안정화 과정에서 자체의 조절 능력과 균형 감각이 회복되는 동안 외부의 자극이나 방해로부터 자신을 보호하고 지킬 수 있는 자기만의 공간(personal space)이 필요한데 이 공간의 외부 벽을 경계(boundary)라고 부른다. 자신의 정서상태가 아직 회복되지 않았을 때 상대방이 그 경계를 넘어오면 부정적 정서반응이 일어나게 되는데 화를 내거나 짜증을 내게 된다. 사회생활에서는 친절하고 매너가 좋은데 가정에서는 화를 잘 내고 함부로 행동하는 사람을 보면 가족관계에서 서로의 경계가 모호하고 각자의 감정이 제대로 분화되지 못한 경우가 많다.

IV. 가정의 평화를 이루는 길: 화목

2011년 KBS1 & 2 TV에서 방영된 〈이어령의 80초 생각나누기〉에 나온 '호저의 공간' 이야기는 인간의 자아의식과 집단의식이 어떻게 어우러지고 조화되어야 하는지를 보여주었다. 그 프로그램에서 보여주기를, 호저는 고슴도치처럼 온몸에 날카로운 바늘이 돋친 동물인데 어느 추운 겨울날 산

속에서 호저 두 마리가 만나서 서로의 몸을 덥히려고 다가가다가 어느 순간 날카로운 바늘이 서로의 속살을 찌르자 너무 아픈 나머지 비명을 지르며 서로에게서 떨어졌다. 마치 주위 환경을 경계하고 자기보호를 위해서 예민하게 반응하는 인간과 같았다.

부부 상담을 하다 보면 서로가 하나가 되고 싶어서 다가섰다가 서로의 아팠던 과거나 들추어내기 싫은 상처를 건드린 후 그 기억 때문에 현실에서는 다시는 서로를 보고 싶어 하지 않는 경우를 많이 보게 된다. 그러나 그럼에도 불구하고 스스로 혼자 서 있는 것은 더욱 힘들어한다는 것을 느낀다. 마치 매서운 추위에 다시 서로에게 다가갈 수밖에 없는 호저의 현실처럼 절박한 삶에서 홀로 살아가기에는 너무 외롭고 힘들어서 다시 서로를 바라볼 수밖에 없다는 것을 느낄 때가 많다. 떨어졌다 가까이 가다를 반복하던 호저는 마침내 너무 떨어져 춥지도 않고 너무 가까워 찔리지도 않는 이상적인 거리(optimal distance)를 발견하게 되는데, 철학자 쇼펜하우어는 이를 보고 '사람과 사람 사이, 그것은 호저들의 안타까운 모순 속에 숨어 있다'고 말했다. 현대와 같이 개인적이고 이기적인 냉정한 사회에서는 인간이 자신의 정체성을 잃지 않으면서 동시에 타인과 자신을 연결시켜서 서로가 사이좋게 살아갈 수 있는 지혜가 필요하다. 이어령 교수는 이것을 '함께 그러나 따로'라는 말로 표현했다. 원래 이 호저의 우화는 정신분석학의 창시자인 프로이트의 《집단심리학과 자아의 분석》에서 소개된 것으로, 이러한 인간의 개인심리와 집단의식의 상관관계는 바로 인간의 본질을 규명하는 주제가 된다.

요즈음의 한국 사회는 한국인의 마음에서 따뜻한 정이 사라져 가고 있다. 사람과 사람 사이의 반목과 갈등이 증폭되면서 부모와 자녀 사이, 자녀와 자녀 사이, 남편과 아내 사이의 소송과 별거 등 가정불화가 많아지고 부부간의 이혼율이 가파르게 상승하고 있다. 가족갈등의 유형은 크게 다섯 가지로 나뉘는데 가치관(Value) 갈등, 구조적(Structural) 갈등, 이해관계(Interest) 갈등, 사실관계(Data) 갈등, 관계상(Relationship)의 갈등인데 이러한 갈등은 한 가지 유형으로 나타나기보다는 두 가지 이상의 유형이 서로 얽혀서 복합적으로 나타나게 된다.[2] 최근 한국보건사회연구원 김유경 연구위원의 연구보고서에 따르면 최근 1년간 응답자의 32.5%가 가정 내에서 갈등을 경험했는데 전체평균보다 다양한 세대가 함께 사는 3세대 가구나 부부

가구, 그리고 자녀를 양육하는 가구가 많았다고 한다. 그 이유로는 부부간 또는 세대 간 가치관의 차이에서 오는 이해부족 및 의사소통의 부재가 원인으로 꼽혔는데[3] 이에 대한 해결책으로 '세대 간의 관계개선을 위한 의사소통 강화 및 공유시간 확대'와 부부관계의 개선을 위해서는 가정에서 '양성 평등적 인식'이 확산되고 여성이 일과 가정을 양립할 수 있는 제도개선을 포함한 다각적인 정책도 보완되어야 함을 역설하고 가족 간의 적절한 응집력(coherence)과 외부세계에 대한 효율적인 탄력성(flexible adjustment)을 위해서 어떻게 가족관계를 견고히 하고 가족기능을 활성화시킬 것인지에 대해서 논의했다.

타 문화권에서 선교활동을 하는 한국선교사 부부를 대상으로 한 연구논문[4]에 의하면 성별, 연령, 큰 자녀의 연령, 학력, 선교동기, 사역기간, 재정적 상태, 질병의 유무, 영적 고갈상태, 대처방법 등에 따라서 선교지에서 느끼는 탈진(burnout)의 정도에 차이가 있었다. 같은 외부적 환경이라도 내적인 적응력에 따라서 다른 결과가 나올 수 있다. 선교사 가정이 평안하려면 그 가정이 처해 있는 사회적 환경과 경제적 상태를 호전시키는 것은 도움이 된다. 그러나 진정으로 평안하려면 가정불화의 원인이 되는 요소들에 대해서 이해하고 그 선교사의 가정이 처한 갈등구조 및 부부 관계를 비롯한 부모와 자녀 사이의 가치관과 이해의 상충되는 부분을 정확히 파악해서 도와야 할 것이다. 외부적인 사역의 성공 뒤에서 내부적인 가족갈등과 개인의 신체적, 정신적 탈진을 호소하는 사역자들이 의외로 많다. 화목한 가족관계는 신체에 일어날 수 있는 여러 정신신체질환(정신적인 원인으로 인해 나타나는 신체증세로 주로 자율신경계의 교감신경 항진에 의한 통증, 빠른 심장박동이나 호흡, 소화불량 등) 및 수면장애를 예방하고 여러 가지 중독행위를 차단시킬 수 있다. 특히 화목한 가족관계는 정신적인 마음의 쉼터를 제공함으로써 진실한 자기돌봄(self-care)을 가능하게 하며 진정한 자유와 회복의 공간이 될 수 있다.

잭 볼스윅과 주디스 볼스윅 부부 교수는 그들의 공저《기독교 관점에서 본 현대의 가정: 가족》에서 어떻게 현대인의 가정에서 기독교적인 화해를 이룰 수 있는지에 관해 신학적인 기초를 제시했다.[5] 하나님과 이스라엘의

2. 김유숙,《가족상담》, 학지사, 2000.
3.《중도일보》, 2015년 10월 15일자.
4. 김형준, "타 문화권 선교사 부부의 탈진과 부부 적응", 2008.

자녀들 사이의 관계는 가족신학의 기초가 된다. 마이런 샤르티에는 만약 하나님이 부모의 모델이라면 '사랑, 돌봄, 반응, 훈련, 헌신, 존중, 앎과 용서'로 특징지을 수 있다고 했다.[6] 하나님과 이스라엘 사이의 '언약'(covenant)의 성립은 가족신학을 발전시키는 초점이 된다. 레이 앤더슨은 《인간됨》에서 '신학적 인류학'(theological anthropology)을 설명할 때 이 언약의 개념을 사용했다.[7] 즉 신학적 진리는 '인간성은 하나님과의 언약의 관계에서 존재하는 것으로 결정된다'는 명제에서 시작되기 때문에 앤더슨은 이 언약의 개념을 남편-아내, 부모-자녀의 인간관계에 적용했다. 그리고 남자-여자의 관계를 '일차적 분화질서'(primary order of differentiation)라고 부르면서 위의 관계를 '이차적 질서'(secondary order)로 명명했다. 남녀를 보완적 관계로 만드신 하나님의 계획은 사람들 사이의 상호의존과 협력적 상호작용을 성취하기 위한 목적이었고 바로 이것이 '공동의 인간성'(co-humanity)이 되는 것이다.

데니스 건지는 가족의 패러다임으로서 '언약'의 개념을 발전시켰는데 여기서는 언약이란 '하나님께서 자기의 백성 이스라엘과 세우신 일방적인 관계', 즉 가족관계에서 언약의 개념을 적용할 시 언약의 '무조건적인 내용'(the unconditional quality)을 다음과 같이 강조했다.[8] "가족의 기초를 제공하는 것은 언약의 사랑이다. 그런 의미에서 가족은 혈연관계 그 이상이다. 가족관계는 혈연에 의한 소속감을 주지만 대우를 받을 자격이나 가치가 전혀 없는 경우에도 무조건적인 사랑이 주어지는 관계다." 스튜어트 맥린은 〈언약의 언어와 가족신학〉이라는 논문에서 언약의 개념이 결혼과 가족관계에서 은유로 효과적으로 쓰일 수 있는 방법으로 언약의 관계적 속성을 제시했다.[9]

가정의 평화를 이루는 길은 가족 구성원 간의 화목한 관계를 끊임없이 정립하는 것이다. 불화의 씨를 없애고 화목의 관계를 이루려면 성경적으

5. Jack & Judith Balswick, *The Family: A Christian Perspective on the Contemporary Home*, (Baker Book House, Grand Rapids, MI, 1993), 19-33.

6. Myron Chartier, *Parenting: A theological model. Journal of Psychology and Theology*, 1978, 6:54-61.

7. Ray Anderson, *On Being Human: Essays in theological anthropology*, Grand Rapids, Eerdmans, 1982.

8. Dennis Guernsey, 1985.

9. Stuart McLean, "The Language of Covenant and a Theologyof the Family", 1984.

로 화목제물이 되신 예수님이 필요하다. '양들의 큰 목자이신 우리 주 예수를 영원한 언약의 피로 죽은 자 가운데서 이끌어 내신 평강의 하나님이 우리 속에 예수 그리스도로 말미암아 즐거운 것을 이루시고 모든 선한 일 즉 가족관계에서도 우리를 온전케 하사 하나님의 뜻을 행하게 하실 것'을 믿는다(히 13:20-21). 잭 볼스윅과 주디스 볼스윅 부부 교수에 의하면 가족관계의 성경적인 주제는 네 가지다.[10] ①무조건적이며 상호적인 언약에 기초한 헌신(commitment), ②수용과 용서를 바탕으로 하는 은혜(grace)의 분위기에서 가정생활이 영위되고 유지되는 것, ③가족 구성원들이 서로를 컨트롤하는 대신에 자신들의 자원을 가지고 서로를 섬기는 것(empower), ④진정한 앎을 기초로 하는 친근함(intimacy)은 배려, 이해, 대화, 다른 이와의 공동체를 가능하게 한다.

이 같은 기독교의 가족관계 4요소는 계속적으로 끊임없이 반복되는 삶의 과정이 되어야 한다. 그리할 때 가족 간의 친밀한 관계는 더 깊은 언약의 사랑을 느끼게 할 것이며 헌신은 은혜롭고 자유로운 분위기를 더욱 고조시키고 수용과 용서의 태도는 서로를 도우고 섬기는 가운데 서로에게 힘을 북돋아 줄 것이다. 결과적으로 이러한 가정은 가족 구성원 각자가 높은 건강한 자존심을 가지고 서로에게 두려움 없이 가까이 다가가게 할 것이다. 자연히 깊은 의사소통을 통하여 서로에 대한 이해도 깊어질 것이다.

하나님께서 우리에게 주신 '무조건적인 사랑을 기초한 언약의 관계' 안에서 사는 것은 우리들이 그리스도의 장성한 분량으로 자라나는 역동적인 과정이 된다(엡 4:13). 그러므로 예수 그리스도를 화목제물로 그 중심에 세운 가정은 그 구성원들이 서로 화목한 가운데 각자가 그리스도를 본받아 그의 성품과 삶을 닮아가면서 성장하고 성숙해갈 것이다.

V. 한국 가정에 대한 제언: 개인의 공간

한국 사회의 초고속 경제성장과 그에 비례하지 못하는 한국인의 유아적이며 미숙한 자아의 괴리가 곳곳에서 일어나고 있다. 자살률 증가, 출산율 저하, 결혼 노령화와 이혼 증가, 가족 해체와 3포 세대 현상 등은 현재의

---

10. Jack & Judith Balswick, 1993.

세태를 그대로 반영하고 있으며 외모 지상주의, 성장 중독, 인스턴트 음식, 그리고 감각적 문화가 사회 전반에서 판을 치고 있다. 그리스도인들도 내면의 가치를 우습게 여기고 전통과 질서를 파괴하며 외부의 성취와 경제성을 위주로 달려가고 있는데, 이러한 내면의 가치와 분리된 삶은 개인의 정신세계를 분열시킨다.

정신건강에서 개인의 사적 공간(private space)은 매우 중요하다. 개인의 성격과 사회문화의 특징에 따라 그 넓이가 다를 수 있으나 일반적인 공적인 삶(public life)과 구별되어 주변의 시선을 의식하지 않고 진정한 자기(true-self)가 될 수 있으며 마음껏 자신을 돌아볼 수 있는 자유로운 쉼의 장소다. 이에 반해 외부의 환경이나 주위 사람들의 기대에 부응하는 자아인 페르소나는 연극에서 역할극을 할 때 쓰는 가면을 일컫는 말이기도 하다. 그러므로 건강한 '자아정체감'은 사회적 삶을 요구하는 페르소나와 개인의 개성적 삶을 추구하는 본질적인 자아가 서로 통합되며 서로의 조화로운 관계 속에서 함께 발전하고 균형을 이룰 때 형성된다.

개인의 자아감(the sense of self)은 삶의 현실 속에서 자신이 어떤 사람이라고 스스로 갖는 느낌과 삶의 경험에서 타인과의 상호관계를 통하여 얻어지는 타인의 반응이 통합되어 형성되는데 심리학자 C. R. 로저스(C. R. Rogers)는 현실적 자아개념과 이상적 자아개념을 구분하면서 내면의 자기인식과 외부의 현실에서 지각하는 자아 사이에서 긴장과 갈등보다는 조화로운 일체감을 이룰 때 그의 정신세계가 건강하다고 보았다. 자신을 존중하는 마음도 스스로의 자신에 대한 평가와 타인의 평가내용의 상호작용에 의해서 형성되며 특히 '긍정적인 자아 존중감'은 자신의 한계를 받아들이는 내면의 평온함과 자신과 환경을 정확하게 인지하는 지혜를 가지고 현실에서 부딪히는 난관을 용기 있게 도전하면서 자신의 욕구(Need)와 타인의 감정(Expectation) 사이에서 명확한 자기인식의 균형이 유지될 때 주어지게 된다.

건강한 자아를 발전시키려면 자아와 역할(Self & Role) 사이의 긴장과 협력관계를 이해해야 한다. 건강한 자아는 현실세계에서 효과적인 역할 수행을 가능하게 하는데 결과적으로 다양한 역할 수행에 의하여 자아는 성장하게 되는 것이다. 그러나 자아의 능력과 역할의 기대 사이에 차이가 너무 많으면 그 역할을 수행하기 위하여 자아가 파괴되거나 본질적 자아를 대체하는 '가짜 자아'(pseudo-self)가 형성되어 자아는 이중적 구조를 갖게 된다.

그 반대로 자아를 너무 주장하게 되면 역할의 혼돈이나 마비를 초래할 수도 있겠다. 가정생활에서 여성 특히 아내, 며느리, 딸의 자리는 개인의 개성과 그 가정이 처한 사회문화적 환경이 부여하는 역할기대 사이에서 긴장감을 갖기 쉽다. 실제로 자아와 역할 사이의 갈등뿐만 아니라 제한된 경제적·사회적 자원으로 인한 고립이나 경제적인 압박감, 공적인 삶과 사적인 공간의 불분명한 경계 등이 겹치게 되면 정신건강을 해칠 수 있다. 실제로 아내가 정신적으로 건강하지 않을 때 가정의 분위기는 어둡게 되며 자녀들의 양육에 부정적인 영향을 끼치게 되고 더 나아가 부부간의 갈등이 심화될 수 있으며 그 결과로써 남편의 외도나 중독행위가 나타나기도 한다.

텍사스 샘 휴스턴 주립대학교의 교육적 리더십과 카운슬링의 책임교수인 제네비브 브라운이 엮은 《균형 잡힌 창조적 삶을 위한 여성 리더십》에 의하면 과거의 제조업 중심의 산업사회가 물리력, 조직력, 행정력을 요구하는 남성적 리더십을 요구했던 반면에 빠른 속도의 정보화와 글로벌화가 진행되는 고도의 지식정보사회인 21세기에는 창의적인 의사결정과 유연한 사고가 요구되며 개개인이 배려를 받고 보살핌을 받는 수평적이며 부드러운 리더십이 필요함으로 남성의 영역으로만 여겨졌던 리더십 분야에서 여성의 리더십이 새로운 조명을 받게 되었다고 한다.[11]

일반적으로 한국 가정의 리더는 남성인 아버지이며 가부장적 가족체계에서는 절대적인 의사 결정권과 위치를 갖는다. 상대적으로 어머니는 상하관계의 종속적 위치에 처하게 되며 가족의 구도가 협력관계라기보다는 힘과 권위에 의해서 움직이게 된다. 여성과 남성은 신체적인 면이나 정신구조 면에서 많이 다르다. 사람의 뇌에서 여성은 남성에 비해 네 배 많은 신경세포를 좌뇌와 우뇌를 잇는 뇌량(corpus callosum)에 가지고 있다. 즉 여성은 논리적인 활동을 관장하는 좌뇌와, 공간 개념과 창조적인 역할을 담당하는 우뇌 사이의 활동이 동시에 원활하게 이루어질 수 있는 뇌의 구조를 가지고 있는 반면에 남성은 동시에 두 가지를 원활하게 할 수 없는 약점이 있으나 하나의 문제에 집중할 수 있는 능력이 여성보다 우월하다. 대신 여성은 감정이나 외부의 자극에 의해 사고과정이 영향을 받으므로 쉽게 혼돈되거나 일관성이 흔들리고 산만해진다. 생리적 현상이나 뇌의 구조를 놓고 어느 쪽이

---

11. 제네비브 브라운 외, 《균형 잡힌 창조적 삶을 위한 여성 리더십》, 예영커뮤니케이션, 2005, 5.

더 좋다든지 우세하다고 말할 수 없으며 하나님께서 남자와 여자를 다르게 지으신 것은 동등한 인격체로서 서로 협력하고 보완해서 온전케 됨으로 함께 하나님의 역사를 이루라는 뜻이라고 믿는다(창 1:27-28).

21세기는 모든 분야에서 남성과 여성의 협력관계, 서로의 상생관계(win-win)를 추구한다. 가정생활에서 권위와 힘으로 움직여지는 아버지의 남성 리더십의 한계를 유연한 사고를 가지고 부드러운 카리스마로 접근하는 어머니의 여성 리더십으로 보완하여 창의적인 결정으로 운영해나갈 때 그 가정에는 평화가 넘칠 것이다. 남성은 역할이나 지위, 위치에서 주어지는 힘을 가지고 조직을 움직이려고 하는 반면에 여성은 감성을 통한 개인 간의 만남과 교류를 중요시한다. 가정구성원의 자유로운 의사결정을 위해서 가정에서 어머니의 공간(private/personal space)을 허용해드리고 아버지와의 대화에서 그의 직관과 감성으로부터 나오는 의견을 무시하지 않고 배려하며 '여성의 지혜와 모성적 실천'이 포함될 때 가정생활이 훨씬 행복해질 것이다.

특히 한국 문화에서 여성은 심리적인 건강(자아의 존엄성)과 영적인 회복(하나님의 형상)이 동시에 필요하다. 가부장적인 가족 체계에서 쌓아두었던 마음의 한과 슬픔을 외부활동으로 잊어버리거나 풀어버리려고 시도하기보다는 내면의 치유로 한 발자국 더 나아가기를 바라며 여성 리더로서 객관성과 자질을 가정에서부터 키우고 실천할 수 있어야 할 것이다. 여성리더는 남성의 세계에 도전하여 그의 권위를 빼앗아오는 사람이 아니며 오히려 하나님께서 여성에게 주신 고유의 공간에서 자신의 특성과 자질을 잘 개발하고 성숙시켜서 남성의 부족한 부분을 돕는 협력적인 존재(Helper: 창 2:18)가 되어야 한다. 그러므로 한국 가정이 평화로우려면 아버지와 어머니 그리고 자녀 각자의 개인공간이 존중되어야 할 것이다.

VI. 나가는 글: 3C 전략과 가족목회

그리스도인의 삶에서 가장 중요한 것은 우리 각자가 그리스도를 본받는 것이며 이 땅에 '평강의 왕'으로 오신 예수 그리스도를 우리의 삶을 통하여 실현하는 것이다. 그리스도인의 가정은 성부 하나님, 성자 예수님, 보혜사 성령의 인격적 관계와 일체감을 가장 잘 나타낼 수 있는 장소다. 가족신학(Family Theology)과 가족목회(Family Ministry)는 가족 단위의 사고를 통해 하나님의 속성(삼위일체)과 목회사역(가정구원)을 이해하는 데 중점을 두고 있다. 오늘의 한국 사회와 교회는 병든 가정들이 해체되는 위기에서 다시 회복될 수 있는 방법을 찾고 있다. 각 가정들이 예수 그리스도의 복음진리 안에서 치유되고 가족 간의 관계를 회복하여 무조건적인 사랑의 언약을 바탕으로 서로 간에 용서와 섬김이 넘치게 될 때 가정의 평화가 이루어지게 될 것이다.

가족관계치료는 구조적으로 체계이론(Systems Theory)에 기초를 두고 있다. 가족을 하나의 단위(Unit)로 보는 개념인데 특별히 그 단위 자체를 '기능적 단위'(A Functional Unit)라고 부른다. 가족 치료적 접근에서, 특히 살바도르 미누친(Salvador Minuchin)이 주장한 구조적 접근(Structural Approach)에서는 한 가족이 갖는 고유의 구조적 특징, 예를 들면 가족 체계를 지배하는 법칙이나 가족구조에서의 역할, 가족 내부의 상호작용 등을 이해함으로써 가족의 병리현상을 치료할 수 있다고 보는 것이다. 그러므로 가족 단위의 목회를 하려면 가족구성원을 개별적으로 이해함과 동시에 가족 전체를 하나의 단위로 묶어서 전체적으로 바라볼 수 있는 안목과 그 체계(Family System)를 움직여나가는 힘의 중심과 방향에 대해서 인식할 수 있는 능력이 필요하다. 예를 들어 의사결정 과정에서 누가 발언권을 갖는지, 어느 가족 구성원이 가장 영향력을 갖는지, 어떤 가치와 기준으로 결정하는지를 잘 살펴보아야 한다. 가족관계를 다룰 때 가족 구성원 중 어느 한 사람에게 치우치지 않도록 주의해야 하며 외부인사로 인해 가족 내부에서 감정적 삼각관계(Triangulation)가 일어나거나 기존의 갈등구조가 심화되지 않도록 유의해야 할 것이다. 초대교회에서는 "너와 네 온 집이 구원받을 말씀"(행 11:14)이 전해짐으로 복음이 전해지는 곳마다 한 개인뿐만 아니라 그의 전 가족들이 구원받는 놀라운 역사들이 흥왕했다. 우리 시대에도 이러한 가족 단위의 사역이 절실하다.

건강한 가족의 특징을 요약하면 첫째, 가족 구성원들이 자신의 개별적인 욕구를 중시할 뿐만 아니라 자신이 가족 체계의 일부인 것을 인식하고 자신의 행동이 전체 가족에게 미칠 영향을 잘 이해하는 가운데 높은 적응도를 보인다. 둘째, 가족관계에서 가족 간의 적절한 경계선을 유지한다. 지나치게 서로 간섭하거나 서로에게 무관심하지도 않으면서 서로 간에 적당한 공간과 적절한 도움을 유지한다. 셋째, 분명하고 정확한 의사소통이 이루어지기 위해 가족 간에 서로의 말의 의도가 분명하게 전해지고 특히 비언어적인 내용이 잘못 전달되어 생길 수 있는 오해를 최소화한다. 넷째, 가족 간에 힘의 균형을 유지하며 자신이 가진 위치나 재능을 이용하여 고압적인 자세나 권위적인 태도를 취하지 않으며 오히려 각자의 힘(자원)을 통하여 서로를 세우고(build-up) 평등하고 민주적인 관계에서 협력하는 연합(coalition)을 이룬다. 다섯째, 가족 구성원 각자의 잠재성과 자율적인 선택이 존중과 격려를 받으며 성인 자녀가 준비된 가운데 평화롭게 가족을 떠날 수 있으며 부모들의 삶이 독자적으로 스스로의 비전에 의해서 움직여진다. 여섯째, 가족 내의 감정상태가 우호적이며 낙천적이어서 서로에 대해 따뜻한 관심을 가지며 피할 수 없는 갈등은 시인하되 가능한 해결을 위해 서로 협조하며 노력한다. 일곱째, 가족 간의 의견 차이를 수용하며 협상이 가능하고 협상한 내용을 수행할 때에는 개별적인 계획을 세울 수 있다. 여덟째, 가족들이 함께 동의하고 따를 수 있는 탁월한 가치관을 공유하는데 가족 내에서 일어나는 상실, 죽음 등의 존재론적인 질문에 대해서 동일한 신념으로 대처하며 자신들의 가정뿐만 아니라 주위의 이웃, 사회와 국가에 대한 봉사 및 윤리적인 종교 활동을 한다.

84

3C 전략: 그리스도 안에서 서로 사랑으로 소통하며(Communication), 서로의 다름에 대해서 그리스도로 인하여 성령으로 하나된 것처럼 조화롭게 조정하고(Coordination), 그리스도를 머리로 함께 긴밀히 협조하면서(Co-operation) 이 땅의 모든 크리스천 가정이 "평화의 공동체"가 되어 하나님께 영광을 돌리고 주위의 많은 가정을 그리스도께 인도할 수 있기를 간절히 기원한다.

참고문헌

김난도 외,《트렌드 코리아 2012, 2013 & 2016》, 미래의 창, 2011, 2012 & 2015.

김유숙,《가족상담》, 학지사, 2015.

이어령,《80초 생각나누기》, 시공미디어, 2013.

제네비브 브라운 외,《균형 잡힌 창조적 삶을 위한 여성 리더십》, 예영커뮤니케이션, 2005.

Erich Fromm, *The Art Of Loving*(Harper Collins, 2006).

Jack O. & Judith K. Balswick, *The Family: A Christian Perspective On The Contemporary*(Baker Book House, Grand Rapids, MI, 1993).

John Townsend & Henry Cloud, *Boundaries*(Zondervan, 2005).

Myron Chartier, "Parenting: A Theological Model", *Journal of Psychology & Theology*, 6:54-61, 1978.

Ray Anderson & Dennis Guernsey, *On Being Family: Essays On A Social Theology Of The Family*(Grand Rapids, Eerdmans, 1985).

Ray Anderson, *On Being Human: Essay In Theological Anthropology*(Grand Rapids, Eerdmans, 1982).

Salvador Minuchin & Michael P. Nichols, *Family Healing: Strategies For Hope And Understanding*(The Free Press, A Division of Simon & Schuster, Inc., 1993); 오제은,《미누친의 가족치료: 가족 치유》, 학지사, 2013.

Stuart McLean, "The Language Of Covenant and a Theology of the Family", Paper Presented at Seminar, *Consultation on a Theology of the Family*(Fuller Theological Siminary, 1984).

4장_ 한국 사회의 평화와 그리스도인의 삶: 피스메이커의 길

이해완(성균관대학교 법학전문대학원 교수)

I. 한국 사회, 평화로운가

한국 사회는 평화로운 사회인가? 이 질문에 답하려면, 평화로운 사회
란 무엇인지를 먼저 규명해야 할 것이다. 평화는 여러 가지 뜻을 내포하고
있다. 가장 소극적인 차원에서 우리는 평화를 전쟁의 반대말로 인식하곤 한
다. 그렇다면 우리나라는 비록 정전 상태에 있긴 하지만, 전쟁이 벌어지고 있
는 나라에 비하여 평화로운 나라라고 할 수 있을 것이다. 그러나 평화는 그
보다 더 적극적인 의미로 이해되어야 한다. 무력에 의한 전쟁이 진행되고 있
지 않더라도 전쟁의 위협이 온존하고 있는 상황이라면 평화로운 상황이라고
하기 어려울 뿐만 아니라 무력에 의한 전쟁이 아니더라도 사회 구성원들 간
의 반목과 대립, 갈등의 정도가 높고 각 구성원의 내면에 행복이나 평안 대
신 불안과 분노, 좌절의 정서가 만연해 있다면, 그러한 사회를 평화로운 사
회라고 하기는 어렵다.

물론 구성원들 사이에 아무런 갈등이 없는 사회는 있을 수 없다. 갈
등이 겉으로 전혀 드러나지 않는 사회가 있다면, 아마도 가장 평화롭지 못
한 사회 유형에 해당할 것이다. 사회 구성원들 사이의 갈등의 표출이 철저하
게 억압 또는 은폐되고 있는 사회로서 인간의 자유와 기본권이 존중되지 않
는 전체주의적 폐쇄사회일 가능성이 높기 때문이다. 그보다는 갈등이 겉으
로 곧잘 드러나지만 평화로운 방법으로 잘 해결되어 긍정적 변화의 계기로

작용하는 사회가 평화로운 사회다. 갈등이 완전히 해결되지 않고 오래 지속되는 부분들도 있지만, 갈등으로 인해 구성원 간의 극심한 증오와 대립으로 번지는 정도가 높지 않고 전체적으로 사회구성원 상호 간에 인격적 존중과 이해, 공감, 배려의 정도가 높은 사회라면, 비록 이상적이지는 않더라도 비교적 평화로운 사회라고 할 수 있을 것이다.

그러한 관점에서 우리 사회의 이모저모를 살펴보면, 우리 사회는 평화롭다고 하기 어렵다. 북한과의 분단 상황에서 오는 비평화의 문제는 일단 논외로 하고, 한국 사회 내부의 상황에 대한 여러 가지 지표들만 보더라도 우리 사회가 평화와는 꽤 먼 거리에 있음을 확인할 수 있다.

첫째, 한국은 OECD 가입 국가 중 자살률이 가장 높은 나라라는 고통스러운 불명예를 11년째 유지하고 있다. 2015년 9월 23일 통계청이 발표한 '2014년 사망원인 통계'에 따르면 2014년 한국인의 자살 사망률(인구 10만 명당 사망자 수)은 27.3명으로 OECD 평균의 2.4배에 이른다. 자살의 원인에 대한 정확한 분석을 찾기는 어렵지만, 내면의 극심한 고통, 고독감, 불안, 분노, 갈등, 우울 등이 직접적 원인이 되었을 것이라는 점에서 우리 사회의 평화롭지 못한 내면 풍경을 고스란히 드러내고 있음을 부정할 수 없다.

둘째, 한국은 2014년 기준으로 합계 출산율(여성 1명이 평생 동안 낳을 수 있는 평균 자녀 수)이 1,205명으로 OECD 국가 중 최저를 기록하고 있다. 출산율이 낮은 원인도 정확한 분석을 찾기 어려운 문제이지만, 경제적 요인 외에 가정이나 가족을 통해 행복을 누리는 정도가 낮아지고 있다는 점에 그 원인의 하나가 있다고 생각된다. 이것은 한국 사회의 공동체가 전반적으로 무너져 최소단위의 공동체인 가정마저 해체의 위기에 몰리고 있음을 보여주는 것이다.

셋째, 한국은 사회적 갈등의 정도가 높은 나라에 속한다. 한 연구에 의하면, 한국의 사회갈등지수는 OECD 국가 중 5위로 매우 높은 편이고, 사회갈등관리지수는 27위로 최하위권에 위치한 것으로 파악되었다.[1] 우리 사회의 갈등이 전반적으로 심화되고 있는 반면, 갈등을 해결할 제도적 메커니즘이나 사회문화적 역량이 상당히 부족하다는 것이다.

---

1. 정영호·고숙자, "사회갈등지수 국제비교 및 경제성장에 미치는 영향", 《보건복지포럼》 통권 제221호, 2015, 48-49.

넷째, 갤럽의 2015년 조사결과에 의하면, 한국의 행복지수는 세계 143개국 중 118번째다. OECD 34개 국가 중 32위라는 조사도 있다.[2] 특히 청소년들의 주관적 행복은 OECD 국가 중 최하위를 기록하고 있다.[3] 청소년들을 비롯하여 우리 사회 구성원들의 마음속에 행복 대신 불행감이 강하게 자리 잡고 있음을 보여주고 있다.

II. 비평화(非平和)의 원인: 사회문화적 측면을 중심으로

우리 사회가 이처럼 평화롭지 못한 이유는 무엇일까? 무엇보다 경제적 양극화와 사회적 불평등의 심화가 그 주범이라 할 수 있다. 이로 인해 계층 간 갈등이 커지고 있고, 다수 국민의 마음속에 큰 좌절감이 초래되고 있음을 부정할 수 없다.

또한 민주주의의 미성숙도 그 주된 원인의 하나로 지목될 수 있다. 우리나라는 국민의 힘으로 군부독재를 종식시키고 민주화를 이룬 자랑스러운 역사를 가지고 있지만, 그렇게 쟁취한 민주주의를 질적으로 심화시킴으로써 실질적 차원에서 민주주의를 완성시켜나가는 면에서는 아직 부족한 점이 많다. 그로 인해 민의를 효과적으로 수렴하고 갈등을 조정하는 정치의 역할이 제대로 구현되지 못하고, 정치과정이 사회적 갈등을 해결하기보다 오히려 증폭시키는 역작용을 초래하는 경우가 적지 않다.

전체적으로, 사회의 평화를 위한 국가의 역할이 부족하다. 양극화의 심화로 인한 공동체의 위기에 대응하여 복지 강화와 경제민주화 및 사회정의를 위한 국가의 적극적 역할이 요구되지만 아직 미흡한 점이 많은 것이다.

이러한 경제, 정치 및 국가적 차원의 문제점은 이 책의 다른 장에서 보다 자세히 다루어질 것이다. 여기서는 우리 사회의 문화적, 정신적 차원의 문제점에 보다 초점을 맞추어 비평화의 원인을 살펴보고자 한다.

첫째, 우리 사회가 물질주의적인 가치관과 모방적 경쟁욕망[4]의 강한

89

---

2. 이내찬, "OECD 국가의 삶의 질의 구조에 관한 연구", 《보건사회연구》 제32권 제2호, 2012, 34.
3. 연세대학교 사회발전연구소(책임연구원 염유식), "2014년도 한국 어린이-청소년 행복지수 국제비교 연구 조사결과보고서", 한국방정환재단 의뢰 연구보고서, 2014, 36.
4. 인간 사회의 갈등과 폭력의 주요원인을 '모방적 경쟁관계'에서 찾는 르네 지라르의 이론을 참고한 것이다. 르네 지라르, 《나는 사탄이 번개처럼 떨어지는 것을 본다》, 문학과지성사, 2004, 24.

지배를 받는 초경쟁사회로 치닫고 있는 것이 우리 사회 비평화의 근본적 원인이라 생각된다.

진실하고 아름다운 성품, 올바른 책임의식, 참된 사랑과 우정, 정직하고 성실한 삶의 자세, 사회적 약자를 위한 섬김과 봉사 등의 내면적 가치가 아니라 물질적 부요, 사회적 지위, 외모 등의 외면적인 가치를 중심으로 가치관의 획일화 경향이 강하고 그에 따른 비교의식과 경쟁의식이 특히 높은 것이 압축성장과 급격한 사회변동을 겪어온 우리 사회의 자화상이다. 각자 조금이라도 경쟁의 앞자리에 서려고 하고 뒷자리로 밀려나지 않기 위해 애쓰는 과정에서 많은 스트레스와 좌절, 불행을 경험하게 되며, 사회 구성원들 사이의 인간적 신뢰나 유대감을 희생시키는 극도의 갈등이 초래되고 있다. 여기서 그 누구도 안정된 승자가 될 수는 없다. 항상 어떤 면에서든 자기보다 앞선 것처럼 보이는 사람은 있기 마련이고, 그렇지 않더라도 현재 도달해 있는 그 자리가 안정된 자리라고 안심할 수 있는 사람은 아무도 없기 때문이다. 따라서 사회구성원 대다수가 경쟁으로 인한 강한 압박감과 불안, 내적, 외적 갈등에 시달리지 않을 수 없다. 나아가 그러한 모방적 경쟁욕망에 따른 불안과 두려움을 자신의 자녀들에게 그대로 투사하여, 극심한 성적 또는 학업 경쟁의 부담을 아동 및 청소년 세대에 안겨주고 있다. 그것이 한국 청소년의 주관적 행복감이 세계 최하위 수준이고 청소년 자살률이 높은 이유가 되고 있다는 것은 누구나 짐작할 수 있는 일이다.

둘째, 공동체정신의 약화와 공감·배려의 부족이 비평화의 원인이다.

이기적 욕망에 기초한 혹독한 경쟁이 사람들의 의식을 지배하면서 한국인 특유의 인정미(人情美)와 따뜻한 공동체 정신이 크게 약화되고 있다. 집단주의 문화의 단점인 내집단-외집단의 차별과 비합리적 연고주의, 가정이나 직장 등에서의 수직적 위계의 지나친 강조에 따른 억압 또는 갈등관계의 문제가 상당 부분 온존하는 가운데, 그 장점으로서의 공동체적 유대는 무너져내리고 있다고 해도 과언이 아니다. 이로 인해 우리 사회의 구성원들은 한편으로는 집단주의 문화의 역기능에 노출되고 한편으로는 진정한 사회적 유대의 결여로 고독감에 시달리는 모순적인 상황에 직면하게 되었다.

셋째, 대화와 협상으로 문제를 해결하는 소통 문화의 미발달과 집단 극화 현상의 강화가 우리 사회의 평화로움을 저해하는 요인의 하나다.

'나 자신' 또는 '내가 속한 집단'과 다른 의견을 가진 타인이나 타 집단 사이에 대화와 협상을 통해 상호이해를 증진하거나 문제를 함께 해결하는 소통문화의 발달이 미흡한 가운데, 상호 간의 단절, 대립, 증오를 키워가는 경향이 커지고 있는 것이다. 사회적 의제에 대하여 특정한 의견을 가진 집단이 다른 집단의 의견을 적대적으로 배척하면서 자신의 입장을 보다 극단적으로 강화해나가는 집단극화(group polarization) 현상이 한국 사회의 소통구조를 경색시키고 있는 모습은 인터넷을 통해 쉽게 확인할 수 있다. 타자의 목소리를 열린 자세로 경청할 수 있는 능력과 서로 다른 의견의 결합을 통해 윈-윈의 창조적 대안을 만들어내는 능력을 전제로 하는 숙의민주주의의 발전이 미흡한 것은 그로 인한 당연한 결과다. 치열한 경쟁과 사회적 갈등 속에 인간적 삶을 위한 최후의 보루가 되어야 할 가정도 가족구성원 간의 소통 부족과 세대 간 단절 등의 문제로 큰 위기에 직면해 있다.

넷째, 민주적 평등의식의 부족과 사적 권력의 남용 및 사회적 차별의 상존이 우리 사회의 평화를 위협하는 요소다.

모든 인간을 그 지위의 고하나 연령의 고저, 경제력의 유무나 성별 등과 무관하게 모두 무한한 존엄성과 가치를 가진 평등한 존재로 인식하고 존중하는 민주적 평등의식의 확립은 아직도 요원한 것으로 보인다. 공동체 구성원 간의 상호 존중의 태도가 제대로 자리 잡지 못했을 뿐만 아니라, 안타깝게도 과거와 같은 신분사회적인 의식이 도처에서 발견되고 있다. 오늘날 특히 사회적·경제적 권력을 가진 사람이나 집단[이른바 '갑(甲)']의 특권의식과 사적 권력의 남용이 큰 사회적 갈등요소로 부각되고 있는 것은 우리의 사회문화가 내포하고 있는 문제점의 일부분이 마치 빙산의 일각처럼 드러나고 있는 것이라 생각된다. 아울러, 사회적 소수자 등에 대한 부당한 차별의 문제도 아직 상존하고 있다.

다섯째, 사회통합의 구심력을 행사할 수 있는 공적 권위와 가치체계 형성이 미흡하다는 점이 비평화의 원인이 되고 있다.

개인이나 집단 간의 갈등과 분쟁이 커지면 결국 공적인 권력에 의한 해결에 의존할 수밖에 없는 상황을 맞이하게 된다. 그런데 그러한 공적 권력의 갈등 개입에 대한 사회적 신뢰가 부족하여 참된 권위를 갖지 못할 때 공적 권력의 개입에도 불구하고 갈등의 골이 더욱 깊어져 해결 불능의 상태에 빠지곤 하는 경우가 적지 않다. 국가기관을 비롯한 공공 부문에 종사하는 사람들이 진정한 공복의식으로 구성원들의 신뢰를 받을 수 있어야 참된 권위가 형성될 수 있을 터인데, 아직 그러한 신뢰 및 권위의 형성이 부족한 상황이다. 거기에는 여러 가지 원인이 작용하고 있지만, 공직자들의 부패 정도가 아직 높다는 것도 중요한 원인의 하나라 생각된다. 아울러 우리 사회의 '법치' 시스템에 대한 사회적 신뢰도 아직 미흡한 것이 현실이다.

III. 우리 사회의 평화에 기여하는 그리스도인의 삶, 그 방향성

이상에서 언급한 우리 사회 비평화의 사회문화적 원인들을 살펴보면, 그리스도인들이 비평화의 어둠을 밝히는 '세상의 빛'이 될 수 있는 가능성을 엿볼 수 있다. 그리스도인들이 그 내면에서부터 예수의 말씀을 온전히 받아들여 참 제자의 삶을 산다면 위에서 본 다섯 가지 문제로부터 자유로울 수 있고, 그것은 우리 사회의 바람직한 변화를 이끌어내는 신선한 동력으로 작용할 수 있을 것이라 생각되기 때문이다.

첫째, 그리스도인들은 물질주의적 가치관과 모방적 경쟁욕망이 지배하는 비평화적 초경쟁사회 속에 살면서도 그러한 물질주의적 가치관과 경쟁욕망의 지배를 벗어나 그와는 다른 가치관과 소망이 지배하는 새로운 문화를 일구어나감으로써 우리 사회의 평화에 기여할 수 있다.

예수는 "너희가 하나님과 재물을 겸하여 섬기지 못하느니라"(마 6:24)는 말씀으로 물질주의를 단호히 경계하고 있다. 우리 그리스도인들이 유한한 물질적·세속적 가치(경쟁적 가치)가 아니라 예수의 가르침에 따라 사랑과 섬김의 영원한 가치(비경쟁적 가치)를 추구하는 삶을 산다면, 물질주의와 경쟁이 지배하는 어두운 문화에 한 줄기 밝은 빛을 발할 수 있을 것이다. 물론 그리스도인도 경제적 자립이나 자신이 속한 기업의 발전을 위해 성실한 노력을 기울일 수 있지만, '돈'이나 '경쟁' 자체를 목적으로 여기는 것이 아니라 '사랑'과 '섬김'의 삶에 있어서 필요한 수단이나 과정이 될 수 있는 것으로 여길 뿐이다. 가치의 우선순위가 분명하여 정직하지 않은 부요함보다는 차라리 정직한 가난을 선택할 수 있는 자세를 가지며, 경쟁에서의 뒤처짐보다 제자도로부터의 일탈을 더욱 두려워하는 것이 그리스도인의 삶의 모습이어야 할 것이다.

물질주의나 성공주의, 출세주의 등의 이면에는 사회적으로 인정받는 물질적 부요, 성공, 출세 등의 조건을 성취함으로써 자존감을 확보하고자 하는 조건부 자존감[5]에 기한 욕망이 도사리고 있는 경우가 많다. 물질주의라고 하지만, 물질 자체가 주는 직접적 만족을 추구하는 데 초점이 있는 것이 아니라 물질적, 외면적인 것의 소유나 성취를 매개로 하여 영적으로 궁핍한 자아의 허전한 빈 공간(에고가 만들어낸 자존감의 조건들)을 채우고자 하는 경우가 많은 것이다. 그리스도인으로서는 하나님의 무한한 사랑과 용서를 깊이 받아 누리는 충만한 존재로서의 근원적이며 평등한 무조건적 자존감과 영적 겸손의 기반 위에서 헛된 자존욕망이 아니라 하나님이 기뻐하실 사랑의 삶에 대한 소명의식과 책임감, 이웃에 대한 사랑과 섬김의 욕구가 내면적 동기로 작용하는 삶을 살아가야 할 것이다.

한국의 그리스도인들이 이 점에서 그리스도인다운 모습을 일관되게 보이지 못하는 경우가 많은 것은 우리 사회의 물질주의 문화의 영향으로부터 자유롭기가 그만큼 어렵기 때문이기도 하지만, 동시에 그러한 문화적 영향 속에 있는 자아의 욕망구조에 대한 진지한 성찰과 극복의 노력이 한국 교회의 그리스도인들에게 부족하기 때문이기도 하다. 많은 그리스도인이 조건부 자존감과 모방욕망에 기한 자아의 욕망체계 자체를 근본적으로 바꾸어 하나님의 사랑과 은혜에 뿌리내린 새로운 자아로 변화하지 못하고 옛 자아의 구조를 그대로 둔 상태에서 자신의 욕망을 이루는 데 하나님의 도우심을 구하는 기복적 신앙의 상태에 머무는 경우가 많은 것이다. 타인의 우월해 보이는 소유나 지위, 권력 등을 모방함으로써 자존감의 조건을 성취하고자 욕망하고, 그 성취의 불확실성 앞에 두려워하며, 조건이 성취될 때 일시적 우월감을 느끼고 조건의 성취에 실패할 때는 좌절감과 열등감에 빠져들었다가 어느 정도 회복되면 다시 새로운 소유를 욕망하고 갈등하는 옛 자아의 동요와 취약성을 그대로 지닌 상태에서, 자신이 직면하는 여러 가지 어려움을 헤치고 자신의 욕망을 이루어나갈 수 있도록 하나님의 축복과 도우심

---

5. 조건부 자존감(자아존중감)이란 예컨대 사회적으로 성공하여 일정한 지위를 얻는 등의 일정한 외적 조건을 충족하여야만 자기 존재의 가치를 스스로 인정할 수 있는 심리적 상태를 뜻한다. 자신의 존재 가치를 특정한 결과와 결부시키는 현상을 심리학자들은 '자아관여'(ego involvement)라고 부르기도 한다. 에드워드 L. 데시, 리처드 플래스트, 《마음의 작동법―무엇이 당신을 움직이는가》, 에코의서재, 2011, 154, 158.

을 구하는 간절함을 신앙의 내용으로 하는 경우가 적지 않은 것이다. 물론 그러한 초년기 신앙의 연약한 시기를 지나서, 보다 성숙한 신앙으로 이행하게 되는 경우가 많지만, 그러한 이행의 비율이 높지 않을 경우 그리스도인들의 삶도 다른 사회구성원들과 함께 욕망적 존재로서의 경쟁과 갈등의 질긴 밧줄에 얽매여 있는, 특징 없는 삶이 되고 말 것이다.

자신의 자아와 내면세계에 대한 보다 근본적인 성찰과 참된 회심을 통해 우리 그리스도인들이 "누구든지 나를 따라오려거든 자기를 부인하고 자기 십자가를 지고 나를 따를 것이니라"(마 16:24)라고 말씀하신 예수의 참 제자가 될 때, 개인적으로 내면에 큰 자유와 평화를 누릴 수 있고, 사회적으로, 비평화의 어둠이 짙은 한국 사회를 비추는 작은 빛이 될 수 있으리라 믿는다.

둘째, 공동체정신의 약화와 타자에 대한 공감과 배려 부족이 비평화의 원인이 되고 있는 사회 속에서, 그리스도인들은 "무엇이든지 남에게 대접을 받고자 하는 대로 너희도 남을 대접하라"(마 7:12)고 하신 예수의 말씀에 따라, 내가 타인으로부터 받기를 간절히 원하는 공감, 배려, 존중, 관용을 이웃에게 먼저 행하는 모범을 보임으로써 우리 사회의 평화에 기여할 수 있다.

타자의 입장에 서서 생각하는 역지사지를 넘어서 타자의 입장에서 그의 고통, 고독, 슬픔 등을 느껴보는 역지감지(逆地感之)의 노력을 통해 공감 능력을 키워나갈 때 이웃 사랑의 계명을 마음에서부터 실천하는 내면의 기초가 형성된다. 이를 토대로 가족이나 주변 사람들에 대한 작은 친절과 배려에서부터 사랑을 실천해가는 노력을 한국의 그리스도인들이 앞장서서 보여준다면, 어둡고 차가운 냉기가 감도는 세상에 따뜻한 빛을 비추는 거룩한 대열에 동참하는 일이 될 것이다. 큰 깃발을 올리고 하는 봉사 사역 못지않게 중요한 것이 바로 이와 같이 그리스도인 한 사람 한 사람이 가정과 직장, 교회, 기타 소공동체에서의 지극히 일상적인 삶 가운데 진실하고 일관된 자세로 '작은 사랑'을 실천함으로써 '작은 평화'를 지속적으로 만들어가는 일이다. 그러한 노력들이 모여, 가정공동체와 교회공동체를 비롯하여 이곳저곳의 작은 공동체가 새로운 모습으로 세워져갈 수 있다면, 우리 사회의 무너져가는 공동체를 다시 일으켜 세우고 '공감사회'를 만드는 데 기여하는 결과가 된다. 아울러, 한국 그리스도인들은 "내가 진실로 너희에게 이르노니 너희가 여기 내 형제 중에 지극히 작은 자 하나에게 한 것이 곧 내게 한 것이니라"(마 25:40)라고 하신 예수의 말씀을 가슴에 간직하고 사회적 약자와 소외계층을 돌보는 일에 모범을 보여야 할 것이다. 이러한 노력들을 통해 우리 사회가 과거와 같은 집단주의 문화로 회귀하는 것이 아니라 자유롭고 평등한 개인들이 서로 존중하고 배려하며 협력하는 수평적인 새로운 공동체문화가 확립된 '공감사회'를 향해 나아가는 데 기여할 수 있을 것이다.

셋째, 대화와 협상으로 문제를 해결하는 소통문화가 발달하지 못하고 집단극화 현상이 심화되고 있는 사회 속에서, 그리스도인들은 예수의 삶과 말씀을 통해 배우는 화해와 용서의 정신을 바탕으로 대화와 소통을 통해 평화롭게 문제해결을 도모하는 모범을 보임으로써 우리 사회의 평화에 기여할 수 있다.

이는 '갈등의 해결'과 관련된 것이므로, 뒤에서 별도의 주제로 자세히 살펴보기로 한다.

넷째, 민주적 평등의식의 부족과 사적 권력의 남용 및 사회적 차별의 상존이 우리 사회를 평화롭지 못하게 하는 원인이 되고 있는 현실 속에서 그리스도인들은 성경 말씀에 따라 인간 존엄성에 대한 평등한 존중과 비차별의 태도를 함양함으로써 사회 평화에 기여할 수 있다.

성경의 관점에 의하면, 모든 인간은 자신이 가진 어떤 인간적 또는 사회적 특성이나 조건과 무관하게, 모두 하나님의 형상대로 지음받았고, 하나님의 무조건적 사랑과 용서의 대상이 될 수 있다는 점에서 평등한 존귀함과 가치를 가지고 있다. 우리 헌법에 규정된 가장 기본적인 인권으로서 모든 국민이 누리는 인간으로서의 존엄과 가치(헌법 제10조)는 성경의 인간관과 일치하는 것이다. 예수가 "너희가 너희 형제에게만 문안하면 남보다 더하는 것이 무엇이냐"(마 5:47)라고 말씀하신 것도 이웃 사랑에 있어서 대상의 무차별성을 강조하신 것이다. 우리가 하나님의 사랑 안에서 실천하여야 할 아가페 사랑은 그 누구도 배제하거나 차별할 수 없는 보편적 사랑이다. 따라서 그리스도인들은 마땅히 사회적 차별의식을 극복하고, 모두를 동등한 존엄과 가치를 가진 존재로 여겨 깊이 존중하고, 무조건적 사랑과 섬김의 대상으로 대하여야 할 것이다.

"인자가 온 것은 섬김을 받으려 함이 아니라 도리어 섬기려 하고"(마 20:28)라고 말씀하신 예수는 그 생애를 통해 참된 섬김의 본을 보여주셨다.

그리스도인들이 설사 그 지위가 높고 사회적으로 행사할 수 있는 권력이 있더라도 예수의 가르침에 따라 특권의식을 버리고 겸손히 이웃을 섬기는 삶의 모범을 보인다면, 우리 사회의 평화에 기여하는 길이 될 것이다. 참된 사랑과 섬김의 실천을 위해 그리스도인들은 때로 자신이 가진 권리의 행사를 포기하고, 자신이 가진 권력을 내려놓는 마음의 결정을 할 필요가 있음을 기억하여야 할 것이다.

다섯째, 사회통합의 구심력을 행사할 수 있는 공적 권위와 가치체계 형성의 미흡이 우리 사회의 평화로움을 저해하고 있는 현실 속에서, 그리스도인들은 성경 말씀에 기반을 둔 올바른 삶의 원칙을 확립함으로써 사회적 가치체계의 혼미함을 바로잡는 데 기여할 수 있다.

특히 여러 기관에서 공공적인 업무를 맡고 있는 그리스도인들부터 부정과 부패를 멀리하고 깨끗한 양심과 봉사의 정신으로 국민들을 섬김으로써 공공기관의 신뢰와 참된 권위 형성에 기여해야 할 것이다.

IV. 갈등의 평화적 해결과 그리스도인의 삶

1. 갈등에 대한 다양한 반응들

대화와 협상에 의한 갈등의 평화적 해결에 있어서 그리스도인들이 모범을 보임으로써 피스메이커가 되는 방법에 대하여 자세히 살펴보자.

다음의 그림은 갈등에 대한 다양한 형태의 반응이 있을 수 있음을 보여준다.[6] 그것을 크게 나누어 보면, 회피적 반응과 평화로운 반응, 공격적 반응의 세 가지 유형으로 나눌 수 있는데, 그중 가장 바람직한 것으로서 그리스도인들이 마땅히 지향하여야 할 것은 '평화로운 반응'임은 두말할 나위가 없다.

---

6. 켄 산데, 《화평하게 하는 자-개인적인 갈등을 해결하기 위한 성경적인 지침서》, 피스메이커, 2010, 26 이하 참조(그림의 내용을 일부 수정함).

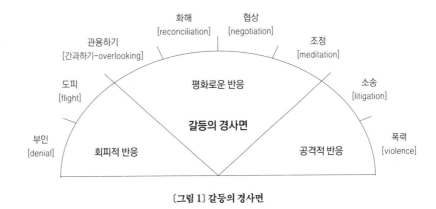

〔그림 1〕 갈등의 경사면

1) 갈등에 대한 회피적 반응의 부적절성

위 [그림 1]의 왼쪽에 표시된 것처럼 갈등에 대한 회피적 반응으로서 부인(denial)과 도피(flight)가 있다. '부인'은 갈등이 존재함에도 불구하고 갈등이 없다고 부인하는 것으로서 자기기만(self-deception)의 요소를 내포하고 있다. 그리스도인들 가운데는 갈등의 존재 자체를 어둡고 부정적인 것으로 여긴 나머지 무의식적으로 그 존재를 부정하는 '부인'의 경향을 보이는 경우가 적지 않다. 그러나 '부인'은 '가짜 평화'로서 평화로운 겉모습을 만들 뿐, 진정한 평화나 화해를 위한 노력과는 거리가 먼 것이다. 우리 그리스도인은 우리의 겉모습이 아닌 '중심'을 보시는 하나님 앞에서, 정직하지 않은 자기기만을 내려놓고 진실한 마음을 기초로 문제해결에 노력하여야 한다.

'부인'과 달리 '도피'는 갈등의 존재를 의식하지만 그것을 두려워하여 그로부터 의식적으로 도피하는 소극적인 반응을 보이는 것을 뜻한다.

'갈등'의 존재는 그리스도인들에게도 자연스럽고 정상적인 것으로, 그것을 부인하기보다 인정하고 직면하여 올바른 해결방법을 강구하는 것이 평화를 이루는 올바른 방법이다. 부인이나 도피 같은 회피적 반응은 갈등에의 직면이나 그 해결을 위한 노력을 불가능하게 함으로써 갈등의 평화로운 해결보다는 갈등의 온존과 그 악화에 기여하게 된다.

2) 평화로운 반응 1: 관용하기

인간관계의 갈등으로 우리 내면에서 분노와 상처가 느껴질 때마다 그것을 상대방과 모두 소통하여 해결하려고 하면, 사랑과 평화의 삶을 영위하기 어려울 수 있다. 그러므로 많은 경우 우리는 상대방의 입장에 대한 공

97

감적 성찰을 통해 상대방을 이해하기 위해 노력하고 그것이 어려울 경우에도 사소한 문제이거나 어차피 개선 불가능한 문제라서 수용하여야 할 일이라 생각되면, 사랑으로 '관용하기'를 선택하는 것이 바람직하다. "너희 관용을 모든 사람에게 알게 하라"(빌 4:5)는 말씀대로 관용의 태도는 그리스도인의 삶의 특징이 되어야 할 것이다.

이러한 '관용하기'와 '부인'이나 '도피' 등 회피적 반응은 서로 유사해 보이지만, 중대한 차이가 있다. 회피적 반응의 경우는 갈등 해결을 위한 외부적 대응을 포기할 뿐만 아니라 내면의 갈등에 대한 해결도 포기하는 점에서 내면의 갈등을 이해 또는 용서로 해결하는 '관용하기'와 다른 것이다. 회피적 반응의 경우 내면 깊숙이 존재하는 분노나 원망의 부정적 정서를 해결하지 않고 방치함으로써 관계의 참된 평화를 해치는 결과를 초래하게 된다. 예를 들어 부부 사이의 갈등으로 내면에 상처를 받았음에도 불구하고 회피적 반응을 할 경우에는 부부 사이의 친밀감이 떨어지고 이후 어느 순간 쌓였던 분노가 폭발하여 큰 다툼으로 비화하게 될 가능성이 많다. 반면에 '관용하기'는 하나님 안에서의 관용의 정신으로 내면의 부정적 정서를 잘 정리하거나 내려놓고 넘어가는 것이므로, 인간관계의 암초로 작용할 수 있는 그러한 문제의 발생을 예방할 수 있다.

"사랑은 허다한 죄를 덮느니라"(벧전 4:8)고 한 성경 말씀대로, 관용의 자세로 상대방의 작은 죄들을 덮어주는 노력은 그리스도인이 일상 가운데서 '작은 평화'의 실현을 위해 반드시 행해야 할 사랑의 실천이다. 물론 모든 문제를 그냥 넘어갈 수 있는 것은 아니고 때로는 이해와 용서의 마음을 갖되 문제 해결을 위해서 적극적으로 노력할 필요가 있는 경우도 있다. 그러한 경우에는 뒤에서 설명할 '사랑의 협상' 등의 보다 적극적인 대응을 해야 할 것이다.

'관용하기'를 선택하는 것이 좋다고 생각하지만, 계속 분노가 일어나고 참기 어려운 경우에는 어떻게 하여야 할지 의문을 가진 독자들이 있을 것이다. 그런 의문을 가진 독자들을 위해 '인간관계에서 분노가 일어날 경우의 대처방법'에 대하여 필자가 나름대로 정리한 바를 소개한다.

크게 다음의 3단계로 나눌 수 있다.

1단계: 인내(=멈추기)	2단계: 성찰하기	3단계: 문제 해결
• 분노의 감정을 발견하고 인정하되, 그 표출을 억제하고 인내함 • 다툼이나 힘겨루기 중지 악순환의 중단	• 관점의 전환 • 나의 책임에 대한 성찰 • 나의 욕망과 필요, 기대에 대한 성찰 • 상대방의 필요와 감정에 대한 공감(역지사지, 역지감지) • 용서하기	• 사과, 화해 • 사랑의 협상

〔그림 2〕 분노 극복의 3단계

1단계: 인내(=멈추기)

이 단계에서는 먼저 마음속의 분노를 직시하고 인정하는 것이 필요하다. 분노가 있음에도 '부인'하는 것이 왜 바람직하지 않은지는 앞에서 '회피적 반응의 부적절성'에 대하여 설명한 바와 같다.

마음속에 분노가 있음을 인정하는 순간 바로 '인내심'의 필요성을 환기하면서 분노를 일으키는 생각의 흐름을 중단한다. "미련한 자는 당장 분노를 나타내거니와 슬기로운 자는 수욕을 참느니라"(잠 12:16)고 하는 잠언 말씀을 따르는 것이다.

감정 통제가 어려울 경우에도, 최소한 '악'을 행하지는 않도록 유의한다. 여기서 '악'이란 내가 상대방으로부터 받은 고통을 되갚아주려고 하는 모든 종류의 노력을 뜻한다. 물리적 폭력은 물론이고 언어적으로 경멸, 모욕, 비난 등을 품은 말을 사용하는 것도 철저히 금한다. 상대방이 그렇게 했기 때문에 하는 것이라면, 인간적으로는 공평해보이지만, 악을 악으로 갚는 것으로서 악에 지는 것이다. 평소 선한 행실을 보이던 사람도 상대방의 악에 의하여 상처를 입으면 분노와 보복심으로 쉽게 악을 행하게 되고, 모든 원인이 상대방에게 있다고 생각한 나머지 자신의 '악'을 직시하지 못하는 경우가 많다. 그리스도인들은 "악을 악으로, 욕을 욕으로 갚지 말고 도리어 복을 빌라"(벧전 3:9), "악에게 지지 말고 선으로 악을 이기라"(롬 12:21), "악은 어떤 모양이라도 버리라"(살전 5:22)는 말씀에 따라 아직 마음에 분노가 사라지지 않은 경우에도 악을 행하지 않고 인내하기 위해 노력하여야 한다.

분노의 감정을 상대방에게 드러내는 것(분노의 표출)이 항상 '악'은 아니지만, 상대방에게 이해와 존중보다는 비난의 메시지를 전하는 결과가 되기 쉽고, 따라서 곧잘 상대방과의 다툼과 갈등의 증폭으로 이어져 악순환의 흐름을 만들어낼 가능성이 높으므로, 그 표출을 자제하는 것이 바람직하다. 심리학자들은 분노를 표출하지 않고 억제하는 것이 바람직하지 않다고 보아, 분노의 표현을 하되 이른바 '나-메시지'(I-message)를 사용하여 "내가 지금 화났다"는 식으로 말할 것을 권하곤 한다. 그러나 분노 상태에서 아무리 '나-메시지'를 사용한다고 하더라도 얼굴 표정 등 비언어적 표현까지 포함하면 결국 상대방에게 비난의 메시지를 안기는 것을 피하기는 어려운 일이다. 물론 분노를 해결하지 않은 채 마음에 차곡차곡 쌓아두는 것도 바람직한 것은 아니다. 그것은 마치 자신의 의식 및 무의식에 스며드는 독(毒)을 배출하지 않고 그대로 흡수하는 것과 같아서 궁극적으로 자신의 건강과 가족들을 포함한 자신이 사랑하는 모든 사람들과의 인간관계, 나아가서는 하나님과의 관계에도 부정적 영향을 초래할 것이다.

분노의 표출도 바람직하지 않은 경우가 많고 분노의 억압이나 쌓아둠도 바람직하지 않다면, 바람직한 길은 무엇인가. 그것은, 일단 분노를 억제, 인내한 다음, 깊은 성찰을 통해 분노의 뿌리를 잘라내는 길이다. 문제해결이 필요한 부분이 있으면 분노가 없는 맑은 마음으로 해결해나가면 된다. 화를 내거나 계속 참는 것이 아니라 잘 생각하여 화를 풀고 차분하고 침착하게 해결해나가는 것이 자신의 건강이나 인간관계, 상대방에 대한 배려, 지혜로운 문제해결 등을 위해 바람직하다는 말이다. 그리고 그것이 말씀에 따라 사는 그리스도인의 올바른 삶의 길이기도 하다.

에베소서에서 바울은 "분을 내어도 죄를 짓지 말며 해가 지도록 분을 품지 말고 마귀에게 틈을 주지 말라"(엡 4:26-27)고 했다. 누구나 마음에 화가 나는 경우가 있을 수 있고, 그것 자체에 대하여 죄책감을 가질 것은 아니지만, 성급하게 분노를 표출하여 죄를 짓거나 악을 행하는 일이 없도록 유의하여야 하고, 분노를 오래 품고 있지 않도록 주의하여야 함을 강조하고 있는 것이다.

정의로운 분노, 곧 의분은 정당화될 수 있고 오히려 권장되어야 할 분노라고 생각하는 경우가 많다. 그러나 인간의 자기중심적 판단으로 인해 분노를 품는 사람 대부분이 자신의 분노는 정당한 것이라고 생각하는 경향이 있고 그것이 우리 사회에서 개인 간·집단 간의 분노와 증오, 적대적 갈등을 키우는 원인이 되고 있음을 직시하여야 할 것이다. 물론 어떤 관점으로 보더라도 정의로운 이타적 동기로 인해 분노가 일어나는 경우가 없지 않지만, 그 경우에도 죄가 아니라 죄인, 곧 사람에 대하여 지속적 적의(敵意, enmity)

를 가지는 것으로 귀결되는 '분노 품기'는 성경의 가르침에 명백히 배치된다. 의분을 일으키는 일이 있고, 그것을 계기로 어떤 사회적 변화를 도모하는 노력을 하더라도, 분노의 마음으로 하기보다 그 일로 인해 고통받는 사람들에 대한 뜨거운 사랑의 마음으로 하고자 노력하는 것이 그리스도인다운 길이다.

　　많은 그리스도인에게 분노의 순간은 사랑의 시험대가 된다. 사랑은 평탄한 길에서가 아니라 가장 갈등적인 험로에서의 선택의 문제이고, 이러한 험로에서 정신을 똑바로 차리고 자신을 통제하면서 진지하게 성찰하지 않으면, 어느 순간에 사랑이 아닌 미움의 자리로, 파괴적인 갈등의 악순환 속으로 빨려 들어갈 수 있는 것이 인간 실존의 현실이다. 그 순간에 마음속에 있는 모든 것을 한꺼번에 해결하고자 하면 가능하지 않지만, 일단 분노가 있는 채로 인내한 다음, 최대한 시간을 벌어 다음의 2단계로 넘어가 차분하게 성찰함으로써 사랑과 용서의 마음을 살려내는 것은 우리 그리스도인들에게 충분히 가능한 일이다. 그리고 이를 위해 노력해야 할 거룩한 의무가 우리에게 있다.

101

2단계: 성찰하기

　　화가 나는 것을 잘 참고 혼자만의 조용한 시간을 갖게 되었다면 정말 다행이다. 지금부터 2단계인 '성찰하기'로 들어간다. '성찰'의 전제는 지금 내 마음속에 분노를 일으키는 생각과 관점이 있다는 것이고, '성찰'의 목표는 최대한 그것을 다른 생각과 관점으로 전환함으로써 분노의 근거를 소멸시켜 분노를 마음으로부터 사라지게 하는 것이다. 분노를 품고 있지 않고, 내면에 깊이 묻어두지도 않으며, 마음의 정화조에서 깨끗이 씻어내기 위한 노력이라 할 수 있다.

　　아직 화가 나 있는 상태에서는 상대방과 대화를 시도하기보다 조용한 침묵 속에서 생각을 정리해나가는 것이 좋은 경우가 많은데, 이러한 목적의 침묵을 '성찰적 침묵'이라 할 수 있을 것이다. 이것은 친밀함을 바라는 상대방에 대한 보복을 목적으로 하는 '보복적 침묵'과 구별되어야 하며, 자신의 취약성에 대한 겸손과 상대방에 대한 기본적인 존중, 배려의 정신을 바탕에 둔 것이어야 할 것이다.

　　이러한 '성찰'이 분노의 존재를 애써 외면하고 부정하는 '부인'의 노력과 다르다는 것은 앞에서 이미 설명했지만, 이것은 또한, 분노의 전제가 되는 생각들을 그대로 두고 분노의 감정을 도덕적인 차원에서 억제하고 억압하기 위한 노력과도 다른 것이다. 그러한 노력은 분노를 해결하지 못하고 죄의식의 무게만 더하게 되는 경우가 많을 것이다.

또한 여기서 권하는 '성찰하기'는 본래의 생각을 그대로 가지고 마음속의 분노를 충분히 느껴본 다음에 내려놓기를 선택해보라고 조언하는 것과도 다르다. 무엇보다 '성찰'은 '나'의 생각이 자기중심적인 경향, 과도한 비현실적 기대 등으로 인한 여러 가지 오류 내지 허점이 있을 수 있다고 하는 겸허함을 전제로 하는 것이다. 따라서 나의 감정과 거리를 둘 뿐만 아니라 나의 생각과 거리를 두고 나의 생각을 스스로 반박함으로써 그 오류를 바로잡아 나가고자 노력하는 것이다. 생각의 전환으로 분노가 사라지면, 이후 동일한 상황에서 다시 화가 나지는 않게 되어, 화가 나는 일이 점점 줄어드는 결과가 될 수 있고, 그것은 인격적인 성숙과 영적 자유의 확대라고 하는 귀중한 열매로 이어지게 된다. 그런 면에서 그리스도인들이 삶의 과정에서 마주치는 분노거리들은 그것을 성찰의 계기로 삼을 준비만 되어 있다면, 인격과 영혼의 성장을 위한 귀중한 선물이 될 수 있다.

특히 인간관계에서 일어나는 분노의 많은 부분은 자기중심적이고 이기적인 관점과 생각을 바탕으로 하는 경우가 많음을 직시하여, 그러한 관점과 생각에서 벗어나 이타적인 관점에서 상대방을 이해하기 위한 노력을 할 때, 우리의 이기적 죄성이 조금씩 벗겨져, 온전한 아가페 사랑을 할 수 있는 성령의 열매를 가질 수 있게 될 것이다.

'성찰하기'의 주된 주제들을 짚어보면 다음과 같다.

① 오해 가능성에 대한 고려 – 관계윤리로서의 신뢰

먼저, 상대방에 대한 오해의 가능성이 있을 경우, 최대한 상대방의 입장에서 억울함이 없는 방향으로 생각하고, 신뢰를 쉽게 버리지 않아야 한다. 헌법에서 형사피고인에 대하여 '무죄추정의 원칙'을 규정하고 있는데 (제27조 제4항), 우리의 일상생활 가운데도 쉽게 단정하기보다 '일단 믿어주기'(Benefit of Doubt)를 원칙으로 할 필요가 있다. 다른 사람의 부당한 오해에 시달려본 사람이라면 신뢰가 황금률에 부합하는 관계윤리의 하나가 되어야 함을 잘 이해할 수 있을 것이다. 고린도전서에서 사도 바울이 사랑의 특성을 설명하면서 "모든 것을 믿으며"(고전 13:7)라고 하는 구절을 포함시킨 것도 그러한 의미일 것이다. 불신이 팽배한 사회 속에서 신뢰의 태도를 일관되게 유지하기가 쉽지 않겠지만, 현실적으로 가능한 범위에서 최대한 불신의 악순환을 피하고 신뢰의 선순환을 일으키기 위해 노력해야 할 것이다.

② 나의 욕망과 필요에 대한 성찰 – 비현실적 기대와 자존욕망 버리기
우리가 왜 분노하는지에 대하여 깊이 생각해보면, 분노의 이면에는 내가 바라는 바가 실현되지 않은 것, 즉 욕망이나 기대의 미실현 또는 미충족이 있음을 알 수 있다.[7]

따라서 분노에 대한 성찰에서 가장 중요한 초점은 과연 나는 무엇을 바란 것인지, 내가 바라는 것은 정말 중요한 것인지, 그것은 이기적인 욕망인지 아닌지, 내가 바라는 것이 실현되리라고 생각한 것은 과연 현실적인 기대였는지 아니면 비현실적인 기대였는지 등에 대해 생각해볼 필요가 있다.

나의 이기적인 욕망일 뿐이고 꼭 필요하거나 중요한 사항이 아니라면 "이 세상이 나의 이기적인 욕망대로 굴러가기를 기대하는 것은 타당하지 않다"고 생각하면서 그 욕망을 내려놓는 선택을 한다.

내가 바라는 것이 단순히 이기적인 욕망만이 아니고, 나의 책임이나 역할과 관련된 것으로서 정말 중요한 사항이라면 어떤가? 그러한 경우라면 그 바람을 이루는 것이 가능한지 여부에 대하여 생각해볼 필요가 있다. 만약 불가능한 일이라 생각되면, 우리의 삶 가운데 우리가 절실하게 바라지만, 이루어지지 않는 일이 있음을 겸허하게 수용하고 그 바람을 내려놓는 선택을 한다.

만약 중요하고도 필요한 사항이며, 그것을 이룰 가능성도 있는 일이라면 어떤가? 그러한 경우에는 상대방과의 대화와 협상을 통한 문제해결의 노력을 경주할 필요가 있을 수 있다. 그와 관련한 구체적 방법은 뒤에서 살펴본다. 이때에도, 그것을 이루기 위해 내가 할 일과 하나님께 맡겨드릴 일을 구분하고, 내가 할 일만 기쁘게 잘 할 수 있는 마음가짐으로 돌이킬 필요가 있다. 여기서 중요한 하나의 관점은 분노의 감정과 문제해결의 노력은 별개라는 것이다. 즉, 분노의 감정을 내려놓는 선택을 한다고 하여 문제해결을 위한 노력을 포기하는 것을 뜻하는 것은 아니라는 말이다. 문제해결을 위한

---

7. 야고보서에서는 "너희 중에 싸움이 어디로부터 다툼이 어디로부터 나느냐 너희 지체 중에서 싸우는 정욕으로부터 나는 것이 아니냐"(4:1)라고 하여 갈등의 근본적 원인이 내면의 '정욕', 곧 욕망에 있음을 밝히고 있다.

고민이나 노력의 필요성이 다시 나를 화나게 한다면, 인생길에 어떠한 고민이나 노력의 필요성이 없기를 바라는 나의 기대가 비현실적임을 인식함으로써 관점을 전환할 수 있다.

나의 기대가 비현실적이라는 증거는 나를 분노하게 하는 그 일이 현재 내 앞에 발생했다는 사실 자체다. 하나님의 인도 안에 있는 나의 인생길에 대한 기대가 지나치게 높고 하나님이 주신 바에 대한 감사는 부족함을 보여주는 증거도 거기에 있다. 내가 중요하다고 생각하여 바라는 일이 이루어지지 않은 것에 분노를 느끼는 것은 지금도 우리 삶의 한복판에서 역사하고 계시는 하나님의 주권을 믿지 않는 것이 아니라면, 나의 욕망이나 계획, 목표 등을 하나님보다 더 높은 자리에 둔 때문이 아닌가? 여기서 우리는 하나님보다 높은 자리에 있는 것은 모두 우상이고 그것을 계속 그 자리에 둠으로써 분노를 품는 것은 우상숭배에 다름 아님을 기억할 필요가 있다.[8]

우리가 구체적으로 바라는 것들의 내용은 매우 다양하지만, 그 이면의 본질적인 욕망은 동일한 경우가 많다. 사람들의 인정과 존중을 받거나 그럴 수 있는 상태가 되어 '조건부 자존감'을 취득, 유지 또는 회복하고자 하는 '자존욕망'의 성격을 갖는 경우가 많은 것이다. 그러한 자존욕망에 대한 침해나 위협이 우리로 하여금 분노하게 한다면, 우리의 에고(ego)가 바로 우리의 우상이 된 것으로 볼 수 있다. 그 경우 에고의 우상을 내려놓는 것이 무엇보다 중요한 영적 과제가 된다. 하나님의 은혜의 품 안에 있는 현재의 '나'만으로 충분히 존귀하여 시편 23편의 다윗처럼 "내 잔이 넘치나이다"라고 고백할 수 있는, 은혜로 가득한 자아의 상태, 곧 하나님께서 이미 나에게 주신 바를 넘어서 자아의 영광을 추구하지 않는 영적 겸손을 회복하는 것이다. 앞에서 언급한, 무조건적이고 평등한 근원적 자존감을 하나님의 사랑과 은혜 안에서 다시 바르게 세우는 것이다.

물론 그러한 근원적 자존감을 확고하게 가짐으로써 조건부 자존감의 취약성으로부터 완전히 자유로워질 수 있는 사람은 많지 않을 것이다. 하지만 이러한 부분에 대한 성찰력을 가지고 지속적인 노력을 기울여나간다면, 내면의 일그러진 자존욕망이 나를 분노하게 하는 힘을 가지지 못하도록 제어해내는 영적 승리의 가능성은 누구에게나 열려 있다. 이러한 사색과정

8. 켄 산데, 앞의 책, 134 참조.

을 통해 분노의 기초가 된 욕망이나 기대를 내려놓을 수 있다면, 분노는 자연히 사라지게 될 것이다.

③ 마음속의 필연문을 허용문으로 바꾸기 – 불완전함의 수용
한편으로, 분노의 이면에는 우리의 경직된 판단이 있다. 예컨대 우리는 이러한 생각을 가지고 상대방에 대해 분노하곤 한다.

"내가 이렇게 했는데 나한테 그렇게 할 수는 없어."
"이런 일은 있을 수 없어."

이러한 마음속의 필연문을 허용문으로 바꾸어보자.

"내가 이렇게 했다고 해서 그가 꼭 그렇게 하지 말라는 법은 없어. 그런 일도 있을 수 있어."
"그건 옳지 않은 일이긴 하지만, 연약하고 불완전한 사람들 사이에 있을 수 있는 일이야."

이렇게 내면의 필연문을 허용문으로 바꾸는 순간 분노의 힘은 크게 약화된다. 그리고 이러한 허용문의 채택이 도덕원칙의 훼손이나 타협을 의미하는 것은 아니다. 불완전한 인간 사회에서 현실적으로 존재할 수 있는 일임을 받아들이는 것일 뿐이다. 위 허용문에는 누구도 반박할 수 없는 진실이 내포되어 있다. 실제 그 일이 일어난 것은 맞고, 따라서 당위적으로가 아니라 존재적으로 그 일이 있을 수 있음을 부정할 수는 없는 것이다.
기독교의 인간관에 따르면 인간은 선하고 의롭게 살기 위해 노력하여야 하지만 완전한 도덕적 선을 이룰 수 있는 사람은 아무도 없다. 단지 예수의 십자가 대속을 통한 구원의 은혜에 따라 하나님께서 의롭다고 여겨주실 뿐인 것이다. 그러므로 나와 타자의 도덕적 불완전함은 그리스도인의 인간 이해에 부합하며, 아무런 모순도 없다.
물론 그것이 그리스도인의 도덕적 삶을 향한 노력을 포기하라는 것은 결코 아니다. 하나님의 은혜를 너무 가볍게 생각하여 경박하게 누리기만 하는 '값싼 은혜'의 삶에 빠지지 않기 위해, 나의 도덕적 불완전함에 대하여 끊임없이 회개하고 조금이라도 성화의 길을 향해 나아가기 위해 진지하게

노력하여야 한다.

그러나 그 과정에서 실수가 있고 불완전함이 드러난다고 하여, 하나님의 은혜를 떠난 자기정죄에 빠져서는 안 되며, 타자의 잘못(죄)에 대하여도 "있을 수 없는" 일로 여기기보다 "있을 수 있는" 일로 여기고 수용하는 것이 타당하다. 내가 그 타자의 삶의 길에 대하여 영향력과 책임을 가지고 있을 때에 그가 죄의 길에서 벗어날 수 있도록 권면하는 등 도움을 주어야 할 경우가 있지만, 그것은 뒤에서 보는 '문제해결'의 차원에서 생각할 일일 뿐이다. 분노에 대한 성찰에 있어서는 타자의 불완전함의 존재를 온전히 수용하는 노력이 필요하다.

④ 마음속의 거래원장 고쳐 쓰기-계산적인 공평 의식에 기한 분노의 극복

위에서 제시한 필연문 중 "내가 이렇게 했는데 나한테 그렇게 할 수는 없어"라고 하는 것은 내가 누군가에게 무언가를 하거나 준 것이 '자기의'가 되어 계산적인 공평성(fairness)의 관념[9]을 매개로 분노를 야기하는 원인이 될 수 있음을 보여주고 있다. 내가 준 것을 계산적으로 기억하는 것이 가지는 그러한 문제를 해결할 수 있도록 하기 위해 예수는 우리에게 "오른손이 하는 것을 왼손이 모르게" 하라는 말씀(마 6:3)을 주셨다. 우리가 하는 선행을 타인에게 과시하지 않을 뿐만 아니라 나 자신의 머릿속 거래원장(去來元帳)에 기록하지 않는 것이 '자기 의'에 기인하는 분노를 예방하는 길이다.

그런데 그러한 계산적 기억의 극복이 직접적인 방법으로는 쉽지 않은 것이 현실이다. 인간의 내면에 있는 계산적 공평의 의식은 매우 뿌리 깊

---

9. 주로 가족을 대상으로 한 심리치료기법으로서 '맥락적 치료'(contextual therapy)를 개발한 이반 보스조르메니 나지 등의 학자는 인간이 원초적으로 호혜성(reciprocity)과 공평성(fairness)의 관계윤리(relational ethic)를 유전자 속에 가지고 태어나는 것으로 보인다는 결론을 내렸다. 좋은 것이든 나쁜 것이든 받은 만큼 돌려주는 식의 응보적 공평성에 기초한 원초적 정의 관념이 인간존재에 깊이 뿌리 내려 있다고 본 것이다. 심지어는 극단적인 반사회적 행동을 하는 사람들이 "내가 절실히 필요로 할 때 아무도 나를 위해 있어 주지 않았는데, 왜 내가 누군가를 돌보아야 하는가?"라고 하면서 타인에 대한 배려를 거부하는 것도 바로 그러한 '공평성'의 의식('공평성'의 어두운 측면)을 드러내는 것이라고 본다. Ani Kalayjian and Raymond F. Paloutzian, *Forgiveness and Reconciliation: Psychological Pathways to Conflict Transformation and Peace Building*(Springer, 2009), 33-34. 우리나라 속담에 "동대문에서 뺨 맞고 남대문에서 화풀이한다"고 하는 말이 있는 것처럼, 자신이 A로부터 받은 것을 B에게 갚는 것은 엄밀한 공평성의 원칙에는 반하지만, 근본적으로는 위와 같은 (막연한) 공평성의 심리에 기한 것이라고 보는 것이다. 결국 이러한 심리는 양날의 칼처럼 작용하여, 인간관계에서의 자신의 경험을 긍정적으로 받아들이는 사람에게는(또는 그러한 상황에서는) 선행의 동기가 되는 반면, 그렇지 않은 사람에게는(또는 그러한 상황에서는) 악행의 동기가 되는 것으로 보인다.

은 것이어서 그것을 내려놓기가 정말 어려운 것이다. 그러므로 계산적인 의식 자체를 없애려고 하기보다 '보이지 않는 것'들을 계산에 반영하여 내면의 계산을 바로잡는 것이 '자기의'의 문제를 극복하는 보다 현실적인 방법이 될 수 있을 것으로 생각된다.

첫 번째 방법은 보다 장기적인 관점으로 전환하는 것이다. 내가 공평성의 관점에서 부당한 피해를 입었다고 분노하는 것은 방금 상대방이 나에게 한 행동과 관련된 상황만 클로즈업하여 보고 느낀 결과인 경우가 많다. 관점을 바꾸어 장기적인 시각에서 보면, 내가 상대방으로부터 받은 것이 더 많다고 느낄 수도 있다. 인간관계에서 우리가 자신이 주는 것은 작게 여기고 상대방이 주는 것은 귀하고 크게 여기는 마음을 가질 수 있다면, 감사의 마음으로 분노를 대체하는 데 큰 도움을 받을 것이다.

두 번째 방법은 누군가에게 무언가를 줄 때 '나의 것'을 주는 것이 아니라 '하나님이 맡겨주신 것'을 전해준다고 생각하는 것이다. 내가 가진 것은 사실 모두 하나님이 잘 사용하라고 맡겨주신 것일 뿐이다. 그러므로 내가 상대방에게 주어도 '내 것'을 준 것은 없다고 생각할 수 있다. 그에 따라 내 마음속 거래원장의 대출(지급) 항목에는 아무것도 기록되지 않게 된다. 이것은 우리가 삶에서 하나님으로부터 받은 것에 대한 '소유 의식'을 극복하고 '청지기 정신'을 갖기 위하여 영적 훈련을 하는 것과 관련된다.

세 번째 방법은 내가 누군가에게 무언가를 주고 상대방이 그것을 받을 때, 상대방의 그 받음을 통해 내가 받는 '보이지 않는 것'들을 계산에 반영하는 것이다. 내가 누군가에 대하여 진실한 아가페 사랑을 가지고 있다면 누군가에게 사랑으로 주는 무언가를 그 상대방이 받아 누리는 것 자체가 나의 내면에 큰 기쁨과 평화를 안겨주게 된다. 그리하여 그 보이지 않는 것들의 가치가 내가 준 것의 가치보다 훨씬 크다고 느낄 수 있다면, 머릿속 거래원장의 대출항목보다 차입항목에 더 큰 가치가 기록된다.

네 번째 방법은 나의 존재에서부터 구원까지 모든 것을 은혜로 주신 하나님의 무한한 사랑을 상대방과의 관계에 대한 거래원장의 차입항목에 올려두어 대출항목에 기록된 가치가 그것과 비교도 할 수 없이 작아지게 하는 방법이다. 앞서 인용한 예수의 비유 말씀 중에 "너희가 여기 내 형제 중에 지극히 작은 자 하나에게 한 것이 곧 내게 한 것이니라" 하신 말씀(마 25:40)에 따른 방법이라고 할 수 있다.

이러한 생각들을 통해 대출항목보다 차입항목에 기록되는 것이 더욱 크게 할 수 있으면, 내가 아무리 많은 것을 타자에게 준다고 해도 결과적으로 '사랑의 무한한 빚' 안에 머물러 있을 수 있다.[10] 이러한 노력은, 사랑의 채권자가 되기보다 사랑의 채무자가 되는 것이 내면에 감사와 기쁨, 사랑과 섬김의 동기가 충만하게 하고, 분노와 실망, 좌절과 미움의 감정들을 버릴 수 있는 길이 될 것이라는 확고한 인식에 기초한다.

⑤ 갈등에 대한 나의 책임을 돌아보기

내가 분노하는 것은 많은 경우 상대방과의 갈등 때문이고, 그 갈등의 원인에는 나의 잘못(죄)이나 책임이 있는 경우가 많다. 그럼에도 불구하고 우리들 각자의 자기중심성에 기한 자기기만의 경향으로 인하여, 우리는 갈등의 책임을 상대방에게 돌리고 나의 책임을 간과하는 경향을 가지기 쉽다. 따라서 분노에 대한 성찰의 과정에서 갈등에 대한 나의 책임을 돌아보는 노력이 반드시 필요하다. "어찌하여 형제의 눈 속에 있는 티는 보고 네 눈 속에 있는 들보는 깨닫지 못하느냐 보라 네 눈 속에 들보가 있는데 어찌하여 형제에게 말하기를 나로 네 눈 속에 있는 티를 빼게 하라 하겠느냐 외식하는 자여 먼저 네 눈 속에서 들보를 빼어라 그 후에야 밝히 보고 형제의 눈 속에서 티를 빼리라"(마 7:3-5)고 하신 예수의 가르치심을 늘 기억해야 한다.

만약 갈등에 대한 책임이 상대방에게 90% 있고, 나에게 10% 있는 경우라면 어떻게 해야 하나? 그렇게 양적으로 판단할 수 있는 문제가 아니지만, 만약 그렇다고 가정하더라도, 내가 책임지고 해결하여야 할 것은 그 10%임을 인식하여 이를 깊이 성찰하여, 회개하고, 상대방에게 사과를 할 마음의 준비를 하여야 할 것이다. 만약 그렇게 하여 진심 어린 사과를 한다면, 상대방도 스스로 자신의 잘못에 대하여 사과를 하거나 그렇지 않더라도 '화해'의 큰 전기를 맞이할 수 있을 것이다.

만약 나에게 다른 잘못은 없지만 지금 상대방에 대하여 증오심을 품고 있다면 그것 자체가 하나님 앞에서 회개하여야 할 죄라는 것을 인식하고 자복할 필요가 있다.

---

10. 이것은 "피차 사랑의 빚 외에는 아무에게든지 아무 빚도 지지 말라"(롬 13:8)는 사도 바울의 말을 근거로 "서로에게 사랑의 빚을 진 상태로 있을 의무(duty to be in the debt of love to each another)"가 있음을 강조한 키르케고르의 입장을 참고한 것이다. Søren Kierkegaard, translated by Howard V. Hong and Edna H. Hong, *Works of Love: Kierkegaard's Writings*, Vol 16(Princeton University Press,1998), 171.

그리고 현재 당면한 일에서 나의 잘못이 전혀 없다 하더라도 내가 본래 의인이 아니라 하나님 앞에서 '용서받은 죄인'임을 기억하는 영적 겸손이 필요하다. 한편으로, 갈등에 대한 나의 책임을 돌아보는 과정에서 '자기정죄'나 '자기혐오'의 마음이 들 경우에는 예수의 십자가에서의 대속의 죽음을 통한 하나님의 완전한 용서를 기억하고 마음을 돌이켜야 할 것이다.

⑥ 상대방의 입장과 그 고통에 대한 공감과 이해를 위한 노력

'성찰하기'의 가장 중요한 내용은 무엇보다 상대방을 이해하고 상대방의 마음에 공감하고자 하는 노력이다.[11] 앞에서 공감에 대하여 언급할 때, 입장 바꿔 생각해보는 역지사지(易地思之)와 함께 입장 바꿔 느껴보는 역지감지의 노력이 필요하다고 했는데, 이는 분노에 대한 성찰의 과정에서도 빼놓을 수 없는 일이다. 나의 욕망이나 필요 등과 충돌하는 것으로 보이는 상대방의 욕망과 필요에 대하여 이해하고 공감하며, 특히 상대방의 아픔과 고통을 그의 입장에 서서 느껴 보려고 노력하노라면, 어느새 분노가 사라지고 사랑과 연민의 마음으로 변화된 것을 느낄 수 있다. 나의 필요(needs)도 포기하기 어려운 것일 경우 뒤에서 설명할 '사랑의 협상'을 벌일 필요가 있을 수 있지만, 그렇다고 분노의 필요성이 남아 있는 것은 아니다.

⑦ 사랑이 무엇보다 중요하다는 관점

분노와 씨름하면서 성찰하는 과정에서 가장 중요한 윤리적 지향점은 아가페 사랑이다. 예수가 우리에게 가르치신 아가페 사랑은 무조건적이고 비차별적인 영속적인 사랑이므로 그 사랑의 윤리 앞에서 상대방에 대한 분노와 적의(敵意)를 유지할 변명거리를 찾기는 어렵다. "너희 원수를 사랑하며 너희를 박해하는 자를 위하여 기도하라"(마 5:44)고 하신 예수의 말씀에 순종하여 나에게 고통을 준 상대방을 사랑할 수 있는 마음을 갖게 해달라고 기도하고, 동시에 그 상대방의 고통과 문제가 해결될 수 있기를 기도한다면, 우리 마음속의 적의나 보복심이 사라지고 종국에는 우리 내면에 얼룩진

---

11. 다른 글에서 필자는 이러한 노력을 '변호사 되기'라고 명명한 바 있다. 심판관이나 고소인 또는 검사의 자리에 있거나 피해자의 자리에 머물려고 하는 마음의 경향을 거슬러서 오히려 상대방을 위한 변호사가 되고자 하는 것이 분노 극복의 길이라는 점을 그 글에서 강조했다. 이해완, "폭력의 내면적 원인과 평화의 내면적 토양", 김선욱 외, 《평화와 반평화-평화인문학적 고찰》, 프리칭아카데미, 2013, 96.

109

분노와 상처도 치유될 수 있을 것이다.

우리의 욕망에 대한 쓰라린 좌절감과 상대방을 정죄하는 판단이 마음에 일어날 때마다 우리가 욕망하고 판단하는 그 무엇보다도 사랑이 더욱 중요하다는 관점을 견지할 필요가 있다. 분노를 내려놓고 사랑의 마음을 갖는 것은 상대방과 나의 관계를 회복시킬 뿐 아니라 하나님과 나 사이의 교제도 회복하는 일임을 기억하여야 한다. 요한 사도가 "만일 우리가 서로 사랑하면 하나님이 우리 안에 거하시고 그의 사랑이 우리 안에 온전히 이루어지느니라"(요일 4:12)고 하신 바와 같이, 우리의 마음속에서 상대방에 대한 분노를 내려놓고, 그의 모든 불완전함에도 불구하고 그를 사랑하는 마음을 가질 때 포도나무이신 예수께 붙어 있는 가지가 되어 생명의 수액을 온전히 공급받을 수 있게 됨을 기억하자는 것이다.

무조건적 사랑의 하나님 안에서 아가페 사랑의 원리를 붙잡고 그와 충돌되는 모든 것을 내려놓는 마음가짐을 가지고자 노력한다면, 분노에 대한 성찰은 우리로 하여금 예외 없이 분노의 감정을 내려놓도록 인도할 것이다.

⑧ 용서하기

나의 책임과 상대방의 입장 등에 대한 성찰 후에는 오히려 미안한 마음이 드는 경우도 있고, 상대방에 대한 오해가 풀리면서 잘 이해가 되는 경우가 있을 수 있다.

그러나 상대방을 이해하기 위하여 노력을 기울인 후에도 상대방의 행동이 명백한 잘못(죄)이고 그로 인해 내가 부당한 고통을 받은 것이 사실이라면, 이제 용서의 단계로 나아가야 한다. 상대방의 행동에 대하여 상당한 정도 이해가 되긴 하지만 그럼에도 불구하고 마음에 상처와 원망의 쓴 뿌리가 남아 있을 때에도 마찬가지다. 용서의 일관된 실천이 없으면 사랑은 군데군데 가로막혀 힘을 잃어버리게 될 것이다. 그러므로 우리가 그리스도인으로서 사랑의 삶을 선택하여야 한다면, 용서의 삶도 필연적인 선택이다.

이처럼 용서는 사랑의 삶을 살아가기 위해 반드시 필요하지만 인간 본성상 자연스러운 것은 결코 아니다. 앞에서도 잠깐 언급한 바 있지만, 인간은 기본적으로 자신에게 선을 행한 사람에게는 선을 돌려주고, 자신에게 악을 행한 사람에게는 악을 돌려주는 것이 옳다고 하는 응보적 정의 또는 계산적 공평성의 관념을 가지고 태어난다.[12] 나에게 악을 행한 사람에게 악을 되갚아주지 않고 아무런 사과도 없고 뉘우침도 없는 경우에조차 무조건적 용서를 한다는 것은 정의롭지도 공평하지도 않은 것처럼 느껴진다. 그러한 의식은 그리스도인에게도 예외가 아니어서 그리스도인 가운데도 분노에 기인한 보복심을 공공연히 드러내는 예를 곧잘 볼 수 있다.

그러나 그러한 관점으로는 예수의 가르침과 삶, 그의 십자가에서의 대속을 통한 하나님의 무조건적 용서와 아가페 사랑의 원리를 이해할 수 없다. 그런 관점에서 본다면 아직 죄인들인 인류를 위한 예수의 십자가 고난은 너무나 불공평하고 정의롭지 못한 일로 여겨지게 된다. 그러나 생각해보자. 만약 하나님이 그처럼 불공평한 사랑과 용서를 우리에게 베풀지 않으셨다면, 죄인인 우리는 모두 하나님의 공의의 심판으로 영원한 벌을 면할 수 없었을 것이다. 그러므로 하나님의 용서를 진정으로 경험한 그리스도인이라면 인간적이고 원초적인 정의 내지 공평의 관념을 고집할 수 없다. 오히려 하나님의 무한하신 자비와 은혜로 말미암아, 받을 자격 없는 용서를 받은 것이 얼마나 감사한 일인지 생각하고, 동시에 자신의 불완전함과 죄성으로 인해 다른 사람으로부터 용서를 받아야 할 필요가 있는 경우가 많음을 기억하여, 내가 대접받고 싶은 대로 남을 대접하는 황금률에 따라 다른 사람에게도 용서를 베푸는 삶을 살고자 노력하게 된다. 사도 바울도 에베소서에서 "서로 친절하게 하며 불쌍히 여기며 서로 용서하기를 하나님이 그리스도 안에서 너희를 용서하심과 같이 하라"(엡 4:32)고 하여 우리 그리스도인의 용서가 하나님의 용서를 본받는 것이 되어야 함을 강조하고 있다. 나의 불완전함과 죄성에도 불구하고 나에게 자비로운 사랑과 용서를 베풀어주신 하나님의 마음을 본받아 다른 사람의 불완전함과 연약함을 온전히 수용하고 그에 대한 정죄의 마음 대신 자비와 긍휼의 '은혜로운' 마음을 가지고자 노력하는 것이 그리스도인의 길이다.

아가페 사랑이 그러한 것처럼, 예수가 가르치시는 용서에도 아무런 조건이나 한계가 없다. 일곱 번을 일흔 번까지라도 용서하라고 하신 예수의 말씀(마 18:21-22)이 용서의 횟수를 한정하신 것이 아니라 용서의 무제한성을 강조하신 것임은 말할 나위가 없다. 우리는 곧잘 이러한 용서의 가르침이 너무 숭고하여 따르기가 어렵다고 생각하곤 하지만, 용서가 분노로 일그러진 우리 자신의 마음을 치유하고 우리 영혼을 자유하게 하는 일이기도 함을

12. Ani Kalayjian and Raymond F. Paloutzian, *Forgiveness and Reconciliation: Psychological Pathways to Conflict Transformation and Peace Building*(Springer, 2009), 33-34.

생각하면, 용서에 까다로운 조건을 달지 않고 아무 조건 없는 용서를 권면하시는 그 가르침이 우리 자신에게 큰 은혜임을 깨닫게 된다.

상대방이 법률에 따라 처벌을 받아야 할 중대한 범죄 행위를 저지른 경우에 그가 처벌을 받도록 함으로써 자신의 행위에 대한 책임을 지도록 하는 것이 적절한 경우일 수는 있다. 개인적 차원의 용서보다 국가적·사회적 차원의 정의의 원칙에 따라 결정이 이루어지도록 해야 할 때가 있는 것이다.[13] 그러나 그러한 경우에도 개인적인 차원에서는 마음속의 분노와 보복심을 내려놓고 용서하고자 노력함으로써 용서의 일관성을 유지할 수 있다.

상대방의 중대한 잘못에 대하여 용서하기 쉽지 않은 경우가 있고, 그러한 경우에 용서한다고 마음먹어도 실제로는 마음의 상처가 잘 지워지지 않고 쓴 뿌리가 남아 있는 경우가 있을 수 있다. 그러한 경우에는 용서를 너무 쉽게 생각하지 않고 온전한 용서에 이르기까지 하나님의 도우심을 구하는 가운데 진실하고 진지한 영적 노력을 기울여나가야 할 것이다. 그리스도인의 입장에서 '나'의 용서가 온전한지 여부의 판단 기준은 상대방에게 고통을 되돌려주고자 하는 보복심이 완전히 사라졌는지 여부, 상대방을 진정

---

13. 용서와 정의가 갈등을 일으키는 측면과 관련하여 개인윤리적인 차원과 사회적·국가적인 차원을 구분할 필요가 있다. 그리스도인의 개인적·심리적 차원의 윤리로서는 계산적, 배분적인 정의와 공평의 차원을 넘어선 무한한 용서와 은혜를 담은 아가페 사랑의 윤리를 아무 조건이나 유보 없이 취할 수 있다. 그때 그 용서는 하나님 안에서는 불의가 아니라 참된 정의인 것이다. 그러나 '자아-타자'의 관계(self-other relation)를 넘어 '타자-타자'의 관계(other-other relation)가 복잡하게 얽혀 있는 사회적·국가적인 차원에서 정의를 구현하기 위해서는 모든 사람의 존엄과 가치를 평등하게 존중하는 아가페 사랑의 정신을 기초로 하되, 어느 한 당사자가 자비와 용서를 누리는 반면에 다른 당사자가 부당한 피해를 입도록 하는 일이 없도록 하기 위해, 각자에게 그의 몫을 돌리는 배분적인 사회정의의 구현을 위해 노력하는 것이 타당한 측면이 있다['자아-타자'의 관계와 '타자-타자'의 관계를 구별할 필요성에 대하여는 진 아웃카, 《아가페-기독교 사랑의 윤리적 분석》(대한기독교서회, 1999), 44 참조]. 그리고 '나'의 개인적인 삶과 사회적 책임이 엄격하게 분리할 수 있는 것은 아니므로, 때로는 내가 피해자인 경우에 나의 개인적·심리적 차원의 용서는 유지하되, 사회적·국가적 차원의 정의 실현을 위한 조치에는 협력하여야 할 경우가 있을 수 있다. 그때 그러한 사회정의의 구현에 협력한다고 해서 나의 개인적·심리적 차원의 용서와 모순된다고 여길 필요는 없다고 생각한다. 만약 그 상황에서, 상대방이 처벌을 통해 고통을 받기를 바라는 보복심이 내 마음에 남아 있다면 온전한 용서를 한 것이라고 하기 어렵지만, 그러한 보복심을 내려놓고 단지 추가적인 위협으로부터 자신을 보호하거나(이는 아가페와 모순되지 않고 오히려 그에 부합하는 정당한 자기배려에 해당하는 것으로 볼 수 있다. 진 아웃카, 위의 책, 45-46 참조) 나와 같은 다른 피해자가 나오지 않기를 바라고 동시에 상대방이 자신의 책임을 깨닫고 변화하여 잘 살 수 있기를 바라는 마음으로 사법적 절차를 통한 정의실현에 협력한다면, 용서의 마음과 모순되지 않는 것이다. 한편으로, 집단 간의 증오와 대립을 완화하기 위해서도 사회적·집단적 차원에서도 엄격한 사법적 정의의 구현보다 용서를 통한 화해의 노력이 보다 바람직한 경우가 있을 수 있다. 르완다와 남아프리카공화국에서 가해자의 진실 고백과 사과를 전제로 한 피해자의 용서를 통해 사회통합을 이루고자 노력하여 일정한 성공을 거둔 것이 그 예다. 한반도의 통일 과정에서도 정치적 통일을 넘어 진정한 사회적 통합을 이루기 위해서는 집단 상호 간 용서를 기반으로 한 화해의 노력이 필요하다.

으로 위하는 마음으로 기도할 수 있는지 여부에 두어져야 할 것이다.

용서는 뒤에서 보는 '화해'를 위해 필요하지만, 화해 자체는 아니다. 화해는 나의 용서만이 아니라 상대방의 관계회복 의사를 필요로 하는 쌍방향적인 일인 반면, 용서는 상황이 허락하지 않아 상대방과 화해할 수 없을 때에도 마음으로만 할 수도 있는 일방향적인 성격을 가진다. 따라서 화해는 무조건적일 수 없지만 용서는 무조건적일 수 있다.

용서를 연구한 학자들은 용서는 도덕적 의무가 아니라 자신의 자발적 선택에 따라 상대방에게 자비를 베푸는 선물이라고 하지만,[14] 우리 그리스도 인들에게는 하나님의 용서를 본받아 무조건적 용서를 실천할 거룩한 의무가 있다. 다만 하나님의 우리를 향한 용서가 값없이 주어진 선물인 것처럼, 우리의 다른 사람을 향한 용서도 사회정의의 원칙을 넘어선 은혜로운 '선물'로서의 성격을 가지고 있는 것은 사실이다. 어떻게 보면 하나님으로부터 받은 은혜의 '선물'을 다른 사람에게 전달하는 것이라 생각해도 좋을 것이다. 하나님의 용서는 무한하므로, 우리가 전달하는 용서의 선물도 무한할 수 있다.

살아가다보면, '작은 용서'의 필요성에 부딪힐 때가 참 많지 않은가. 일상의 삶 속에서 용서할 일을 만날 때마다 기꺼이 하나님의 무한한 용서의 저장고에서 꺼낸 용서를 마음으로 상대방에게 선물하는 습관을 형성해나간다면 사랑과 화평의 열매가 가득한 인생길을 걸어갈 수 있을 것이다. 가정에서, 길에서, 직장에서, 그 어느 곳에서나 '작은 용서'의 실천이 우리의 습관이 되도록 하여, 용서에 능한 것이 우리 그리스도인의 삶의 특징으로 여겨질 수 있도록 함께 노력할 수 있기를 기대한다.

3단계: 문제 해결

이상에서 인간관계에서 분노가 일어날 경우의 대응방법으로서 '1단계: 멈추기(=인내하기)'와 '2단계: 성찰하기'에 대하여 자세히 살펴보았다. 마지막 3단계는 '문제 해결'이다. 어떤 문제 해결 방식을 취할지는 성찰의 결과에 따라 다르다.

분노에 대하여 깊이 성찰한 결과, 상대방의 입장이 충분히 이해가 되어 마음속의 분노가 사라지고 다른 문제가 남은 것이 없다면 그것으로 문제

---

14. 예컨대, 로버트 D. 엔라이트, 《용서치유-용서는 선택이다》, 학지사, 2004, 52.

는 해결된 것이고, 다른 문제 해결 노력이 필요하지 않다.

성찰의 결과 내가 책임져야 할 잘못이 있는 것으로 느껴지면, 하나님 앞에 회개하고 언행의 교정을 결심한 후 상대방에게 진심으로 사과하고 언행의 교정을 약속하는 등의 정직하고 겸손하며 진지한 소통을 함으로써 화해를 위해 노력한다. 상대방의 용서를 구하되, 용서 여부와 그 시점은 상대방의 선택이나 마음 상태에 달려 있는 것으로서 이를 강요할 수는 없음을 기억한다.

성찰의 결과 분노는 내려놓았지만, 상대방의 잘못과 관련하여 대화와 소통이 필요하다고 느껴지는 경우에는 적절한 때와 장소를 선택하여 상대방과의 대화와 소통을 시도한다. 이것은 넓은 의미에서 '협상'의 성격을 가지게 되는 경우가 많으므로, 뒤에서 '사랑의 협상'과 관련하여 언급하는 내용을 참고할 수 있을 것이다.

대화와 소통에 있어서 기본적으로 유의할 것은 비난이나 경멸의 표현을 배제하고 상대방에 대한 존중과 경청의 자세를 유지하며, 나의 필요를 이야기할 때 '나-메시지'를 주로 사용하고 요청할 사항이 있다면 최대한 명확하게 하여야 할 것이라는 점이다.

3) 평화로운 반응 2: 화해-'탓하기 게임'을 깨는 사과의 힘

인간관계의 갈등으로 인해 감정적 균열이 생겨 상호 간에 반목과 다툼의 악순환에 빠져 있다면, 그리스도인으로서는 최대한 화해를 위해 노력할 필요가 있다. 그것이 "예물을 제단에 드리려다가 거기서 네 형제에게 원망 들을 만한 일이 있는 것이 생각나거든 예물을 제단 앞에 두고 먼저 가서 형제와 화목하고 그 후에 예물을 드리라"(마 5:23-24)고 하신 예수의 말씀에 따르는 길이다. 사도 바울도 "할 수 있거든 너희로서는 모든 사람과 더불어 화목하라"(롬 12:18)고 함으로써 우리에게 화해를 위한 노력을 권면하고 있다. 다만 모든 사람과의 화해가 항상 가능한 것은 아니므로, "할 수 있거든"이라고 하여 가능한 범위에서 최선을 다하도록 권면하고 있다.

화해를 위한 노력의 구체적 내용은 앞서 '인간관계에서 분노가 일어날 경우의 대처 방법'에서 설명한 것으로 갈음할 수 있을 것이다. 갈등에 대한 진지한 성찰을 통해 상대방을 이해하거나 용서하는 것, 갈등에 대한 나의 책임을 깊이 성찰하여 잘못이 발견될 경우 진심어린 사과를 하는 것 등이 화해를 위한 노력에 해당하며, 그러한 노력이 진실하게 기울여질 경우 특별한 경우가 아닌 한 화해의 열매를 거둘 것이다.

　　여기서 특별히 강조하고 싶은 것은 상대방의 잘못에 비하여 나의 잘못이 훨씬 작은 것처럼 느껴지는 경우라 하더라도 상대방의 잘못이 아니라 나 자신의 잘못에 초점을 맞추어, 먼저 사과하고 진지하게 상대방의 용서를 구하는 노력을 기울이는 것이 화해의 비결이라는 것이다. 이것은 인간의 원초적 정의 관념에는 반하므로 행하기가 쉽지 않은 일이지만, 갈등상황에서 수동적인 피해자의 자리를 떨치고 일어나 능동적인 화해의 주체가 될 수 있는 유일한 방법이다. 인간은 기본적으로 자기중심적인 존재로서 갈등상황에서 자신이 입은 피해와 상대방의 잘못에만 초점을 맞추어, 갈등의 탓을 서로 상대방에게 돌리고 갈등의 악순환 속에서 그 탓을 키워가며 논쟁의 승부에 몰두하는 '탓하기 게임'(Blame Game)에 빠져들기 쉽기 때문이다. 이때 잘못을 더 많이 범한 사람이 먼저 사과함으로써 화해의 주도력을 발휘하기를 기대하는 것은 일종의 '비현실적 기대'로서 분노와 좌절감만 더욱 키우는 결과를 초래할 가능성이 높다.

　　이러한 게임의 룰을 깨고 화해의 주도력을 발휘할 수 있는 사람은 잘못을 더 많이 범한 사람이 아니라 잘못의 크기와 상관없이 자신의 잘못에 대하여 진실하게 책임지는 자세를 가지고 겸손히 '에고'를 내려놓을 수 있는 지혜와 용기를 가진 사람이다. 잘못의 크기에 대한 비교 심리가 사과를 통한 화해의 길을 가로막고 있다면, 나의 잘못을 더 크게 느끼도록 노력할 필요가 있을 것이다. 상대방의 잘못은 나의 책임이 아니며, 나의 잘못만이 나의 책임이므로 나의 책임에 가중치를 두면 책임감이 돋보기로 작용하여 나의 잘못이 훨씬 더 크게 느껴질 수 있다. 앞서 인용한 예수 말씀 중에 '형제의 눈 속에 있는 티'와 '네 눈 속에 있는 들보'의 비유가 있는데(마 7:3), 이 말씀을 받는 주체인 '나'의 눈에 있는 것이 들보처럼 큰 이유는 그것만이 내가 바라보고 회개하고 고쳐야 할 나의 책임 영역에 있기 때문일 것이다.

　　사과의 내용에서는, "당신의 이러이러한 구체적 상황과 필요를 생각할 때 내가 마땅히 이렇게 했어야 하는데 그렇게 하지 못하고 이렇게 하여 당신에게 이런 점에서 크나큰 고통을 주었다. 생각하면 할수록 정말 미안하다. 다시는 그러지 않도록 하겠다"고 말하는 것과 같이, 상대방의 구체적 필요 및 상황에 대하여 역지사지한 것을 바탕으로 자신의 행위가 왜 잘못된 것인지를 분명하게 밝히고 그 개선을 약속하는 등의 내용을 포함하는 것이 바람직하다. 그렇지 않고 막연하게 "잘못했어"라고 하거나 "당신을 화나게 했다면 미안해"라고만 해서는 진정성 있는 사과라고 받아들여지기 어려운 경우가 많을 것이다. 그러므로 '화해'에 결정적으로 도움이 될 사과를 하기 위해서는 상대방의 입장에 대한 진지한 공감적 성찰이 선행되어야 함을 알 수 있다.[15] 자신의 처지와 상황에 대하여도 설명하고 싶은 마음이 있겠지만, 일단은 자제하는 것이 논쟁의 악순환에 빠지는 위험을 피하는 길이 될 것이다. 그러한 부분의 소통과 대화는 화해의 분위기가 형성된 후에 시도하는 것이 보다 바람직하다.

갈등의 한 당사자가 '탓하기 게임'의 룰을 깨고 진정성 있는 사과를 통한 화해의 길로 먼저 나아가면, 특별한 경우가 아닌 한 상대방도 호응할 가능성이 높다. 이미 게임은 끝나버렸기 때문이다. 내가 용서를 먼저 구하니 상대방이 의외로 "내 잘못도 있다"고 하면서 사과하는 경우가 적잖이 있는 것은 그 때문이다.[16] 그러나 상대방의 반응 여하는 내가 책임지고 통제할 수 있는 것이 아니므로 그에 대한 지나친 기대를 가지기보다 화해를 향한 나의 책임을 성실하게 수행하는 것에만 끝까지 초점을 맞추어야 할 것이다. 때로는 상대방이 자신의 잘못을 전혀 인식하지 못하는 경우도 있을 수 있다. 그때는 우리가 그 잘못의 정도나 개선가능성 등에 따라 '관용하기'를 선택할 수도 있고, 뒤에서 설명하는 '사랑의 협상' 등을 선택할 수도 있다. 그러한 노력이 필요한 경우에도 먼저 나의 잘못에 대한 진실한 사과를 통해 화해를 이루는 것이 선행되어야 함을 기억할 필요가 있다.

그리스도인은 자기중심적인 게임의 룰을 깨고 사랑과 겸손의 마음으로 먼저 손 내밀어 화해자의 길을 걷도록 부르심을 받은 사람이다. 우리 그리스도인들은 바로 이 점에서 그 삶의 특성이 분명하게 드러나도록 노력해야 할 것이다.

4) 평화로운 반응 3: 협상-"사랑의 협상"

갈등에 대한 평화로운 반응 유형의 세 번째는 '협상'이다. 우리나라에서 협상이라는 단어는 사업적 영역에서 주로 사용되고, 신앙적 삶과는 무관

---

15. 다만 이러한 사과의 내용은 '나'의 사과가 상대방과의 화해의 열매를 거둘 가능성을 높이기 위한 것일 뿐이고, '내'가 상대방의 사과를 받아들여 화해를 하기 위한 요건은 아니다. 상대방이 알맹이가 빠진 사과를 하더라도 '나'는 상대방에 대한 무조건적 용서를 선택하고 상대방과 화해할 수 있다. 또한 상대방이 자신의 잘못에 대하여 사과를 전혀 하지 않아도 '나'는 역시 무조건적 용서를 선택하고 화해를 위해 노력할 수 있다.

16. June Hunt, *Forgiveness*(Kindle edition). Aspire Press, 2013 Loc 1018 of 1194.

하거나 신앙적 삶과의 관계에서는 부정적인 뉘앙스를 풍기는 면이 있는 것으로 생각된다. 그러나 협상은 그리스도인이 사회의 화평에 기여하는 삶을 살아가기 위해 매우 중시하여야 할 평화로운 갈등 해결 방법의 하나다. 협상에 대한 올바른 이해는 싸움의 문화를 평화의 문화로 바꾸는 데 반드시 필요한 것임에도 불구하고 한국 기독교계에서 그에 대한 이해가 부족하고 그에 대한 교인 교육도 거의 없는 것이 교회 자체에 분쟁과 갈등이 일어날 때 잘 해결되지 않는 이유의 하나가 아닌가 생각된다.

그리스도인들도 삶 속에서 협상을 해야 할 일이 있을 뿐만 아니라 일상적인 삶 자체가 협상의 연속인 경우가 많다. 단지 그것을 잘 인식하거나 이해하지 못하고 있을 뿐이다. 따라서 갈등적 상황에 부딪혔을 때 선악의 관념으로 강하게 부딪쳐 싸우거나 아니면 일방적으로 후퇴하거나 양보하는 결정을 내리곤 한다.

물론 이기적 목적만을 달성하기 위한 협상은 그리스도인답다고 하기 어렵다. 그러나 그리스도인들도 삶에서 추구하고 계획하며 목표로 하는 바가 당연히 있고, 그 목표가 그리스도인다운 것이라면 이기적인 것이 아니라 이타적인 사랑과 책임, 소명의식 등과 연관되어 있을 것이다. 그러므로 그리스도인들이 자신의 목표를 달성하고자 노력하는 과정에서 타인이 추구하는 바와 충돌과 갈등이 일어날 때 평화롭게 그 갈등을 해결하기 위해 협상을 벌이는 것은 결코 이기적인 일이 아니다. 자신의 계획과 목표를 이루어 사랑과 책임을 다함과 동시에 갈등의 상대방과 사이에도 화평을 이루거나 유지하기 위해 꼭 필요한 일인 것이다. 사랑의 삶을 이유로, 언제나 상대방에게 양보하는 입장[17]을 일관되게 취할 경우에는 나의 본래 입장이나 계획 또는 목표의 이면에 있는 타자에 대한 사랑과 책임을 수행하지 못하게 되는 문제가 있을 뿐만 아니라 상대방을 위해서도 바람직하지 않은 경우가 많다. 그러한 선택은 내적으로 명료하게 정리되지 않은 모순을 내포하고 있어, '사랑의 삶'에 대한 신념을 강화하기보다 회의와 혼란, 좌절과 불만만 키우게 될 것이다. 그렇다고 해서 나의 입장이나 그 이면의 필요가 이타적인 것임을 내세워

---

17. 이를 협상학에서는 '연성협상'(軟性協商, soft negotiation)이라 한다. Roger Fisher, William L. Ury and Bruce Patton, *Getting to Yes: Negotiating Agreement Without Giving In*(Second Edition, Penguin Books, 1991), 9. 이 경우 본인은 '협상'을 한다고 생각하지 않아도, 협상학의 관점에서 보면, 하나의 협상 방법을 취하고 있는 것이다. 그것은 '경성협상'의 경우도 마찬가지다.

상대방의 필요나 입장을 무시하고 나의 입장만을 강하게 고수하는 태도[18]를 보여서도 곤란하다. 평화롭고 합리적인 문제 해결 대신 싸움과 갈등의 격화만 불러올 것이다. 따라서 나의 필요와 상대방의 필요를 적절히 결합하는 윈-윈의 해결을 도모하는 통합적 협상이 그리스도인의 사랑과 책임의 원칙에 보다 잘 부합되는 것이다. 한편으로, 아가페 사랑의 무조건성과 비차별성은 갈등의 상대방에게도 적용되어야 하므로, 상대방과 협상을 하는 과정에서 상대방에 대한 사랑의 태도가 유지되어야 한다.

그러므로 그리스도인들은 원칙을 위한 투쟁이나 일방적인 양보로 갈등에 대응하기보다 평화적이고 건설적인 갈등 해결 방법인 협상의 길을 선택하되, 이기적인 협상이 아니라 "사랑의 협상"[19]을 하기 위해 노력하여야 할 것이다.

이 글에서는 미국 하버드 대학교의 '하버드 협상 프로젝트'에서 개발한 '원칙 협상'(principled negotiation)이라는 협상 방법의 주된 내용을 소개하면서 그것을 그리스도인의 관점에서 어떻게 변용하여 '사랑의 협상'을 할 수 있을지를 살펴보고자 한다. '원칙 협상'의 방법 내지 원칙은 지금까지 평화적인 분쟁 해결 방법으로 제시된 것 중 세계적으로 가장 많은 관심과 주목을 받아온 것이다.

협상 원칙 1: 문제로부터 인간을 분리하라(Separate the people from the problem)
어떤 실질적인 문제를 해결하고자 할 때 인간관계와 거기서 발생하는 감정의 문제가 섞여 들어가 복잡해지는 경우가 많은데, 이 두 가지 문제를 구분하여 해결하는 것이 바람직하다는 것과 실질적인 문제에 대한 협상

---

18. 이를 협상학에서는 '경성협상(硬性協商, hard negotiation)'이라 한다. 앞의 책, 9.
19. 미치 앨봄, 《모리와 함께한 화요일-살아 있는 이들을 위한 열네 번의 인생 수업》, 살림출판사, 2010, 239에서 '사랑의 협상'이라는 용어를 사용하고 있는 것을 참고했다. 이 책에서 저자의 은사로 소개되는 실존 인물이었던 모리 슈워츠 교수는 저자와 동생의 관계 회복을 위한 조언을 하면서 "인간관계에는 일정한 공식이 없어. 양쪽 모두가 넉넉한 공간을 가지면서 넘치는 사랑으로 협상을 벌여야 하는 게 바로 인간관계라네. 두 사람이 무엇을 원하는지, 무엇이 필요한지, 무엇을 할 수 있으며 또 각자의 삶이 어떤지에 대해서 말이야 … 사업에서 사람들은 서로를 이기기 위해 협상을 벌이네. 원하는 걸 얻기 위해서지. 어쩌면 자네가 거기에 너무 익숙해졌는지도 몰라. 하지만 사랑은 달라. 자기 상황뿐만 아니라 다른 사람의 상황에도 마음을 쓸 때 바로 그게 진정한 사랑이라고 할 수 있어"라고 한다.

에 들어가기 전에 먼저 상대방에 대한 분노 등의 감정을 내려놓고 차분한 이성적 태도를 확립할 필요가 있다는 것이 여기서 강조되고 있다.[20]

이러한 원칙은 그리스도인들도 수용할 수 있는 것이라 생각된다. 분노의 감정이 평화롭고 이성적인 협상의 길을 가로막지 않도록 하는 것은 협상의 성공에 있어서 대단히 중요하다. 이를 위해서는 앞서 분노에 대한 대처 방법을 자세히 설명한 것을 참고하면 좋을 것이다. 그리스도인들이 그 점에 강점을 보일 수 있다면, 평화로운 협상에 능한 것이 그리스도인의 삶의 특징으로 자리 잡을 수 있으리라 생각한다.

다만 원칙 협상은 소위 '실질적 문제'를 중심에 놓고, '인간관계'의 문제를 주변적인 자리에 두는 것처럼 보이는데, 사랑의 삶을 살고자 하는 그리스도인의 관점에서는 소위 '실질적 문제'보다 '인간관계'의 문제를 더욱 중요하게 다루는 것이 올바른 경우가 많다는 것을 인식하여야 할 것이다. 때로는 경제적인 문제에서 보다 큰 양보를 하더라도 인간관계의 면에서 사랑의 관계를 유지하기 위해 노력하는 것이 '사랑의 협상'의 원칙에는 부합하는 것이다.

협상 원칙 2: 입장이 아니라 이해관계(필요)에 초점을 맞추라[Focus on interests(needs) not positions]

서로 대립하고 있는 입장(positions)에 초점을 맞추어 그것을 가지고 논쟁하거나 씨름하기보다 '입장'의 이면에 있는 나와 상대방의 진정한 이해관계(interests)에 초점을 맞추는 것이 협상의 성공을 위해 필요하다는 것이 강조되고 있다. 상대방이 어떤 입장을 취하는지만 보는 것이 아니라 상대방이 "왜" 그러한 입장을 취하는지를 상대방의 입장에 서서 생각해보고 가능하다면 그 부분에 대한 적극적인 소통을 할 것이 권장된다.[21]

양측이 서로 다른 입장을 가지고 부딪치면 계속 평행선을 달리거나 힘의 논리에 따라 강자의 이익만 관철시키는 결론이 내려지기 쉽지만, 입장의 이면에 있는 진정한 이해관계가 파악되면 양측의 이해관계를 동시에 충족하는 윈-윈의 해결책을 얻을 수 있는 가능성이 높아지는 매우 큰 장점이

---

20. Roger Fisher, William L. Ury and Bruce Patton, *Getting to Yes: Negotiating Agreement Without Giving In*, 17 이하 참조.

21. Roger Fisher, William L. Ury and Bruce Patton, 앞의 책, 40 이하 참조.

있다. 따라서 이 부분은 원칙협상의 내용 중에 가장 핵심을 이루는 것으로서, 모든 협상가들이 염두에 두어야 할 원칙이라 할 수 있다. 상대방과의 '통합적 협상'을 위해 상대방의 입장에서는 무엇을 필요로 하고 무엇을 바라는지, 또 무엇을 두려워하는지를 생각해보는 역지사지의 노력을 요청한다. 따라서 원칙협상을 잘 하기 위해서는 공감과 경청의 훈련이 필요하다.

'사랑의 협상'에서도 이러한 원칙은 중시되어야 한다. 다만, '이해관계'(interests)라는 말이 경제적 이해관계를 주로 연상시키는 면이 많으므로, '이해관계'보다는 '필요'(needs)라는 말로 대체하여 적용하는 것이 바람직할 것이다. 즉, '사랑의 협상'은 입장이 아니라 진정한 '필요'에 초점을 맞추는 것을 원칙으로 하여야 한다. 그리스도인의 입장에서는 자신이 바라는 것이 정말 소중한 것인지를 짚어봄에 있어서 그것이 가지는 가치적인 측면(사랑의 소명과 책임을 다하는 데 중요한 부분인지)을 보다 중요하게 고려하고, 가치와 무관한 이기적 욕망으로 판단되는 부분에 대하여는 보다 큰 유연성을 발휘할 수 있어야 할 것이다. 창세기 13장에서 아브라함이 롯에게 땅에 대한 선택권을 양보한 사례와 같이 하나님 안에서 본질적인 가치를 우선하고 비본질적인 것을 기꺼이 양보할 수 있는 마음가짐이 필요하다.

사랑의 협상가는 '나의 필요' 이상으로 '상대방의 필요'를 소중히 생각하는 마음으로 상대방의 필요에 민감하게 반응하고 공감한다. 그럴 때 상대방도 사랑의 마음으로 협상에 임하게 될 가능성이 많아 '선순환'의 물결, 곧 평화의 물결을 일으킬 수 있다.

협상 원칙 3: 상호 이익이 되는 옵션을 개발하라(Invent options for mutual gain)

상호 이익이 되는 옵션을 개발한다는 것은 이른바 '통합적 협상'을 지향하는 것을 뜻한다. 파이가 고정되어 있음을 전제로 하는 제로섬 게임이 아니라 협상을 통해 파이가 커질 수도 있음을 전제로 하는 플러스섬 게임을 지향하는 것이다. 이를 위해 선입견을 내려놓고 브레인스토밍 기법 등을 통해 서로의 필요를 동시에 충족할 수 있는 다양한 옵션들을 넓게 찾아보라는 것이다.[22] 나와 상대방의 입장 이면에 있는 여러 가지 필요나 욕망, 두려움 등을 충분히 이해하고 나면, 그것을 잘 결합하여 새로운 대안을 만들 수 있는 가능성이 비교적 풍부하게 된다. 이를 통해 나와 상대방(이웃) 모두를 배려할 수 있는 창의적 대안을 개발하여 평화적 합의를 이루고 그것을 실천하는 것은 "네 이웃을 네 몸과 같이 사랑하라"(마 22:39)는 예수의 가르침에 따라 살아가고자 하는 그리스도인의 가치관에도 잘 부합된다.

다만 '사랑의 협상'에서는 '상호 이익'에서 말하는 이익이 경제적 이익만을 뜻하는 것은 아니고, 신앙가치관에의 부합, 관계의 화평 등 비경제적 가치를 보다 크게 반영하는 총체적인 개념이라고 보아야 할 것이다. 사랑의 협상가는 상호 이익이 되는 옵션과 관련해 사랑에 기한 양보정신으로 좀더 유연하고 다양한 옵션을 만들 수 있을 것이다.

협상 원칙 4: 객관적인 기준을 주장하라(Insist on objective criteria)

법률의 규정, 선례, 시장가격 등과 같이 사회에서 보편적으로 통용될 수 있는 기준을 적용할 것을 주장함으로써 협상의 결론이 자의적인 방향으로 흐르거나 힘겨루기의 양상으로 가지 않도록 하는 것이 바람직하다는 취지다.[23] 이러한 협상 원칙도 그리스도인의 사랑의 협상에서 기본적으로 수용할 수 있다.

다만 그러한 기준을 적용할 경우 나에게는 이익이 되지만, 구체적 상황에 비추어 상대방에게 지나친 고통을 안기는 것이어서 사랑의 윤리에 반하는 결과를 초래하는 경우가 있을 수 있다. 그러한 경우에는 객관적인 기준의 적용을 고집하기보다 '권리포기'의 정신으로 적절히 양보하는 것이 그리스도인다운 선택이 될 수 있다.

협상 원칙 5: 협상이 결렬될 경우 당사자가 가질 수 있는 대안을 검토하라(know your best alternative to a negotiated agreement)

협상이 결렬될 경우에 선택할 수 있는 최선의 대안을 협상 전문용어로 '배트나'(BATNA= best alternative to a negotiated agreement)라고 한다. 협상을 시도한다고 하여 항상 성사가 되는 것은 아니므로 사전에 나의 배트나가 무엇인지 생각해볼 필요가 있다. 동시에 상대방의 배트나가 무엇인지 파악하는 것도 상대방이 어느 수준에서 협상에 응할 수 있을지를 가늠해보기 위해 필요하다. 나의 배트나와 상대방의 배트나가 정확하게 파악되면, 그 사이의 지점이 협상 가능 영역(ZOPA, zone of possible agreement)이 되므로 그 안에

---

22. *Getting to Yes: Negotiating Agreement Without Giving In*, 56 이하 참조.
23. Roger Fisher, William L. Ury and Bruce Patton, 앞의 책, 81 이하 참조.

서 결국 협상이 될 것으로 예상할 수 있다. 배트나는 당사자의 협상력의 크기를 결정하므로, 배트나가 바로 힘(power) 또는 권력이라고 해도 과언이 아니다. 강력한 배트나를 가지고 상대방을 압박하면, 자신에게 유리한 협상을 유도할 수 있는 면이 있고, 반면에 자신의 배트나가 약한 경우에는 불리한 협상을 강요당할 가능성이 있다. 따라서 중요한 협상을 앞두고 있다면 평소에 그와 관련된 배트나를 키워나가는 노력이 필요하다는 것이 강조된다.[24] 이것은 이른바 원칙협상의 주된 강조점은 아니고 협상의 현실적 측면에 대한 이해와 관련된 부분일 뿐이다.

'사랑의 협상'에 있어서도 배트나(힘)에 대한 이해는 필요하지만, 힘이 협상을 이끄는 것이 아니라 사랑이 협상을 이끌어 나가도록 노력할 필요가 있다. 특히 자신의 배트나(힘)가 강하다고 생각되는 경우에 그 힘을 남용하지 않도록 유의해야 할 것이다. 힘으로는 상대방을 굴복시킬 수 있다고 하더라도 그것이 아가페 사랑의 윤리에 반하면 힘의 행사를 자제하고 끝까지 사랑으로 설득하고, 양보가 필요하면 기꺼이 양보할 수 있어야 할 것이다. 이는 앞서 '사적 권력의 남용과 특권의식'이 한국 사회의 평화를 위협하는 일이므로 그리스도인들이 권리포기 또는 권력포기의 정신으로 약자를 위해 섬기는 자세를 가져야 할 것이라고 말한 것과 같은 맥락이다.

한편으로, 그리스도인의 관점에서 양보할 수 없는 중요한 윤리적 가치와 관련된 사항의 경우에는 상대방의 어떠한 위협보다 그 윤리적 가치가 보다 큰 무게를 가지는 것으로 여김으로써 그 부분에서 결코 굴복하지 않는 강한 힘(배트나)을 가질 수 있음을 기억하여야 할 것이다. 그 점이 연성협상과 가장 큰 차이를 보이는 부분이 될 것이지만, 세상적인 의미의 원칙협상과도 뚜렷이 구별되는 특성을 이룰 것이다. 다만 윤리적 가치의 판단에 있어서 지나치게 독선적인 모습을 보이는 것은 바람직하지 않으며, 그에 대한 상대방의 의견도 진지하게 경청하면서 열린 자세로 대화할 수 있는 마음가짐을 가져야 할 것이라는 점도 함께 강조하고 싶다.

5) 평화로운 반응 4: 조정

조정(mediation)이란 갈등이나 분쟁의 당사자가 아닌 제삼자가 그 당

---

24. Roger Fisher, William L. Ury and Bruce Patton, *Getting to Yes: Negotiating Agreement With-out Giving In*, 97 이하 참조.

사자들 사이에서 당사자들의 협상을 통한 자율적인 분쟁해결을 촉진하고 필요한 도움을 제공하기 위하여 개입하는 것을 말한다. 당사자 간에 자율적인 분쟁해결이 쉽지 않을 경우에 전문성이 있거나 신뢰를 받을 만한 위치에 있는 제삼자에게 조정을 의뢰함으로써 분쟁 해결의 가능성을 높이는 것도 권장할 만한 평화적 해결 방법의 하나다.

그리스도인들도 경우에 따라 갈등과 분쟁의 평화적 해결을 위해 제삼자에게 조정을 의뢰하는 방법을 검토해볼 필요가 있을 수 있다. 나아가 그리스도인들 가운데 사회의 여러 가지 갈등을 해결하는 데 조정인(mediator)으로 참여하여 분쟁해결에 도움을 제공하는 역량을 갖추고 거기에 헌신하는 사람이 많이 나올 수 있도록 관심과 노력을 기울일 필요가 있다. 그러한 조정인은 예수가 산상수훈에서 말씀하신 "화평하게 하는 자"(마 5:9)로서의 사명을 전문적으로 수행하는 것이므로, 그리스도인의 적극적인 참여와 헌신이 요망되는 것이다.

그리스도인 조정인들은 앞서 살펴본 '사랑의 협상'의 원칙을 잘 이해하고, 그 원칙에 따라 당사자들이 사랑의 협상에 임하여 서로의 가장 중요한 필요들을 동시에 충족할 수 있도록 돕는 역할을 수행하여야 할 것이다. 이를 위해 조정인은 양 당사자에 대한 공감과 경청을 통해 그들이 부정적 감정을 내려놓을 수 있도록 도움을 제공하고, 동시에 당사자들의 입장 이면에 있는 진정한 필요를 파악하고 그것을 적절히 결합한 창의적 대안을 모색하기 위해 노력하며, 당사자들이 승복할 수 있는 객관적 기준을 제시하기 위해 노력할 필요가 있다.

이상에서 평화적 반응에 대해서는 모두 살펴보았다. 앞서 살펴본 [그림1]의 갈등의 경사면 오른쪽에는 '공격적 반응'의 유형으로 소송과 폭력이 나열되어 있다. 개인적인 삶의 경우에 폭력의 사용은 정당방위와 같은 극히 예외적인 경우가 아닌 한 그리스도인의 삶과는 무관한 것이어야 할 것이다. '소송'도 인간관계의 화평을 파괴하는 대가를 치르게 할 가능성이 많으므로 그리스도인에게 권장되는 갈등 대응법은 아니다. 그러나 상대방으로 하여금 민형사상의 책임을 지도록 하는 것이 정의의 원칙에 부합하고, 상대방이 평화적인 협상에 응하기를 거부하는 등의 예외적인 경우에는 소송을 분쟁 해결의 한 방법으로 사용할 수도 있음을 수긍해야 할 것이다.

V. 한국 사회의 어둠을 밝히는 그리스도인 피스메이커의 길

이제 글을 마무리하면서, 평화롭지 못한 한국 사회에서 그리스도인 피스메이커가 되는 길에 대하여 정리해본다. 여기서 말하는 피스메이커는 전문적인 분쟁해결자만을 뜻하는 것은 아니고 일상생활에서 자신의 주변 사람에게 작은 사랑과 평화를 선물하는 것으로부터 시작하여 예수의 가르침을 일관되게 실천함으로써 가능한 한 우리 사회를 조금이라도 더 평화롭게 만들어가는 사람을 뜻한다. 그러한 피스메이커는 우리 그리스도인 모두가 마땅히 지향하여야 할 역할이요 사명이다.

첫째, 경쟁적 모방욕망과 물질주의가 지배하는 이 시대 사회문화의 영향을 떠나 말씀의 영향권 속으로 보다 깊이 들어감으로써 사랑과 섬김의 영원한 가치(비경쟁적 가치)를 추구하는 삶을 통해 초경쟁사회의 비평화적 어둠을 조금이라도 벗겨내기 위해 노력한다.

둘째, 하나님의 사랑 안에서 모든 사람을 차별 없이 존중하고 사랑하는 마음을 가지며 그것을 언어생활에도 반영하는 삶을 살기 위해 노력함으로써 수평적이고 평등한 문화의 새로운 공동체가 건설될 수 있기를 소망한다.

셋째, 나에게 힘이 있어도 그 힘을 남용하지 않으며, 특권의식을 내려놓고 예수의 권리 포기, 권력 포기를 본받는 삶을 살기 위해 노력한다. 나에게 세상의 힘이 없어도 올바른 가치를 지키는 면에서는 조금도 굴하지 않으며 분노를 품기보다 끝까지 사랑을 실천한다.

넷째, 일상생활 속에서 경청의 태도와 역지사지, 역지감지의 공감 능력을 키우고 발휘하여 우리 사회가 공감사회로 변화하는 데 기여하고자 노력한다.

다섯째, 공적 업무에 종사하는 그리스도인들부터 부정과 부패를 멀리하고 원칙과 정도를 지켜, 이 사회가 조금이라도 정의로운 사회가 되고 공적 권위가 바르게 확립된 사회가 되도록 하는 데 기여한다.

여섯째, 사회적 약자와 고통받는 이웃들을 사랑으로 섬기는 일에 참여할 뿐만 아니라 만나는 사람 누구에게나 친절한 사랑의 마음과 자세로 대하는 것부터 시작해 일상생활 속에서 '작은 사랑'의 실천과 '작은 평화' 만들기에 힘쓰는 사람이 되고자 노력한다.

일곱째, 마음속에 누군가에 대한 분노가 일어날 때마다 그것을 직시하고 인정하되 분노를 일으키는 생각의 흐름을 멈춘 후 하나님 안에서 사랑의 원리와 인간존재의 현실에 부합하는 새로운 관점과 생각으로 전환하기 위한 영적 성찰을 통해 분노의 뿌리를 잘라내어 깨끗한 사랑의 마음으로 돌이키는 노력을 지속적으로 기울이며, 해결할 문제가 있더라도 분노가 아닌, 사랑과 공감의 자세로 임한다.

여덟째, 누군가와 사이에 어떤 이유로든 갈등과 다툼이 발생한 경우에 나의 책임을 먼저 돌아보아 설령 나의 잘못이 상대적으로 작다고 하더라도 그에 대한 책임을 지는 데 초점을 맞추어 상대방에게 먼저 진실한 사과를 함으로써 악순환의 고리를 끊고 화해의 길을 열어가는 주도적인 화해자가 되기 위해 노력한다.

아홉째, 일상생활 가운데 상대방에 대한 관용과 용서를 지속적으로 일관되게 실천함으로써 용서의 습관을 형성함으로써 용서에 능한 것이 한국 그리스도인의 삶의 특징이 되도록 하기 위해 노력한다.

열째, 갈등과 충돌을 평화적으로 해결하기 위해 '사랑의 협상'의 원칙에 따라 협상과 조정을 슬기롭게 수행하는 그리스도인이 되기 위해 노력한다.

이 글의 앞부분에서 밝힌 것처럼, 한국 사회의 비평화는 정치경제적인 구조적 문제나 제도적인 문제에서 비롯된 것도 많지만, 구성원 개개인의 가치관이나 삶의 태도, 사회문화적 의식과도 깊은 관련을 맺고 있다. 나아가 구조적, 제도적인 문제조차 구성원 개개인의 가치관과 의식의 변화 없이 올바른 방향으로의 변화를 기대하기 어렵다.

그러므로 한국 사회의 평화를 위한 변화의 걸음은 그 구성원인 개인들의 마음에서부터 시작되어야 한다. 여기에 우리 그리스도인들의 사명이 있다. 그리스도인 한 사람 한 사람의 작은 마음속에서부터 비평화의 어둠을 몰아내고 평화의 빛을 밝혀나간다면, 우리 사회의 평화, 이 세상의 평화가 조금씩 만들어져갈 것임을 믿는다. 어둠이 강고해보이지만, 빛을 이기지는 못한다. 우리 그리스도인들이 시대의 어둠을 밝히는 작은 불빛이 되기로 함께 결심할 수 있기를 소망한다.

3부
교회와 평화

5장_ 그리스도인과 평화? 그리스도와 평화!: 한국 교회와 평화에 대한 신학적 소고

임성빈(장로회신학대학교 총장)

I. 들어가는 글: 왜 평화인가

오늘날 한국의 사회 갈등은 심각하다.[1] 예전에는 좌우의 이념적 갈등과 계층 간 갈등, 지역 갈등이 주를 이뤘다면, 최근에는 진보와 보수로 갈라지는 세계관 갈등과 청년세대와 기성세대 간의 갈등이 격화되고 있다. 가속화되는 세계화로 인해 국가 간의 경쟁도 치열해졌는데, 한국 사회는 저성장체제로 급격하게 재편되고 있다. 사회적 역동성이 저하됨에 따라서 계층이나 신분 상승도 어려워졌고, '헬조선'이라는 극단적인 용어마저 등장하는 상황이 되었다. 게다가 한국은 남북 분단이라는 고착된 상황에 놓여 있다. 이런 현실은 우리 사회의 생존과 정통성을 위협하는 치명적인 원인이며, 또한 우리의 갈등이 국내적 문제만이 아니라 국제적인 문제임을 인식하게 해주는 근본적 과제다.

사회 갈등의 심화라는 반평화적인 현실은, 사회 안에 화해와 평화를

---

1. 한국보건사회연구원에 따르면 2011년 기준으로, 한국의 사회갈등지수는 1.043으로 터키(2.940), 그리스(1.712), 칠레(1.212), 이탈리아(1.119) 다음으로 높았다. 이는 OECD에 가입한 조사 대상 국가 24개국 중에서 다섯 번째로 높은 수치다. 한편 우리나라의 사회적 갈등관리지수(0.380)도, 조사 대상 34개국 중에서 27위로 하위권이었으며, 하위권에 속하는 일본(0.569)와 미국(0.546)과도 현격한 차이를 보였다. 정영호·고숙자, "사회갈등지수 국제 비교 및 경제성장에 미치는 영향"(한국보건사회연구원 연구보고서 2014-26-3), 74-78.

인기 있는 주제어가 되도록 만들었다. 특히 광복 70주년을 맞는 2015년에는 여러 단체들이 화해와 평화를 사회 운동의 키워드로 삼았다.[2] 그러나 역설적이게도 이 말들이 사람들의 관심의 초점이 될수록 사람들 사이에서 화해와 평화의 개념이 더욱 모호해지고 있다. 이제 우리에게는 대중적인 구호나 표어를 넘어서는 화해와 평화에 대한 개념 정립이 우선적으로 필요하다. 이와 함께 화해와 평화의 비전을 지속시키고 이를 사회 안에서 구체화할 수 있는 삶의 방식을 모색해야 한다. 나아가 그러한 삶을 담보하는 사회 구조를 세우는 것이 절실히 요청된다.[3]

갈등의 사회 안에서 교회가 "평화 문제를 외면한다는 것은 그 신실성을 포기하는 것이고 또한 세상과의 이해와 소통을 포기하는 것이다."[4] 원래 그리스도인이 된다는 것은 평화의 사도가 된다는 것을 의미하기 때문이다(고후 5:17). 그러므로 그리스도를 따르는 신앙인들의 공동체, 즉 교회는 평화를 위한 자신의 소명에 충실하고 사명을 다해야 한다. 성경이 증거하는 평화는 그리스도인으로서의 정체성 형성과 맥을 같이한다. 그리스도인으로서의 차별성을 드러내는 표식이 바로 평화다. 그러므로 그리스도인이 평화 만들기에 관심을 두는 것은 단지 그것이 시대적인 요구이기 때문이 아니다. 평화 만들기는 "그리스도인들의 신앙고백이기 때문이다."[5]

II. 갈등사회, 반평화적 상황의 원인

신앙적으로, 더욱이 현실적으로도 우리는 평화에 대하여 모호하게 이해하고 있다. 우리는 평화의 당위성을 이야기하지만, 평화의 현실성에 대해서는 의심한다. 평화가 이상적이긴 하지만 현실에서 실현될 수 없는 것으로 생각을 한다. 또한 나의 주장과 방법만이 평화에 이르는 길이라고 독단적으로 생각한다. 이런 편견은 사회 안에서 또 다른 파괴적인 갈등을 야기한다. 평화의 사도로 부름받은 신앙인들과 교회도 이렇게 생각하는 데에서 예

2. 광복 70주년이자 분단 70주년이었던 2015년은 화해와 평화라는 단어가 넘쳤다. 제70차 유엔총회 기조연설에서 박근혜 대통령은 '평화'라는 말을 가장 많이 사용했다고 한다. 대한예수교장로회 통합 측도 2015년 총회 주제를 "주님, 우리로 화해하게 하소서!"로 정했다.
3. 에마뉘엘 카통골레·크리스 라이스, 《화해의 제자도》, IVP, 2013, 33.
4. 볼프강 후버, 《진리와 평화를 위한 교회의 투쟁》, 한국신학연구소, 1991, 118.
5. 볼프강 후버, 앞의 책, 8.

외가 아니다. 그러므로 우리를 평화로부터 멀어지게 한 반평화적 맥락과 그 영향을 먼저 종합적으로 분석해야 할 것이다.

1. 사회문화적 요인

1) 신유교적 인식론과 한국 기독교 문화

유교는 기원후 4세기경에 한국에 소개된 윤리적 사상 체계다. 개인의 인격 도야를 통해 보다 조화로운 세계를 성취할 수 있다고 본다. 유교가 본디 종교성과 초월성을 가지고 있었는가에 대해서는 논란이 있지만, 유교는 불교와 도교의 영향 아래에서 신유학으로 발전하면서 급격하게 초월적인 개념을 잃어버리게 된다.[6] 주희[7]는 하늘을 내재적으로 이해한다. 전통적으로 강조되었던 하늘의 뜻(the will of Heaven)이 초월적인 개념으로부터 추론되지 않고, 사물 자체에서 발견되는 하늘의 이치(the Heavenly Reason)로 대체된다.[8] 주희가 정립한 유교가 이른바 신유학(Neo-Confucianism)[9]인데, 이것은 1392년부터 1910년까지 지속된 조선 왕조의 공식 이데올로기가 되었다.

인간과 자연 안에 근본적인 원리가 내재해 있기 때문에, 인간은 자연과 사물을 탐구함으로써 이치의 궁극에 이를 수 있다는 것인데, 이러한 훈련과 실천을 격물치지(格物治知)라 했다. 인간에게는 잠재적인 지각 능력이 있지만, 인간으로 그것으로 대상을 연구하고 사물의 이치를 궁리함으로써 지식을 확장한다.[10] 이러한 신유학의 실재론적 경향은, 한편으로 교리주의와 절대주의, 다른 한편으로는 주관주의와 상대주의라는 상반된 기조를 낳았다. 절대주의자들은 자기들의 유교 경전에 대한 해석이 진리 그 자체라고 주장했다.[11] 반면, 윤리적 규범과 가치가 토대를 두었던 초월적인 기준이 사라지고 나자 사람들의 생각이 윤리 상대주의와 주관주의로 흐를 수 있는 여

---

6. 볼프강 후버, 앞의 책, 589 참조. 그러나 주희의 도덕이론은 한 개인의 자연적 품성으로부터의 자아 발달을 윤리적 과제로 보았다는 점에서 여전히 전통적인 유교적 윤리사상의 틀 안에 있다고 볼 수 있을 것이다.

7. Wing-Tsit Chan, *A Source Book in Chinese Philosophy*(Princeton: Princeton University, 1963), 588. 찬에 의하면, 공자, 맹자, 노자와 장자를 제외하고서 주희(1130-1200)보다도 중국 사상사에 결정적인 영향을 미친 사람은 없다. 그는 전통적인 유교에 새로운 의미를 부여하여 수세기 동안 중국의 사상계뿐만이 아니라 한국과 일본에도 지대한 영향력을 미쳤다.

8. Wing-Tsit Chan, 앞의 책, 588 이하.

9. Wing-Tsit Chan, 앞의 책, 589 이하. 사실상 주희 자신은 "기존의 신유학자들에게서 발견되는 불교와 도교에 의하여 채색된 사상들을 모두 제거함으로써 신유학을 진정한 유교로 만들려는" 노력을 기울였던 사상가였다.

10. Wing-Tsit Chan, 앞의 책, 590. "사물과 인간의 원리는 그것 자체의 구체적이며 실재적인 본성이다. 모든 것이 무라고 하는 불교에서의 그것과는 다른 것이다."

11. 참조. Charles Clark, *Religions of Old Korea*(New York: Fleming H. Revell Company, 1932), 116.

지가 생겼다. 초월적인 가치 기준의 약화는 세상적인 가치들과 사회 정치권력을 상대화할 수 있는 절대적 기초의 붕괴로 이어질 수 있다.

　　절대주의와 주관주의라는 양극단으로 기울 수 있는 상황에서도 유교를 신봉했던 정치가들은 시민법을 제정하지 않았다. 유교적 사고는 한 사회 안에서 조화를 중시하지만 시민법은 개인의 이익추구를 존중하고 이로 인해 생겨나는 갈등 구조를 전제한다. 유교는 모든 사람과 사물이 사회적 계층질서에 입각해야 한다고 여겼다. 인간은 사회적 존재로서 사회적 관계성이라는 연결망 안에서 태어난다. 수련을 통한 자기 고양이 자아의 목적이 된 것은, 자아가 가정과 국가, 세계라는 보다 높은 사회 집단에 소속되어 있고 이런 집단을 구속하는 보다 높은 사회 질서에 자신을 맞추어야 하기 때문이다. 그러므로 유교의 윤리적 목표는 조화로운 사회적 관계였다. 이렇게 되면, 한 개인은 그가 한 가정에,[12] 한 사회에 자연과 하늘의 질서에 속했을 때만이 의미를 가지게 된다. 일치와 조화에 대한 강조는 자연히 불평등한 계급적인 계층적 질서로 귀결된다. 예컨대, 사람들은 여인을 품성과 시야가 좁은 미숙한 소인에 견준다. 이런 사회적 차별은 오로지 남녀 관계에만 적용되는 것이 아니었으며 사실상 모든 사회적 관계에 적용되었다.[13] 요컨대, 세상의 이치와 사물의 원리가 세계 안에 있다는 내재적인 관점으로 인하여 유교는 철학적으로는 실재론적인 진리관을 가지게 되었으며, 윤리적으로는 현존하는 계층 질서를 옹호하는 보수적인 경향을 띠게 되었다.

　　이러한 현상들은 한국의 그리스도인들과 교회에서 발견되는 현상들과도 괄목할 만한 유사성을 지닌다. 이런 유사성은 이른바 정통 보수주의 신앙을 표방하는 이들과 교회에서 발견된다. 막스 베버의 용어를 빌린다면, 이러한 현상은 기독교와 토착 문화 사이의 '선택적 유착'(elective affinity)에 가깝다. 한국 교회 안에서 성경을 진리의 경전으로 강조하는 것도 신유교적 문화와 맥을 같이한다고 볼 수 있다. 그러나 기독교와 신유교적 문화 사이의 선택적 유착이라는 관점에서 더욱 주목해야 할 것이 있다. 바로 한국 교회 안에서 '정통', '보수주의' 등의 용어가 '다양성', '자유주의' 등의 용어보다 선호되는 현상이다. 또한 이른바 '정통 보수주의'를 표방하는 이들 사이에서

132

---

12. Kitagawa, *Religions of the East*(Philadelphia: Westminster Press, 1960), 86 이하. 기타가와는 가족 중심의 유교를 '가족주의'(family-ism)의 종교로 정의한다.

13. Pong-Bae Park, "The Encounter of Christianity with Traditional Cultures and ethics in Korea: An Essay in Christian Self-Understanding", PhD diss. Vanderbilt University, 1970, 58.

도, '정통'과 '보수'의 가치를 수호한다는 명분으로 끊임없이 교회와 교단을 분열시키고 있는 현실이다. 이는 과연 신앙인다운 신앙인 됨의 의미, 교회다운 교회가 된다는 것의 의미와 표식에 대하여 근본적인 의문을 가지도록 만든다. 한국의 교회와 신앙인들에 교회다운 교회는 어떠한 교회이며, 신앙이 좋다는 것은 어떤 상태를 의미하는가를 묻게 된다. 과연 화해와 평화의 복음으로써 분열의 이데올로기에 질식된 문화를 극복하고 있는지는 평화와 한국 교회를 함께 말할 때 가장 우선적인 질문이자 과제인 것이다.

2) 한국 문화의 문법과 소비문화 그리고 기독교 문화

정수복은 신유교를 중심으로 무교, 불교 등이 습합하여 이룬 한국 문화의 성격과 구성에 대하여 다음과 같이 논한바 있다. 먼저 한국 문화를 구성하는 근본적 문법의 구성요소로 "돈과 재물, 권력과 지위, 관능적 쾌락"을 삶의 목표로 삼는 "현세적 물질주의"를 지적한다. 이것은 기본적으로 무교에서 영향을 받은 것으로서 한국의 문화 전통에서 초월적 세계는 현실에 윤리적 긴장을 가져오지 못한다는 사실을 말한다. "이승이 아무리 나빠도 저승보다는 낫다"라는 말이 이러한 문화를 반영한다.[14] 현세적 물질주의는 20세기 들어서 서양 근대의 물질문명과의 만남을 통하여 더욱 강화되었으며, 한국전쟁과 전후 시대를 거치는 동안 한국 사회 안에서 결정적인 역할을 하게 된다. 5·16 이후의 경제성장 제일주의는 사람들의 마음속에 자리 잡은 현세적 물질주의를 정당화하고, 그 시대의 이데올로기가 된다.[15] 이러한 현세적 물질주의는 '출세지상주의'로 이어진다. 내재적 초월을 강조했던 신유교적 문화는 현세적 물질주의와 기복주의를 낳는 기반이 되었으며, 다른 종교에도 상당한 영향력을 발휘한다. 초월성을 강조한 기존의 종교들은 한국 사회 안에서 물질주의와 출세지상주의를 극복하지 못했다. 전통 종교 중 초월을 말하는 불교도 이러한 현상에서 예외라고 말하기는 어려울 것이다.

문제는 기독교 역시 이러한 문화 앞에서 무력한 모습을 보이고 있다는 점이다. 기독교는 십자가와 부활을 신앙의 핵심으로 삼고 신앙인들에게 삶 속에서 하나님 나라를 실천하며 살아가라고 요청한다. 기독교 신앙은 종말론적이어야 한다. 그런데 세계화에 휩쓸린 오늘날 사회의 모든 영역이 시

---

14. 정수복, 《한국인의 문화적 문법》, 생각의나무, 2007, 110.
15. 정수복, 앞의 책, 112.

장화되었으며, 기독교도 시장에 의해서 잠식되고 있다. 소비문화 안에는 물질주의가 팽배해 있다. 그런데 현세적 물질주의-출세지상주의-소비주의-쾌락주의[16]로 구성되는 현실문화는 자유와 정의와 사회적 공동선 등의 하나님 나라의 가치와 문화를 지향하는 기독교 문화와 갈등을 유발한다. 따라서 신앙인과 교회는 이러한 세상에서 신앙적 갈등과 경제적 희생을 감수할 수밖에 없다. 그러한 현실 문화의 막강한 영향력은 평화로의 여정에 값비싼 대가를 요구한다는 것이다. 그래서 신앙인들은 이 여정에 동참하는 것을 불편해하고 또 비현실적이라고 여긴다. 결국 현세적 소비문화가 평화를 향한 여정을 참여하는 것을 가로막고 있는 것이다.

개인주의와 연관된 소비문화, 즉 개인의 필요와 욕망 충족을 목적으로 하는 소비문화가 신앙의 영역마저 주도하고 있는 상황에서, 신앙인들은 공동체보다 자신들의 요구를 앞세우는 경향성을 가지게 된다. 신앙인들이 어떻게 하면 구주 되신 예수 그리스도 앞에 겸손한 마음으로 무릎 꿇고 함께 나아갈 수 있을까에 관심을 기울이고 물음을 던지며 신앙 공동체를 세워야 하는데, 이런 문화적 배경에서는 교회가 서로의 필요와 욕망에 따라 모였다가 다시 분열되는 이익 공동체로서의 모습을 보이고 있다는 것이다.[17] 결국 교회는 신앙인들이 자신의 종교적인 욕구를 충족시키고 종교적 상품을 구매하는 시장터가 될 위험에 직면하게 되었다. 소비자가 항상 옳다는 소비문화가 주도하는 이 시대의 풍조는 자신의 유익을 넘어 공동선을 추구함으로 평화를 추구하는 변혁적 신앙공동체에 큰 위협으로 작동하고 있다는 것이다. 오늘날 그리스도인과 교회는 하나님 나라의 가치, 평화를 이 땅에서 실현하는 변혁적 문화 공동체로 부름받았다. 교회는 이 땅에 평화의 문화를 실현해야 할 책임이 있다. 이 책임을 방기하는 교회는 하나님 나라를 지향하는 언약 공동체가 아니라 시장에서 자기 이익을 취하려는 이익 집단으로 전락할 수 있다.

2. 분단 상황과 세대 갈등, 반평화적 문화

피를 흘리는 전쟁을 치른 이후 격화된 남과 북 사이의 이데올로기적

16. 정수복, 《한국인의 문화적 문법》, 118.
17. Jim Van Yperen, *Making Peace: A Guide to overcoming Church Conflict*(Moody Publishers, 2002), 28 이하.

갈등 상황은 우리에게 평화에 대한 갈망을 갖게 했다. 그러나 동시에 평화 주창이 반체제적 행위가 될 수도 있는 안보 현실은, 평화를 이상주의적 이념으로 여기는 체념적 사회문화를 만들기도 했다. 즉 냉전시대에 남과 북으로 분단된 한반도에서 살아가는 사회 구성원들은 안보의식과 반공의식을 내면화했는데, 이런 과정에서 성경이 증거하는 평화를 온전히 받아들이지 못하는 사회문화에 순응하게 되었던 것이다. 그렇다고 사회 구성원들이 사회문화에 획일적인 반응을 보이는 것은 아니다. 시간이 갈수록 분단 상황에 대한 이해도 다양해지고, 분단이 고착화된 사회를 대하는 사람들의 태도도 달라지고 있다. 문제는 이 과정에서 사회적 갈등이 격화되고 있다는 것이다. 세대 간의 역사적 경험과 사회 인식의 차이가 생겨나고 향유하는 문화가 달라지면서 사회 갈등이 점차 심화되고 있다는 것이다.

한국 사회의 구성원들은 대체적으로 '산업화세대', '민주화세대', '정보화세대'로 구분된다. '산업화세대'는 근대화 시대 경제성장의 주역으로 활동했던 세대로, 현재 50대 이상에 해당한다. '민주화세대'는 권위주의를 종식시키고 민주주의를 정착시킨 세대로 한때 30대와 40대를 일컫는 말이었으나, 이제 민주화세대 중에는 오십대 중반에 가까운 사람도 있다. '정보화세대'는 20대와 30대를 가리킨다.

산업화세대는 "6·25, 4·19, 5·16 등의 국가적 대사건을 몸소 체험한 세대로, 성장주의와 민주주의 사이에서 고민한 세대요, 가족과 국가를 위해 헌신한 세대이자, 기성세대로서의 권위를 상실하기 시작한 세대인 동시에, 1997년 외환위기 이후 상시적 은퇴 압력에 직면한 세대요, 열심히 일하고도 고령화 대비에 취약한 세대이자 정보화 및 세계화에 대한 적응력을 갖추지 못한 세대"다. 한편 민주화세대는 "민주화 운동에 참여하거나 동조해온 세대로서, 뉴미디어를 활용한 사회 활동을 경험한 세대요, 한국적 특수성과 세계적 보편성을 동시에 추구하는 세대이자, 개인적 욕구와 공동체적 가치 사이에서 고뇌해온 세대요, 경제적 풍요와 외환위기를 동시에 체험한 세대요, 2002년 대선 이후 사회적 중심 세력으로 떠오른 세대이자, 고용 불안과 자녀 교육으로 시달리는 세대"다. 한편, 정보화세대는 "첨단 정보통신기기의 활용으로 정보환경에 친숙한 세대로서, 경제 발전과 민주화의 결실을 동시에 향유한 세대이자, 정치 경제적 이념보다 문화 코드로 동질감을 느끼는 세대요, 한국적 가치규범 대신 세계적 규준을 중시하는 세대이며, 생존 문제를 넘어선 삶의 질 향상을 추구하는 세대이나, 고조되는 청년 실업의 직접

적 피해당사자"라고 볼 수 있다.[18]

남북 분단이라는 현실을 살아가는 한국 사회의 모든 세대는 북한 정권에 대한 경계심을 공통적으로 가지고 있다. 그러나 그렇다고 해도 분단 현실과 평화 통일에 대해서는 기성세대와 젊은 세대 사이에 상당한 차이를 보이고 있다. 한반도의 평화를 이루기 위하여 통일이 공동의 과제라는 데는 동의했지만, 통일을 민족의 숙원이자 당위로 받아들이는 세대가 있는 반면에, 경제적인 필요와 국가적 성장을 위해서 필요하다고 보는 세대가 있다. 과거 한국 사회의 지배와 저항 구도의 중심축이 되었던 민족주의가 쇠퇴하고 탈근대적인 사조들이 이입되는 시대에, 젊은 세대는 민족이나 통일에 대한 담론들을 일상사와는 동떨어진 거대 담론으로 치부하고 있다. 사회 양극화와 일자리 문제로 현실적인 중압감을 느끼는 세대에게 평화와 통일은 중요한 주제이긴 하지만 인기 없는 주제다. 평화에 대한 관점도 세대마다 다르다. 예컨대 60대 이상의 세대는 반공주의적 평화관을 가지고 있다. 그러나 이른바 386세대가 주요 구성원인 40-50대는 상대적으로 반공주의보다는 민족주의적 평화관을 가지고 있다고 볼 수 있다. 반면, 20-30대는 탈이데올로기적이면서도 더욱 개인주의적, 탈권위주의적 평화관을 선호한다. 이들에게는 이데올로기적 갈등이나 민족주의적 갈등보다 더 우선적인 과제가 있다. 물질주의가 심화되고 경쟁문화가 일상화된 상황에서 그들은 실존적 차원에서의 반평화적 현실과 직면하고 있다.

그러므로 오늘날 교회가 과연 사회 구성원들 사이의 평화적 과제의 다양성과 방법론의 차이들을 충분히 인식하고 있는지 확인할 필요가 있다. 특별히 교회 안의 현실에도 관심을 기울여야 한다. 교회 지도층은 냉전시대를 체험한 세대다. 평생 동안 반공을 학습한 세대는 전쟁을 성전으로 이해하기도 하고, 정당 전쟁론을 옹립하는 평화관을 지니고 있다. 이런 세대가 탈이데올로기적인 평화주의에 관심을 가지는 다음 세대들을 평화 만들기의 여정으로 인도할 수 있을지는 의문이다.

---

18. 김문조, "한국 세대담론의 심화를 위한 소고", 한국 사회학회 사회학 대회 논문집(2004/12), 47-48.

III. 평화 만들기를 향한 교회의 책무

우리는 우리 사회가 '현세적 물질주의'로 대표되는 문화적 토대 위에 가속화하는 세계화가 동반하는 소비문화의 영향력 아래 있다는 것을 확인했다. 우리는 평화를 갈망하지만, 실제로 우리는 반평화적으로 조성된 갈등 사회의 일원으로 살아간다. 또한 우리는 고착화된 분단 상황이 사회 갈등 요인이 됨을 확인했다. 피 흘리는 전쟁을 경험한 세대가 가지는 이데올로기적이고 성전론적인 평화관은 디지털 세대의 반권위적이고 평화주의적인 평화관과 충돌한다. 우리 사회 갈등의 이데올로기적·정치적·경제적·지역적·세대적 성격과 그에 대한 분석은 이제 우리에게 사회문화적 요소를 넘어서 평화를 향한 사회적 소통과 합의를 가능케 하는 초월적 근원과 토대에 대한 모색으로 나아가게 한다. 특히 신앙을 가진 공동체 구성원들은 이런 초월적인 토대를 우선적으로 확인해야 한다.

1. 평화의 초월적 토대와 성격 확인하기

우리는 개인적으로뿐만 아니라 세대적 차원에서, 또한 사회문화적 경험 안에서 화해 추구의 한계성을 발견했다. 사실 초월을 인정하지 않는 화해는 근본적인 변화에 대한 구체적인 희망을 제시하기 어렵다. 그러므로 신앙인들은 세상과 소통하며 기독교적 화해 비전의 초월적 특성을 세상에 설득할 책무를 가진다. 무엇보다 기독교적인 화해비전에는 신학적 기초가 요청된다. 화해의 비전이 초월적이라는 것은 화해가 단지 인간의 비전이 아니며, 화해의 여정이 인간적 전략과 프로그램 이상임을 일깨워준다. 하나님의 소원과 비전은 우리의 소원과 비전을 넘어선다. 화해란 인간이 노력을 통해 달성할 수 있는 결과가 아니다. 그것은 우리가 하나님 백성의 이야기 속에 들어가 살 때 받아누리는 특별한 선물이다.[19]

하나님과의 올바른 관계 맺음은 기독교적 화해 비전의 핵심이다. 하나님에 대한 신실한 순종은 완전히 새로운 생활방식으로의 초대다. 하나님과 함께하는 여정 속에서 우리의 소원이 점차 하나님이 바라시는 방향과 내용으로 바뀌어 가는 것이다.[20] 이러한 여정 가운데 우리는 평화를 향한 과정

---

19. 에마뉘엘 카통골레·크리스 라이스, 《화해의 제자도》, 31.
20. 에마뉘엘 카통골레·크리스 라이스, 앞의 책, 33.

이자 전제로서의 화해로 인도받는다. 평화를 향한 여정은 하나님과의 화해로부터 시작하여 이웃, 사회와의 수평적 화해가 확장되어감을 뜻한다.

그리스도는 우리의 화평이신데, 그리스도를 따르는 그리스도인이 평화를 실현하지 못하는 것은 교회가 당면한 치명적인 현실이며 아픔이다. 이는 '우리가 받은 복음'과 '우리가 믿는 복음' 사이에 괴리가 있다는 것을 의미한다. 즉 거짓 복음이 교회 안에 들어와 있다는 것이다. 평화로의 여정에서 교회가 극복해야 할 거짓 복음은 '도피의 복음' 혹은 '번영의 복음'이다. 이러한 종류의 신앙이나 신학의 문제는 사회갈등의 현실을 외면하면서 개인적인 안녕이나 물질적 축복만을 약속하고 추구토록 한다는 점이다. 물론 이런 신앙에 영향을 받은 이들도 개인적으로는 경건을 훈련하고 도덕을 추구한다. 그러나 이러한 개인주의적 기독교가 주장하는 평화는 이른바 '과거를 배제한 화해'를 전제한다는 점에서 한계를 가진다. 이러한 유형의 화해와 평화추구는 결국 세계에 만연한 아픔에 주목하지 못하고, 진정한 평화가 없는 곳에 평화가 있다고 말한다(렘 8:11). 이런 복음을 신봉하는 교회는 과거에 대한 기억과 현실에 대한 인식을 외면하고 피상적인 미래를 꿈꾼다. 이렇게 되면 평화는 비현실적인 앞날의 구호에 그치게 되고 복음은 사회 현실과 분리된다. 개인 구원과 사회 변혁을 분리시키는 이분법적 신앙과 신학은 진정한 평화 만들기에 한계를 드러내게 된다.[21]

거짓 복음에 미혹되면 그리스도가 선포하고 실천한 평화를 왜곡하게 된다. 여기서 우리가 피해야 할 평화 만들기의 잘못된 유형을 지적하면 다음과 같다. 그 첫째는 '과거를 배제한 화해' 유형이다. 그것은 잘못을 저질렀지만 회개하지 않는 사람들에게 값싼 은혜를 제공하여 과거의 교훈을 기억 못하게 한다. 둘째는 '친교 없는 정의' 유형이다. 이것은 현재의 부정의를 유발하는 구조적 부정의에 대하여서는 민감하게 지적하면서도 오랜 역사적 적대세력이나 그 세력에 속한 구성원들에게는 평화로운 미래의 구성원이 될 수 있는 여지를 배제함으로써 실제적으로는 갈등을 지속시키거나 심화시키는 역할을 한다.[22]

이러한 함정을 극복하기 위해서 우리는 예수님을 기억해야 한다. 즉

138

---

21. 에마뉘엘 카통골레·크리스 라이스, 《화해의 제자도》, 35.
22. 에마뉘엘 카통골레·크리스 라이스, 앞의 책, 40.

세상적인 인과논리를 넘어선 예수님의 죽음과 부활이 곧 우리가 따라야 할 평화 만들기의 모범임을 기억해야 한다는 것이다.[23] 그러나 다른 한편으로 우리는 예수님을 구주로 고백하는 이들 사이에서도 발생하는 갈등의 현실도 직시해야 한다. 그러기에 우리의 신앙의 대상과 내용에 대하여 더욱 명료한 이해해야 한다.

2. 평화의 초월적 토대로서의 삼위일체 하나님

인간 삶의 내용과 성격을 좌우하는 모든 활동은 선택으로부터 시작된다. 책임 있는 선택은 선택하는 주체의 가치관에서 비롯된다. 그런데 한 사람의 가치관은 곧 그의 신념 체계와 직결되어 있는데, 이 신념 체계를 형성하는 것이 바로 신앙이다.

기독교 신앙이 세상의 사상들과 구별되면서 또한 세속적 세계관 및 가치관들에 대하여 근본적인 도전을 줄 수 있는 이유는 삼위일체 하나님께 기초를 두기 때문이다. 삼위일체 하나님은 초월성과 보편성을 지니면서, 동시에 유한한 우리 인간들과 역사적 관계를 맺으신다. 일반 사상과 이념들 속에서도 신념의 체계 및 그것에 대한 신뢰와 충성으로서의 신앙(faith in god)을 논할 수는 있다. 그러나 기독교 신앙은 우리가 전인격적으로 우리의 신뢰와 충성을 헌신할 하나님(God of faith)[24]을 신앙의 대상으로 하며, 하나님께 우리의 관심을 집중한다. 기독교 신앙과 신학은, 예수 그리스도를 통하여 알게 된 하나님에 대한 신앙이며 역사 안으로 들어오신 하나님에게 토대를 두는 신앙이다. 이것은 인간들이 각고의 사유를 통해 상상한 미지의 이념이나 이상과는 다르다. 이렇게 기독교는 초월성과 역사성을 지니고 있다는 것이다.

이러한 관점에서 평화 만들기를 위한 여정에서 한국 교회의 주요 과제는 신앙의 사유화(privatization)[25]의 극복, 즉 신앙과 삶의 이원화 극복이다. 그러나 신앙과 삶의 이원화란 말 자체가 모순이다. 하나님을 향한 신뢰와 충성은 하나님과 인간 사이의 역동적이며 인격적인 관계 맺음을 의미한다. 그리스도인다운 삶은 하나님과 어떤 관계를 맺느냐에 달려 있다. 즉 신앙의 성

---

23. 에마뉘엘 카통골레·크리스 라이스, 앞의 책, 41.

24. H.R. Niebuhr, *Radical Monotheism and Western Civilization*(Lincoln, Nebraska: The University of Nebraska, 1960), 3.

숙함과 상관관계를 이룬다. 한 사람의 신앙, 즉 하나님과의 관계성은 그가 하나님을 어떠한 분으로 고백하는가, 즉 그의 하나님 이해(神論)에 의해 그 성격이 규정된다. 그러므로 한국 교회의 윤리적인 문제는 곧 신론의 문제이기도 하다.

삼위일체 하나님에 대한 이해 부족과 철저하지 않은 신앙고백은 곧 하나님에게서 하나님을 닮아갈 수 있는 삶의 기준, 즉 근본적인 윤리적 기준을 찾으려는 시도에 큰 걸림돌로 작용해왔다. 하나님의 존재양식이며 동시에 하나님과 우리와의 관계양식인 삼위일체에 대한 이해가 없다면, 하나님을 닮겠다는 노력은 한계에 직면한다. 오늘날, 다수의 신앙인들은 윤리적 행위의 기준을 하나님과의 관계성으로부터 추론하지 못하고 세속사회가 제시한 규범과 관례에 의존한다. 한편 일부 신앙인들은 하나님을 그릇된 방식으로 이해한 뒤에 자의적인 원칙과 규범을 고수하려 든다. 이렇게 될 경우 문제는 더욱 심각하여진다. 백인 예수, 백인 하나님을 근거로 흑인 차별을 정당화했던 신학이나, 남성으로서 하나님을 전제하는 가부장적 신학과 윤리도 이러한 유형이라 할 수 있다. 역사상 정치제도와 교회직제에서도 자신들의 기득권을 유지하기 위한 전제적 정치를 펴면서 하나님의 존재양식에서 그 기원과 제도의 정당성을 주장했던 선례들도 있다.[26]

그런 의미에서 우리는 하나님이 삼위일체 되심에 주목해야 한다. 하나님의 삼위일체적 존재와 이 세상과의 관계하심, 즉 경륜에 대한 강조는 피조물들 사이의 일치와 하나님과 다른 피조물들과의 교제, 즉 평화로운 삶과 그러한 삶을 가능케 하는 존재양식의 토대이자 소망이다. 특별히 주목하여야 할 것은 성령의 적극적 사역이다. "성령의 교제(koinonia)는 성령에 의하여 형성된 공동체의 몇몇만이 아닌 모든 지체들에 대한 섬김(diakonia)으로 인도하는 것이다."[27] "삼위일체적인 삶을 산다는 것은 곧 하나님의 삶을 사

140

25. 참고. Peter Berger, *The Sacred Canopy: Elements of a Sociological Theory of Religion*(Garden City, N.Y.: Doubleday, 1967), 133; 맥과이어,《종교사회학》, 민족사, 1994, 401에서 재인용. 종교사회학적 의미에서 사유화는 세속화로 인하여 야기된 "분화된 어떤 제도영역들(예컨대 종교, 가족, 레저, 예술)이 지배적인 공적 영역(예컨대 정치적, 경제적, 법적)의 제도들로부터 격리되어 사적 영역으로 퇴행하는 과정"이다. "이러한 격리는 사적 영역의 규범과 가치가 공적 영역의 제도들의 운용과 무관하다는 것을 의미한다." 그러므로 엄격한 의미에서 '사유화'와 '신앙과 삶의 이원화'는 동의어는 아니라고 할 수 있다. 왜냐하면 후자가 전자에 비해 보다 근본적인 문제점을 노출하기 때문이다.
26. Jurgen Moltmann, *The Trinity and the Kingdom*(San Francisco:Harper & Row, Publishers, 1981), 191-209.

는 것이다." 그것은 곧 "하나님의 집안에 있는 모든 피조물과 조화와 교제를 이루며 함께 살아감"[28]을 의미한다. 이러한 관점으로부터 우리는 다음과 같은 사실을 알 수 있다. 기독교인의 삶은 영광과 교제를 기준으로 하는 바른 행함(orthopraxis)을 뜻한다. 삼위일체의 교리는 하나님이 어떠한 분이시라는 것을 이해함으로써 결국 우리가 어떠한 존재며 또한 어떠한 존재가 되어야 하는가를 이해하게 하는 규범적인 기독교인의 표본이다.

삼위일체 하나님에 대한 올바른 이해에 기초하여 하나님께만 영광을 돌리는(A doxological and trinitarian) 하나님 이해, 즉 삼위일체적 신론은 기독교인들의 신앙인다운 삶, 즉 평화를 이루어가는 삶의 기초다.[29] 이제 우리는 삼위일체적인 신앙을 살아냄으로써 "하나님은 다른 만물들을 힘으로 억압하시려 하지 않으며, 오히려 그 힘과 삶을 나눔으로써 공동체를 이루려 하시는 분"임을 확신할 수 있게 된다. "삼위일체의 하나님의 능력(power)은 강제적인 것이 아니며 오히려 창조적이며, 희생적이며, 다른 이들에게 힘을 불어넣어주는 사랑(empowering love)이다."[30] 이제 우리는 "삼위일체 교리의 심연적 문법(the depth grammar of the doctrine of Trinity)"으로부터 보다 구체적으로 평화를 이루어가는 삶의 태도와 자세를 다음과 같이 추론할 수 있다. "자기나눔(self-sharing), 이웃 돌보기(other-regarding), 그리고 공동체를 형성하는 사랑(community-forming love)"[31]이 그것들이다.

3. 평화 만들기를 위한 성경: 신학적 관점에서의 토대

원칙적으로는 평화의 중요성과 가치를 누구나 동의하지만 앞에서 살핀 것처럼 역사적, 사회적 경험의 차이에 따라 평화에 대해서 상반된 입장을 보인다. 이제 우리는 삼위일체 하나님에 대한 신앙을 토대로 평화 만들기의 여정에 동기와 내용과 목표를 제공하는 신학적 주제들에 대한 이해를 분명히 할 필요가 있다.

27. Jurgen Moltmann, 앞의 책, 299-300.
28. Jurgen Moltmann, 앞의 책, 400-401.
29. Jurgen Moltmann, 앞의 책, 408.
30. D. Migliore, *Faith Seeking Understanding*(Grand Rapids, Michigan: Wm.B. Eerdmans Publishing Co., 1991), 63.
31. D. Migliore, 앞의 책, 64.

1) 은혜

평화에 대한 논의가 우리의 신앙으로부터 비롯되는가, 아니면 신앙과는 별개 영역으로, 심지어는 우리 신앙과 반대되는 것으로 간주되고 있는가? 우리는 인간의 모든 영역에서 죄를 발견할 수 있는 것처럼, 바로 죄가 발견되는 모든 자리에서 하나님 은총을 발견할 수 있다. 그러므로 아무리 절망스럽게 보이는 상황 속에서도 우리는 어느 정도로 신앙적 삶을 표현하는 기회가 있는가를 은혜의 관점에서 물어야 한다. 신앙적 삶이란 사랑과 정의와 이웃을 향한 섬김을 뜻하며, 우리는 이런 삶을 통하여 평화로의 여정에 동참한다.

이러한 은혜의 관점은 평화에 대한 논의가 세상 문화에만 속한 것이 아니라 문화를 창조하시고, 주관하시고, 심판하심을 통하여 세상을 다스리시는 하나님 나라의 영역과 하나님의 주권에 속한 것임을 인식하도록 이끈다. 그러므로 신학적 평화 만들기는 자기중심성과 특정 당파성을 넘어서서, 하나님 중심적이 되어야 하며, 하나님 나라를 지향해야 할 것이다.

2) 인간의 존엄성

하나님이 이르시되 우리의 형상을 따라 우리의 모양대로 우리가 사람을 만들고(창 1:26).

하나님의 창조로부터 비롯된 인간의 존엄성은 기독교적 평화관의 핵심적인 부분이다. 하나님의 형상(*Imago Dei*)대로 창조된 인간이기에 우리는 많은 피조물 가운데에서도 특별한 가치와 중요성을 부여받았다. 인간이 창조주의 형상을 따라 지음받았다는 사실은 모든 인간이 본질적인 존엄성을 갖고 태어났음을 주장하는 신성한 증거가 된다. 인간 생명의 신성함은 우리가 다른 사람들을 어떻게 대해야 하는가를 말하여 주기도 한다. 모든 인간관계는 각 인간의 존엄성을 고양하는 것을 목적으로 두어야 하며, 적어도 타인의 존엄성이나 우리 자신의 그것을 해치거나 축소시키는 것을 의도해서는 안 된다.[32] 그런 의미에서 특정한 정치사회적 이데올로기나 개인이 지

---

32. Reinhold Niebuhr, *The Nature and Destiny of Man*, V.1.(New York: Scribner, 1949), 150~166.

닌 구매력에 관계없이 모든 인간의 존엄성을 존중하는 기독교적 가치관은 신뢰 사회 형성 및 사회 통합에 기여할 수 있는 보편적 평화관을 합의하는 데 공헌할 수 있을 것이다.

3) 사랑과 정의

사람아 주께서 선한 것이 무엇임을 네게 보이셨나니 여호와께서 네게 구하시는 것은 오직 정의를 행하며 인자를 사랑하며 겸손하게 네 하나님과 함께 행하는 것이 아니냐(미 6:8).

선생님 율법 중에서 어느 계명이 크니이까 예수께서 이르시되 네 마음을 다하고 목숨을 다하고 뜻을 다하여 주 너의 하나님을 사랑하라 하셨으니 이것이 크고 첫째 되는 계명이요 둘째도 그와 같으니 네 이웃을 네 자신 같이 사랑하라 하셨으니 이 두 계명이 온 율법과 선지자의 강령이니라(마 22:36-40).

만약 신앙인의 소명이 이웃과 공동체(인간과 비인간의 세계를 포괄하는)를 섬기는 것이라는 점을 확신한다면, 사랑과 정의는 기독교적 평화를 구현하는 방식이자 규범이라고 말할 수 있다. 그렇다면, 과연 우리의 문화 한가운데에서 사랑과 정의를 행한다는 것은 무엇을 의미하는가?

예수 그리스도의 생애와 가르침은 우리 삶에 적용할 수 있는 사랑의 전형이다. 그리스도의 삶은, 이기심을 극복한 자기희생적인 사랑의 전형인 아가페의 사랑을 우리에게 보여준다. 그 사랑은 자기 자신의 필요를 포기하면서까지 이웃의 유익을 위해 섬기는 삶이었다. 그 사랑이 품는 영역은 무한하게 넓고 또한 무조건적이어서, 예수 그리스도는 죄인들과 약한 자들과 병든 자들과 사회적으로 인정받지 못하는 모든 사람에게 그의 긍휼을 나타내고 그의 사랑을 선포했다. 그의 삶은 인류를 향한 하나님의 끝없는 무조건적인 사랑을 반영한 것이다. 예수 그리스도의 사랑이 자기중심성을 극복한 자기희생적인 사랑이었다는 사실은, 인류의 구원을 위한 십자가의 죽음을 통해서 확증되었다.[33]

그러나 이런 사랑이 그리스도인들의 실제적 삶에서도 구체화될 수 있을까? 라인홀드 니버와 같은 이른바 기독교 현실주의자들은 매우 왜곡된 사회구조 안에서 그 사랑을 직접적으로(directly) 적용하는 것은 불가능하다고 주장한 바 있다. 결국은 이웃의 유익을 구함이 사랑의 목적이기에 정의를 통하여 간접적으로(indirectly) 그 영향력을 모색하여야 한다는 것이다. 무조건적인 이웃의 유익을 구하는 사랑은 조건적으로 이웃의 유익을 모색하는 정의로 전환되어야 한다는 것이다.[34] '실재'의 세계에서 사랑은 죄와 악, 또한 상호 배타적이며 동시에 상호 경쟁적인 주장들과 부딪히기 때문이다. 그러므로 평화 만들기의 전제로서 이웃의 유익을 위하여 섬기는 삶은 결국 우리에게 정의로운 삶을 요구한다.

4) 생명 중심의 생태학과 공동선

교회의 평화에 대한 관심은 예수께서 전파한 '하나님의 나라'에 대한 관심으로 집약되어야 한다. 예수 그리스도의 중심 메시지는 하나님 나라였다. '하나님의 나라'는 하나님의 뜻에 의하여 통치되는 영역을 의미하며, 우리 가운데서 이루어지는 하나님의 통치를 가리킨다. 하나님께서 피조 세계 속에서 지속적으로 역사하시며 결국에는 역사 안에서 이 세상을 구원하실 것이다. 이러한 하나님의 주권과 계획이 하나님 나라 개념 안에 들어 있다. 바로 이 하나님 나라가 하늘에서와 같이 이 땅에서도 이루어져야 한다. 이 말은 하나님 나라가 개인의 안녕뿐 아니라 사회적 차원에서의 자유와 정의를 망라한다는 것이다. 다시 말해 하나님 나라는 이 땅에서 이루어져야 할 온전한 평화의 상태를 말한다.

하나님의 나라는 하나님의 뜻대로 통치되는 영역을 의미한다. 그러므로 하나님께 영광을 돌리며 이웃을 사랑하며 살아가는, 공동체로서의 성숙한 변혁운동이 하나님의 나라 운동의 핵심이 된다. 하나님께서는 자신의 삼위일체적 존재하심과 역사 안에서의 주권적 통치로서 우리에게 하나님 나라의 본질이 무엇인가를 나타내 보이셨다. 그러므로 성부, 성자, 성령 간의 교제로 이루어지는 삼위일체 하나님의 존재하심과 역사하심은 하나님 나라 공동체의 모범이다. 성부, 성자, 성령님 되신 하나님이 사랑과 교제 안에서 하나이심을 본받아 우리도 서로 간의 차이와 각기 다른 다양성을 사랑으로 극복하고 서로 교제하며 서로 다르지만 하나되는 삶으로 나아가야 한

33. Bob E. Patterson, *Reinhold Niebuhr*(Waco: Word, 1977), 128-130.
34. D. B. Robertson ed., *Love and Justice*(Louisville: John Knox Press, 1957), 27-29.

다. 이것이 바로 기독교 평화관이 지향하는 목표이자 추구하는 방법론이 되어야 한다.

이렇게 하나님 나라 개념은 신앙인들에게 평화 만들기의 당위성을 부여하며, 그것의 범위와 영역, 또 바람직한 참여 태도를 제시해준다. 물론 이는 매우 신학적이고 신앙적인 개념이다. 그래서 다수가 비그리스도인인 사회에 직접 적용하기에 어려움이 있다. 이때 사회윤리적인 차원에서 우리가 차용할 수 있는 것이 '공동선'(common good)[35]의 개념이다. 이 개념의 배경에는 인간의 삶은 결국 궁극적인 목적되시는 "하나님께로 정하여져 있다 (ordained to God)"는 믿음이 자리하고 있다. 각각의 사람은 하나님의 뜻, 즉 신적인 초월성의 전체라고 할 수 있는 위대한 선인 공동선과 관계되어 있다. 그러므로 우리의 행동은 하나님의 뜻을 분별하고 그에 반응함으로써, '인간과 하나님 사이의 조화 이룸'을 목표로 한다.

공동선은 개인의 본질적인 인권을 소중히 할 뿐 아니라 사람들로 하여금 자신들보다도 이웃, 사회 그리고 세상을 향하도록, 그리고 하나님을 향한 선을 모색하여야 한다고 촉구한다. 공동선은 사람들 개개인이 자아실현과 완성에 도달하도록 도와주는 모든 사회적 선들을 포함한다. 공동선은 인간의 존엄성과 개인 권리의 우선성을 지지하면서도, 더욱 큰 전체의 일부분으로서의 우리 사회의 본질적 중요성을 깨닫도록 해주며, 우리 자신을 위한 선보다 더 큰 목적들을 추구하여야 할 우리의 운명을 기억하도록 한다. 사실 사회는 개인적 선들, 이익들, 그리고 인격적인 선택들이 단순히 합쳐진 집합체를 넘어선다. 공동선을 신학적 개념으로 해석한다면, 하나님이 의도하신 대로의 사회와 생태계에서 부분적인 것들은 완전한-사회의 공동선, 우주, 그리고 신적인 선-하나님의 더욱 큰 선을 위해 작용한다.[36]

공동선의 개념은 기독교인들로 하여금 극단적인 전체주의적 인간중심주의와 포스트모던적 소비문화의 경향성인 철저한 개인주의를 극복할 수

---

35. 일반적으로 공동선 개념은 로마 가톨릭 윤리의 유산으로 알려져 있다. 가장 대표적인 학자는 토마스 아퀴나스이며, 그 이후 자연법 전통으로 이어져 내려오던 계보가 20세기에는 쟈크 마르탱(Jacques Maritain)으로 연결되고 있다. 그러나 여기에서는 넓은 의미에서의 교회의 유산으로서의 공동선이라는 이유와 두 번째로는 종교개혁 이전의 신학자인 토마스 아퀴나스와 같은 이들의 사상은 로마 가톨릭의 전유물만이 아닌 전체 교회와 신앙인들의 소중한 자산이라 이유에서 '공동선'의 개념을 차용했다. David A. Krueger, *Keeping Faith at Work: The Christian in the Workplace*(Nashville: Abingdon Press, 1994), 65.

36. David A. Krueger, 앞의 책, 66-68.

145

있게 해주는 하나의 돌파구를 제공한다. 아주 넓은 의미에서 본다면 공동선이란 모든 피조세계를 위한 선으로서 이해될 수 있다. 그러므로 공동선이란 단지 인간 생명만이 아닌 모든 생명의 선함을 추구한다는 의미에서 생태학적인 의미를 갖는다. 공동선은 인간과 자연의 조화를 목표로 하여야 한다. '공동선'은 우리의 행위가 우리 자신들과 다른 사람, 다른 종(species) 나아가 우리가 참여하고 있는 전체 생태계에 미치는 영향력에 의하여 판단되어야 함을 말함으로써 인간중심주의적 세계관을 극복하도록 이끈다. 우리는 하나님 나라에 기초한 공동선의 개념으로부터 기독교적 평화관의 초월성과 보편성의 조화를 모색하고, 실천할 수 있을 것이다.

4. 신앙인들의 응답: 탄식으로 시작하는 평화 만들기의 여정

기독교 신앙은 하나님의 우리를 향한 구원의 부르심으로부터 출발한다. 신앙은 우리를 하나님의 부르심에 응답할 수 있도록 인도한다. 이때 하나님의 부르심에 대한 우리의 응답은, 우리를 성화로 이끄시는 성령께서 주도하심으로 시작되지만, 우리의 책임감과 구체적인 실천을 필요로 한다는 데서 상호응답적인 성격을 가진다고 할 수 있다. 우리들의 응답은 전인적인 응답이다. 또한 그 응답의 장은 하나님이 관계하시는 모든 영역, 우리의 삶의 모든 영역으로부터 전우주적인 차원에까지 걸쳐져 있다. 그러기에 우리의 신앙은 곧 우리의 삶을 의미한다고 볼 수 있다. 하나님이 우리를 먼저 불러 주시는 은혜에 감격하여 응답함이 우리의 신앙이라면 그것은 곧 우리의 삶 자체가 된다는 말이다. 사실 "성경 어디에서도 신앙과 삶의 태도(behavior)를 구분하지 않는다."[37] 그러므로 기독인에게 신앙적 삶이란 곧 기독교인다운 윤리적 삶을 의미한다.

성령과의 교제와 성령의 성화를 통하여 가능한 매 순간의 회개는 우리를 삼위일체 하나님에 대한 더욱 온전한 앎으로 인도한다. 회개를 통하여 우리는 하나님이 항상 우리의 생각보다 크신 분임을 깨닫고, 종전에 우리가 가지고 있던 편견들과 또 거기서 비롯된 온갖 우상들을 부순다. 그러므로 성령의 역사는 그리스도인에게 자기중심성을 벗어나게 하여주며, 세상의 다양한 우상들을 깨뜨리도록 인도한다. 또한 우리가 성령과의 교제로 인하여

---

37. Stanley Hauerwas, *The Peaceable Kingdom*(Notre Dame, Indiana: University of Notre Dame Press, 1983), 54.

삼위일체 하나님에게로 돌아섬으로써, 다시 말해 우리가 하나님 앞에서 회개함으로써, 우리는 이웃과의 막힌 담을 허물고 이웃의 범위도 확장시킨다. 회개하기 전에는 원수였던 사람이 혹은 나와는 아무런 관계가 없다고 생각되었던 사람이, 이제는 우리 아버지의 또 다른 자손이라는 점, 즉 나의 형제요 자매라는 사실이 우리에게 깨달아지는 것이다. 이때부터 우리의 이웃이 많아진다. 궁극적으로 창조주 하나님을 주인으로 하는 모든 세상이, 물론 자연까지도 포함하여, 우리의 이웃이 될 수 있을 것이다. 이렇게 삼위일체 하나님에 대한 온전해지는 신앙은 우리가 이루어갈 평화의 영역을 전 우주적으로 확대시킨다.

　　그러므로 평화 만들기는 긴 여정이다. 이것은 업적, 행사, 전략, 프로그램과는 다른 차원의 과정이다. 또한 평화 만들기는 하나님과 함께하는 여정이다. 이 말은 이 여정의 통제권이 우리에게 있지 않다는 것을 의미한다. 평화 만들기의 주도권은 오직 하나님께 있어야 한다. 우리는 단지 그 하나님의 주도권을 분별하고 순종하는 사람들이다. 그러기에 우리가 평화 만들기의 비전을 유지하고 현실 세계에서 구현하려면 우리가 먼저 하나님의 말씀에 의해 변화된 백성이 되어야 한다.[38]

　　잊지 말아야 할 것은 이 평화 여정은 소수의 전문가들만을 참여하는 것이 아니라는 점이다. 신앙인 모두가 평화를 위한 화해 사역의 대사로 부름받았다(고후 5:20). 평화를 이루기 위한 그리스도의 대사가 되라는 부름은 권력, 국가, 인종, 민족, 쾌락 등을 최종적 목적과 가치로 삼으려는 우상숭배의 유혹을 극복하라는 부름이다. 예수 그리스도만을 구주로 고백한다는 것은 그리스도 안에서 이뤄지는 하나님의 새로운 창조 현실을 반영하면서 더욱 신실한 충성을 할 수 있도록 우리를 자극하고 격려하는 이야기와 공간과 공동체를 만들어내는 것이다. 그리스도 중심의 신앙고백은 신앙공동체를 형성하게 하며, "하나님의 화해를 수행하는 대리자로 부름받은 존재가 교회임을 분명히 한다." 교회는 평화를 향한 화해자의 역할을 우선적으로 요구받는다.[39]

　　그러나 우리가 잊지 말아야 할 것은 인간으로서의 우리 존재다. 우리는 질그릇과 같은 존재로서 이 여정을 걸어간다(고후 4:7-11). 우리가 하나님

---

38. 에마뉘엘 카통골레·크리스 라이스, 《화해의 제자도》, 71.
39. 에마뉘엘 카통골레·크리스 라이스, 앞의 책, 66-67.

의 대사로 부름받았다고 하지만, 실제 우리의 모습은 연약하여 항상 상처받기 쉽고 낙심하기 쉬운 질그릇 같은 존재라는 것을 기억해야 한다. 그러므로 평화 만들기를 위한 화해의 여정은 질그릇같이 연약한 우리들에게는 그리스도의 상처와 죽음을 항상 기억하도록 하는 위험한 여정이다. 평화 만들기의 여정은 단순한 선물이 아니라 길고 힘들고 값비싼 대가를 요구하는 고단한 여정이다.[40]

그러기에 교회는 평화의 여정을 기도로 시작할 수밖에 없다. 기도는 교회가 평화 여정을 제대로 지속할 수 있게 하는 길이자 교회가 치러야 할 대가다. 세상에서 교회가 가장 먼저 해야 할 것은 전략 세우기가 아니라 기도다.[41] 그런데 세상의 현실 때문에 깊이 상심한 사람들의 기도는 일종의 탄식이다. 탄식은 현실에 대한 절망이 아니며 애처로운 흐느낌만을 가리키지 않는다. 탄식은 하나님을 향한 부르짖음이다. 하나님 나라를 이루어가실 하나님을 향한 토로다. 평화 만들기의 여정은 탄식의 훈련에 바탕을 둔다.[42] 탄식은 먼저 우리 자신에게 근본적인 변화를 일으킨다. 평화 만들기를 위한 탄식은 하나님을 향하지만, 평화를 필요로 하는 사람들이 하나님을 향해 함께 쏟아놓는 탄식이다. 억압당한 사람들, 피해받은 사람들, 상심하고 상실한 이들의 탄식이다. 성경이 작은 자들에게 관심을 가진 이유는 그들이 인간들의 죄로 피해를 당한 이들이기 때문이다. "죄의 피해를 가장 많이 본 사람들과 가까이할 때 우리의 소명은 '변화시키는 일'이 아니다. 그 만남에서 오는 고통을 함께 아파하는 것이다."[43]

탄식을 배우는 것은 평화의 여정에 치명적 장애가 되는 교회의 분열에 대한 인식뿐만 아니라 우리 자신, 즉 '내'가 문제의 일부임을 인식하는 것이다.[44] "성경에 나타난 탄식은 화해가 전혀 낭만적이지 않다는 사실을 가르쳐준다. 때때로 우리는 회개 없는 화해를 선호한다."[45] 그러나 '회개 없는 은혜'가 값싼 은혜인 것처럼, '회개 없는 화해', 탄식 없는 화해는 값싼 화해다. 화해에 대한 신앙인의 희망은 탄식이라는 과정을 통과한다. 현실 상황 때문에 고통을 깊이 느낀다는 것 자체가 희망의 신호다. 탄식은 절망이나 허무한

40. 에마뉘엘 카통골레·크리스 라이스, 《화해의 제자도》, 68.
41. 에마뉘엘 카통골레·크리스 라이스, 앞의 책, 95.
42. 에마뉘엘 카통골레·크리스 라이스, 앞의 책, 96.
43. 에마뉘엘 카통골레·크리스 라이스, 앞의 책, 104.
44. 에마뉘엘 카통골레·크리스 라이스, 앞의 책, 106.

외침이 아니다.[46] 탄식을 통해 우리는 우리가 스스로 화해를 '이룰 수' 없다는 힘든 사실을 깨닫는다. "화해는 항상 하나님이 주시는 선물이다. 신약성경은 그 선물을 회개(metanoia)라 부른다. 탄식을 배운다는 것은 세상의 상처에 다가가 그 곁에 머무르면서 상처를 노래로 표현하고, 상처를 씻어주고, 고통에 찬 외침을 들어주는 사람이 되는 것이다."[47]

우리가 신앙인다운 신앙인이라고 부르는 사람들은 어떤 모습의 신앙인인가? 때때로 아니 지나치게 자주, 우리는 눈에 보이는 것으로 신앙의 수준을 평가한다. 우리가 그리는 이상적 신앙인이란, 세상에서도 출중하고 교회 사역에 도움을 줄 만큼 재력과 능력을 갖춘 사람일 때가 많다. 세상과 문화를 지배하는 가치를 우리도 맹목적으로 추구하고 있다. 우리는 그리스도인으로서 이 점을 반성하지 않을 수 없다. 삼위일체 하나님 존재양식과 경륜, 그것을 구체적으로 보여준 예수 그리스도의 삶은 매우 관계적이며 동시에 관계의 상대방, 즉 이웃을 중심으로 그의 필요와 아픔에 민감한 삶을 우리에게 제시한다. 물론 우리는 우리의 의지와 능력으로 그런 삶을 살 수 없다. 그래서 우리는 우리의 한계를 겸손히 고백하며, 성령의 도우심을 간구한다. 그러기에 신앙인다운 신앙이란, 간구하는 사람이며, 무엇보다 회개하는 사람을 뜻한다고 할 수 있다. 회개하는 사람이 신앙인이다. 이 사람은 현실을 통찰하며, 자신을 냉철하게 돌아보며, 이웃과 세상과의 화해를 통하여 평화를 이루어가는 사람, 즉 하나님 앞에서(Coram Deo) 살아가는 사람을 뜻한다.

5. 교회의 교회다움과 구조와 기능: 협의체적 교회의 회복

교회의 교회다움은 신앙인의 신앙인 됨과 그 맥을 같이한다. 그러나 우리가 평화 만들기의 역사와 현실에 대한 반성을 통하여 확인한 것은, 개인적 차원의 신앙이 사회문화와의 습합이나 선택적 유착 과정 속에서 평화를 향한 결단으로 구체화되리라는 보장이 없다는 점이다. 그러기에 신앙은 일회적인 결단에 그치지 않고 지속적인 실천으로 이어질 수 있도록 인격을 형성하는 습관을 요구한다. 그래서 개인의 평화를 향한 여정은 다음과 같은

---

45. 에마뉘엘 카통골레·크리스 라이스, 앞의 책, 107.
46. 에마뉘엘 카통골레·크리스 라이스, 앞의 책, 109.
47. 에마뉘엘 카통골레·크리스 라이스, 앞의 책, 115.

과정이 필요하다. 과거의 실패를 점검하고, 확인하고, 고백하는 과정뿐만 아니라 성격과 행위, 혹은 사고적 측면에서 본 기본 욕구들, 요인들을 살펴야 한다. 또한 자신의 결점들과 반복되는 부정적 습관과 태도를 떨쳐버리려고 해야 한다. 이와 함께 새로운 사고와 행위 습관을 익히는 훈련도 필요하다. 그러나 습관과 인격의 다양성은 더욱 큰 맥락에서는 소통과 합의를 보장하지 못한다. 따라서 개인적 차원에서의 인격 형성과 함께 조직적 차원에서의 교회문화 형성의 과제도 수행되어야 한다.

그렇다면, 우리가 세워나가야 할 교회는 어떠한 교회인가? 평화의 여정을 이끌어갈 수 있는 교회다운 교회됨은, 무엇보다 복음에 기초한 교회 문화를 형성할 수 있느냐에 달려 있다. 그런 점에서 평화를 실천하고 선도할 교회는 협의체적인 성격을 가져야 한다. 신약성경에 나타난 대표적 협의체는 예루살렘 회의였다(행 15장, 갈 2장 비교).

오늘날 협의체로서의 교회됨의 책임은 바로 교인 모두에게 있다. 예루살렘 교회에서도 교인들의 협의체적인 삶이 먼저 있었기에 협의체적인 사건이 일어날 수 있었다. 초기 교회 교인들이 생각과 의견이 달랐지만 이들이 공동체 의식을 유지할 수 있었던 것은, 공동체 안에 성령께서 현존하심을 신뢰했기 때문이다. 그들은 보혜사 성령의 도움을 받아 공동의 예배와 애찬식(갈 2:11 이하)을 통해 하나의 공동체로 묶였다. 초기 교회가 갈등이 없는 협의체의 모습을 보였다는 말이 아니다. 협의체적 사건의 전형인 예루살렘 회의도 우정과 사랑의 교제의 장이 아니었다. 격렬한 논쟁과 함께 심지어는 불만에 찬 욕설도 있었다(갈 2:4).[48] 이는 다른 경험을 가진 사람들이 협의체로써 한자리에 있었기 때문이다. 그러나 분명한 것은 회의 분위기가 진정되었고 사람들이 바울과 바나바의 발언을 경청했다는 사실이다(행 15:12). 이렇게 협의체는, 진리를 위한 논쟁 중에도 다른 사람들의 입장을 존중하려고 노력할 때 비로소 현실화된다. 그러한 논쟁의 결과, 우리는 "진리에 대한 변화된 인식"을 갖게 되고, "서로를 결합시키는 진리, 연대하게 하는 진리"에 가까워진다.[49]

초대교회 이후 역사적 맥락에 따라서 각양각색의 교회가 나타났지만, 협의체는 교회의 기본 구조로 존속했다. "교회는 협의체적으로 존재한

48. 볼프강 후버,《진리와 평화를 위한 교회의 투쟁》, 126.
49. 볼프강 후버, 앞의 책, 127.

다. 모임이 없이는 교회도 없다." 그런데 교회 공동체가 협의체에 더 가까워지느냐 하는 것은 무엇보다 협의체의 성원들이 협의체의 결정을 수용하느냐에 달려 있다.[50] 협의체적 성격이란 "자신에 대하여 책임적이면서도 다른 사람들에게 관심을 가지고 함께하며, 갈등 없는 상태가 아닌 비판적 대화의 상태이며, 예수 그리스도 안에서 하나님과 화해를 이루어가는 교회 안에서의 다양성을 인정하는 협력관계"를 의미한다.

　　협의체적 공동체로서의 교회는 예배와 성만찬을 그 중심에 두고 있다. 예배는 이 세상의 의견들과 관점들을 넘어서는 진리를 향해 나아가는 해방이다. 따라서 협의체 안에서는 "서로 반대되는 입장을 배제하지 않고, 그것을 조정할 수 있고, 진리를 위한 논쟁을 억압하지 않고 그것을 중재할 수 있어야 한다." 성만찬에서 교회는 "십자가에 달린 예수의 화해하는 죽음의 현재를 기념한다." 협의체는 화해의 가능성을 신뢰하는 데서 시작된다. 여기서 화해는 "반대되는 입장을 타협적으로 조화시키는 것을 말하는 것이 아니라 그러한 갈등을 공동체의 성장을 촉진하는 운동으로 변화시키는 것"을 말한다.[51]

　　협의체는 "예배와 일상적 삶이 뗄 수 없이 서로 연결되어 있는 공동체"를 의미한다. 예배는 "그 안에서 일상적 갈등이 억압되는 돌발적 사건이 아니라, 그런 갈등이 하나님 앞에 제시되는 과정"이다. "예배는 진리를 위한 투쟁을 유보하기 위한 방법이 아니라, 예수님을 통하여 진리를 위한 투쟁이 조정될 수 있는 원천이다." 교회의 협의체적 성격은, 교회가 문자로서의 성경을 진리로서 소유하는 것에 그치는 것이 아니라, 성경이 담지하는 초월적 진리에 대한 기존의 인식에서 항상 새로운 인식으로 나아가는 과정에 열려 있음을 의미한다. 즉, 협의체적 공동체는 새로운 진리에 대한 인식에 열려 있는 공동체이며, 삶을 함께하는 도상의 공동체다.[52]

　　협의체로서의 교회는 항상 성령의 현존을 희망한다. 교인들은 성령을 공동체에서 가장 귀중한 것으로 간주한다(고전 12:7). 물론 성령은 모든 교인들에게 주어진 은사이자 각기 다른 교인들에게 은사를 주시고 교인들을 하나의 형제애로 묶는 분이다. 그래서 교회는 성령의 임재를 희망하며, 성령

50. 볼프강 후버, 앞의 책, 128.
51. 볼프강 후버, 앞의 책, 129.
52. 볼프강 후버, 앞의 책, 130.

을 신뢰한다. 이런 신앙이 바로 교회 공동체에 대한 이해와 교회 구조의 수립을 가능하게 한다. 성령은 교회의 구성원들에게 다양한 직분을 맡기고 그들에게 자발적이고 자율적인 헌신을 요구한다. 또한 이들을 협력해서 하나님 나라를 이루어가게 한다. 협의체로서의 교회가 성령의 임재를 바라는 이유가 여기에 있다.

이런 협의체적 정신의 관점에서 본다면 교역자와 교인들 사이의 위계적 관계나 경직된 대립은 전혀 협의체적인 것이 아니다. 협의체로서의 교회는 서로 다양한 과제를 부여받은 형제자매들의 공동체를 말한다. 물론 그중에는 말씀의 선포를 위탁받은 형제자매도 있다. 이러한 협의체적 교회관에 대하여 아우구스부르크 신앙고백은 "교회는 언제나 하나님의 거룩한 그리스도의 교회로 존재해야 한다. 교회는 복음이 순수하게 선포되고, 성례전이 복음에 일치하여 집행되는 신도들의 모임"이라 고백하며, 또한 바르멘 선언은 "교회는 신앙과 복종, 자신의 메시지와 제도를 통해 죄로 가득 찬 이 세상 한가운데서 은혜를 받은 죄인들이 교회로서 이렇게 증언하여야 한다. 즉 교회는 오직 주님의 것이며, 그분의 나타나심을 기다리면서 오직 그분의 위로와 그분의 가르침에 의해 살아가며 또 살아가고자 한다"고 고백한다. 이러한 신학 선언의 핵심적 공통점은 성령을 통한 예수의 현존에 대한 신뢰가 신학적 출발점이라는 데에 있다. 이러한 신뢰는 협의체적 교회 안에서의 구조로서 형제애적 구조, 즉 연대적이고 참여적 구조를 제시한다. 그러기에 교회 안의 갈등은 연대적이고 참여적인 구조 안에서 다루어져야 한다.[53] 따라서 협의체적 교회는 참여하는 교회다.

예수 그리스도의 교회는 협의체적으로 산다. 교회 안에서는 진리에 관한 논쟁이 있어야 한다.[54] 또한 그 진리에 관한 논쟁이 실천적인 결단으로 이어지도록 먼저 교회가 조직되어야 한다. 그러므로 교회는 구성원들의 참여를 현실적으로 대리할 수 있는 대표제를 통해서 협의체가 된다. 모든 구성원이 현실적으로 직접 참여하기는 어렵다. 그래서 이들이 교회의 문제에 대해 관심을 갖고 참여할 수 있도록, 또 교회의 몸을 이룬 지체가 될 수 있도록 하는 방법이 모색되어야 한다. 이런 의미에서 총회와 공동의회 등이 마

152

53. 볼프강 후버, 《진리와 평화를 위한 교회의 투쟁》, 131.
54. 볼프강 후버, 앞의 책. 132.

련된 것이다. 이것들은 성령의 임재에 대한 신뢰 안에서 기능해야 한다. 이러한 협의체적 구조와 기능은, 성령이 교회의 모든 교인에게 주어졌다는 확신에서 비롯된 것이다. 따라서 협의체적 결단은 교회의 적극적 수용을 필요로 한다.

한편, 협의체적 교회는 인간의 정치적 사회적 갈등의 한가운데서 공동체 의식을 위한 영향력 있는 힘을 행사해야 한다. 권력은 사람들에게 불안감을 조장하기도 하고 사회 갈등을 은폐하기도 한다. 교회는 권력의 이데올로기를 당연하게 받아들이지 않아야 하며, 권력이 은폐한 사회의 이면을 드러낼 수 있어야 한다. 나아가 교회는 힘이 부족하여 자신을 표현하지 못하는 작은 사람들을 대변해야 한다. 이것은 협의체적 교회가 할 수 있는 일이다. 이렇게 교회의 협의체가 인류 공동체에 봉사하게 됨으로써 교회는 평화의 도구로서 교회다운 교회가 되어간다.

III. 평화를 위한 교회됨의 과제

지금까지 우리는 반평화적 갈등이 심화되는 오늘의 사회 현실과 교회적 상황에 대한 분석과 반성을 통하여 평화를 만들어감이 신앙인으로서의 정체성과 교회의 교회됨을 위한 표식이자 책무임을 확고히 하게 되었다. 그러나 '표어로서의 평화'가 아닌 '삶으로서의 평화'가 되기 위하여서는 '값비싼 은혜'에 바탕을 둔 지난한 여정이 요구됨도 확인했다. 한편, 평화를 향한 여정은 곧 신앙인의 신앙인됨과 교회의 교회됨을 위한 여정과 맥을 같이함도 인식하게 되었다. 또한 이러한 평화와 평화를 만드는 여정이 요구하는 인격 형성과 사회문화 형성을 위한 변혁의 과정의 중요성과 함께 평화 만들기의 전형이자 원천으로서의 교회의 협의체적 성격과 기능과 구조에 대하여서도 탐색했다. 이제는 평화를 만드는 교회가 되기 위한 교회의 과제를 결론으로 제시하고자 한다.

1. 교회 안에서의 과제

1) 종교개혁 정신 회복

종교개혁의 가장 근본적인 정신 중 하나는 하나님 나라, 즉 온전한 평화를 향해 일하는 사람들의 만인제사장직이다. 신약성경은 예수님의 제자였던 사도들과 더불어 평신도 지도자들을 증거하고 있으며, 구약성경 또한 선지자와 백성의 지도자들이 평신도 출신이었음을 보여주고 있다. 로마 가톨릭 교회가 이러한 정신을 잃어버리자 칼뱅은 제네바에서 2세기 초대교회를 모델로 예수 그리스도의 정신과 성경 말씀에 합당한 교회제도를 주창했고 이것이 장로교회의 모범이 되었다. 그러나 이후 교회의 세속화를 방지하기 위한 노력의 방법으로 고안된 정교분리의 정신이 왜곡되어 하나님 나라를 향한 교회의 선교 영역을 제한하는 경향이 나타난 점도 주목해야 한다. 또한 종교개혁이 그토록 반대했던 성속 이분법에 근거한 성직자와 평신도의 구분이 중세 가톨릭을 방불케 하는 목회자 중심주의로 오히려 강화된 현실 등은 주요한 이 시대의 개혁 주제가 되어야 할 것이다. 요즈음은 목회자 중심주의를 지나서 당회가 중심에 서려는 경향성도 목격되고 있는 형편이다. 오늘날 목회자들은, 권위주의 극복, 영성 강화와 목회적 전문성의 회복을 통한 그리스도의 몸된 교회를 섬기는 종으로서 정체성 강화 등의 구체적 과제가 주어졌음을 인식해야 한다. 또한 장로로 대표되는 교회의 지도자들 역시 교회를 섬기는 청지기로서의 본분을 확인하고 신실한 청지기로서의 직분에 더욱 진력해야 한다. 교회의 구성원들인 신앙인들도 만인제사장다운 삶, 즉 자신이 섬기는 영역에서 주께 하듯 최선을 다하는 삶, 즉 '몸으로 산제사를 드리는 영적 예배자'(롬 12:1)가 되기 위한 삶의 실천을 위하여 힘써야 할 것이다.

2) 복음적 관점에서 힘의 변혁적 활용

힘이란 상대방에게 영향력을 행사할 수 있는 능력을 의미한다. 사실 모든 인간관계에는 힘의 역학이 내재하고 있다. 어떤 상황에 직면했는가, 어떤 사람과 관계하고 있는가에 따라 힘의 양태가 다를 뿐이다. 실제로 현실 정치는 사람과 사람, 혹은 집단과 집단 사이의 역학관계를 다루는 것이라고 할 수 있는데, 교회 정치도 사람과 사람 사이의 관계를 다루는 것이기 때문에 힘의 문제가 중요한 주제라고 할 수 있다.

개교회 안에서 역학관계를 다양하게 설명하지만, 대개 두 가지 의견이 팽팽하게 대립하고 있는 것 같다. 어떤 교회는 목회자들에게 힘이 집중되어 있어서 문제라고 하고, 어떤 교회는 당회와 교인들이 지나치게 힘을 행사해서 목회자들이 정상적인 목회를 할 수 없다고도 한다. 상반되는 입장이긴 하지만 이 둘 사이에는 공통점이 있다. 바로 교회 안에 힘의 불균형이 존재하고 있다는 것이다. 그렇다면 당회와 목회자 양편이 힘을 균등하게 나눠가지면 문제는 해결되는 것일까?

롤로 메이(Rollo May)는 역학관계 안에서 작용하는 힘들을 다음과 같이 분류한 바 있다. 착취적(exploitative) 힘, 조작적(manipulative) 힘, 경쟁적(competitive) 힘, 양육적(nutrient) 힘과 통합적(integrative) 힘이 그것들이다. 그는 이 가운데서 공동체를 가장 파괴적으로 이끄는 힘을 착취적 힘이라고 한다. 그것은 폭력과 강제력으로 상대방을 강요하며 상대의 이익을 갈취한다. 이에 비해 조작적 힘은 교묘하게 작용해 상대방의 생각과 의도를 조정한다. 이 두 가지 힘은 모두 다른 사람의 희생을 담보로 자기 이익을 취하며, 상대방의 인격과 존엄성을 파괴한다. 애석하게도 오늘날 교회 안에서는 이런 힘들이 뚜렷하게 작용하고 있다.

이에 비하여 경쟁적 힘은 당사자들 사이의 역학관계가 균형을 이룰 때 나타나는 힘이다. 이런 경쟁적 힘을 공동체의 이상적인 힘이라고 주장하는 이들은, 만약 힘의 균형이 깨어지게 되면 한쪽은 억압적인 힘을 갖게 되고 다른 한쪽은 피해자가 되고 말 것이라고 예측한다. 그래서 이들은 힘의 균형을 경쟁적으로 맞추어가며 팽팽한 긴장을 유지하는 길을 찾는다. 그러나 교회라는 현장은 힘의 균형을 이상화하기에는 한계가 있다. 사회와는 달리 대결과 경쟁이 교회 정치가 가야 할 길이 아니기 때문이다.

교회 정치를 힘의 역학으로 볼 때, 우리가 생각할 수 있는 윤리적인 힘의 모델은 바로 양육적 힘과 통합적 힘이라고 할 수 있다. 양육적 힘은 힘의 불균형이라는 현실을 인정하고 시작한다. 목회가 이루어져야 할 교회라면 힘이 있는 쪽이 부족한 쪽에게 힘을 나누어주어 강건하게 하는 것이 더 현실적이다. 양육적인 힘은 결코 자신의 유익을 앞세우지 않고, 아직 책임적인 자유를 발휘하지 못하는 이웃을 돕는다.

통합적 힘은 양육적 힘에 비하여 상대방의 자유를 더욱 존중한다는 점에서 구별된다. 이것은 상대방과의 힘의 균등함을 전제로 한다. 목회현장을 이런 역학관계로 본다면, 목회자들은 다른 목회자들이나 평신도 지도자들의 역할을 인정하게 되고, 서로의 부족한 점을 보완해가며 다양한 사업에서 협력적 관계를 이루게 된다. 특히 목회자 간의 건설적인 협력을 위해서는 힘의 성격을 이렇게 파악하는 게 도움이 된다. 하나님 나라를 지향하는 이른바 평신도 신학도 마찬가지다.

목회 현장마다 필요한 힘도 다를 것이다. 개교회가 처한 상황에 따라서, 교회 지도자들의 구성에 따라서 양육적 힘이 필요한 교회도 있을 것이고, 통합적 힘이 절실한 교회도 있을 것이다. 그러나 우리가 예수님의 선례와 사도 바울의 권면을 되새기면서 기억해야 할 것이 있다. 바로 교회 지도자들의 바람직한 힘의 사용과 윤리성이 교회 지도자들이 얼마만큼의 영적인 자유를 누리느냐에 달려 있다는 것이다. 다시 말해 교회 지도자들의 이해한 복음과 이에 따른 실천적인 삶이 교회 정치 현장의 역학관계를 구성한다는 것이다. 이것이 회중의 복음적 삶과도 직결되는 것은 두말할 나위가 없다. 그래서 우리는 다음과 같은 사도 바울의 권면을 되새긴다.

> 너희 중에 있는 하나님의 양 무리를 치되 억지로 하지 말고 하나님의 뜻을 따라 자원함으로 하며 더러운 이득을 위하여 하지 말고 기꺼이 하며 맡은 자들에게 주장하는 자세를 하지 말고 양 무리의 본이 되라(벧전 5:2-3).

3) 위계적 권위구조의 극복: 집사직의 회복, 여성과 청년의 참여

오늘날 한국 교회정치의 현실은 이제 더 이상 목회자와 장로들의 힘의 의존할 수 없는 구조적인 과제들이 있다는 것을 보여준다. 한국 장로교회는 1907년 장로교직제를 정비한 다음, 장로교회 정치적 전통을 비교적 잘 보존해왔다. 그러나 상대적으로 평신도 교역직에 대한 이해가 약해서 목회자와 장로들을 중심으로 한 수직적인 위계구조와 권위주의가 약점으로 지적되곤 했다. 항존직과 임시직을 구분하는 정치 전통도 다른 나라의 개혁전통 안에서는 찾아보기 어렵다. 그러다보니 평신도들의 역할이 미비했고, 개혁전통이 지지하는 집사의 역할도 미비했다.

집사는 원래 교회 내에서 사랑을 실천하고 교회 밖으로는 그리스도의 사랑과 정의를 실현하는 직분이었다. 그러나 오늘날 한국 교회는 집사직을 교회 내부의 섬김을 도맡는 것으로 제한하고 말았다. 게다가 안수집사라는 직분을 따로 두었는데, 이렇게 함으로써 교회 현장의 성도들은 안수집사를 마치 장로직을 기다리는 대기직처럼 이해하게 되었다.

이와 함께 여성들과 청년들의 정치 참여가 제한받고 있는 현실도 교회의 위계적인 구조를 반영한다고 볼 수 있다. 20세기 한국 사회가 여성들의 권익을 신장한 시대였다면 21세기는 여성들과 청년들이 사회 각 분야에서 지도력을 발휘할 시대다. 만약 한국 교회가 여성들과 청년들의 역할을 제한한다면 시대에 역행한다는 비난을 피할 수 없을 것이다.

한국의 교회들은 평신도들의 민주적 참여 요구에 부응하면서 대의 정치를 상징하는 장로제를 어떻게 유지해가야 할 것인가라는 시대적 과제를 떠안고 있다. 물론 개교회 차원에서 이런 과제들에 대한 응답들도 나타나고 있다. 예컨대 여성과 청년층이 교회 정치에서 소외되지 않아야 한다는 부담감과 집사들의 참여를 구체화하기 위하여 정기적으로 열린 당회를 시도하는 교회도 있다. 여·남 선교회, 안수집사회, 청년부 등이 발언권을 가지고 참여하는 형태다. 한편, 이보다 더욱 적극적으로 항존직을 종신직으로 생각하며 유지했던 장로제도를 과감하게 임기제로 돌리는 교회들도 생겨나고 있다. 임기제 등이 너무 혁명적이라고 생각하는 교회들 중에는 목회자와 장로들의 안식년, 신임투표제, 사역 장로제 등의 보완책들을 마련하여 실시하는 교회들도 있다. 이는 장로교 전통의 영향 아래 있는 한국 교회들이 직면한 구체적 도전이고 과제들이라 할 수 있다.

우리가 교회정치의 역사와 현실의 경험을 통하여 확인하는 바는 우리가 원하는 평화를 한 번에 이룰 수 있는 유일한 교회정치와 제도는 존재하지 않는다는 것이다. 우리는 십자가의 복음을 통해 구원으로 부름은 받았지만 우리 안에는 여전한 죄성이 남아 있기 때문이다. 더욱이 한 사람이 아니라 우리가 다 함께하는 공동체로서의 교회인 만큼 우리가 극복하여야 할 죄와 그로 인한 문제들도 더 크다고 볼 수 있다. 그래서 우리는 다시 우리의 유일한 희망을 교회 정치에 두는 것이 아니라 예수 그리스도의 복음에 둔다. 교회 정치가 필요 없다는 게 아니다. 예수 그리스도의 복음과 하나님의 전적인 은혜에 위탁한다는 말이다. 그러나 예수 그리스도의 복음이 죄로 만연한 이 땅에서 교회를 통하여 전파된다는 것을 유념해야 한다. 우리에게는 복음의 걸림돌을 제거하고 복음의 길을 평탄하게 해야 할 사명이 있다는 것이다. 바로 이런 역할을 위해 교회 정치가 있다고 할 수 있다. 다시 말해 교회안의 평화를 이루기 위한 교회정치는 하나님 나라를 향한 교회의 역할을 다하기 위해서 우리에게 맡겨진 우선적 책임이라는 것이다. 따라서 오늘날 교회 안에서 평화 만들기의 과제는, 기존의 교회정치 체제를 형성했던 성경적, 신학적, 역사적 전통을 이해하고 존중하면서 동시에 우리들, 교회 구성원들의 책임적 참여와 헌신을 보장하고 격려하는 구체적 방식의 개혁적 모색과 협의체적 합의에 있다.

교회 안팎으로 교회에 대한 불만이 커지는 시대다. 소수의 지도자들이 의사결정권을 남용하고 그 정책의 집행뿐 아니라 운용에 대한 감사마저 독점하는 것에 대해 우려와 실망감이 커지고 있는 시대다. 더욱이 오늘날은 교인들의 교회에 대한 소속감이 약화되는 시대이고, 교회들은 교단의 신학과 전통에 대한 자부심을 잃어버리고 있는 시대다. 이제 교회는 교단과 교회가 갖고 있는 전통적 정치방식을 복고적인 태도로 고집할 것이 아니다. 전통 안에 담겨 있는 성경적 원리와 정신, 신학적·역사적 원리들을 존중하면서도 그러나 시대정신을 반영하여, 하나님 나라 실현을 위한 회중의 참여를 담보하는 방안을 적극적으로 모색해야 할 것이다. 이러한 교회 안 평화를 위한 협의체적 노력은 결국 교회 밖 사회평화를 위한 전형으로서 역할을 할 것이며, 기독시민으로서의 회중의 참여를 통해서 평화 만들기의 여정에 더욱 건설적 영향을 미치게 될 것이다.

2. 한국 사회의 평화 정착을 위한 실천 과제

1) 공공성 회복을 통한 교회의 정체성 회복

한국 교회의 개혁을 말할 때 많이 이야기되는 것이 교회의 사회적 책임이다. 물론 교회가 사회변혁을 위하여 노력해야 하는 것은 사실이다. 그러나 교회는 세상의 변혁을 주도하려는 의지를 세상에 알리기에 앞서 치열한 준비를 할 필요가 있다. 자신에게 맡겨진 일상의 작은 일들에 먼저 충성하고, 사회와 세상에 대한 일관된 자세를 견지하며 교회가 할 수 있는 실천을 꾸준하게 지속해야 한다. 물론 우리는 세상을 바꾸는 일을 위해 창조되었다. 그러나 만약 교회가 너무 쉽게 '세상을 바꾸겠다'는 선언만 반복한다면, 자신을 세상의 유혹과 공격 앞에 무방비 상태로 노출하는 것과 다르지 않다.[55] 중요한 것은 교회의 교회다움을 포기하지 않고 유지하는 것이다. 이런 의미에서 교회는 신앙인을 신앙인답게 양육하는 일에 충실함으로써 사회변혁의 계기를 만들어야 한다는 주장은 의미 있다.

교회가 교회다워지는 것은 교회 구성원인 신앙 공동체 구성원들이 신앙인다워짐을 뜻한다. 그러나 신앙 공동체 구성원으로서의 정체성을 분명히 세워나간다는 것은 곧 하나님 나라와 하나님의 주권, 청지기, 만인제사장 신앙 등이 삶에 뿌리를 내린다는 것을 뜻한다. 따라서 교회는 세상과

---

55. Andy Crouch, *Culture Making,:Recovering Our Creative Calling*(IVP, 2013), 265.

의 관계에 있어서 사회적 공동선(common good)에 관심을 갖게 되고, 공공선이라는 사회변혁의 목표에 동참하게 된다.[56] 하나님 사랑과 이웃 사랑이 분리될 수 없듯이 교회의 교회다움과 사회적 역할 역시 분리될 수 없음은 매우 분명하다.

그러므로 한국 교회의 사회적 공동선을 위한 건설적 역할은 교회의 교회다움으로부터 시작되고, 마무리된다. 그렇다면 교회의 교회다움이란 무엇인가? 앞에서도 말했지만, 다양한 집단이 공존하는 한국 사회 안에서 교회가 교회로서 기능하는 것이 교회가 교회다워지는 것이다. 즉 교회만의 정체성을 보존하되 동시에 사회적 공공선을 위해 다른 사회 기관들과 연대할 수 있다는 것이다. 그러한 의미에서 우리는 평신도 사역의 활성화와 시민사회 안에서 교회 역할의 중요성을 다시 자각하게 된다. 소수의 목회자를 포함한 교회 지도층 인사들의 관점만으로는 교회의 사회적 역할을 충분히 파악할 수 없을 뿐 아니라, 교회가 할 수 있는 영역과 해야 할 일의 우선순위가 왜곡될 가능성이 많다. 한국 교회가 사회적 책임을 다하지 못하고 있다는 비판은, 바로 교회가 한국 사회 안에서 해야 할 역할을 간파하지 못했기 때문에 제기되는 것이다. 이것은 목회자들만이 포착할 수 있는 과제와 영역이 아니다.

교회의 교회다움은 신앙인의 신앙인다움에서 출발한다. 그런데 신앙인다움이란 세상 안에서 신앙인으로서 살면서 하나님 나라를 이루어가고 있는가에 따라 판명된다. 개인의 신앙을 사적인 영역에만 적용시키지 않고 공적인 자리에서 책임 있는 실천으로 이어가야 한다는 것이다. 한 교회의 좋은 교인에만 머무르지 않고 공적인 자리에서 하나님 나라를 도모하는 좋은 시민이 되어야 한다는 것이다. 즉 신앙인다운 신앙인, 교회다운 교회는 온전한 평화를 향하여 일상의 삶에서 한 발자국씩 화해의 걸음을 계속하는 사람과 교회를 뜻한다.

2) 포괄적인 사회문화 수용을 위한 노력

교회는 세계화 시대의 정의로운 평화 만들기를 이끌어 가기 위하여 문화적 다양성의 이해와 수용을 위한 노력을 경주하여야 한다. 이를 위해

---

56. Andy Crouch, 앞의 책, 285.

먼저 생각해야 할 것이, 앞에서도 언급한 분단 현실이다. 한국 교회는 무엇보다도 먼저 남북한 사이의 사회문화적 이질감의 극복에 앞장서야 한다. 그러므로 북한 문화에 대한 이해를 통하여 이질감을 극복할 수 있도록 '북한 바로알기' 교육을 체계적으로, 지속적으로 진행해야 할 것이다. 그러므로 교회는 남북한 문화 교류에도 각별한 관심을 기울여야 할 것이다. 또한 교회의 주일학교 커리큘럼에도 북한을 바로 알고, 복음적으로 통일을 이해하기 위한 내용들이 반영되어야 할 것이다.

이와 함께 한국 교회는 이주 노동자들의 평화로운 정착을 위해 그들의 문화를 이해하려는 노력에도 힘을 쏟아야 할 것이다. 그러므로 남한의 교회는 문화 변혁의 작업에 목회적인 관심을 더욱 기울여야 할 것이다. 시민사회의 성숙과 함께 교회가 사회로부터 소외되어 더욱 게토(ghetto)화 되지 않도록 비정부기구(NGO)들과 적극 협력하며, 교인들로 하여금 건전한 문화정착을 위한 시민운동에 적극 앞장서도록 독려하여야 한다. 다양한 NGO 단체들과의 유기적 연대를 통하여 교회는 북한 사람들뿐 아니라 지구 공동체의 형제자매들을 함께 품을 수 있는 건전하면서도 포용적인 문화를 남한 사회에 정착시킴으로써 평화로운 지구공동체를 향한 희망의 단초를 제공하여야 할 것이다.

3) 남북한 평화 공동체를 향한 비전 제시

무엇보다도 먼저 교회는 한국 사회를 평화적 공동체의 전형이 될 수 있도록 개혁하는 작업에 앞장서야 한다. 그 개혁 작업의 우선적 과제는 하나님 중심적인 언약공동체의식의 뿌리내림과 확산 작업이다. 남한 사회의 25%에 달하는 기독교 인구들을 대상으로 분단이데올로기보다 우선하는 근본적인 하나님 중심적인 통일 공동체의 성격에 대한 교육과 의식화가 우선되어야 할 과제다. 이때 분명히 강조되어야 할 것은 하나님 중심적인 공동체가 곧 기독교를 국교로 하는 종교 공동체를 의미하는 것이 아니라는 사실이다.[57] 하나님 중심적인 언약 공동체란 그 공동체 구성원이 모두 하나님의 피조물이자 자손들임으로(자신들이 그것을 의식하고 있느냐의 여부에 상관없이) 모두의 존재 가치가 무한히 귀중하다는 사실에 기초한 공동체를 의미한다. 그러므로 그 언약공동체는 어느 한 부분의 구성원들만(예: 교회와 기독교인들, 남한 사람들)의 이익을 담보하지 아니하며, 모든 구성원의 하나님의 형상된 자로서의 존엄성을 존중하며, 나아가 하나님이 주인 되신 우주 공동체에 대한 충성을 모색하는 공동체다. 그러므로 통일 공동체는 국수주의적인 공동체가 될 수 없다. 교회가 선포하고 교육하여야 할 평화 공동체의 비전은 평화를 추구하는 세계 공동체를 품는 역사적·민족적 비전과 함께, 통일 공동체 구성원들의 존엄성이 평등하게 반영되는 평화적 공동체를 그 내용으로서 담고 있어야 할 것이다.

4) 인간을 위한 정치경제적 체제 수립을 위한 노력

교회는 평화를 담보함에 있어서 무엇보다도 우선적으로 요구되는 인간을 위한 정치경제적 체제 수립에 관심을 가져야 한다. 예컨대 교회는 평화를 창출할 수 있는 정의로운 사회체제 창출에 앞장서야 할 것이다. 또한 교회는 인간의 존엄성과 자유와 평등의 정의로운 조화를 담보하는 법체계의 확립과 시행에 관심을 가져야 한다. 또한 세계시장경제 체제의 성숙과 더불어 요구되는 경쟁력이 있으면서도 투명한 기업문화의 확립, 무한경쟁 이데올로기가 횡행하는 직장에서의 공동체적 윤리관 확립 등이 오늘의 교회가 관심을 가져야 할 분야이자 과제들이다.

만약 이것들을 교회와는 상관없는 분야라고 여기며 포기해버린다면, 우리는 세상의 주관자이신 하나님의 주권과 그 주권 회복을 통한 '하나님께 영광 돌림'이라는 우리의 직무를 유기하게 된다는 사실을 잊어서는 안 될 것이다. 그러므로 남한 사회의 정치경제 체제가 더욱 정의로워질 수 있도록 교회는 시민들의 정치의식 함양과 경제정의를 위한 제도적 개혁에 더욱 관심을 가져야 한다. 또한 교회는 베드로전서 2장 9절 말씀의 '너희는 택하신 족속이요, 왕 같은 제사장들이요, 거룩한 나라요, 하나님의 백성'답게 살아가는 기독시민의식을 힘써 고양해야 한다. 동시에 교회는 정의로운 조세제도의 수립과 시행이 가능할 수 있도록 청결한 양심을 갖춘 기독시민들을 양육해야 한다. 특히 세계화 시대의 혜택을 최대로 누릴 수 있는 위치인 동북아 지역의 정치경제적 입지와 그 역할을 고려할 때, 한국 교회는 일본, 중국

161

---

57. 물론 우리에게 '민족복음화'는 포기할 수 없는 과제다. 그러나 이제 이루어가야 할 통일은 기독교인들만의 과제가 아니라 75%에 달하는 비기독교인들의 과제이기도 하다는 사실을 잊지 말아야 한다. 그러므로 통일 작업에 동원되는 신앙적·신학적 용어들은 배타적(차별적) 의미보다는 포괄적 의미에서 사용되어야 할 것이다. 배타적인 의미에서의 신앙적·신학적 용어의 사용은 그리스도인으로서의 차별적인 희생을 전제로 한 경우에만 사용 가능할 것이다.

의 교회들과 함께 정의로운 평화를 지향하는 공동체 형성에 구체적인 동참
을 모색해야 할 것이다.

참고문헌

김문조, "한국 세대담론의 심화를 위한 소고", 《한국 사회학회 사회학 대회 논문집》, 2004년 12월.

맥과이어, 《종교사회학》, 민족사, 1994.

볼프강 후버, 《진리와 평화를 위한 교회의 투쟁》, 한국신학연구소, 1991.

에마뉘엘 카통골레·크리스 라이스, 《화해의 제자도》, IVP, 2013.

정수복, 《한국인의 문화적 문법》, 생각의나무, 2007.

정영호·고숙자, "사회갈등지수 국제 비교 및 경제성장에 미치는 영향", 《한국보건사회연구원 연구보고서》, 2014.

Berger, Peter, *The Sacred Canopy: Elements of a Sociological Theory of Religion*(Garden City, N.Y.: Doubleday, 1967).

Chan, Wing-Tsit, *A Source Book in Chinese Philosophy*(Princeton: Princeton University, 1963).

Clark, Charles, *Religions of Old Korea*(New York: Fleming H. Revell Company, 1932).

Crouch, Andy, *Culture Making: Recovering Our Creative Calling*(IVP, 2013).

Hauerwas, Stanley, *The Peaceable Kingdom*(Notre Dame, Indiana: University of Notre Dame Press, 1983).

Kitagawa, *Religions of the East*(Philadelphia: Westminster Press, 1960).

Krueger, David A., *Keeping Faith at Work: The Christian in the Workplace*(Nashville: Abingdon Press, 1994).

Migliore, Danel, *Faith Seeking Understanding*(Grand Rapids, Michigan: Wm.B. Eerdmans Publishing Co., 1991).

Moltmann, Jurgen, *The Trinity and the Kingdom*(San Francisco:Harper & Row, Publishers, 1981).

Niebuhr, H. R., *Radical Monotheism and Western Civilization*(Lincoln, Nebraska: The University of Nebraska, 1960).

Niebuhr, Reinhold, *The Nature and Destiny of Man*, V.1.(NewYork: Scribner, 1949).

Park, Pong-Bae, "The Encounter of Christianity with Traditional Cultures and ethics in Korea: An Essay in Christian Self-Understanding", PhD diss. Vanderbilt University, 1970.

Patterson, Bob, *Reinhold Niebuhr*(Waco: Word, 1977).

Robertson, D. B. ed., *Love and Justice*(Louisville: John Knox Press, 1957).

Van Yperen, Jim, *Making Peace: A Guide to overcoming Church Conflict*(Moody Publishers, 2002).

6장_ 교회 내 평화에 대한 구조적 접근

양혁승(연세대학교 경영대학 교수)

I. 교회 내 평화에 대한 구조적 접근의 필요성

교회 공동체는 예수 그리스도의 구원의 복음을 받아들인 사람들로 형성된 신앙 공동체다. 그들은 영적 신분에서 하나님의 자녀이며, 하나님 나라의 백성이다. 그렇기 때문에 동일한 영적 정체성을 가진 구성원들 상호 간에 서로에 대한 기대가 있다. 교회 안에서 교회의 지향점과 사역의 방향성 등에서 한마음일 것이라는 기대다. 더 나아가 서로 간의 성격 차이, 취향 차이, 가치관 차이 등을 신앙 안에서 쉽게 극복할 수 있으리라는 기대다. 그러나 그와 같은 막연한 기대에 근거한 교회 운영이 교회 내 평화를 유지하는 데 매우 취약할 수 있다.

모든 성도가 하나님의 뜻을 분별하고 그 뜻에 순종하는 삶을 산다면 하나님의 뜻 안에서 평화를 유지할 수 있겠지만, 교인들이 영적 성숙도나 영적 민감도에서 차이가 크고 신앙관과 교회관 등에서도 교인들 사이에 차이가 크기 때문에 합치(consensus)에 이르기가 쉽지 않다. 특정 사안과 관련해 무엇이 올바른 하나님의 뜻인지 객관적 기준에 따라 과학적으로 검증할 수 있는 방법도 없고, 각자 개인적 체험과 확신에 근거해 하나님의 뜻을 생각하고 거기에 과도한 신앙적 확신을 부여하는 경향이 강하다. 교인들이 예수 그리스도를 통한 구원의 복음은 공유하고 있다 하더라도, 좀더 구체적인 사안으로 들어가면 하나님의 구원 계획에 대한 이해가 다르고 하나님 나라에 대한 이해도 다르다. 천동설처럼 자기 자신을 중심에 놓고 하나님의 구원을 이해하는 신앙관을 가진 사람들이 있는가 하면, 지동설처럼 하나님의 주권과 섭리를 중심에 놓고 자신을 그분의 뜻과 섭리에 맞추려는 신앙관을 가진 사람들이 있다. 교회관에서도 교회를 구원의 방주로 이해하고 지역 주민들을 복음 전도를 통해 교회 안으로 데려오는 것을 중시하는 교인들이 있는가 하면, 교회를 세상에 보내심을 받은 공동체로 이해하고 지역 주민들과 세상 속으로 들어가 그들을 섬기는 것을 중시하는 교인들이 있다.

그러한 차이를 복음 안에서 통합해낼 수 있는 리더들이 있다면 그러한 차이로 인해 잠복되어 있는 갈등이 어느 정도 완화될 수는 있겠지만, 그 갈등이 완전히 해소되지 못하면 어떤 계제에 그 갈등이 표면으로 분출될 가능성이 매우 높다. 따라서 한 신앙 안에 있기 때문에 어렵지 않게 교회 구성원들이 한마음이 될 수 있으리라는 막연한 기대와 전제는 쉽게 무너질 수 있고, 그 갈등이 일단 표출되고 나면 그것을 건설적으로 해결하는 데도 도움이 되지 않는다. 결과적으로 서로에 대한 암묵적 기대가 서로에 대한 실망과 불신으로 전환될 수 있다. 그렇기 때문에 역설적으로 신앙 안에서의 하나됨이 세상에서 이해관계를 기반으로 한 하나됨보다 훨씬 디 어려울 수 있다.

따라서 교회 내 평화를 위해서는 신앙적 접근 외에도 현실적이며 구조적인 접근이 필요하다. 그러기에 이 장에서는 다양한 생각과 관점과 경험을 가진 성도들로 구성된 현실 교회 내에서 발생할 수 있는 갈등과 분열의 원인을 살펴보고, 그에 대한 구조적 해결책을 모색해본다.

II. 교회에서 목격되는 갈등 및 분열의 양상과 구조적 원인

한국 교회에서 종종 목격되는 갈등과 분열의 양상은 여러 계기에 여러 형태로 나타난다. 첫 번째 양상은 교회 리더들 사이(목회자와 장로 간 혹은 장로들 간)의 갈등과 분열의 형태로 나타나는 경우다. 특정 계제에 이런 유형의 갈등이 표면화되면 주축이 되는 리더들을 중심으로 교인들은 두세 편으로 갈라지고, 그들 간 세력 대결은 물론이거니와 심할 때는 세상 법정으로 가는 상황으로까지 악화된다. 결국 서로의 골이 깊어져 도저히 함께할 수 없다는 결론에 도달하면 어느 한쪽이 분리하여 별도의 교회를 세운다. '과연 그들이

한 교회 공동체의 지체들이었던 게 맞나?'라고 의문이 들 정도로 그들 사이의 관계가 악화되는데, 그쯤 되면 그 교회는 깊은 상처를 입게 되고 세상에서 하나님 나라를 드러내는 역할을 할 수 없는 불구 상태로 전락한다.

　　이러한 갈등과 분열은 소수의 특정 리더에게 권한이 집중된 결과의 후유증으로 나타나는 경우가 많다. 교회 내 의사결정 권한이 특정인에게 집중되면 그것을 행사하는 과정에서 무리수가 나오게 마련이다. 영국의 정치학자 액튼 경은 "절대권력은 절대적으로 부패한다"라는 명언을 남겼다. 견제받지 않는 권력을 행사하는 사람이 스스로 권력 행사를 절제하거나 포기하기를 기대할 수 없다는 사실은 보편적 진실이다. 교회 공동체 내에서도 소수에게 권한이 집중되어 행사될 때 그 안에서 부정부패의 싹이 자랄 수 있는 토양이 조성되고 그 싹이 자라 가시화될 때 내부갈등과 평화를 위협하는 문제들을 야기하게 된다. 아무리 영적으로 성숙한 리더라 해도 절대적 권한 행사의 조건이 장기간 주어졌을 때 인간적 욕망으로부터 자유롭기가 쉽지 않다. 그렇게 행해지는 무리수와 그에 따른 좋지 않은 결과가 축적되면 그것을 계기로 권한 집중의 부당성을 인식하고 있었던 리더(들)이 문제를 제기하게 되고 그 과정에서 갈등과 분열이 심해진다. 예컨대, 권한이 특정인(예. 목회자)에게 집중된 상황에서 리더의 투명하지 않은 재정 지출이 돌발함으로써 그것이 계기가 되어 갈등이 표면화한 사례들이 대표적이다.

　　교회 리더들 간의 갈등과 분열은 교회 리더들이 신앙관이나 교회의 비전과 핵심가치 등을 공유하지 못한 채 각자 나름의 목표와 지향점을 가지고 나아가는 동상이몽(同床異夢)의 상태가 지속되다가 특정한 계기에 갈등으로 표출되어 나타나는 경우도 있다. 특별히 신앙관에서 차이가 클 경우 서로의 행동에 대해 이해하지 못하고, 그것이 신앙의 근본에 해당하는 문제로 인식하게 되는 경향이 강하기 때문에 양보와 타협을 기대하기 어렵다. 한국교회 교인들 사이에 신앙관 측면에서 두드러진 차이점은 자기중심적 신앙(self-centered faith)과 하나님 주권적 신앙(God-centered faith) 간의 차이다.[1] 여

---

1. 헨리 블랙가비·클로드 킹, 《하나님을 경험하는 삶》, 요단출판사, 2010. 여기에서 말하는 자기중심적 신앙은 소위 말하는 기복적 신앙과 맥을 같이하기 때문에 믿음의 궁극적 지향점이 이생에서의 세상적 축복과 내세의 천국일 가능성이 크다. 교회적으로도 교회의 양적 성장이 곧 하나님의 축복으로 이해될 수 있다. 반면, 하나님 주권적 신앙은 하나님의 뜻과 하나님의 통치가 우리 안에서 이루어져야 한다는 차원에서 신앙을 이해하는 관점이다. 그 관점에서 보면 개인이나 교회는 하나님의 뜻을 분별하고 그분의 뜻에 순종함으로써 하나님의 의가 이 땅에 이루어지도록 부르심을 받은 자이며 동시에 세상에 보내심을 받은 자들이다.

기에서 차이가 발생하면 교회의 비전이나 핵심 가치 면에서도 차이가 크게 나타날 가능성이 크며, 교회가 추구하는 사역의 방향에서도 차이가 커 지속적인 갈등과 분열의 원인이 될 수 있다.

교회 리더들 간의 갈등과 분열은 근원적으로 직분이 세속화된 결과라고도 볼 수 있다. 목사직이든 장로직이든 성경이 말하는 직분자의 자질을 갖추지 못한 사람들이 교회 내에서 주어진 리더의 직분을 '자아 극대화'의 수단으로 인식하고 교회 내에서 직분자가 행사할 수 있는 권력과 권한을 최대한으로 행사하려는 욕망을 절제하지 못함으로써 그것들이 서로 충돌한 결과라고도 볼 수 있기 때문이다.

두 번째 갈등과 분열의 양상은 장기간 교회를 이끌어왔던 목회자의 은퇴에 따라 목회자가 교체될 때 전임 목회자를 따르는 교인들과 새로 부임한 목회자를 따르는 교인들이 파로 나뉘어 싸우는 형태다. 근래 규모가 큰 몇몇 교회들에서 목격되는 사례다. 이 경우도 교회 내 리더 자리를 점한 목회자들이 양쪽 축을 형성하여 갈등과 분열이 일어난다는 점에서 첫 번째 증상과 표면적으로는 크게 다를 게 없지만, 1980년대와 1990년대 급격하게 성장한 대형교회들이 대부분 전임 목회자의 은퇴기를 맞이하게 되면서 이런 유형의 갈등과 분열이 다발적으로 일어날 가능성이 커 구분해서 볼 필요가 있다.

이러한 갈등과 분열의 구조적 원인으로는 목회자에 대한 과도한 의존성과 시스템 기반 운영의 미비를 들 수 있다. 개척 초기부터 교회를 담임했던 목회자가 장기간 교회 성장을 이끌어온 대부분의 경우 해당 목회자의 권위는 교회 내에서 클 수밖에 없고, 교회 운영 전반에 걸쳐 목회자의 발언권이 크게 작용할 수밖에 없다. 그 결과 자연스럽게 목회자에 대한 의존성이 높아지고, 의도하든 의도하지 않든 상관없이 목회자의 권위주의적 교회 운영이 교회 내에 뿌리를 깊게 내리게 된다. 그렇게 대형교회로 성장한 교회에서는 운영의 효율성을 높이기 위한 시스템화는 상당한 정도 진전이 되어 있지만, 그 시스템 또한 해당 목회자의 지도력을 보완하는 데 초점이 맞춰지기 때문에 목회자의 공백을 메울 수 있는 시스템까지는 나아가지 못한 상태이며, 해당 목회자에 대한 의존성을 극복하는 데 도움이 되는 시스템이라고 보기는 어렵다. 그러다 보니 후임 목회자의 청빙도 시스템에 의해 이루어지기보다는 전임 목회자의 영향력 하에서 이루어지는 경우가 많다.

전임 목회자에 대한 의존성이 크면 클수록 해당 목회자의 은퇴로 인한 리더십 공백은 클 수밖에 없으며, 그 공백을 일거에 메울 만한 후임 목회자를 찾기가 쉽지 않다. 그러다보니 후임 목회자가 부임한 이후에도 상당한 리더십 공백이 유지되게 되며, 전임 목회자의 직간접적 영향력에서 벗어나기 어렵다. 후임 목회자와의 관계 설정이 만족스럽지 못한 교인들 혹은 직분자들은 전임 목회자 시절을 그리워하게 되고, 후임 목회자가 교회 내 장악력을 조기에 확보하기 위해 전임 목회자의 영향력을 지우려는 노력을 기울이는 과정에서 갈등과 충돌이 발생한다. 목회자에 대한 높은 의존성을 체질화한 교인들은 독립적으로 교회의 중심을 잡는 역할을 수행할 의지와 역량이 약하여 어느 한쪽에 의존하게 되고, 그로 인해 갈등은 더욱더 증폭된다고 볼 수 있다. 그와 같은 부작용을 방지한다는 명분을 앞세워 변칙적으로 후임 목회자를 청빙한 대표적 사례가 바로 목회 세습이다.

세 번째 양상은 교인들과 교회 리더들 사이에 갈등 전선이 형성되는 경우다. 표면적으로 나타나는 증상은 교인들이 교회 리더(들)에 대한 실망감과 불신감을 표시하거나 교회에 대한 무관심 내지는 교회를 떠나가는 형태로 나타난다. 이런 갈등 전선은 보통 리더(들)에 대한 교인들의 기대가 충족되지 못할 때, 교인들이 주도적 참여를 시도하지만 번번이 가로막히는 경험을 했을 때, 교회 내에 개선하고 개혁해야 할 것들을 인식하고 바꾸기 위해 노력하지만 번번이 채널이 막혀 있음을 확인하게 될 때 형성된다.

이런 형태의 문제는 통상 심각한 갈등이나 분열의 형태로 표출되기보다는 수면 아래 잠복되어 있는 경우가 많다. 의사결정 권한에서 일반 성도들과 리더들 사이의 불균형이 존재하기 때문에 갈등이 억눌린 상태로 유지되거나, 권한에서 열세의 위치에 있는 일반 성도들이 교회 리더(들)에 대한 실망감을 안고 교회를 떠나는 증상으로 나타난다.

그 주요 원인은 소통 채널의 부재와 교회 안에 형성되어 있는 경직된 권위주의 문화에서 찾을 수 있다. 교회 규모가 커질수록 교회 내 소통에 병목현상이 발생하기 시작한다. 교회 내에 이런 저런 교제와 사역수행을 위한 모임들은 있지만, 교회와 교인들 사이의 소통은 물론 교회 리더들과 교인들 사이의 소통은 갈수록 희박해진다. 교회가 교인들에게 알려야 할 행사소식은 주보를 통해 전달되지만, 교회의 주요 의사결정이 즉각적으로 투명하게 교인들과 공유되지 않을 뿐 아니라, 교회의 주요 의사결정에 교인들이 의안을 제출하거나 의견을 개진할 수 있는 참여채널은 매우 제한되어 있거나 공식화되어 있지 않은 경우가 대부분이다. 그에 더하여 세속적 가치의 교회 내

169

침투로 인해 교회 내 직분이 세상조직에서의 직위처럼 세속화됨에 따라 섬김의 정신은 사라지고 권위주의적 문화가 교회의 토양을 형성하게 된다. 그 결과 교인들은 교회 내에서 수동적 위치에 머물게 되고, 교회에 대한 책임감을 기대하기 어렵게 된다.

네 번째 양상은 성장이 정체될 때 그것을 둘러싼 책임 추궁과 그로 인한 갈등과 분열이다. 1970년대부터 1990년대에 이르기까지 한국 교회, 특별히 도시교회는 한국 경제의 성장과 궤를 같이하며 압축 성장을 경험했다. 그 과정에서 초대형 교회들의 성장 신화가 만들어졌으며, 도시 교회들은 규모가 크든 작든 그 신화를 꿈꾸며 달려왔다고 해도 과언이 아니다. 신학교들도 양적 호황기를 누리며 목회자 후보생들을 마구 배출했다. 결과적으로 성장제일주의와 그에 수반한 물량주의가 한국 교회의 이면적 속성으로 자리 잡게 되었다. 그러나 2000년대로 접어들면서 상황은 크게 바뀌었다. 전체적인 교인들의 숫자는 정체되고, 교인들의 수평적 이동에 의한 일부 교회들의 양적 성장은 있었지만, 교회 간 양극화는 더욱 심화되었다.

이러한 양상은 성장 중시 교회 운영 패러다임의 결과라고 볼 수 있다. 교회의 양적 성장 여부를 목회 성공의 지표로 삼았던 성장 중시 패러다임이 한계 상황에 부딪히게 되면서 목회자들에게 부메랑이 되어 돌아온 것이다. 자전거가 계속 굴러가야 넘어지지 않듯이 교회도 계속 성장해야 된다는 소위 '자전거론'이 상황적 제약에 부딪혀 더 이상 작동하지 않게 되면서 그 관점에 익숙해진 교회 리더(들)은 양적 성장 정체를 목회자의 역량 부족이나 교회의 영적 침체로 규정하고 그 책임을 목회자에게 묻게 되기 때문이다. 그동안 양적 성장 속에 파묻혀 드러나지 않던 갈등이 성장 정체를 계기로 표면으로 부상할 가능성이 그만큼 커진 것이다.

III. 교회 내 평화를 유지하기 위한 구조적 대응책

1. 갈등과 평화의 관계에 대한 관점 전환

교회 내 평화가 갈등이 없는 상태를 말하지는 않는다. 어떤 인간 사회든지 그 사회를 구성하고 있는 사람들의 사고방식과 이해관계가 하나로 통일되어 모든 갈등으로부터 자유로울 수 있는 사회는 없다. 만약 갈등이 없는 인간 사회가 존재한다면 그 사회는 다양성이 허용되지 않는 획일화된 사회를 의미하며, 그 안에서 인간성이 심각하게 파괴되는 닫힌 사회이자 병든 사회라 할 수 있다. 그러한 사회에서 표면적으로 나타나는 '갈등 없는 상태'는 갈등이 억눌려 있는 위장된 평화 상태라 할 수 있다.

서로 다를 수밖에 없는 구성원들이 한 공동체를 이루게 되면 그 다름이 갈등의 잠재적 원인이 되게 마련이다. 사랑해서 결혼한 두 사람 간에도 함께 살다 보면 사소하다 할 만한 생활습관(예: 치약 짜는 습관, 수돗물이나 전기를 사용하는 습관 등)의 차이 때문에 다투기도 한다. 또한 서로 나눠가져야 할 자원이 무제한이 아닌 한 구성원들 간에 제한된 자원의 분배를 둘러싼 이해관계가 상충될 수밖에 없다. 그뿐만이 아니다. 각자 상대방에 대한 기대치를 설정하고 상대방이 그 기대치에 못 미친다고 생각하면 그것이 차곡차곡 쌓여 어느 순간 점화가 되어 갈등과 분열로 폭발하기도 한다.

따라서 갈등의 발생은 인간 사회에서 피할 수 없는 자연스러운 현상임을 인정하고 받아들여야 한다. 갈등을 피해야 할 상태, 혹은 건강하지 않은 상태로 이해하기보다는 오히려 발전의 원동력으로 이해할 필요가 있다. 갈등과 긴장이 없으면 발전을 기대할 수 없기 때문이다. 한 사회의 발전은 현재의 상태를 뒷받침하는 정(正)에 의문을 제기하는 반(反)이 등장하고, 둘 사이의 긴장과 갈등을 계기로 그것을 뛰어넘는 합(合)을 찾는 변증법적 과정을 통해 이루어지기 때문이다.

한 사회 안에 기존의 틀을 지키려는 보수만 있고, 새로운 틀을 추구하는 진보가 없다면 끊임없이 변화하는 환경에서 사회의 지속적인 발전을 기대할 수 없다. 반대로 기존의 틀을 지키려는 보수는 없고 끊임없이 변화를 추구하는 진보만 있다면 사회 구성원들의 안정을 심각하게 해칠 수 있다. 그러기에 한 사회가 지속적으로 발전하려면 보수와 진보 간 입장 차이와 그로 인한 긴장을 발전의 원동력으로 승화시킬 수 있어야 한다. 갈등이 효과적으로 관리되면 정-반-합의 변증법적 과정을 통해 지속적 발전의 원동력으로 승화될 수 있지만, 그 갈등을 제대로 해소할 수 있는 내부 역량이 없을 경우 내부의 발전 동력을 비생산적으로 소진시키게 된다. 그리고 그 공동체 안에서 평화를 기대하기 어렵다.

평화가 깨진 상태란 갈등이 있는 상태를 의미하기보다는 갈등이 적정 수준에서 해결의 돌파구를 찾지 못하고, 구성원 간 분열과 미움으로 발전하여 그 여파가 지속되는 상태를 의미한다. 따라서 교회 내 평화를 확보하기 위한 구조적 해법은 서로의 차이로 인한 갈등의 발생소지를 원천적으로 차단하기보다는 악성 갈등의 여지는 예방하되 건전한 갈등의 원천은 양성화함으로써 그것을 공동체 발전의 원동력으로 전환하는 데서 찾아야 할 것이다.

2. 교회 리더에 대한 암묵적 전제와 기대에 대한 재고(再考)

교회의 리더들이 언제라도 실수 혹은 잘못을 범할 수 있음을 인정해야 한다. 한국인들은 가부장적 유교문화의 영향을 강하게 받아왔기 때문에 서구인들에 비해 높은 직위에 있는 사람들과 자신과의 권력격차(power distance)를 비교적 쉽게 받아들이고 그들의 권위에게 순응하는 경향이 강하다.[2] 그러한 문화적 유전자는 한국 교회 내에서 교인들이 목회자를 바라보는 시각에도 반영되어 나타난다. 예수 그리스도의 구속사역으로 인해 지성소의 휘장이 찢어지고, 하나님과의 관계에서 중재자 역할을 했던 구약시대의 제사장직제가 더 이상 존재하지 않음에도 불구하고, 여전히 목회자를 제사장의 위치에 올려놓고 생각하는 교인들이 한국교회 안에 다수를 차지하고 있다. 예수 그리스도를 통해 하나님의 자녀로 거듭난 모두가 제3의 대리자를 통하지 않고도 직접 하나님 앞에 나아갈 수 있는 영적 지위를 확보했음에도 불구하고, 교인들 스스로가 목회자 의존적 신앙생활에서 벗어나지 못하고 있는 것이다.

그러한 의존적 관계는 교회 운영 면에까지 확장되어 교인들은 교회 운영에 관한 전권을 목회자에게 위임하는 경향을 보인다. 그러한 태도의 기저에는 교회 내에서 목회자가 영적으로 가장 우위의 위치를 점하고 있기 때문에 교회 운영에 관한 목회자의 판단이 그 누구보다 올바를 것이라는 암묵적 전제가 깔려 있다. 그러나 목회자를 포함한 모든 성도는 존재론적 이중성을 지니고 있는 사람들이다. 이미 구원을 받은 자이면서 여전히 구원을 이뤄가야 할 자인 것이다. 그러기에 목회자를 신뢰하고 존중하는 것은 좋지만, 목회자는 잘못을 범하지 않을 것이라는 기대는 금물이다. 목회자도 얼마든지 잘못을 범할 수 있는 연약한 존재이며, 죄성(罪性)의 영향으로부터 결코 자유롭지 못하다. 바울 사도도 그러한 자신의 이중성을 인식하면서 "오호라, 나는 곤고한 사람이로다. 이 사망의 몸에서 누가 나를 건져내랴"라고 외쳤다(롬 7:24).

---

2. Hofstede, G., *Culture's Consequences: Comparing Values, Behaviors, Institutions, and Organizations across Nations*, 2nd ed., Thousanal Oaks(CA: Sage Publishing, 2001).

교회 내 모든 구성원이 언제라도 유혹에 넘어가거나 탐심을 제어하지 못함으로 인해 잘못을 범할 수 있음을 인정할 때 그러한 약함을 보완해줄 수 있는 예방시스템의 도입을 진지하게 검토하고 실행할 수 있는 길이 열린다.

3. 미션-비전-핵심 가치 정립과 공유

교회 공동체를 교회의 존재 목적과 성경적 핵심 원리를 나침반 삼아 하나님 나라의 확장에 헌신하는 공동체로 본다면 공동체 구성원들 사이에 나타나는 역학 관계를 이인삼각(二人三脚) 경주에 비유할 수 있다. 이인삼각 경기를 제대로 하려면 목적지를 명확하게 일치시켜야 하고, 함께 호흡을 맞추기 위한 원칙(ground rule)을 합의해야 한다. 교회 구성원들의 신앙관이 서로 다르고 교회의 존재 목적에 대해 서로 다른 생각을 가지고 있다면 여러 계제에 그로 인한 갈등이 돌발할 가능성이 높아진다. 또한 함께 호흡을 맞춰 뛰어야 하기 때문에 사역을 수행하는 데 지켜야 할 원칙과 절차와 방식 등에서 차이가 커도 갈등의 여지가 높아진다. 따라서 교회의 미션-비전-핵심 가치를 정립하고 지속적으로 공유해나가되, 특별히 교회 공동체의 평화를 유지하는 데 필요한 성경적 핵심가치(예: 배려와 건덕, 겸손과 자기 비움, 투명성 등)를 정립하고 지속적으로 리더들과 교인들이 그것을 공유할 수 있도록 기회와 장(場)을 만들어나갈 필요가 있다.

또한 신앙의 본질이 오염되거나 훼손되어서는 안 되기 때문에 교회는 올바른 신앙관 위에 세워져야 하며, 그러한 신앙관을 공동체 구성원들이 공유해야 한다. 목회자는 교회 성장과 양적 부흥에 도움이 된다는 이유로 본질의 오염을 눈감거나 묵인해서는 안 된다. 그러나 비본질적인 것들에 대해서는 차이를 받아들이고 서로를 용납할 필요가 있다. 교회 내에서 이런 저런 계제에 제기된 의제들과 관련한 의사결정을 할 때를 본질적인 것과 비본질적인 것 사이의 경계를 확인하는 계기로 삼아 구성원들 사이에 그에 관한 일정한 규범이 만들어지도록 하는 것이 좋다.

그러한 것들이 교회 안에서 철저하게 지켜지게 하려면 교회 내 상위 의사결정기구 안에 핵심가치 지킴이 역할을 수행할 전담 위원회를 두는 것이 바람직하다. 그 위원회는 교회 내 각 기관 내에서 이루어지는 제반 의사결정과 활동들이 교회의 미션-비전-핵심 가치의 틀 안에서 이루어질 수 있도록 세부 지원 방안을 마련하여 실행하고, 그 틀에서 벗어나는 의사결정이나 활동들에 대해서는 경고음을 울리는 역할을 수행한다. 더 나아가 각 기관들을 맡은 교회 내 리더들이 교회의 미션-비전-핵심 가치를 지속적으로 공유할 수 있는 메커니즘과 장을 마련하는 등 교회가 미션-비전-핵심 가치에 의해 이끌려가는 교회가 되도록 뒷받침한다.

4. 예방 시스템 구축

갈등이 건설적으로 해결되지 못하고 악화되는 경우 대부분은 평상시 예방 시스템을 마련하는 데 소홀했기 때문이다. 평상시 조직이 시스템화를 추진할 때는 예방 시스템보다는 효율성을 높이기 위한 시스템화에 초점을 맞추기 쉽다. '최소 자원의 투입으로 최대의 산출을' 낼 수 있는 시스템화를 통해 특정 목표를 효율적으로 달성하려는 노력의 일환이다. 교회 안에서 제한된 자원을 가지고 다양한 사역들을 감당하려면 효율성을 높여줄 수 있는 시스템화가 분명 필요하다. 그러나 효율성을 추구하는 데 집중하다 보면 브레이크가 고장 난 채 가속 페달만 밟는 자동차처럼 되기 쉽다. 브레이크는 거추장스럽게 느껴지고, 열심히 달리는 사람들의 발목이나 잡는 것처럼 인식된다.

그러나 브레이크 없이 안전하게 목적지까지 갈 수 없듯이, 갈등 발생과 부정부패를 예방할 수 있는 시스템 없이 평화를 지속적으로 유지하며 교회 본래의 사명을 효과적으로 이뤄갈 수 있는 교회를 상상하기 어렵다. 교회 내 평화가 뿌리내리도록 하려면 비생산적이고 불필요한 갈등 유발 요소를 예방할 수 있는 시스템을 갖출 필요가 있다. 그리고 그러한 예방 시스템은 평상시 마련해놓아야 한다. 갈등이 표면화되고 갈등의 당사자들이 세대결의 양상을 보이는 상황에서는 정상적인 예방 시스템을 마련할 수 없으며, 그때는 이미 늦은 때다. 문제가 발생하기 전에 예방 시스템을 구축해야 정상적 판단력을 가지고 합리적인 시스템을 구축할 수 있으며, 설혹 문제가 발생한 경우라도 그 시스템을 즉각적으로 작동시켜 갈등과 분열이 증폭되는 것을 막을 수 있다.

성령의 아홉 가지 열매 중 마지막 열매가 절제다. 절제가 다른 성령의 열매들이 지속되고 개인이나 교회 공동체 내에 선한 결과를 가져오게 하는 데 필수요소다. 개인 차원에서 절제가 부족할 때 그 개인 안에서 탐심이 끝없이 발전하여 그 개인을 유혹의 덫에 갇히게 하고 파멸로 이끈다. 특히 교회 리더들이 절제가 부족할 때 교회 공동체 전체에 미치는 해악은 매우 크다. 그러나 그러한 절제를 리더 개인에게 맡겨놓을 수 없는 게 현실이다. 리더의 자기절제 부족이 조직에 미치는 파장이 매우 크기 때문이다. 그러기에 여기에서 말하는 예방 시스템은 교회 공동체 차원에서 갖춰야 할 절제의 시스템화라고 볼 수 있다. 그동안 견제 없이 권한을 행사해온 리더의 입장에서 절제의 시스템화가 거추장스럽게 느껴질 수 있지만, 실은 그것이 자신들을 안전하게 지켜주는 장치임을 알아야 한다.

그러한 차원에서 생각해볼 수 있는 대표적 예방 시스템 사례가 투명한 예산 수립 및 집행 시스템이다. 국내 일반 조직에는 CEO나 임원들이 영수증 처리를 하지 않고 쓸 수 있는 비용(예: 판공비, 정보비, 접대비 등)을 예산에 반영해 집행하는 관행이 있다. 투명하게 공개할 수 없는 방식의 업무처리(예, 로비, 뇌물, 음성적 접대 등)가 있음을 전제로 일정 수준까지 용인해주는 비용이다. 그런데 그러한 관행을 교회 안에까지 끌고 들어온 교회들이 많다. 교회 내 재정 집행과 관련한 문제는 보통 그렇게 불투명한 비용집행 영역이 온상이 되어 그 속에서 싹을 틔운다. 그리고 그 관행이 반복되는 속에서 그 싹은 점점 자라나 어느 순간 큰 문제로 드러난다. 교회가 투명할 수 없는 비용 집행 영역을 둔다는 것은 말이 안 된다. 곤란한 상황에서 도움을 받은 사람이 있다면 그의 인격을 고려해 전 교인들에게 그 사실을 공개하지 않아야 할 경우는 있지만, 그렇다고 투명성을 포기해야 하는 것은 아니다. 국내 선교단체에서 일하다가 해외 선교단체에서 고위직책을 맡았던 분의 경험담에 따르면[3] 처음 해외 선교단체에 가서 불편했던 것은 모든 비용을 지출할 때 신용카드를 사용하거나 투명하게 집행 내역을 영수증과 함께 제출하는 것이었는데, 적응하고 나니 본인이 부정직이나 물질적 유혹에 빠질 수 있는 위험성을 예방해주는 시스템이었음을 깨닫게 되니 고맙더라는 것이다.

또 하나의 중요한 예방 시스템이 견제와 균형 시스템이다. 건축물도 구조에서 불균형이 생기면 점차 균열이 가고 구조의 피로도가 높아지면서 붕괴하듯이, 눈에 보이지 않는 조직구조나 시스템도 핵심기둥들이 균형을 잘 유지해야 지속적 발전을 기할 수 있다. 민주주의 체제가 삼권분립에 의해 유지되듯이 교회도 권한 집중에 따른 문제를 예방하기 위해 견제와 균형 시스템이 구축되어야 한다. 그 차원에서 가장 시급한 것이 당회나 그에 준하는

---

3. 대학생선교회(CCC) 국제본부 부총재를 역임한 정인수의 경험담이다.

기관이 행정을 뒷받침하는 데서 탈피하여 교회의 본질과 비전 및 핵심 가치를 지키며 교회의 사명을 효과적으로 이루기 위한 전략을 고민하는 역할을 회복하고, 운영 면에서 민주적 의사결정이 이루어지도록 기존의 관행을 바꾸는 것이다. 그리고 한 걸음 더 나아가 실질적인 견제와 균형 시스템을 도입할 필요가 있다. 한 가지 방안은 목회자의 역할을 초대교회에서처럼 말씀과 기도와 목양에만 전념할 수 있도록 목회와 행정을 분리하는 것이다. 이를 위해 행정을 이끌 책임자를 별도로 세우고,[4] 당회나 그에 준하는 기관은 교회 운영 전반을 살피며 때로는 목회와 행정을 지원하고 때로는 그것을 감독하는 역할을 수행한다.

5. 다방향 소통 채널 및 참여의 장(場) 구축

교회 내에 평화를 정착시키려면 구성원 간의 갈등을 미연에 예방하거나 잠복된 갈등이 표면으로 표출되는 것을 방지하는 선에 머물러서는 안 된다. 그러한 평화 상태는 안정된 상태라기보다는 불안정한 상태다. 리더십에 문제가 발생하거나 갈등을 증폭시키는 사건이 발생할 때 언제라도 깨질 수 있다. 그러기에 갈등을 건설적으로 풀어낼 수 있는 내부 역량을 갖추고 구성원들이 서로를 깊이 이해하고 서로의 다름을 발전의 원동력으로 삼을 수 있는 상태로 나아가야 한다. 즉, 정과 반이 부딪혀 갈등이 발생했다 하더라도 건설적 합을 이끌어낼 수 있는 통합 메커니즘이 작동할 수 있도록 체계를 다져야 한다.

이를 위해 우선 다방향 소통 채널과 소통문화 구축이 필요하다. 교인들 사이의 소통 채널과 교회 리더들 사이의 소통 채널은 물론이려니와 교인들과 교회의 리더들 사이에 쌍방향 소통 채널이 구축되어야 하고, 부서나 사역기관들 사이의 소통 채널도 구축되어야 한다. 어느 조직이나 소통이 문제다. 입장에 따라 자신은 소통을 잘하고 있다고 생각하지만, 소통의 상대방은 전혀 그렇지 않다고 생각하는 경우가 비일비재하다. 많은 경우 화자(話者)의 입장에서 정보 전달이나 자신의 의견 전달을 소통이라 생각하기 때문이다. 소통에 대한 생각처럼 당사자들 간 비대칭성이 강한 영역도 없다. 그래서 소통은 아무리 과해도 과함이 없다고 볼 수 있다.

---

4. 이러한 목회와 행정의 분리 모델은 필자가 유학기간 중 등록하여 다녔던 미네소타 소재 미국인 교회 그레이스 처치(Grace Church)에서 보았던 모델이다.

소통은 상대방의 입장에서 접근하는 것이 필수적이며, 무엇보다 들을 수 있는 채널을 크게 열어야 한다. 교회의 리더들은 교인들이 교회나 리더들에게 말하고자 하는 바를 자유롭게 말할 수 있도록 다양한 소통 채널을 열고, 교인들의 말을 경청해야 한다. 그러한 소통 채널이 열려 있지 않으면 입에서 입으로 전달되는 과정에서 내용이 왜곡되고 사안에 따라서는 불평불만의 형태로 퍼져나갈 뿐만 아니라, 그런 것들이 쌓여 어느 순간 갈등의 형태로 표출된다. 문제의 해결이나 체질 개선을 위한 건설적인 토론이 이루어지지 않는 것은 물론이다.

소통 채널이 실질적으로 작동하기 위해서는 권위주의 문화가 상향소통의 싹을 자르지 않도록 특별히 신경을 써야 한다. 권위주의 문화 속에서는 권한을 가진 위치에 있는 사람들은 자기주도적으로 의제를 설정하고 그것들을 실행해가는 것에 익숙한 반면, 아래에서 주도한 의제 설정이나 개혁 방안에 대해서는 자신들의 권위에 도전하는 것으로 인식하거나 교회의 질서를 깨뜨리려는 것으로 간주하는 경향이 강하다. 아래로부터 올라오는 문제제기나 불만의 목소리에 대해서도 자신들의 과오를 지적하는 것으로 받아들여 방어적으로 대응하기 쉽다. 그러한 토양에서는 소통이 뿌리내릴 수 없으며, 시스템화를 통한 갈등의 해소나 발전의 원동력으로의 전환이 쉽지 않다.

소통 채널의 구축과 함께 교인들의 주도적 참여의 장을 열어야 한다. 교회 내 주요 의제와 관련한 의견을 적극적으로 개진할 수 있는 토론의 장을 열고, 더 나아가 교인들이 은사를 따라 주도적으로 사역에 참여할 수 있는 기회를 확대하는 것이 바람직하다. 그러한 맥락에서 시대적 변화를 반영한 교회 관련 의제나 교회가 관심을 기울여야 할 사회적 의제가 제기될 때 전문가 초청 혹은 내부 전문가 참여 토론회 등을 개최하는 것도 고려해볼 수 있고, 사역을 배치할 때 하향식 배정이 아니라 상향식 자율배치가 일어날 수 있는 체계로 전환함으로써 수동적 사역참여가 아닌 주도적 사역참여 문화를 진작할 필요가 있다. 주도적 참여의 장이 제한되어 있을 때 가부장적 권위주의에 기반을 둔 교회 운영을 극복할 수 없고, 그러한 틀 안에서는 교인들은 물론 목회자를 포함한 교회 리더들도 내적으로 성장할 기회를 얻지 못하게 된다. 주도적 참여가 배제된 상황에서 교인들의 내적 성장을 기대할 수 없으며, 변화로부터 오는 긴장이 없는 상태에서 리더들의 성숙 또한 기대하기 어렵다. 그리고 리더들과 교인들의 내적 성장이 없는 곳에서 갈등을 건강한 평화와 발전의 원동력으로 전환할 수 있는 힘을 결코 기대할 수 없다.

6. 성장 중시 패러다임을 대체할 교회 운영 패러다임 공유

인구구조의 변화 등 환경적 요인과 연령대별 교인 구성의 변화 등을 고려할 때 한국 교회의 양적 성장은 갈수록 큰 제약을 받을 것으로 보인다. 이는 앞에서 지적한 바와 같이 성장 중시 교회 운영 패러다임이 한계에 봉착했으며, 교회 내 갈등의 원인으로 작용할 가능성이 매우 크다는 것을 시사한다. 그동안 한국 교회의 성장 중시 패러다임은 외부의 호조건과 맞물려 교회의 운영 및 관리 차원에서 적극적으로 활용되어 왔지만, 다른 한편으로는 교회의 세속화에 한몫해왔다고도 볼 수 있다. 성장 우선주의 속에서 많은 성경적 가치들이 도외시되어 왔거나 훼손되었기 때문이다.

이제는 성장 중시 패러다임의 한계를 인식하고 교회의 본질에 맞는 새로운 교회 운영 패러다임을 찾아 그것을 대체해야 할 때다. 무엇보다도 교회 공동체가 하나님 나라의 현실 속 모형이 될 수 있도록 하나님의 주권적 통치에 순종함으로써 그에 합당한 열매를 맺는 데 초점을 맞춰야 한다. 그 열매는 사랑과 평화의 공동체, 지역사회를 사랑으로 섬기는 공동체, 적자생존과 약육강식의 논리가 지배하는 피로사회의 대안을 제시하는 공동체로 드러날 것이다.

178

IV. 나가는 글

교회 내 평화가 깨진 양상과 구조적 원인, 그리고 평화를 유지하고 발전시키기 위한 구조적 방안을 정리해보았다. 아래 표는 이상의 논의 내용을 요약적으로 보여준다.

[표 1] 평화가 깨진 양상과 구조적 원인 그리고 대응 방안

갈등과 분열의 양상	구조적 원인	대응 방안
교회 리더들(목사, 장로)을 축으로 한 갈등과 분열	• 권력 집중에 따른 후유증 • 교회 리더들 간 동상이몽 • 직분의 세속화	• 권한 분산, 견제와 균형 체계 • 예방시스템 구축 • 미션이 이끄는 교회 운영
목회자 교체기를 전후하여 나타나는 갈등과 분열	• 과도한 목회자 의존성 • 시스템 기반 운영 미비	• 시스템 기반 운영 체계 구축 (단, 시스템 구축은 평상시에)
교인들의 교회 리더(들)에 대한 실망과 그로 인한 무관심	• 소통 채널 미비 • 경직된 권위주의 문화	• 다방향 소통 채널 구축 • 섬김의 리더십 교육
성장 정체를 둘러싼 책임 추궁과 그로 인한 갈등과 분열	• 성장 중시 패러다임	• 성숙 패러다임으로의 전환

여기에 제시된 구조적 대응방안은 대부분 제도화 혹은 시스템화에 초점이 맞춰져 있다. 그러나 제도 혹은 시스템은 조직 운영을 위한 틀로서 평화를 유지하고 만들어나가기 위한 기반을 제공해주지만 그 자체가 평화를 담보해주지는 않는다. 우리 사회가 정치적, 제도적 민주화를 이뤘다고 하지만, 생활 속 민주주의가 정착되기까지는 많은 과제를 안고 있는 것과 유사하다. 중요한 것은 그러한 제도와 시스템을 그 취지와 정신에 맞게 철저하게 운용함으로써 문화로 정착시킬 수 있느냐에 달려 있다. 그러한 정신이 교회 내 규범과 문화로 뿌리내리지 않으면 제도와 시스템은 형식적 구색 맞추기에 머물 수밖에 없다.

그런가 하면 제도와 시스템의 기저에 놓여 있는 취지와 정신을 교회 내 규범과 문화로 정착시킬 수 있으려면 결국 사람이 관건이다. 목회자를 포함한 교인들의 영적 성숙도가 높아지지 않으면 교회의 본질과 성경적 가치에 부합한 삶을 기대하기 어렵고, 제도와 시스템을 정상적으로 작동시킬 수 없다. 그렇다고 교회 내 평화를 유지하기 위한 구조적 접근이 사람의 문제로 환원될 수밖에 없음을 말하고자 하는 것은 물론 아니다. "사람이 책을 만들고, 책이 사람을 만든다"는 문구를 비유적으로 적용한다면, "사람이 시스템을 만들고, 시스템이 사람을 만든다"고 볼 수 있다.

참고문헌

헨리 블랙가비·클로드 킹, 《하나님을 경험하는 삶》, 요단출판사, 2010.

Hofstede, G., *Culture's Consequences: Comparing Values, Behaviors, Institutions, and Organizations across Nations*, 2nd ed., Thousanal Oaks(CA: Sage Publishing, 2001).

7장_ 교회 안의 갈등과 해결 방안

이상민(법무법인 에셀 변호사)

I. 들어가는 글

한국 교회 안에는 많은 갈등이 있다. 한국 교회 구성원들도 한국 교회 내 갈등이 매우 심각한 상황이라는 점에 대해 동의한다.[1] 그 갈등이 잘 해결되는 경우도 있지만, 교회 분열로 이어지고 소송전으로 비화되는 경우도 많다. 갈등 과정에서 관련자들의 비리가 폭로되기도 한다. 상처를 받은 교인들은 갈등의 한쪽 당사자 편에 서기보다 아예 교회를 떠나기도 한다. 최근에 한국 교회의 교인 수가 정체 또는 감소 추세를 보이는 것과 한국 교회의 사회적 위상이 급격히 추락하는 것도 교회 내 갈등과 직간접적으로 관련된다. 따라서 교회 내 갈등의 바람직한 해결 방안을 찾는 것은 한국 교회의 회복을 위해서도 꼭 필요하다.

교회 안 갈등의 해결 방안은 여러 가지 측면에서 제시될 수 있다. 이 글은 주로 법적·제도적 측면에서 교회 내 갈등[2](특히 개교회 내 갈등)의 바람직

---

1. 2004년 1월 전국 목회자와 평신도 350명을 대상으로 조사한 결과에 따르면, 한국 교회 안 갈등의 수준을 묻는 질문에 대하여, '아주 심각하다'는 응답이 12%, '심각하다'는 응답이 55%를 차지했다. 박삼열, "교회 안의 갈등에 대한 그리스도인들의 의식조사", 《목회와 신학》 3월호, 2004, 165. 또한 2006년 전국의 교인 475명을 대상으로 실시한 조사에서 응답자의 42.1%가 소속 교회에서 갈등이나 분쟁을 경험했다고 답했다. 신은주, "한국 교회에 있어서 갈등 분쟁에 대한 대처방법 및 기독중재·조정기구의 유용성에 대한 조사연구", 《복음과 실천신학》 15호, 2008, 69.

한 해결방안을 찾아보고자 한다.

II. 교회 내 갈등의 종류 및 원인

먼저, 교회 내 갈등의 종류 및 원인을 간략하게 보기로 한다.

1. 교회 내 갈등의 종류

교회 내 갈등은 여러 가지 기준에 따라 구분할 수 있다. 갈등의 당사자를 중심으로 구분한다면, 평신도와 목회자 간의 갈등, 평신도 사이의 갈등, 목회자 사이의 갈등, 리더십 그룹(목사, 장로 등) 내의 갈등 등으로 구분할 수 있다. 그런데 한국 교회의 교회 내 갈등 중 법적 분쟁으로 비화되는 심각한 갈등은 주로 리더십 그룹을 둘러싸고 발생한다. 즉, 목사, 장로, 권사, 안수집사 등 교회에서 크고 작은 의사결정에 관여하는 사람들을 중심으로 심각한 갈등이 생기는데, 특히 목사와 장로를 중심으로 발생한다.[3]

2. 교회 내 갈등의 원인

교회 내 갈등의 원인은 무엇일까. 매우 다양하게 제시될 수 있을 것인데, 다음과 같이 유형화할 수 있다. 그렇지만 특정한 갈등이 다음의 유형 중 어느 하나에만 속하는 것은 아니며, 많은 경우 여러 유형에 동시에 포함될 것이다.

1) 담임목사의 문제

담임목사의 성적 타락, 성범죄,[4] 도덕성, 재산 범죄, 자질 등이 문제되는 경우다. 특히 최근에는 담임목사의 성적 타락과 성범죄가 교회 내 갈등의 원인으로 강력하게 부각되고 있다. 부목사 등 기타 교역자의 경우에도 이런 문제가 있을 수 있다. 그러나 한국 교회에서는 교역자 중 담임목사에게

---

2. 이 글에서 '교회 분쟁'이라는 용어는 교회 내 갈등이 법적 분쟁으로 비화된 상태를 의미하는 것으로 주로 사용하되, 문맥에 따라서는 '교회 분쟁'과 '교회 갈등'이라는 용어를 특별히 구분하지 않고 사용했다.
3. 박삼열, 앞의 글, 166. 위 조사에서는 목격한 갈등 사례의 주된 당사자를 묻는 질문에 대해 응답자의 35%가 중직자, 21%가 목회자라고 답했다.
4. '목회자의 이성문제'와 같이 다소 애매하게 표현하기도 하지만 성범죄, 성적 타락, 간통 등과 같이 해당 행위의 성격을 명확하게 표현하는 용어를 쓰는 것이 바람직하다.

대부분의 권한이 집중되어 있으므로 기타 교역자의 문제가 심각한 교회 갈등으로 이어지는 경우는 많지 않은 것 같다.

담임목사의 문제가 교회 갈등을 일으키는 계기가 되는 경우도 많지만, 교회 내 갈등 과정에서 담임목사 반대 측이 담임목사 측을 공격하기 위해서 담임목사의 문제점을 찾아내고 이를 이슈화하는 경우도 많다.

2) 교회의 방향성, 운영방안 등에 대한 의견 차이

교회 건축문제, 재정 사용, 사역의 우선순위 등을 둘러싸고 담임목사와 장로들이 의견 차이를 보이고 대립하다가 교회 분쟁으로 치닫는 경우도 많다.

3) 주도권 다툼

교회의 리더십 그룹 내에서 주도권 다툼 내지 힘겨루기가 벌어지는 경우다.[5] 특히 새로운 담임목사가 교회에 부임한 경우에 이와 같은 주도권 다툼이 많이 일어나게 된다.

4) 신학적·교리적 차이

적어도 개교회[6] 차원에서는 신학적·교리적 차이가 갈등의 주된 원인이 되는 경우는 최근에는 많지 않은 것으로 보인다. 그렇지만 교회 내 갈등이 격화되는 과정에서 갈등의 한쪽 당사자가 상대방에 대한 흠집내기의 일환으로 상대방의 신학적·교리적 문제점을 주장하기도 한다.

5) 재산 분쟁

재산 분쟁은 한국 교회의 내부 갈등이 격화될 경우 반드시 거쳐 가는 필수 코스라고 할 수 있다. 처음부터 재산 분쟁으로 시작하는 경우도 있지만, 교회 갈등이 교회 분열로 비화되면, 결국 어느 편이 교회 재산을 갖는가 하는 문제(즉, 재산 귀속)와 결부된다.

---

5. 송준영, "교회 갈등 최소화를 위한 목회자리더십 연구", 박사학위논문, 호서대학교 연합신학전문대학원, 2014, 48-49. 한 일본 학자는 한국 교회 분쟁의 대부분은 교회 운영의 주도권을 둘러싼 다툼이라고 주장한다. 히데무라 겐지, "목사와 장로를 둘러싼 갈등",《한일공동연구총서》7호, 2002, 220.
6. 판례에서는 '지교회'라는 표현을 쓴다.

담임목사가 은퇴하게 되어 후임 목사를 청빙하는 과정에서 교회 내 갈등이 생기기도 하고, 신임 담임목사와 은퇴한 담임목사(원로목사) 사이의 갈등이 심각한 교회 갈등을 초래하기도 한다. 특히 최근 여러 대형교회의 목회 리더십 교체 과정에서 다양한 형태로 교회 세습이 이루어지면서 새로운 유형의 교회 갈등이 발생했다.

목회 리더십 교체 과정에서 생기는 갈등의 원인은 크게 돈 문제(은퇴하는 목사가 교회에 과도한 전별금을 요구하는 경우 등)와 은퇴자의 계속적인 영향력 행사 시도라고 지적되고 있다.[7] 또한 교회 세습은 목회 리더십 교체와 관련해 한국 교회의 도덕성 및 합리적인 의사결정의 가능성이 얼마나 낮은 수준에 머물러 있는가를 잘 보여주었다.

III. 교회 내 갈등의 종결 방식

10년째 교회 분쟁이 계속되고 있는 경우도 없지는 않지만, 일반적으로는 교회 내 갈등은 어느 정도 시간이 흐르면 어떤 모양으로든지(즉, 긍정적이든 부정적이든) 종결된다. 교회 내 갈등의 종결 방식은 다음과 같이 구분할 수 있다.

1. 원만한 해결

가장 바람직한 경우다. 그렇지만 불행히도 최근에는 교회 내 갈등이 원만하게 해결되는 경우는 많지 않고, 교회 내 갈등이 점점 더 격화되어 소송전이나 교회 분열로 이어지는 경우가 늘어나는 것 같다.

2. 교회 이적, 교회 이탈

리더십 그룹의 갈등으로 인하여 교회가 시끄러워질 때 평신도들은 종종 교회를 옮기는 선택(즉, 교회 이적)을 하게 된다. 교회 이적은 교회 분쟁의 와중에서 한쪽 편 신자들이 새로 교회를 개척하는 경우와는 다르다. 개인 또는 가족 단위로 아예 다른 교회로 옮겨가는 것이다. 그러나 교회 이적

---

7. 김한옥, "목회 리더십 교체에서 발생하는 갈등의 유형과 해결방안", 《성결교회와 신학》 26호, 2011, 33-39.

을 선택한 개인 또는 가족이 분쟁에서 핵심적인 역할을 하던 경우가 아니라면, 일부 개인 또는 가족의 교회 이적으로 인하여 교회 내 갈등이 종식되지는 않을 것이다.

교회 내 갈등 때문에 일부 교인들이 아예 더 이상 교회에 출석하지 않게 되는 경우(즉, 교회 이탈)도 드물지 않다. 이른바 '가나안 성도'[8]가 되거나 또는 기독교 신앙을 버리게 되는 것이다.[9] 교회를 이탈한 사람 316명을 대상으로 2013년 2월에 실시한 온라인 조사에서 교회를 떠난 이유에 대해 응답자의 24.3%는 '목회자에 대한 불만'이라고 답했고, 19.1%는 '교인들에 대한 불만'이라고 답했다.[10] 응답자 중 '자유로운 신앙생활을 원해서'라고 답한 사람이 30.3%로 가장 많지만, 교회 내 갈등으로 교회를 떠난 사람들이 적지 않음을 알 수 있다. 또한 응답자들은 '교회 이탈 전 출석교회의 상태'에 대한 질문(복수 응답 가능)에 대해 '교회에는 문제가 없었다'(42.2%), '교인들의 삶이 매우 신앙인답지 못했다'(30.6%), '교회에서 헌금을 지나치게 강조했다'(30.0%), '담임목회자가 독단적이었다'(26.5%), '교회 내부에 분란·갈등이 심했다'(21.8%), '교회 내 파벌 다툼이 심했다'(21.7%), '교회 건축과 관련하여 큰 어려움이 있었다'(16.2%)라는 순서로 답했다.[11] 교회 내 갈등이 교회 이탈에 큰 영향을 미쳤음을 보여주는 것이다. 그렇지만 교회 이적의 경우와 마찬가지로 교회 이탈을 선택한 개인이 분쟁 중인 교회에서 상당한 영향력을 행사하던 경우가 아니라면, 일부 개인의 교회 이탈로 인하여 교회 내 갈등이 종식되지는 않을 것이다.

3. 분쟁해결기구를 통한 해결

교회 내 갈등이 결국 교회재판기구, 법원 등 분쟁해결기구로 가는 경우다. 최근에는 교회 분쟁이 특히 법원으로 가는 경우가 크게 늘어나고 있다.

분쟁해결기구를 통한 해결은 교회 재판에 의한 해결, 사회재판[12]에

---

8. 신앙은 있지만 제도화된 교회에는 출석하지 않는 신자.
9. 2004년 한국갤럽이 조사한 결과에 따르면 개신교 신앙을 가지고 있다가 교회를 떠난 사람들의 수가 무려 758만 명에 이르는데, 이 중에서 다른 종교로 개종한 198만 명을 제외한 560만 명이 개신교를 믿다가 무종교인이 된 경우라고 한다. 정재영, "소속 없는 신앙에 대한 설문조사 결과", 목회사회학연구소 공개세미나 자료집(2013), 4.
10. 정재영, 앞의 글, 13.
11. 정재영, 앞의 글, 14.
12. 이 글에서는 교회재판과 대비되는 일반재판을 사회재판, 일반재판 등으로 칭하고, 교회 재판국과 대비되는 일반법원을 사회법원, 일반법원 등으로 칭하기로 한다.

의한 해결, 대안적 분쟁해결제도를 통한 해결로 나누어볼 수 있다. 교회재판에 의한 해결은 교회 내 갈등이 교회재판기구를 통해 해결되는 경우이고, 사회재판에 의한 해결은 교회 내 갈등이 민·형사소송으로 비화하는 경우다. 대안적 분쟁 해결 제도를 통한 해결은 한국기독교화해중재원 등 대안적 교회 분쟁 해결 제도를 통해 교회 내 갈등이 해결되는 경우다.

항목을 달리하여 분쟁해결기구를 통한 교회 내 갈등의 해결에 대해 상세히 보기로 한다.

IV. 교회 내 갈등의 분쟁해결기구를 통한 해결

1. 교회재판에 의한 해결

1) 교회재판의 종류

교회재판은 개교회 또는 교단에서 이루어지는 재판을 의미한다. 교회재판의 종류는 각 교단마다 다르지만, 대체로 권징재판과 행정재판으로 구분되는 것으로 보인다.[13] 권징재판은 죄를 범한 자를 벌하는 재판이고, 행정재판은 일정한 처분 또는 결의의 취소, 무효확인, 선거무효 등을 결정하는 재판이다.[14]

2) 교회재판기구의 구성

교회재판은 대체로 개교회 당회 재판국, 노회 재판국, 총회 재판국의 3심 구조로 이루어져 있다.[15]

3) 교회재판의 문제점

각 교단마다 사정이 다를 수 있지만 교회재판은 많은 문제를 갖고 있다. 대한예수교장로회(통합) 교단을 예로 들면 다음과 같은 문제점이 지적되고 있다. 첫째, 교회법 체계의 혼란과 미비다.[16] 재판의 기준이 될 규범, 즉 교

---

13. 감리교회의 경우에는 권징재판을 일반재판이라고 부른다. 기독교대한감리회 '교리와 장정'(타 교단의 헌법에 해당) 제7편 재판법 제1장 일반재판법 참조.
14. 권징재판은 사회법원의 형사재판, 행정재판은 사회법원의 민사재판 또는 행정재판에 대응한다고 할 수 있다.
15. 다만, 감리교회의 경우에는 선거 관련 재판을 제외하고는 2심제이다. 기독교대한감리회 '교리와 장정' 제7편 재판법 제2조 제3항.

회법이 체계 및 내용상 일관되어 있지 않고, 교회 분쟁의 중요한 원인이 되는 교회 재산의 관리와 처분에 관한 규정이 미비하다는 것이다.[17] 또한 권징의 사유가 되는 죄과가 너무나 포괄적으로 규정되어 있어 죄형법정주의에 반할 우려가 있고, 책벌의 상한선이나 하한선이 전혀 규정되어 있지 않은 점도 문제로 지적된다.[18] 둘째, 재판기관의 비전문성이다. 최고법원에 해당하는 총회 재판국은 15인의 재판국원(목사 8인, 장로 7인)으로 구성되는데, 재판국원 중에는 교회법이나 국가법에 대한 전문적 소양이 부족한 경우가 많다는 것이다.[19] 셋째, 재판기관의 독립성과 공정성이 문제된다. 총회 재판국은 총회의 산하기관으로서 총회로부터 완전히 독립된 지위를 보장받지 못하고 있으므로 재판의 공정성에 대해 의문이 제기될 수 있고, 일반 평신도들에게는 교단 재판기관은 목회자들의 편이라는 의구심이 강하다는 것이다.[20]

2. 사회재판에 의한 해결

교회재판의 위와 같은 문제점 때문에 교회 내 갈등이 사회법원으로 진출하고 있다. 특히 최근 들어서 교회 내 분쟁이 일반법원에서의 소송으로 비화되거나 형사 고소·고발로 이어지는 경우가 크게 늘어나고 있다.[21] 교회 분열 시 교회 재산의 귀속을 둘러싼 분쟁이 일반법원에서 다루어진 지는 이미 오래되었으며, 최근에는 개교회 내 갈등은 아니지만 감독회장, 교단 총무

---

16. 감리교회의 경우에도 사정은 크게 다르지 않다. 교회재판의 기준이 될 '교리와 장정'의 내용 및 체계가 일관성이 결여되어 있으며, 그 조항이 매우 추상적인 언어로 되어 있어 명확성의 원칙을 위반하는 경우가 많다는 점이 문제로 지적된다. 송인규, "행정재판의 구조와 문제점", 제2회 화해중재원 포럼 자료집, 2015, 59.
17. 서헌제, "교회재판의 현황과 문제점", 제2회 화해중재원 포럼 자료집, 2015, 13-14.
18. 권현서, "권징재판의 구조와 문제점", 제2회 화해중재원 포럼 자료집, 2015, 21. 대한예수교 장로회(합동) 교단의 헌법에 대해서도 무죄추정의 원칙, 죄형법정주의 등이 없다는 비판이 제기되고 있다. 유장춘, "교회사건에 대한 국가법령 적용범위와 한계에 관한 연구", 박사학위논문, 단국대학교대학원, 2012, 227-232.
19. 서헌제, 앞의 글, 15. 대한예수교장로회(통합) 헌법 제3편 권징 제10조 제2항은 재판국원 15인 가운데 2인 이상은 법학을 전공한 법학사 학위를 가진 자 중에서 선임하도록 정하고 있다. 그러나 법률 훈련을 받은 사람이 15인 중 2인 이상에 불과하므로 양적으로 부족하고, 법학사 학위만으로 요건을 충족하므로 질적으로도 충분하지 않다.
20. 서헌제, 앞의 글, 15. 감리교회의 경우에도 동일한 문제가 존재한다. 감리교회의 각 재판위원회는 그 조직구성 및 재판과정을 통하여 총회 의장 및 연회의장인 감독회장이나 감독 등 총회나 연회의 유력인사들의 강한 영향을 받고 있다고 한다. 송인규, 앞의 글, 60.
21. 이 글 중 IV.2., V.2., V.4.는 필자가 2013. 5. 9. 기독교윤리연구소 "목회자와 교회정치" 심포지엄에서 발표한 다음과 같은 글을 수정, 보완한 것이다. 이상민, "교회 내 분쟁의 사회법 절차에 따른 해결에 대한 검토", 목회자와 교회정치 자료집, 2013, 25-36.

등 교단 임원을 뽑는 선거를 둘러싼 소송이 심심치 않게 일반법원에 제기되고 있다. 또한 교회 분쟁 과정에서 일단 상대방에 대하여 형사 고소·고발을 하고 보는 풍조도 만연하고 있다.

그런데 교회 분쟁이 일반법원으로 갈 경우 법원이 이에 대하여 모두 판단하는 것은 아니고 경우에 따라서는 심판의 대상으로 삼지 않기도 한다. 따라서 교회 분쟁에 대한 법원의 태도에 대하여 보기로 한다.

1) 종교 교리의 해석에 관한 분쟁

법원은 종교 교리의 해석이 문제될 경우에는 적극적인 판단을 하지 않는 태도를 보였다.[22] 대법원은 통일교가 기독교의 종교단체가 아님을 확인해달라는 소송(확인청구소송)에서 "통일교가 기독교의 종교단체인지 여부에 관하여 사회적으로 논란이 있으나 통일교가 종교단체인지 여부는 원고의 권리·의무 등 법률관계와는 아무런 관련이 없는 사실문제이므로 그 확인을 구하는 청구는 즉시 확정의 이익이 없어 부적법하다"고 판시했다.[23] 확인청구소송에 의한 확인의 대상이 되기 위해서는 그 분쟁이 '권리·법률관계'이어야 하며, 사실관계는 확인의 대상이 되지 못한다. 다시 말해 법원은 사실관계에 대한 확인청구는 심판의 대상으로 삼지 않는다. 대법원은 통일교가 종교단체인지 여부는 사실문제일 뿐이므로 청구가 부적법하다고 판단함으로써 종교 교리에 대한 판단을 유보한 것이다.

또한, 대법원은 어떤 사찰이 대한불교조계종에 속한다는 확인을 구하는 청구에 관해서도 "이 청구는 이 사찰에 속하는 구체적인 재산의 소유권 등에 관한 존부의 확인도 아니며 원·피고 간의 이 사찰의 권리에 관한 구체적인 계약 또는 법률관계의 존부확인을 구하는 것도 아니어서 이는 단순한 사실관계의 문제일 뿐 구체적인 권리 내지 법률관계의 문제가 아니라 할 것이므로 확인의 소의 대상이 되지 않는다"고 판시했다.[24]

---

22. 이 점에 관한 좀더 자세한 논의는 이영진, "사법권과 종교단체의 내부분쟁–'부분사회론'의 소개와 종교단체 내분에의 사법심사에 관한 각국 판례의 비교", 《사법논집》 33집, 2001, 245-247 참조.

23. 대법원 1980. 1. 29. 선고 79다1124 판결.

24. 대법원 1984. 7. 10. 선고 83다325 판결. 대법원은 권징재판에 관한 판례에서 종교 교리의 해석은 법원의 판단 대상이 아니라는 점을 간접적으로 밝혔다. 즉, 대법원 2010. 5. 27. 선고 2009다67658 판결은, 종교 단체의 징계결의는 예외적인 경우에만 법원이 그 당부를 판단할 수 있는데 그 경우에도 그 판단의 내용이 '종교 교리의 해석에 미치지 않는 한' 법원이 징계의 당부를 판단하는 것이라고 판시했다.

2) 권징재판

원칙적 유보

교회 구성원에 대한 내부 징계, 즉 권징재판에 대하여 징계대상자가 승복하지 않아 법원에 구제를 청구하는 경우, 법원은 교회의 권징재판은 원칙적으로 사법심사의 대상이 아니라는 입장을 보이고 있다.

대법원은 "권징은 종교단체가 그 교리를 확립하고 단체 및 신앙상의 질서를 유지하기 위하여 교인으로서 비위가 있는 자에게 종교적인 방법으로 징계 제재하는 종교단체 내부의 규제에 지나지 아니하고 그것이 교인 개인의 특정한 권리·의무에 관계되는 법률관계를 규율하는 것이 아님이 명백하며 본건에서의 무효를 구하는 결의(재판) 역시 직접으로 원고들에게 법률상의 권리침해가 있다 할 수 없으니 이런 결의(재판)의 무효확인을 구하는 것은 소위 법률상의 쟁송사항에 관한 것이라 할 수 없다"고 판시했다.[25] 대법원이 권징재판이 사법심사의 대상이 아니라고 보는 것은 헌법에 보장된 종교의 자유에 포함되는 종교단체의 자율권을 존중하려는 취지로 보인다.[26]

예외적 사법심사

다만, 대법원은 일정한 경우에는 예외적으로 권징재판도 사법심사의 대상이 된다고 판시하고 있다. 즉, "교회의 권징재판은 종교단체가 교리를 확립하고 단체 및 신앙상의 질서를 유지하기 위하여 목사 등 교역자나 교인에게 종교상의 방법에 따라 징계 제재하는 종교단체의 내부적인 제재에 지나지 아니하므로 원칙적으로 사법심사의 대상이 되지 아니하고, 그 효력과 집행은 교회 내부의 자율에 맡겨져 있는 것이므로 그 권징재판으로 말미암은 목사, 장로의 자격에 관한 시비는 직접적으로 법원의 심판의 대상이 된다고 할 수 없고, 다만 그 효력의 유무와 관련하여 구체적인 권리 또는 법률관계를 둘러싼 분쟁이 존재하고 또한 그 청구의 당부를 판단하기에 앞서 그 징계의 당부를 판단할 필요가 있는 경우에는[27] 그 판단의 내용이 종교 교리의 해석에 미치지 아니하는 한 법원으로서는 위 징계의 당부를 판단하여야 한

---

25. 대법원 1978. 12. 26. 선고 78다1118 판결.
26. 대법원 1984. 7. 24. 선고 83다카2065 판결 참조.
27. 예컨대 소송 당사자인 교회의 대표자의 대표권을 부인하면서 그 전제로 권징재판의 무효를 다투고 있는 경우가 이러한 경우가 될 것이다.

다"는 것이다.[28]

법원은 권징재판의 경우에도 권징재판의 효력과 관련한 구체적인 권리 또는 법률관계를 둘러싼 분쟁이 존재하고 또한 그 청구의 당부를 판단하기에 앞서 징계(권징재판)의 당부를 판단할 필요가 있는 예외적인 경우에는 권징재판의 당부를 판단하고 있는 것이다.

하자가 중대해야 무효

법원은 권징재판을 예외적으로 사법심사의 대상으로 삼을 경우에도 그 하자가 중대해야만 효력을 부인할 수 있다고 보고 있다.

대법원은 권징재판이 사법심사의 대상이 될 경우에도 "면직·출교처분이 교회헌법에 정한 적법한 재판기관에서 내려진 것이 아니라는 등 특별한 사정이 없는 한 교회 헌법규정에 따라 다툴 수 없는 이른바 확정된 권징재판을 무효라고 단정할 수 없다"고 판시하면서, 면직·출교처분에 절차상 하자가 있는 경우에도 그것이 중대하여 이를 그대로 둘 경우 현저히 정의 관념에 반하는 경우에 해당해야 면직·출교처분이 위법하다고 보았다.[29]

3) 교회의 분열, 교단의 변경 및 재산의 귀속

법원은 교회의 분열, 교단의 변경 및 이로 인한 재산의 귀속에 관해서는 권징재판과는 달리 적극적으로 사법적 판단을 하고 있는데, 이는 교회 분열 등으로 인하여 재산권의 귀속문제가 필연적으로 야기되기 때문일 것이다.[30]

개교회의 법적 성격은 '법인 아닌 사단'이다.[31] .대법원 판례는 오랫동안 법인 아닌 사단 중 오직 교회에 대해서만 법인 아닌 사단에 원칙적으로 적용되는 법리와는 달리 분열을 허용하고, 분열 시의 재산관계는 분열 당시 교인들의 총유라고 판시했다.[32] 또한 교회의 소속교단 변경은 교인 전원의

28. 대법원 2007. 6. 29. 자 2007마224 결정.

29. 대법원 2010. 5. 27. 선고 2009다67658 판결.

30. 이영진, 앞의 글, 250.

31. 민법상 비영리법인은 주무관청의 허가를 얻어 등기를 함으로써 성립한다(민법 제32조, 33조). 개교회는 사단의 실체를 가지고 있으나 설립절차를 밟아 권리능력(법인격)을 취득한 것이 아니므로, 법인 아닌 사단(권리능력 없는 사단)이다.

32. 대법원 1993. 1. 19. 선고 91다1226 전원합의체 판결.

190

의사에 의해서만 가능하다는 입장을 보였다.[33] 대법원의 종전 태도는 법원의 분쟁해결기능을 상실하게 할 뿐만 아니라 종전 교회를 박차고 나온 사람들에게 재산적 권리를 인정함으로써 교단 상호 간 및 교인 상호 간의 분쟁을 더욱 조장하는 결과를 초래한다는 비판을 받았다.

이와 같은 비판을 수용해 대법원은 2006년 전원합의체 판결로 기존 판례를 변경했다. 즉, 대법원은 "일부 교인들이 교회를 탈퇴하여 그 교회 교인으로서의 지위를 상실하게 되면 탈퇴가 개별적인 것이든 집단적인 것이든 이와 더불어 종전 교회의 총유 재산의 관리처분에 관한 의결에 참가할 수 있는 지위나 그 재산에 대한 사용·수익권을 상실하고, 종전 교회는 잔존 교인들을 구성원으로 하여 실체의 동일성을 유지하면서 존속하며 종전 교회의 재산은 그 교회에 소속된 잔존 교인들의 총유로 귀속됨이 원칙"이고, "소속 교단에서의 탈퇴 내지 소속교단의 변경은 사단법인 정관변경에 준하여 의결권을 가진 교인 3분의 2 이상의 찬성에 의한 결의를 필요로 하고, 그 결의요건을 갖추어 소속교단을 탈퇴하거나 다른 교단으로 변경한 경우에 종전교회의 실체는 이와 같이 교단을 탈퇴한 교회로서 존속하고 종전교회 재산은 위 탈퇴한 교회 소속교인들의 총유로 귀속한다"고 판시했다.[34]

2006년 전원합의체 판결은, '교회는 비법인 사단으로서, 일반 비법인 사단과 같이 분열은 인정되지 않고 다수결로서 재산귀속을 결정하고, 교회가 소속교단을 변경하거나 교단을 탈퇴하려면 교인 전체의 2/3 이상의 동의를 요하며, 2/3 다수결을 충족한 경우에는 종전교회 재산은 변경된 교단소속 교회로 귀속한다'는 내용으로 요약할 수 있다.[35]

2006년 전원합의체 판결은 2/3 다수결이라는 객관적 기준을 제시함으로써 교회분쟁의 신속한 해결과 예방책이 될 것으로 기대되었다. 그러나 위 판결은 한국 교회, 특히 대형교회의 교인관리 부실이라는 현실에 부딪치면서 지극히 비현실적인 기준이었음이 드러나게 되었다는 비판을 받고 있다.[36]

191

33. 대법원 1978. 10. 10. 선고 78다716 판결.
34. 대법원 2006. 4. 20. 선고 2004다37775 전원합의체 판결.
35. 서헌제, "교회분열에 관한 대법원 판결의 의의", 제1회 화해중재원 포럼 자료집, 2014. 6.
36. 서헌제, 앞의 글, 4. 위 전원합의체 판결이 교회 분쟁의 해결책이 될 것으로 기대되었으나 그러한 결과를 가져오지 못하게 된 점에 관한 상세한 논의는 서헌제, 앞의 글, 8 이하 참조.

4) 교단 임원선거 등 관련 분쟁

개교회 내의 갈등은 아니지만, 최근에는 교단 임원선거와 관련한 분쟁이 사회재판으로 연결되는 경우가 자주 일어나고 있다.[37] 감리교 감독회장 선거와 관련한 분쟁에서 보듯이 교단 임원선거와 관련해서 직무정지가처분, 선거무효확인청구소송 등이 제기된 경우에는 법원은 그러한 사건을 다른 사건과 별다른 차이 없이 심리하고 있다. 교리 해석이 요구되는 것도 아니고, 심판의 대상이 권징재판인 것도 아니기 때문으로 생각된다.

5) 형사사건

요즘은 교회 내 분쟁이 형사문제로 비화되는 경우가 과거에 비해 훨씬 많아진 것으로 보인다. 관련자들이 성범죄 등 중대한 범죄를 저지르는 경우가 많아서일 수도 있고, 분쟁이 더욱 격화되고 있기 때문일 수도 있다.

교회 내 분쟁과 관련하여 형사 고소·고발이 접수되면 검찰과 경찰은 일반적인 사건 처리 절차에 따라 처리하고 있다. 법원도 교회 내 분쟁과 관련된 형사사건에 대해 일반 형사사건과 다르게 처리하지는 않고 있는 것으로 파악된다.

6) 소결

따라서 교회 내 갈등과 분쟁이 사회법원으로 이어질 경우 교리 해석과 권징재판을 제외하고는 사회법원이 적극적으로 개입하고 있다고 할 수 있다.

3. 대안적 분쟁해결제도를 통한 해결

교회 내 갈등이 원만히 해결되지 않는 경우에도 바로 사회법원으로 가지 않고 대안적 분쟁해결제도를 통한 해결을 모색하는 경우도 있다.[38]

---

37. 감리교 감독회장 선거를 둘러싼 분쟁이 2008년 가처분신청으로 시작되어 6-7년간 계속된 경우가 대표적인 케이스다. 최근에는 대한예수교장로회(합동) 총무가 2014년 5월 서울중앙지방법원에 총회총무선거금지가처분을 신청한바 있다.
38. 사회법원으로 가더라도 재판 절차에서 화해, 조정이라는 대안적 분쟁해결절차를 거치는 경우도 있다. '교회 내 갈등의 대안적 분쟁해결제도를 통한 해결'은 '대안적 교회분쟁해결제도'를 통한 해결을 말한다.

1) 대안적 분쟁해결제도의 의의

대안적 분쟁해결제도(ADR, Alternative Dispute Resolution)는 전통적인 갈등(분쟁) 해결 방법인 소송을 통한 갈등(분쟁) 해결의 대안이 되는 갈등(분쟁) 해결 방법을 통칭하는 말이다. 대안적 분쟁해결제도는 소송과 비교하여 볼 때, 절차적으로 보다 자유로운 절차에 의존하게 되는 경우가 많고 당사자의 협조와 양보에 기반을 두고 신속하고 저렴한 비용으로 분쟁의 해결을 구하고자 한다는 점 등에 공통적인 특징이 있다.[39] 우리나라에서는 대안적 분쟁해결제도로 사법부의 민사조정, 재판상 화해, 가사조정,[40] 대한상사중재원, 서울지방변호사회 중재센터, 한국기독교화해중재원 등의 조정과 중재,[41] 중앙건설분쟁조정위원회, 중앙환경분쟁조정위원회, 언론중재위원회 등의 조정, 중재[42] 등이 활용되고 있다.

2) 한국기독교화해중재원을 통한 해결

교회 내 분쟁을 대안적 분쟁해결방식으로 해결하기 위한 기관으로는 한국기독교화해중재원(이하 "화해중재원"이라 함)이 있다. 화해중재원은 대안적 교회분쟁해결기구라고 할 수 있다. 화해중재원은 2008년 설립되었으며, 교회 내 분쟁 또는 기독교인들 사이의 분쟁을 상담·교섭·협상, 조정·화해, 중재 등을 통해 해결하는 것을 목표로 하고 있다.[43] 그러나 아직까지 교회 내 분쟁이 화해중재원을 통해 해결되는 경우는 많지 않은 것으로 보인다. 화해중재원은 2014년의 경우 57건의 교회 분쟁 관련 상담을 진행하고, 조정화해 3건, 중재판정 1건, 법원연계 조기조정 13건 등의 업무를 처리했다고 한다.[44] 다른 해의 경우에도 비슷한 추세를 보였으며, 화해중재원을 찾는 대부분의 경우는 상담사건이고, 조정·화해와 중재를 이용하는 경우는 매년 두어 건에 불과하다고 한다.[45]

---

39. 유시창, "한국에서의 소송에 의하지 아니한 분쟁해결절차의 활성화 방안", 《경희법학》 47권 4호, 2012, 558-559.
40. 사법주도형 ADR. 이에 대한 자세한 논의는 정준영, "가칭 ADR 기본법의 제정방향과 선결과제", 《언론중재》 겨울호, 2010, 42 참조.
41. 민간주도형 ADR.
42. 행정주도형 ADR.
43. 한국기독교화해중재원, 《기독교화해사역 실무편람》, 2008, 2.
44. CBS노컷뉴스, 2015년 1월 20일자.
45. 장우건, "기독교화해중재원의 활성화를 위한 구체적 방안", 제6차 기독교 화해사역 세미나 자료집, 2012, 5.

V. 교회 내 갈등의 바람직한 해결 방안

1. 당사자들의 태도 변화가 필요

교회 내 갈등은 어떤 방식으로 해결하는 것이 바람직할까? 여러 가지 해결책과 제도가 제시될 수 있지만, 무엇보다 먼저 당사자들의 태도 변화가 필요하다. 교회 내 분쟁은 당사자들의 신앙적 확신과 관련되기 때문에 다른 분쟁보다 더 해결하기 어려운 경우가 많다.[46] 일반적인 금전적 분쟁의 경우에도 그 다툼이 단체의 주도권 싸움 등 다른 요인과 연결되면 해결하기가 더 어려워진다. 교회 내 분쟁은 관련자들이 신앙적 확신에 입각하여 문제에 접근하고 상대방을 대하기 때문에 해결이 더 어려워지기도 한다. 자신들과 상대방은 근본적인 면에서 다르고 서로 조화될 수 없다고 여기는 것이다. 이와 같은 태도가 바꾸어져야만 교회 내 갈등이 해결될 수 있다.

따라서 교회 내 갈등을 해결하기 위해서는 첫째, 당사자들이 나 또는 우리만 옳다는 생각을 버리고 상대방을 포용해야만 한다. 반대세력을 적으로 보아서는 안 되며, 자기중심적인 태도를 극복하고 오히려 상대방을 자신보다 더 낮게 여기는 겸손한 태도를 보여야 한다.[47] 그리스도인은 하나님의 포용을 받은 사람으로서 자신 안에 다른 이들을 위한 공간을 마련하고 그들을 초대해 들여야 한다.[48] 둘째, 상대방과 대화해야 한다. 대화만으로 모든 갈등이 일거에 해소되지는 않겠지만, 대화는 갈등 해소의 출발점이 될 수 있다.[49] 셋째, 상대방을 이해하려고 노력해야 한다.[50] 서로 간의 차이보다는 공통점, 공유하는 것에 주목하여야 한다.[51]

2. 교회재판의 우선적 활용 원칙

교회 내 갈등을 당사자들 간의 대화와 태도 변화로 완전히 해결하지 못해 분쟁해결기구를 활용할 수밖에 없다면 어떤 방식을 택할 것인가. 교회

---

46. 한철, "교회분쟁의 법률문제", 《기독교문화연구》 13호, 2008, 115-116.
47. 이관직, "교회 내 갈등, 그 부적절한 해결의 결과들", 《목회와 신학》 4월호, 2004, 120.
48. Miroslav Volf, *Exclusion and Embrace*(1996), 204; 《배제와 포용》, IVP, 2012.
49. 2004년 1월 전국 목회자와 평신도 350명을 대상으로 한 조사에서 응답자 중 가장 많은 사람들 (25%)이 갈등 해결을 위한 제안으로 대화를 들었다. 박삼열, 앞의 글, 170-171.
50. 위 조사에서 응답자 중 43%가 갈등 해결의 가장 중요한 요소로 '상대를 이해하려는 노력'을 꼽았다.
51. 이성혁, "돌봄 사역을 통한 갈등회복과 신뢰공동체 만들기-둔촌동교회를 중심으로-", 박사학위논문, 장로회신학대학교 목회전문대학원, 2008, 94.

재판을 활용할 것인가, 아니면 곧바로 일반법원을 찾아갈 것인가. 또는 대안적 교회분쟁해결제도를 택할 것인가.

1) 성경의 태도

바울은 고린도전서 6장 1절 내지 7절에서 교회 내 분쟁을 일반법정에서 해결하는 것에 대하여 명확하게 부정적인 입장을 표시하고 있다. 바울은 심지어 "너희가 피차 고발함으로 너희 가운데 이미 뚜렷한 허물이 있나니 차라리 불의를 당하는 것이 낫지 아니하며 차라리 속는 것이 낫지 아니하냐"라고까지 말한다. 바울이 위 구절을 통해 일반 사회법정에서의 소송을 절대적으로 금지한 것인지 여부에 대해서는 논란이 있을 수 있지만, 바울이 교회 내 분쟁을 곧바로 일반법정으로 가져가는 태도를 경계하는 것은 분명해보인다.[52] 또한 마태복음 18장 15-17절에 의하면, 예수께서도 "네 형제가 죄를 범하거든 가서 너와 그 사람과만 상대하여 권고하라 만일 들으면 네가 네 형제를 얻은 것이요. 만일 듣지 않거든 한두 사람을 데리고 가서 두세 증인의 입으로 말마다 확증하게 하라. 만일 그들의 말도 듣지 않거든 교회에 말하고 교회의 말도 듣지 않거든 이방인과 세리와 같이 여기라"라고 말씀하셨다.

위와 같은 성경 구절은 교회 내 분쟁을 우선적으로 교회재판을 통해 해결하는 방식을 지지하는 것으로 해석할 수 있다.

2) 교회재판 vs. 일반재판

그런데 앞에서 검토한 것처럼 교회재판은 많은 문제를 갖고 있다. 앞에서 본 교회재판의 문제점은 주로 교단헌법상의 문제점인데 교회재판의 현실은 더욱더 큰 문제를 갖고 있다. 교회재판은 통상 개교회 당회 재판국, 노회 재판국, 총회 재판국의 3심 구조를 갖는다. 당회 재판국과 노회 재판국이 제대로 운영되지 않더라도 최고법원인 총회 재판국이 제대로 운영된다면 교회재판에 희망을 걸어볼 수 있는데, 현실은 그렇지 못하다. 교단정치는 전문화된 정치목사에 의해 좌우되며, 교단총회는 정치적 이해관계에 의해 정상적인 목회자를 제거하려 하고, 오히려 문제 있는 교회와 목회자는 제

---

52. 한철, 앞의 글, 131.

대로 처리하지도 않는다는 비판이 제기되고 있다.[53] 교단정치에서 정치장로의 폐해를 지적하는 소리도 있다. 교단정치가 이른바 정치목사와 정치장로들에 의해 장악되어 있는 실정이라면, 노회 재판국, 총회 재판국 등의 공정성, 객관성을 기대하기 어렵다. 또한 교회재판이 관련자들의 고향, 출신 신학교 등에 따라 편파적으로 진행된다는 지적도 있다.

이에 반해 일반법원에는 우수하고 경험 많은 법관들이 포진하고 있으며, 이 법관들은 적어도 교단정치의 영향은 전혀 받지 않을 것으로 기대할 수 있다. 일반법원에서 재판받을 권리는 우리나라 헌법상 보장되어 있는 기본권이기도 하다. 따라서 신뢰할 수 없는 교회재판 절차에 기대기보다 객관성과 공정성이 기대되는 사회재판 절차를 이용하는 것이 합리적인 선택일 수 있다. 교회의 징계가 힘이 없고, 교회법의 최종단계까지 가도 판결에 승복하지 않는 경우가 다반사라는 점 등을 이유로 오히려 교회 분쟁을 적극적으로 일반법정으로 가져가야 한다는 주장도 제기된다.[54]

그러나 최근 한국 교회에서는 너무 쉽게 사회법정으로 달려가는 경향이 자리 잡고 있으며, 이와 같은 경향이 날이 갈수록 더 심해지고 있다. 소송이 소송을 부르고 있으며, 분쟁이 격화되면 일단 형사고소부터 하고 보는 풍조가 팽배해 있다. 교회재판이 공정하고 합리적으로 이루어지지 않는 현실을 고려하면 이와 같은 태도도 이해가 된다. 그러나 교회재판이 문제가 많으면 그 문제를 고치려고 시도해야 하며, 교회재판의 문제 때문에 교회재판을 뛰어넘어 일반법원으로 바로 달려가서는 안 된다. 교회재판을 개혁하고, 그 교회재판을 통해 교회분쟁을 우선적으로 해결하려는 태도가 필요하다. 성경이 그렇게 가르치고 있으며, 이와 같은 노력이 없으면 나중에는 일반법원이 모든 형태의 교회 갈등과 분쟁을 심판하는 지경에 이르게 될 수도 있다. 또한 사회법원의 판결이 해당 재판의 대상이 된 문제에 대한 해답을 제시하더라도 교회의 회복에는 전혀 도움이 되지 않을 수도 있다.

따라서 교회재판제도의 개혁 등을 전제로 하되, 교회재판의 많은 문제점에도 불구하고 교회 분쟁은 우선적으로 교회재판을 통해 해결하는 것을 원칙으로 삼아야 한다. 다만, 교회나 교인이 관련되어 있으나 실질적으로

53. 김동춘, "왜 교단총회는 성도들에게 멀어졌는가", 교회개혁실천연대 교단총회의 현실과 과제 포럼, 2015. 6. 8.
54. 지형은, "한국 교회의 정치, 무엇이 문제인가", 목회자와 교회정치 자료집, 2013. 20.

교회 내 갈등이나 분쟁이라고 보기 어려운 사건(예컨대 심각한 형사범죄)은 사회 법원을 통해 해결할 수밖에 없을 것이다.

3) 교회재판의 우선적 활용을 위한 필수적 해결과제

우선적으로 교회재판을 통해 교회 내 갈등을 해결하는 것을 원칙으로 삼기 위해서는 교회재판제도의 개혁 등 필수적 과제의 해결이 전제되어야 한다. 특히 교회재판제도가 개혁되지 않은 상태에서는 우선적으로 교회재판을 통해 교회 분쟁을 해결하고자 할 경우 오히려 분쟁의 해결만 지연되거나 때로는 분쟁이 더 악화될 것이다. 따라서 우선적으로 교회재판을 통해 교회 내 갈등을 해결한다는 원칙은 세워두되, 다음과 같은 필수적 해결과제를 최대한 신속하게 해결해야 한다. 다만, 모든 교단에서 이와 같은 개선책을 동시에 도입하는 것은 기대하기 어려울 것이다. 따라서 한, 두 교단이라도 교회 내 갈등은 교회재판을 통해 우선적으로 해결한다는 원칙을 구현하기 위해 선도적으로 교회재판제도의 개혁 등에 착수하는 결단이 필요하다.

권징조례의 정비

각 교단의 권징조례를 명확하게 정비할 필요가 있다.[55] 권징조례는 권징의 대상, 권징재판의 절차, 재판국의 구성 등을 정하고 있으므로 교회 내 분쟁을 교회 및 교단 내에서 해결함에 있어 매우 중요한 규범이다. 그런데 권징조례의 내용이 불명확한 경우가 적지 않다.[56] 권징의 대상이 되는 범죄뿐만 아니라 전체적으로 권징조례의 내용을 논란의 여지가 없도록 분명하게 정하는 것이 필요하다. 권징조례가 정비되어야만 권징재판에 대한 진정한 승복을 이끌어낼 수 있을 것이다.

교회재판 심판 대상의 확대

교회 내 분쟁을 교회 내에서 우선적으로 해결하기 위해서는 각 교단 재판국의 심판 대상을 적극적으로 확대하는 것이 필요하다. 각 교단의 권징

---

55. 유장춘, 앞의 글, 261도 같은 의견.

56. 예컨대 대한예수교장로회(합동) 권징조례는 범죄(제3조)에 대하여 "교인, 직원, 치리회를 불문하고 교훈과 심술과 행위가 성경에 위반되는 것이나 혹 사정이 악하지 아니할지라도 다른 사람으로 범죄하게 한 것이나 덕을 세움에 방해되게 하는 것이 역시 범죄이다"라고 규정하고 있다. 권징의 대상이 되는 범죄에 대하여 매우 애매모호하게 서술하고 있는 것이다.

조례는 권징사건만 재판국의 심판 대상으로 삼거나 또는 권징사건 및 행정사건을 재판국의 심판 대상으로 삼고 있다. 그러나 현재 교회 안에서 발생하고 있는 다양한 유형의 분쟁으로서 교회재판을 통해 해결가능한 것을 최대한 적극적으로 재판국의 심판 대상으로 포섭할 필요가 있다. 교회 내 분쟁을 최대한 교회 내에서 해결하려는 제도적 노력이 요구되는 것이다. 물론 현재 교단 재판국의 심판 대상으로 되어 있는 사건도 공정하고 객관적으로 해결하지 못하고 있는 실정을 감안할 때 심판 대상의 확대는 요원한 꿈일 수도 있다. 그러나 교회 내 분쟁이 교회 밖으로 나가지 않도록 하기 위해서는 재판국 심판 대상의 확대가 반드시 필요하다.

재판국원 구성의 다양화, 전문화 및 교단정치의 영향 배제

각 교단 재판국의 구성원을 다양화하는 것도 필요하다. 적어도 일반 법원의 대법원에 해당하는 총회 재판국의 구성원이라도 다양하게 구성하는 것이 바람직하다.[57] 총회 재판국원을 총회에서 선임된 목사와 장로만으로 구성하도록 하는 경우가 있는데, 이와 같이 구성할 경우에는 총회의 재판이 교단정치의 영향을 받을 가능성이 대단히 높다. 따라서 총회 재판국원의 자격을 보다 완화할 필요가 있다. 이와 같은 제안은 한국교회의 현실에 맞지 않는다는 비판이 제기될 수 있으나, 교회재판에서 최대한 교단정치의 영향을 배제하지 않고서는 교회재판을 통해 교회분쟁을 제대로 해결하는 것을 기대할 수 없다.

또한 총회 재판국이 최종심이라는 점을 감안할 때, 교회 내 분쟁에 관한 교회재판에 대하여 당사자들이 수긍하도록 하기 위해서는 총회 재판국원에 법률 전문가를 상당수 포함시키는 것이 바람직하다. 재판국원 15인 가운데 2인 이상은 법학을 전공한 법학사 학위를 가진 자 중에서 선임하도록 정함으로써 어느 정도 전문성을 확보하려는 시도도 보이지만,[58] 앞에서 본 것처럼 이것만으로는 양적으로나 질적으로나 충분하지 않다. 총회 재판국원 중 적어도 1/3은 변호사, 법학교수 등 법률 전문직에 일정 기간 이상

---

57. 대한예수교장로회(통합)의 경우 '총회 재판국은 총회에서 선임된 재판국원 15인(목사 8인, 장로 7인)으로 구성한다. 다만, 재판국원은 동일한 노회 파송총대 중 1인에 한하여 선임된다'(권징조례 제10조 제1항)라고 규정하고 있다.
58. 대한예수교장로회(통합) 권징조례 제10조 제2항.

종사한 사람으로 선임하는 방안도 적극적으로 검토할 필요가 있다.[59]

　　나아가 교단정치가 교회 내 재판에 영향을 미치는 것을 방지하기 위해서는 아예 일정수의 교단 외부인사를 총회 재판국원으로 참여시키는 방안도 생각해볼 수 있을 것이다. 교단 외부인사들이므로 교단 내의 정치적 이해관계에 휘둘리지 않고 엄정한 판단을 하는 것을 기대해볼 수 있다. 교회 내 분쟁해결기구가 전문성을 구비하고 권위를 회복하기 위해서는 교회 재판국의 구성원을 다양화하고 전문화하는 것이 반드시 필요하다고 본다.

교회재판의 공정성 확보 및 신속한 처리

　　각 교단이 권징재판 등 교회재판을 공정하게 진행하는 것이 대단히 중요하다. 정치적 이해관계, 학연, 지연 등에 따른 재판이나 봐주기 식의 재판이 있어서는 안 된다. 교회재판이 권위를 갖기 위해서는 공정하고 엄정한 법집행이 강력하게 요망된다. 교회재판이 면죄부를 주기 위한 요식절차로 전락한다면 교회재판을 통한 교회 갈등의 해결은 기대할 수 없다.

　　또한 교회재판절차의 신속성이 요구된다. '지연된 정의는 정의가 아니다(Justice delayed is justice denied)'라는 법언이 있다. 교회재판이 실효를 거두려면 권징 등에 관한 신속한 판단이 필요하다. 정당한 이유 없이 권징 등에 관한 판단을 미루는 것은 관련자를 봐주는 것과 다르지 않다.

　　따라서 위에서 언급한 교단 외부인사의 총회 재판국원 참여를 비롯하여, 교회재판의 공정성과 신속성을 확보하기 위한 다양한 제도를 도입하고, 이를 강력하게 시행해야 한다.

조정 등의 적극적 활용

　　교회재판은 분쟁의 해결뿐만 아니라 관련된 교회의 회복을 늘 염두

---

59. 총회 재판국원으로 선임될 수 있는 법률 전문직의 자격요건은 다음과 같이 정할 수 있을 것이다.
　　① 판사·검사 또는 변호사의 직에 5년 이상 종사한 사람
　　② 공인된 대학의 법률학 조교수 이상의 직에 5년 이상 종사한 사람
　　③ 국회, 정부, 법원 또는 헌법재판소 등 국가기관에서 4급 이상의 공무원으로서 10년 이상 법률에 관한 사무에 종사한 사람
　　④ 법률학에 관한 박사학위 소지자로서 국회, 정부, 법원 또는 헌법재판소 등 국가기관에서 10년 이상 법률에 관한 사무에 종사한 사람
　　⑤ 법률학에 관한 박사학위 소지자로서 대학 등 공인된 연구기관에서 10년 이상 법률에 관한 사무에 종사한 사람

에 두어야 한다. 교회의 회복을 위해서는 당사자의 상호 양보를 전제로 하는 조정, 화해 등이 바람직하므로, 교회재판 과정에서 조정, 화해 등을 적극적으로 활용할 수 있는 구체적인 제도적 개선책이 필요하다.

개교회 정관 작성

교회 내 분쟁을 교회재판을 통해 제대로 해결하기 위해서는 먼저 개교회별로 정관을 제정하는 것이 필요하다. 개교회는 그 법적 성격이 비법인사단이므로 교회정관은 교회의 자치법규다.[60] 정관만으로 모든 문제가 해결될 수는 없겠지만, 개교회 정관에 의사결정구조, 분쟁해결방안 등에 대하여 상세하고 합리적으로 규정한다면 분쟁의 소지가 크게 줄어들 것이고, 분쟁의 소지가 줄어든다면 일반법정에 호소할 여지도 당연히 줄어들 것이다.

개교회의 정관은 교회 내 분쟁이 어쩔 수 없이 교회재판이나 일반재판으로 가게 된 경우에는 그 분쟁을 해결하는 일차적인 규범의 역할도 하게된다. 체계적이고 합리적인 정관이 있을 경우 교회 재판국이나 일반법원은이를 기준으로 하여 교회 내 분쟁을 보다 명확하게 해결할 수 있으며, 당사자들이 그와 같은 판단에 승복할 여지도 많게 된다. 따라서 교회 내 분쟁을교회재판을 통해 우선적으로 해결하는 방안이 실효를 거두기 위해서는 개교회가 정관을 제정하는 것이 급선무다.

그런데 대다수의 교회들이 정관을 갖고 있지 않거나 또는 정관을 갖고 있다고 하더라도 내용을 구체적으로 규정하지 않아 유명무실한 경우가허다하다.[61] 교회정관에는 교회의 조직과 활동의 기본적인 사항, 즉 교회의대표, 교인의 자격과 권리, 의무, 교인 지위의 취득과 상실, 자산과 재정 등이규정되어야 할 것이다.[62] 특히 교회 재산과 관련된 분쟁의 예방과 적절한 해결을 위해서는 교회정관에 교회 재산에 관한 규정을 반드시 둘 필요가 있다.[63] 또한 교회 분쟁에서 교인의 자격과 이를 입증하는 방법에 대한 어려움

---

60. 장우건, "교회정관과 법원의 재판", 제8차 기독교 화해사역 세미나 자료집, 2014, 10. 대법원 2000. 11. 24. 선고 99다12437 판결은 사단법인의 정관은 이를 작성한 사원뿐만 아니라 그 후에 가입한 사원이나 사단법인의 기관 등도 구속하는 점에 비추어 보면 그 법적 성질은 계약이 아니라 자치법규로 보는 것이 타당하다고 판시했다.
61. 소재열, "교회정관에 관한 민사법적 연구", 박사학위논문, 조선대학교대학원, 2013, 172.
62. 장우건, 앞의 글, 15.
63. 장우건, 앞의 글, 23.

이 생길 수 있으므로 정관에 교인의 자격, 입증방법 등에 대한 상세하고 명백한 규정을 둘 필요도 있다.[64]

4) 교회재판의 우선적 활용을 위한 방안

교회재판 전치주의의 규정 가능성

교회재판제도의 개혁 등을 전제로 교회 내 갈등의 해결을 위해 교회재판을 우선적으로 활용하도록 하기 위한 구체적인 방법으로는 교회재판 전치주의를 도입하는 것을 검토해볼 수 있다. 이는 교회 내 분쟁을 일반법정으로 가져가기에 앞서 반드시 교회재판을 거치도록 하는 제도다.

예컨대, 감리교회 교리와 장정 제7편 제3조는 일반범과의 하나로 '교회재판을 받기 전에 교인 간 법정소송을 제기했을 때(다만 '교리와 장정'에 정하고 있는 교회재판에 관계되지 아니하는 사항은 예외), 감독, 감독회장 선거와 관련하여 교회재판을 받기 전에 사회법정에 소송을 제기했을 때' 등을 규정하고 있다. 이는 교회재판 전치주의의 표현이다.

그런데 이와 같은 교회재판 전치주의에 관해서는 우리나라 헌법 등에 비추어볼 때 그러한 제도가 유효한지 여부가 문제될 수 있다.

판례는 노동조합과 조합원 간의 일정한 분쟁에 관하여 조합원이 노동조합을 상대로 일절 소송을 제기할 수 없도록 정한 노동조합의 내부 규정에 대하여, "이 규정은 조합원의 재산권에 속하는 위로금의 지급을 둘러싸고 생기게 될 조합원과 조합 간의 법률상의 쟁송에 관하여 헌법상 보장된 조합원의 재판을 받을 권리를 구체적 분쟁이 생기기 전에 미리 일률적으로 박탈한 것으로서 국민의 재판을 받을 권리를 보장한 헌법 및 법원조직법의 규정과 부제소 합의 제도의 취지에 위반되어 무효"라고 판시했다.[65]

따라서 만일 교단헌법이 교회 분쟁에 대해서는 사회법원에 소송을 제기할 수 없다고 정할 경우 그러한 규정은 우리나라 헌법 제27조 제1항[66]에 규정된 국민의 재판을 받을 권리를 박탈하는 것으로 무효로 판단될 여지가 있다. 그러나 사회법원으로 가기 전에 반드시 교단재판을 거치도록 하는 규정은 국민의 재판을 받을 권리라는 기본적 인권을 박탈하는 것은 아

---

64. 장우건, 앞의 글, 32.
65. 대법원 2002. 2. 선고 2000다65086 판결.
66. "모든 국민은 헌법과 법률이 정한 법관에 의하여 법률에 의한 재판을 받을 권리를 가진다."

닌바, 이를 무효로 보기는 어렵다.

　다만, 교회재판 전치주의를 도입하기 위해서는 교회재판제도의 개혁이 전제되어야만 하며, 교회재판의 문제를 그대로 둔 상태에서 교회재판 전치주의를 도입할 경우에는 교회 분쟁의 바람직한 해결을 기대하기 어렵다.

일반법원의 장기적인 태도변화 요망

　교회 내 분쟁을 우선적으로 교회재판을 통해 해결하기 위해서는 장기적으로 일반법원의 태도 변화도 필요하다. 앞에서 본 것처럼 법원은 교회 분쟁이라고 하더라도 교리해석이나 권징재판이 아닌 경우에는 적극적으로 사법심사의 대상으로 삼고 있다. 한국 교회에서 교회재판이 제대로 기능하고 있지 못하는 점, 국민의 재판청구권을 보장해야 하는 점 등을 감안하면 법원의 이와 같은 태도는 어쩔 수 없다고 할 수도 있다. 나아가 권징재판에 대한 법원의 소극적인 개입에 대해서, 부당할 가능성이 상당히 높은 권징재판을 피징계자에게 강요하고 그 결과 생업 자체를 박탈한다면 이는 재판청구권의 박탈 및 평등권침해에 해당한다는 비판도 있다.[67]

　그러나 법원이 교회 내 분쟁에 대해 적극적으로 개입하는 것은 결코 바람직하지 않다. 교회 갈등은 교회 내에서 해결해야 한다. 교회재판의 우선적 활용을 위해서는 교회재판제도의 개선이 전제되어야 하지만, 교회 분쟁에 대한 법원의 장기적인 태도 변화도 필요하다. 교회재판제도의 문제점을 감안할 때 당장은 어렵겠지만 법원은 장기적으로 교리해석이나 권징재판 이외에도 교회에 돌려주어야 할 몫은 없는지 살펴보아야 할 것이다.

　이 점과 관련해서는 미국의 사례가 참고가 된다. 미국 연방대법원은 교회분쟁사건에서 영국의 확립된 법리인 '묵시적 신탁의 원칙'(implied-trust doctrine)[68]을 탈피하여 존중설,[69] 중립설[70] 등으로 법리를 발전시켜왔다. 존

---

67. 김진현, "교회재산분쟁에 관한 비교법적 고찰", 《강원법학》 1권, 1985, 144. 권징재판의 경우에도 교회헌법의 준수 여부 및 절차에 따라 제대로 이루어졌는지 여부에 대한 사법심사가 필요하다는 견해로는 오시영, "민사소송절차와 교회내부 징계절차 및 행정쟁송절차의 비교검토", 《민사소송》 12호, 2008, 499.

68. 교회의 설립자가 그 재산을 설립자가 신봉하는 교리를 따르는 자에게 묵시적으로 신탁했다는 원칙이며, 그 원칙에 의하면 분쟁의 대상인 교회재산은 설립자의 교리를 신봉하는 측에 돌아가게 된다. 김진현, 앞의 글, 115. 이 원칙에 의하면 법원이 설립자의 교리를 심사해야 하는 문제가 생긴다.

69. Watson v. James 사건에 관한 연방대법원의 1872년 4월의 판결에 의하여 수립된 Watson 원칙.

70. 중립법리론이라고도 부른다. 황규학, "교회분열시 재산귀속에 대한 한미 비교연구", 박사학위논문(강원대학교대학원, 2014), 71 이하 참조.

중설은 교회의 재산분쟁에 관한 해결은 교회 내의 자치기관의 의사결정에 절대적으로 따르며, 이렇게 하는 것이 예외적으로 불합리한 경우에만 법원이 그 기관의 행위를 심사할 수 있다는 입장이다.[71] 존중설에 의하여 일반법원의 교의(教義)에 대한 개입이 감소하고 교회 자신에 의한 자유로운 교의의 형성에 기여하게 되었으며, 교회의 자율권의 보장이 강화되었다고 평가된다.[72] 중립설은 교회재산 분쟁에는 순수 재산적인 측면과 종교적 측면이 있음을 상정하고, 후자에 대하여는 사법심사가 불가능하지만, 전자에 대하여는 통상의 일반재산 분쟁과 달리 취급할 필요가 없다는 입장이다.[73]

그런데 최근 미국 연방대법원의 판결 경향을 보면 중립설의 절차를 거치지만 결국 미국 연방헌법 수정 제1조의 해석에 따라 교단의 자율적인 경향을 존중하여 교단 존중 원칙을 유지하는 하이브리드 경향을 띠고 있다고 한다.[74] 다시 말해 결과적으로 교회재판의 결과를 존중한다는 것이다. 우리나라에서도 장기적으로는 법원이 이와 같이 교회재판의 결정을 존중하는 방향 전환도 요구된다.

다만, 법원이 장기적으로 교회재판의 결정을 존중하도록 하기 위해서는 교회재판제도의 개혁 등을 통해 교회재판이 공정하고 합리적으로 행해져야 할 것이다.

3. 대안적 교회분쟁해결제도의 적극적 활용

교회 내 갈등을 교회 내에서 제대로 해결하기 위한 제도적 개선이 이루어지기까지는 현실적으로 적지 않은 시간이 걸릴 것이다. 따라서 교회재판제도의 개혁 등을 전제로 교회 내 갈등은 교회재판을 통해 해결한다는 원칙을 세워 두되, 교회재판제도의 문제점이 해결되지 않아 공정한 교회재판을 기대하기 어려운 경우에도 바로 사회법정으로 가기보다는 대안적 교회분쟁해결제도를 적극적으로 이용하는 것이 현실적인 대안이 될 수 있다. 아예 교회 분쟁의 경우 대안적 교회분쟁해결제도를 우선적으로 이용하도록 교단헌법 등에 명시하는 방안도 고려할 수 있다.[75]

71. 김진현, 앞의 글, 129. 이영진, 앞의 글, 291-292.
72. 이영진, 앞의 글, 282.
73. 김진현, 앞의 글, 129. 이영진, 앞의 글, 291-292.
74. 황규학, 앞의 글, 101.

또한 교회재판제도의 개혁이 이루어진 다음에도 사안의 성격에 따라서는 대안적 교회분쟁해결기구를 통해 해결하는 것이 바람직한 경우도 있을 수 있다. 그런데 앞에서 본 것처럼 대안적 교회분쟁해결기구인 화해중재원은 현재 그다지 많이 활용되지 않고 있다. 그 이유로는 화해중재원의 성격과 기능에 대한 이해 부족, 화해중재원에 대한 신뢰 부족, 화해중재원의 존재와 기능에 대한 홍보 부족 등이 지적되고 있다.[76] 교회 분쟁의 당사자들이 화해중재원을 활발하게 이용하도록 하기 위해서는 홍보도 필요하지만, 무엇보다 화해중재원이 당사자들로부터 공정성과 객관성에 대한 신뢰를 얻는 것이 중요하다. 교회 분쟁의 당사자들은 교회재판을 목회자 또는 특정 교회정치세력이 장악하고 있는 것으로 이해하는 경우가 많다. 공정성, 객관성에 대한 의구심 때문에 교회재판기구를 통해 교회분쟁을 해결하기를 꺼리는 것이다. 당사자들이 화해중재원에 대해서도 이와 같은 의구심을 가질 수 있다.

따라서 화해중재원은 특정 교회정치세력이나 목회자, 장로, 또는 그밖의 일방 당사자의 편이 아니라는 점을 분명하게 보여주어야 한다. 화해중재원의 인적 구성, 조직, 운영 등에 있어서 이 점을 특히 염두에 둘 필요가 있다. 만일 화해중재원의 공정성, 객관성에 대한 충분한 신뢰를 확보하기 위하여 대대적인 제도적 개선이 요구된다면 시급하게 개선에 나서야 할 것이다.

4. 사회법정으로 갈 경우 명심할 사항

그렇지만 많은 교회 내 갈등이 여러 가지 이유로 사회법정으로 가는 것이 현실이다. 어떠한 사유에 의해서든지 교회 내 갈등을 사회법원으로 가져갈 경우에도 다음과 같은 점은 반드시 명심해야 한다.

1) 형사 고소·고발의 자제

형사 고소·고발은 가급적 최후 수단으로 사용하는 것이 필요하다. 민사소송은 금전적 해결, 재산적 해결 등을 주로 목표로 하지만, 형사 고소·고발은 상대방에 대한 형사처벌이나 인신구속을 목표로 한다. 따라서 일반

---

75. 침례교단은 총회 결의로 교회 분쟁이 있을 경우 바로 사회법정에 제소하지 못하고 반드시 먼저 화해중재원에 조정 또는 중재신청을 하도록 정하고, 이를 위배할 경우 5년간 대의원 자격을 박탈하고 있고, 성결교단도 중재원의 조정·중재전치주의를 권고사항으로 정했다고 한다. 장우건, 앞의 글, 36.
76. 오준수, "중재원의 활용이 저조한 원인과 그 대책", 제6차 기독교 화해사역 세미나 자료집, 2012, 16-18.

적으로는 일단 형사 고소·고발이 이루어지면 관련자들의 감정이 민사소송보다 훨씬 격화될 수밖에 없다. 그런데 언젠가부터 한국 교회에서 교회 내 분쟁이 발생하면 일단 상대방에 대한 고소장과 고발장부터 접수하고 보는 것이 유행처럼 번지게 되었다.

　　일반 사회분쟁에서는 민사소송의 증거를 확보하거나 상대방으로부터 쉽게 합의를 이끌어내기 위해 고소·고발을 하는 경우도 많다. 그러나 형사 고소·고발의 감정적 영향을 감안할 때 교회 내 분쟁에서는 우선 위와 같은 목적을 위한 고소·고발이라도 자제하는 것이 필요하다. 다만, 최근 한국 교회에서 큰 문제로 등장하고 있는 목회자의 성범죄, 중대한 재산범죄(거액의 횡령, 배임 등) 등은 교회 내 분쟁이라기보다 심각한 형사범죄이므로 형사 고소·고발에 의해서 해결할 수밖에 없다고 본다. 이에 준하는 중대한 형사범죄의 경우도 마찬가지일 것이다.

2) 법원 판단의 존중

　　일반법정에 호소하여 법원의 판결이 내려질 경우 그 판결에 불복하여 항소, 상고를 하는 것은 헌법상 보장된 권리이므로 이를 막을 수는 없다. 그렇지만 전혀 항소, 상고의 실익이 없음에도 불구하고 감정싸움 때문에 항소, 상고하는 것은 자제해야 한다.

　　또한 사회법에 의한 최종 판단이 내려진 이후에도 교회에서는 교회법이 우선한다는 논리를 내세우며 사회법에 의한 판단에 승복하지 않는 경우도 있다. 이런 경우에는 분쟁이 끝날 조짐을 보이지 않게 된다. 따라서 당사자 입장에서는 아쉬운 점이 있더라도 사회법에 의한 최종 판단이 내려지면 이를 받아들이는 성숙한 태도가 필요하다.

3) 사회법정의 한계에 대한 인식

　　사회법정에서 항상 사건의 실체적 진실이 밝혀지는 것은 아니라는 점을 인식할 필요가 있다. 이는 증거가 없어서일 수도 있고, 당사자나 변호사가 적절하게 대응하지 못했기 때문일 수도 있으며, 판사가 잘못 판단했기 때문일 수도 있다. 어떠한 이유에서이든지, 민사사건이든 형사사건이든, 법정에서 언제나 진실이 명확하게 드러나는 것은 아니다. 따라서 사회법으로 가더라도 일반법정의 이와 같은 한계를 인식해야 한다. 이러한 한계를 인식하면 오히려 사회법에 의한 최종 판단에 승복하기가 쉬울 수 있다.

4) 재판상 화해, 조정의 적극적 수용

재판이 진행되는 과정에서 법원에서 화해, 조정을 권유할 경우 이를 적극적으로 받아들이는 것이 바람직하다. 화해, 조정은 일방 당사자의 완승이 아니라 양 당사자의 양보를 전제로 하므로 양 당사자가 화해안, 조정안에 대하여 모두 불만을 가질 수 있다. 그러나 일도양단적인 결론의 판결보다는 화해, 조정을 통해 문제를 해결하는 것이 교회의 상처를 싸매는 데 더 바람직한 경우가 많다. 따라서 다소 억울하고 불만스러운 점이 있더라도 당사자들이 적극적으로 화해, 조정을 받아들이는 것이 필요하다.

5) 교회 공금으로 재판 비용을 사용할 경우의 문제점

목회자가 개인의 비리나 부정과 관련된 민형사절차에서 교회 공금으로 변호사 보수나 소송 비용을 지급해서는 안 된다. 이 경우 배임죄로 처벌된다. 대법원은 이와 관련하여, "피고인의 횡령행위, 재산문제, 감독회장 부정선거, 여자문제 등 피고인의 개인 비리나 부정을 무마하거나 처리하기 위하여 교회 공금을 사용하는 것은 배임행위에 해당하고, 목사가 교회 내부의 규정에 따라 장로들로 구성된 기획위원회, 실행위원회 등의 견의를 거쳐 위와 같이 교회 공금을 사용한 경우, 기획위원, 실행위원 등이 목사의 개인 비리나 부정을 무마하거나 처리하기 위하여 교회 공금을 사용하기로 한 결의에 찬성한 행위도 교인들에 대한 배임행위에 해당한다"고 판시했다.[77] 따라서 목회자가 개인 비리 등과 관련된 사건의 변호사 보수 및 소송비용으로 교회 공금을 사용해서는 안 될 뿐만 아니라, 당회가 이를 승인해서도 안 될 것이다.

6) 법원의 판결 이후 후속작업의 중요성

사회법원의 최종 판결이 내려진다고 하더라도 이로써 모든 교회 갈등이 해결되는 것은 아니라는 점을 명심할 필요가 있다. 그 판결이 또 다른 분쟁의 소지를 낳는 경우는 물론이지만, 그 판결이 관련된 모든 문제에 대해 충분한 해답을 주는 경우에도 마찬가지다. 승소가 교회 갈등을 최종적으로 해결하는 것은 아니다. 최선의 경우에도 법원의 판결은 갈등 해결의 1단계

---

77. 대법원 2006. 4. 28. 선고 2005도756 판결.

에 불과하다. 재판상 화해, 조정 등도 마찬가지다. 교회 갈등 과정에서 주고받은 서로 간의 공격은 소송 과정에서 서면 공방, 증인신문 등을 통해 증폭되어 당사자들의 마음에 굵은 못으로 깊이 박히게 된다. 승소판결문을 받고 교회 건물을 넘겨받더라도, 당사자들이 때로는 인생의 대부분의 시간을 바친 그리스도의 몸된 교회가 저절로 회복되는 것은 아니다. 오히려 소송과 판결이 교회 내 갈등을 해결할 수 없는 지경으로 만드는 데 크게 기여할 수도 있다. 따라서 우선 신중하게 사회법정에 접근해야 할 것이며, 또한 최종 판결 등을 받은 이후에는 그리스도의 몸 된 교회를 회복하기 위한 후속 작업이 반드시 필요하다.

VI. 나가는 글

교회도 인간의 조직이므로 갈등이 없을 수는 없다. 경우에 따라서는 갈등을 극복하는 과정에서 교회가 더 성숙해지고 견고해질 수도 있다. 교회 내 갈등이나 분쟁이 교회 성장의 계기가 될 수도 있다. 그러나 교회 내 갈등이 지속되어서는 안 된다.

교회 내 갈등이나 분쟁을 제대로 해결하기 위해서는 당사자들의 태도 변화가 필요하며, 그 갈등을 분쟁해결기구를 통해 해결할 경우에는 우선적으로 교회 내 재판제도를 이용하는 것을 원칙으로 삼아야 한다. 교회재판제도가 많은 문제점을 갖고 있는 현실을 감안할 때 이는 이상론에 불과하다고 할 수도 있다. 그러나 교회 내 갈등이 일차적으로 사회법원을 통해서 해결되는 것은 결코 바람직하지 않다. 교회재판제도의 개혁이 반드시 전제되어야 하지만, 교회 내 갈등은 우선적으로 교회재판을 통해 해결한다는 원칙을 세워야 한다. 대안적 교회분쟁해결기구를 이용하는 것도 대안이 될 수 있다. 설혹 사회법정으로 가더라도, 승소판결문은 소송과정을 통해 더욱더 병들고 찢기게 되는 그리스도의 몸 된 교회에 대한 완치증명서가 될 수는 없다는 점을 명심해야 한다.

참고문헌

강삼영, "국교회의 분쟁과 결과", 《지성과 창조》 8호, 2005.

강호철, "목회자에 대한 평신도의 갈등분석과 목회적 해결방안", 박사학위논문, 성결대학교 신학전문대학원, 2006.

고규정, "종단에 등록된 사찰의 주지의 지위에 관한 소의 적법성-판례로 본 법원이 종교단체 내부의 징계처분의 당부를 판단할 수 있는 경우", 판례연구 8집, 부산판례연구회, 2007.

권헌서, "권징재판의 구조와 문제점", 제2회 화해중재원 포럼 자료집, 2015.

기독교대한감리회, 《교리와 장정》, 2002.

김경은, "화해사역을 위한 화해의 영성", 《신학과 실천》 36호, 2013.

김기수, "교회의 갈등과 목회지도력", 《목회와 신학》 가을호, 1999.

김동춘, "왜 교단총회는 성도들에게 멀어졌는가?" 교회개혁실천연대 교단총회의 현실과 과제 포럼, 2015.

김동호, "21세기를 향한 한국교회 지도력 갈등과 치유", 《목회와 신학》 가을호, 1999.

김상찬, 김상명, "교회의 분쟁과 교회재산의 귀속에 관한 판례의 동향", 《법학연구》 24권 1호, 충남대학교, 2013.

김영종, "한국교회 목회자와 당회원의 갈등과 해소방안", 《기독교사회연구》 3집, 2005.

김주덕, "한국교회 분쟁의 요인 분석", 《한국기독교와 역사》 27호, 2007.

김진현, "교회재산분쟁에 관한 비교법적 고찰", 《강원법학》 1권, 1985.

김한옥, "목회 리더십 교체에서 발생하는 갈등의 유형과 해결방안", 《성결교회와 신학》 26호, 2011.

김현철, "목회현장에서의 갈등, 어떻게 다루어야 하나?" 《목회와 신학》 4월호, 2004.

대한예수교장로회(통합) 총회, 《헌법》, 한국장로교출판사, 2007.

대한예수교장로회(합동) 총회, 《헌법》, 대한예수교장로회총회 출판부, 2000.

민경식, "2011년도 종교법 판례의 동향", 《종교문화비평》 21호, 2012.

박삼열, "교회 안의 갈등에 대한 그리스도인들의 의식조사", 《목회와 신학》 3월호, 2004.

박태신, "민사재판권의 한계에 관한 고찰: 종교단체의 내부분쟁을 중심으로", 《민사소송》 5호, 2002.

백현기, "교회의 분쟁에 관한 민사법적 연구", 박사학위논문, 한양대학교 대학원, 2010.

서동훈, "교회 내 갈등해결을 위한 목회지원방안연구", 박사학위논문, 장로회신학대학교 목회전문대학원, 2009.

서헌제, "교회분열에 관한 대법원 판결의 의의", 제1회 화해중재원 포럼 자료집, 2014.

서헌제, "교회재산의 현황과 문제점", 제2회 화해중재원 포럼 자료집, 2015.

소재열, "교회정관에 관한 민사법적 연구", 박사학위논문, 조선대학교대학원, 2013.

송인규, "목회자와 교회의 갈등", 《목회와 신학》 2004년 4월호.

송인규, "행정재판의 구조와 문제점", 제2회 화해중재원 포럼 자료집, 2015.

송준영, "교회갈등 최소화를 위한 목회자리더십 연구", 박사학위논문, 호서대학교 연합신학전문대학원, 2014.

송호영, "소속사원에 대한 단체의 징계권에 관한 연구", 한국재산법학회 학술대회 자료집, 2009.

신은주, "ADR에 대한 기독교적 이해와 적용", 화해중재세미나자료, 2008. 7. 5.

신은주, "한국교회에 있어서 갈등 분쟁에 대한 대처방법 및 기독중재·조정기구의 유용성에 대한 조사연구", 《복음과 실천신학》 15호, 2008.

양희송, "가나안 성도 현상이 던지는 세 가지 질문", 2015년 제6회 전국 성직자 신학연수, 대한성공회/성공회대학교, 2015.

여삼열, "기독교 화해사역으로서 화해중재원의 의미와 사역원리", 화해중재세미나자료, 2008. 7. 5.

오시영, "민사소송절차와 교회내부 징계절차 및 행정쟁송절차의 비교검토", 《민사소송》 12호, 2008.

오준수, "중재원의 활용이 저조한 원인과 그 대책", 제6차 기독교 화해사역 세미나 자료집, 2012.

유시창, "한국에서의 소송에 의하지 아니한 분쟁해결절차의 활성화 방안", 《경희법학》 47권 4호, 2012.

유장춘, "교회사건에 대한 국가법령 적용범위와 한계에 관한 연구", 박사학위논문, 단국대학교 대학원, 2012.

윤재환, "교회 공동체 안에서의 갈등관리를 위한 교육프로그램 개발-진해중앙교회를 중심으로-", 박사학위논문, 한신대학교 신학전문대학원, 2009.

이관직, "교회 내 갈등, 그 부적절한 해결의 결과들", 《목회와 신학》 4월호, 2004.

이상민, "교회 내 분쟁의 사회법 절차에 따른 해결에 대한 검토", 목회자와 교회정치 자료집, 2013.

이성혁, "돌봄 사역을 통한 갈등회복과 신뢰공동체 만들기-둔촌동교회를 중심으로-", 박사학위논문, 장로회신학대학교 목회전문대학원, 2008.

이성희, "교회 안의 갈등과 목회 리더십", 《목회와 신학》 4월호, 2004.

이승현, "교회비전 확립을 통한 교회 갈등해소와 성장에 관한 연구-대구평강교회 비전위원회 활동을 중심으로-", 박사학위논문, 장로회신학대학교 목회전문대학원, 2010.

이영진, "종교의 자유의 한계와 정교분리에 관한 연구-미연방대법원판례를 중심으로 한 각국 판례의 비교-", 박사학위논문, 성균관대학교 대학원, 1998.

이영진, "사법권과 종교단체의 내부분쟁-'부분사회론'의 소개와 종교단체내분에의 사법심사에 관한 각국 판례의 비교", 《사법논집》 33집, 2001.

이정용, "교인들의 교회탈퇴 여부 판단시 고려사항에 관한 소고", 《중앙법학》 16집 2호, 2014.

이정용, "교단변경과 교인지위에 관한 법적 연구", 박사학위논문, 중앙대학교대학원, 2015.

장우건, "기독교화해중재원의 활성화를 위한 구체적 방안", 제6차 기독교 화해사역 세미나 자료집, 2012.

장우건, "교회정관과 법원의 재판", 제8차 기독교 화해사역 세미나 자료집, 2014.

정재영, "소속 없는 신앙에 대한 설문조사 결과", 목회사회학연구소 공개세미나 자료집, 2013.

정준영, "가칭 ADR 기본법의 제정방향과 선결과제", 《언론중재》 겨울호, 2010.

지형은, "한국교회의 정치, 무엇이 문제인가", 목회자와 교회정치 자료집, 2013.

한국기독교화해중재원, 《기독교 화해사역 실무편람》, 2008.

한철, "교회분쟁의 법률문제", 《기독교문화연구》 13호, 2008.

황규학, "교회분열시 재산귀속에 대한 한미 비교연구", 박사학위논문, 강원대학교대학원, 2014.

히데무라 겐지, "목사와 장로를 둘러싼 갈등", 《한일공동연구총서》 7호, 2002.

Miroslav Volf, *Exclusion and Embrace* (1996); 《배제와 포용》, IVP, 2012.

4부
한국 사회와 평화

———

8장_ 한국 사회의 이념 갈등: 평화적 공존의 길

김병로(서울대학교 통일평화연구원 교수)

I. 들어가는 글: 신냉전 한반도

213

분단 70년을 지나고 있는 한국 사회의 중요한 특성 가운데 하나는 사회의 모든 문제를 이념 대립의 주제로 바꾸어버리는 놀라울 정도의 관성이 형성되어 있다는 점이다. 우리 사회에서 발생하는 일상적 사건들조차도 종북 논쟁으로 귀결되고 마는 현실이 이를 여실히 보여준다. 2014년 4월의 세월호 사건만 보더라도 한국 사회가 안고 있는 부실과 부패 때문에 촉발되었음에도 불구하고 사건이 진행되는 과정에서 희한하게도 이념 논쟁으로 치달았음을 기억한다. 피해자들의 진상규명 요구 활동을 세월호 참사를 이용하여 혼란과 사회 불안을 일으키려는 '종북세력'의 개입으로 몰아감으로써 문제의 본질은 온데간데없고 진흙탕 싸움으로 변해버렸다. 무상급식과 보육정책을 둘러싼 보편적 복지논쟁, 경제민주화 의제, 고교평준화 교육정책 그리고 환경문제나 동성애 문제까지 모든 논의가 이념 싸움으로 전환되어 이데올로기 프레임에 블랙홀처럼 빨려들고 만다. 요즘말로 기-승-전-이념 논쟁이 되는 셈이다.

최근 진행되고 있는 역사교과서 '국정화' 이슈는 한국 사회의 이념 갈등의 종결판을 보는 듯하다. 이념적으로 편향된 교과서를 정상화해야 한다고 주장하는 한 보수 정치인은 교과서 국정화에 반대하는 사람들에 대해 "언젠가는 적화통일이 될 것이고 북한체제로 통일되어 그들의 세상이 되었을 때 남한 내에서 어린이들에게 미리 교육을 시키겠다는 의도로 국정교과서를 반대하고 있다"면서 이념 논쟁의 전선을 확대했다. 언론과 보수당에서는 "대남공작기관이 최근 해외 친북단체와 국내 친북 조직·개인에 정부의 역사교과서 국정화 방치에 대한 반대투쟁을 지시하는 지령문을 보냈다"라거나 "북한의 남남갈등 전술에 가장 큰 도움을 주고 있는 곳은 다름 아닌 제1야당인 새정치민주연합"이라고 주장하는 등 극단적인 사상 논쟁으로 몰아간다.

왜 우리 사회는 이처럼 모든 사회문제를 북한과 관련지으면서 이념이나 색깔을 갖고 현상을 판단하는 사회가 되었을까? 어느 사회에서나 갈등은 존재하기 마련이며 계층 간, 인종 간, 세대 간에 여러 갈등이 없을 수는 없다. 그러나 우리 사회의 이념 논쟁은 미국에서 한때 불었던 '맥카시즘 열풍'을 방불케 한다. 냉전이 막 시작되었던 1950년대 초 미국에서 정적들을 공산주의자로 매도하여 무분별하고 근거 없는 고발과 선동의 분위기가 사회를 휩쓸었던 적이 있다. 남한도 냉전시기에는 반정부 인사들을 공산주의자로 몰아 정치적 탄압을 했던 군사독재의 역사를 안고 있다. 좌우익 대립과 반공과 레드콤플렉스는 냉전시기 내내 한국 사회를 지배했다. 공산주의라는 적대적 이념을 가진 북한과 대립하고 있는 한국의 현실은 이념으로부터 자유로울 수 없는 구조여서 다른 사회보다 이념 갈등이 더 심각할 것이라는 점은 충분히 이해가 된다. 이러한 구조 때문에 계층갈등이나 노사갈등, 지역갈등조차도 이념이라는 잣대로 즉각 해석하는 과잉 이념화가 진행되었다.

세계적으로는 공산주의, 사회주의가 퇴조하는 탈냉전의 조류가 흐르고 있지만, 한반도는 아직 북한의 사회주의가 존재하고 있고 북한과의 관계를 정상화하지 못하고 있어 신냉전이 진행 중이다. 자본주의와 공산주의, 자유민주주의와 민주주의 중앙집권제라는 이데올로기 경쟁과 기싸움이 팽팽하고 진보와 보수, 좌와 우의 이념 논쟁이 여전히 작동하고 있다. 분단 70년의 이데올로기 대립 체제에서 이념 갈등을 벗어나기란 여간 어려운 일이 아닐 것이다. 이념 갈등이 세계적으로 퇴조 추세에 있는 가운데 아직 이념 논쟁의 중심에 서 있을 수밖에 없다는 한반도의 현실이 우리 사회의 이념 갈등의 복잡성과 어려움을 말해준다.

통일을 앞두고 있는 상황에서 이념의 문제를 다루고 준비하는 일은 매우 중요하다. 왜냐하면 통일 과정에서 이념 갈등은 지금보다 더 심각해질 수 있기 때문이다. 통일은 분단과 밀착되어 있는 환경을 다른 구조로 바꾸는 과정으로 이데올로기 갈등과 사상·이념 논쟁을 수반하게 될 수밖에 없다. 빈부격차를 줄이기 위한 경제정책이나 교육정책, 복지정책을 수행하는 과정에서 사상과 이념의 문제는 심각하게 부딪힐 것이다. 이러한 논쟁에 때로는 북한이 직간접으로 개입하기도 하고 때로는 남한이 주도적으로 '북한'을 끌어들이기도 하며 문제를 복잡하게 꼬이게 한다. 통일의 미래를 준비하고 있는 한국이 통일 과정에서 겪게 될 수많은 갈등을 예상할 때 이념 갈등 파악하고 이를 극복할 수 있는 대안을 마련하는 일은 더없이 중요하다.

그런데 왜 기독교가 이념 갈등을 고민해야 하는가? 그 이유는 한국 사회 이념 갈등의 한복판에 기독교가 서 있기 때문이다. 기독교인이 상류층에 많고 모든 사건에 기독교인이 연루되어 있어서 사회적 이슈가 되고 있다. TV의 예능 프로그램이나 코미디 프로그램에 기독교와 관련한 내용들이 심심치 않게 거론될 만큼 사회의 기득권층으로 자리 잡았다. 문제는 기독교가 이념 갈등의 최전선에 서 있다는 점이다. 이념 갈등의 문제는 단순히 정치적 문제로 끝나지 않고 기독교의 정체성과 존립 문제까지도 영향을 미칠 수 있는 문제다. 때문에 한국 사회의 이념 갈등의 해법을 찾는 과정에서 기독교의 역할과 방향 제시는 매우 중요하다.

이런 점에서 본 논문은 한국 사회에서 진행 중인 이념 갈등을 기독교적 시각에서 어떻게 해결할 수 있는지를 살펴보고자 한다. 이를 위해 먼저 한국 사회 이념 갈등의 역사와 지형을 분석하고 기독교와의 관련성을 검토해볼 것이다. 이러한 분석과 검토를 바탕으로 한국 사회의 현실에 가장 적합한 건설적인 정책방향을 제시할 것이며, 무엇보다 기독교적 가치와 정신을 담은 대안을 제시해보고자 한다.

II. 이념 갈등이란?

1. 의미

이념은 "한 시대나 사회 또는 계급에 독특하게 나타나는 관념, 믿음, 주의 따위를 통틀어 이르는 말"로 정의되며 영어로는 이데올로기(ideology)로 번역한다.[1] 이데올로기란 "세계를 설명하고 변화시키는 것을 뒷받침하는 관념체계"로 정의된다.[2] 이데올로기는 철학과 사상을 포함하고 정치사회를 조직하는 제도와 구체적 프로그램 및 방법론을 담고 있다. 갈등을 "이해관계 따위가 달라 서로 적대시하거나 충돌을 일으키는 현상"을 이르는 말이라고 볼 때, 사전적 의미에서 이념 갈등은 사회와 세계를 보는 관념체계가 달라 서로 충돌을 일으키는 현상을 가리킨다.

그렇다면 한국 사회에 형성되어 있는 관념체계는 어떤 것들이 있는가, 우리 사회에서 주로 논의되는 진보와 보수는 어떤 관념체계를 말하는 것인가 등의 내용을 살펴보아야 한다. 한국 사회의 보수와 진보, 그들이 추구하는 사상과 제도, 정책 등 관념체계를 파악하기 위해서는 현실세계에 어떤 이념이 존재하고 있는가를 먼저 살펴보는 것이 도움이 될 것이다.

역사적으로 이데올로기는 플라톤 혹은 고대 히브리 역사로 거슬러 올라갈 수 있으나 근대 프랑스혁명 이후 있었던 보수주의, 자유주의, 무정부주의, 사회주의, 공산주의, 파시즘을 대표적으로 꼽을 수 있다.[3] 1789년 자유·평등·박애의 기치를 내걸고 등장한 프랑스혁명은 근대 자유주의의 출발이라 할 수 있다. 군주제와 계급제도의 굴레로부터 인간을 해방시키고 시민들의 정치경제적 참여의 폭을 확대하고자 시도한 이데올로기였다. 초기에 다분히 부르주아 계급에 제한되었으나 1848년 노동자들의 정치참여가 법적으로 허용되면서부터 본격적인 세력을 확보하여 중세적 기존질서에 대한 대안으로 정착되었다. 따라서 현존하는 거의 대부분의 이데올로기는 자유주의의 분파라 할 수 있다.

자유주의가 기존질서가 된 상황에서 보수주의와 사회주의가 자유주의적 정치체제를 비판하며 등장했다. 보수주의는 새로 들어선 자유주의 이념과 제도를 거부하고 구질서를 회복하려는 운동으로 시작되었다. 따라서 군주제와 귀족정치 질서를 옹호·유지하려는 복고적 양상을 띠었으며, 기본적으로 국가권력을 최소화하고 개인의 기회와 자율성을 극대화하는 입장을 취했다. 대체로 현재의 정치질서를 유지하려는 현상유지 이데올로기로 이후 신보수주의로 발전했으며, 엘리트주의(elitism), 도덕적 절대주의(moral absolutism), 경건주의(Pietism)를 핵심 요소로 갖고 있다. 따라서 보수주의는 전통과 질서, 권위를 강조하며 과거를 가지고 현재를 비판한다. 뒤에 설명할

---

1. 다음사전, http://dic.daum.net/word/view.do?wordid=kkw000204018&q=%EC%9D%B4%EB%85%90(검색일 2015. 7. 15.).

2. 브리테니커, http://100.daum.net/encyclopedia/view/b17a3097b(검색일 2015. 7. 17.).

3. Irving L. Horowitz, *Foundations of Political Sociology*(New York: Harper & Row Publishers, 1972).

사회주의가 미래 비전을 가지고 현재의 질서를 공격한다면 보수주의는 과거의 경험을 기초로 현재의 자유주의 질서를 공격한다. 이런 점에서 보수주의와 사회주의는 내용은 같으며 단지 스타일의 차이 혹은 세계를 바라보는 자세의 차이일 뿐이다.[4]

반면, 사회주의는 미래의 비전을 가지고 현재의 자유주의적 체제를 비판한다. 사회주의 이데올로기의 뿌리는 플라톤의 국가론(Republic)과 구약성경까지 거슬러 올라간다. 플라톤이 제시한 국가는 철인이 통치하고 사물을 공유하며 부인까지도 공유하는 사회주의적 연방체제를 이상으로 제시하고 있다. 구약성경, 특히 모세의 사상에서도 사회주의적 요소가 발견되는데, 초기 기독교 공동체는 실제로 자기의 소유를 구분하지 않았으며, 중세의 많은 종교운동도 상업을 사악한 것으로 비난하고 형제애를 강조하는 사회주의 요소를 갖고 있었다. 문예부흥기와 종교개혁 시기에는 합리주의라는 새로운 사조와 함께 부의 불평등을 반대하는 사상이 등장했고, 토마스 모어는 《유토피아(Utopia)》에서 플라톤의 이상국가를 재현했다. 요컨대, 사회주의는 부와 화폐에 대해 부인하는 기독교 사회주의 사상을 포함하여 대부분 사회적 불평등(social inequality)에 반대하는 요소와 사유재산제도의 폐지 및 공유화 추구를 주요 내용으로 담고 있다.

공산주의는 사회주의 이데올로기를 현실제도로 적극 실현하려는 사회운동으로 볼 수 있다. 자본주의 경제를 비판하고 자본주의가 멸망할 수밖에 없는 역사적 필연성을 분석함과 동시에 노동자들을 그 혁명 대열에 동원시키는 이론을 발전시켰다. 사회주의에서 주장하는 엘리트주의를 배격하고 노동자 대중을 중시했으나, 결과적으로는 노동자계급 엘리트주의로 비난받기도 한다. 사회주의와 보수주의가 경제결정론을 주장하는 반면, 공산주의는 정치결정론의 입장에 있으며, 사회주의가 점진적·단계적으로 제도 실현을 주장하는 반면, 공산주의는 전격적이고도 완전한 혁명을 주장하며, 무상몰수의 형태로 국유화 내지 사회화 시행을 주장한다. 레닌은 한 걸음 나아가 공산당 운동과 직업적 혁명가의 역할을 강조한다. 공산주의는 군사화의 정도에 따라 성격이 조금 달라지며, 파시즘의 경우에는 공산주의와 같이 일당독재에 의해 움직이지만 민족주의적 성격을 띤다는 점이 특징적이다.

---

4. Horowitz, 앞의 책, 1972.

이와 같이 근대 역사는 이념 투쟁의 역사라 할 만큼 이데올로기가 그 사회의 정치사회체제와 밀접하게 접맥되어 있다. 앞에서 설명한 프랑스혁명으로 자유주의가 등장했을 때 그것을 지지하는 세력과 반대하는 세력이 회의석상에 함께 앉아 토론했고, 왼쪽에 자코뱅당이, 오른쪽에 지롱드당이 앉아 있어서 좌우의 구분이 생겨났음을 알고 있다. 군주제나 귀족정치를 반대하고 공화정을 추구하는 목표에서는 같으나, 좌파는 사회주의 급진혁명을 주장했고, 우파는 자본주의와 자유주의 온건개혁을 주장하여 좌파와 우파의 이념을 대변하게 되었다. 자본주의와 자유주의 이데올로기는 중세의 기존질서를 타파했다는 측면에서는 진보적 이념이었지만 사회주의와 같은 더 급진적 이념에 대비하면 보수적 이념이 되기도 한다.

진보-보수의 이념은 좌-우의 구분보다 더 포괄적이며 넓은 의미로 사용하고 있으나, 그 사회가 처한 환경에 따라 조금씩 해석이 다를 수 있다. 한 사회의 이념 갈등은 기존의 지배이데올로기가 있고 그것에 대한 태도 여하에 따라 보수와 진보로 나뉜다. 자본주의와 자유주의가 기본질서를 이루고 있는 대부분의 현대 사회에서 사회의 변화를 바라보는 태도를 기준으로 진보와 보수를 다음과 같이 정의할 수 있다. 즉 보수는 전통과 관습, 경험을 신뢰하며 점진적 변화를 추구하는 반면, 진보는 전통이나 경험보다는 이성을 신뢰하며 급진적 변화를 추구한다. 보수는 전통과 질서, 권위를 강조하며 과거를 가지고 현재를 비판하는 반면, 진보는 미래에 대한 비전과 가능성을 가지고 현재의 질서를 비판한다.

2. 한국적 맥락

한국에서 보수와 진보를 구성하는 이념으로는 위에서 언급한 좌-우 이데올로기를 들 수 있다. 일반적으로 보수는 우파, 진보는 좌파의 이념을 추구한다고 할 수 있다. 그런데 좌와 우의 개념은 프랑스혁명의 전통에 따라 초기 사회주의, 자본주의를 구성하던 경제체제 내지 경제적 가치의 배분과 관련한 의미로 사용한다. 평등과 효율, 국가와 시장, 분배와 성장, 자본과 노동 등에 대해 어떤 입장을 취하느냐에 따라 좌와 우를 구분한 것이다. 한국 사회의 진보와 보수가 서구의 좌-우파가 추구하는 이념과 완전히 일치한다고 말할 수는 없지만 큰 맥락에서는 대체로 유사하다고 볼 수 있다.

그러나 한국 사회에서 진보와 보수를 구분하는 기준은 한국적 특수성이 개입되어 있다. 즉 좌파와 우파 같은 전통적인 경제적 요인에 의한 구분보다는 국가보안법이나 대북지원과 같은 외교·안보적 태도가 더 밀접한 관련을 갖고 있는 것이 사실이기 때문이다. 강원택의 분석에 의하면, 한국에서의 보수와 진보를 가르는 기준은 크게 두 가지로 압축된다.[5] 첫째는 반공이데올로기의 수용-거부 여부다. 보수의 특징은 반공이데올로기를 적극적으로 수용하는 반면, 진보는 반공이데올로기를 거부한다. 둘째는 자유주의-권위의 패러다임이다. 보수는 권위와 질서를 강조하는 반면, 진보는 자유주의를 강조한다. 자유주의-권위에 대한 태도로 진보와 보수를 가르는 특징은 서구일반이 보이는 현상으로 한국에서도 동일하게 적용된다. 그러나 공산주의와 관련한 입장과 태도는 한국적 이념이 갖고 있는 특수성이라 할 수 있을 것이다.

진보-보수의 구분이 '반공' 이데올로기와 긴밀한 상관관계가 있다는 점은 한국 사회에서 진보와 보수의 정체성이 '북한' 문제를 두고 가장 명확하게 갈라진다는 사실과도 궤를 같이한다. '북한 정권과 대화와 타협이 가능한가'라는 대북 신뢰도를 기준으로 보수는 '불가능하다'는 입장이고 진보는 '가능하다'는 입장이 강하다. 아래의 [표 1]에서 볼 수 있듯이, 2014년 제외하고는 진보-중도-보수의 순서대로 북한 정권과 대화와 타협이 가능하다는 입장이 높은 상관관계를 보인다.

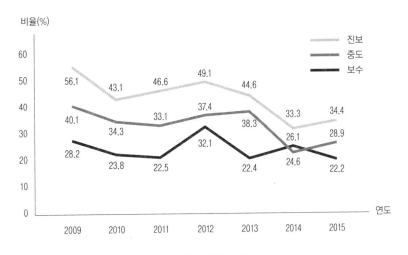

[표 1] 정치성향별 북한 정권 신뢰도

---

5. 강원택, "한국의 이념 갈등과 진보·보수의 경계", 《한국정당학회보》 2005.

자유주의-권위의 패러다임도 한국적 상황에서 높은 적합성을 보인다. 한국적 상황에서는 서구와 달리 기존질서가 자유주의에 기초하지 않고 권위주의 특성이 강한 체제여서 정치적으로 진보와 보수가 추구하는 가치는 자유주의-권위의 패러다임으로 구분하는 것이 더 적절한 측면이 있다. 즉 보수는 권위와 질서를 강조하는 반면, 진보는 자유주의를 강조하는 전형적인 진보-보수 패러다임 구분이 한국 사회에서도 그대로 적용된다. 예를 들면, '표현의 자유'에 대해서도 진보는 우리 사회의 표현의 자유에 대한 제약이 심각하다는 의견이 57.6%로 높은 반면, 보수는 44.6%에 그치고 있고, '10월유신'에 대해서도 긍정적으로 평가하는 의견이 진보는 22.5%인데 비해 보수는 33.4%로 높다. 국가의 권위와 개인의 자유에 대한 생각의 차이는 한국 사회에서 정치적 진보와 보수를 가르는 중요한 기준이 되고 있다.

그렇다면 우리 사회에서 진보와 보수의 이념을 가진 사람들은 어느 정도 될까? [표 2]에서 볼 수 있듯이, 한국 사회의 이념지형을 구성원들이 주관적으로 드러내는 입장을 기준으로 살펴보면 2015년의 경우, 매우 진보적 2.6%, 약간 진보적 21.9%, 중도 49.4%, 약간 보수적 23.4%, 매우 보수적 2.7% 등으로 나타난다. 진보 24.5%, 중도 49.4%, 보수 26.1%의 지형을 형성하고 있나. 구성원들의 주관적 평가를 기준으로 한국 사회는 중도가 국민의 절반인 50%를 차지하고 나머지 절반의 국민들이 25%씩 보수와 진보로 각각 구성되어 있는 것으로 볼 수 있다.

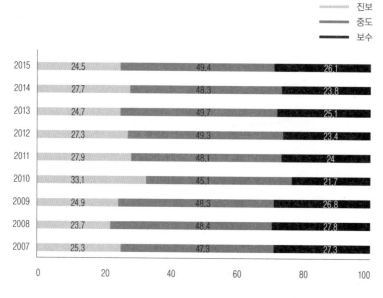

[표 2] 한국인의 주관적 이념성향 지형

앞의 이념성향 지형도는 구성원들이 스스로 밝히는 주관적 정치지향을 기준으로 분석한 것이다. 응답자들이 스스로를 진보-보수로 규정할 때에는 여러 이유가 있을 터이나 앞선 선행연구를 태도로 볼 때 반공이데올로기나 권위주의-자유 패러다임 안에서 자신의 입장을 표시했을 가능성이 높다. 즉 자신을 진보나 보수로 표현한 각각의 25%는 반공, 권위주의, 질서 등의 가치에 대해 어느 정도 확고한 의식과 태도가 형성되어 있을 것으로 판단된다. 중도라고 표현한 50%의 사람들은 반공이나 권위, 질서 등의 가치에 대해 중립을 지키겠다는 확고부동한 의지를 가진 자로 간주하기보다는 그에 대한 태도와 입장이 애매하거나 유동적이어서 중도로 표현했을 가능성이 더 크다. 따라서 실제 이념 갈등이 발생하는 현장에서는 이슈에 따라 중도의 입장은 진보나 보수로 쏠리게 되고 그 결과는 첨예한 이념 대립과 갈등으로 표출된다.

반공이데올로기는 탈냉전 이후 반북이데올로기로 이어지고 있다. 냉전시기에는 공산주의에 대한 문제가 심각했으나 이때 말하는 공산주의는 공산주의 신념 자체보다는 북한이 추구하는 이데올로기를 지칭하는 것으로 보아야 한다. 탈냉전 이후 공산주의는 세계적으로 퇴조했고 북한도 2009년 헌법에서 '공산주의'를 체제의 목표에서 삭제할 정도가 되었으니 보수-진보를 가르는 반공이데올로기는 북한을 포용하느냐 배제하느냐 하는 반북이데올로기에 대한 태도와 입장을 구분해야 한다. 공산주의 대신 주체사상을 새로운 이데올로기로 강조하고 있으니 과거 반공주의가 한국의 이념을 구분하는 기준이었다면 이제는 반북주의로 기준이 대체되었다고 할 수 있을 것이다.

III. 왜 이념 갈등이 심화되는가

1. 민주화의 후과

우리 사회에서 나타나는 이념 갈등의 근원을 따져보려면 민주화 과정을 살펴보아야 한다. 민주화의 기점을 길게는 1987년으로, 짧게는 수평적 권력 교체가 이루어진 1998년으로 볼 수 있다. 민주화 과정이란 1960년대, 1970년대, 1980년대를 지배하던 권력이 새로운 정치세력으로 교체된 것을 의미한다. 즉 산업화 세력에서 민주화 세력으로 정권이 교체된 것을 말한다. 민주화 세력은 산업화 세력을 독재로 규정하고 민주정부의 정체성을 새롭게 규명했다. 그러나 정권을 상실한 산업화 세력은 권력을 쟁취하기 위한 방편으로 치열한 이념 투쟁을 전개했으며 결국 성공을 거두었다. 물론 산업화 세력과 민주화 세력으로 단순 구분하는 위험성도 없지 않다. 산업화와 민주화 두 세력이 연대하는 부분도 있고 민주화 세력으로 포괄되지 않는 독자 이념을 가진 세력도 존재하고 있기 때문이다. 따라서 이념 갈등의 지형을 한마디로 판단하기 어렵긴 하나, 크게 보면 산업화 세력 대 민주화 세력의 교체 과정에서 이념 갈등이 심화되었음을 부인할 수 없다. 독재와 민주, 반공과 종북 프레임으로 편을 가르고 이념 전쟁을 해오고 있는 것이다.

한국은 1945년 해방·분단 이후 미국의 '자유민주주의'를 체제의 이념으로 도입했다. 조선(북한)과 분단체제로 출발한 터라 자유민주주의는 공산주의와 경쟁 내지 대립하는 이데올로기로 인식되었다. 특히 북한의 공산주의자들이 민주주의라는 개념을 사용한 데 대해 대응해야 할 필요성 때문에 진짜 민주주의가 무엇인지 보여주기 위해 자유민주주의를 내걸었다. 이나미는 한국에서 '자유민주주의' 담론이 "공산주의자들이 스스로 민주주의를 참칭하는 데 대하여 개념의 혼동을 피하기 위해서" 쓰인 것으로 분석한다. 따라서 우리 역사에서 자유민주주의는 서구에서 등장한 배경, 즉 반공이라는 맥락에서 시작되었다고 할 수 있다.[6]

반공을 국시로 형성된 이승만 정권과 5·16군사정변으로 들어선 박정희 정권, 전두환 정권에 이르기까지 반공은 국가의 중요한 이데올로기였다. 정부 수립 초기 이승만 정권은 좌우대립이라는 심각한 이념 갈등에 직면했으나 "못살겠다 갈아보자"는 빈곤타파의 논리는 이념적인 문제를 덮을 수 있었다. 박정희 정권은 어느 정도의 경제력을 바탕으로 국민을 통치하는 근대국가로 발전하는 과정에서 권위주의 국가를 유지했다. 1972년에 들어선 10월 유신 체제는 북한의 수령제가 들어서는 같은 시기에 형성되어 강고한 권위주의 체제가 구축되었다. 10월 유신이 통일 준비를 명분으로 시작되었다는 사실을 회고하면 최근 박근혜 대통령의 역사교과서 국정화가 '통일 준비' 때문이라는 발언이 오버랩 되어 떠오른다. 아무튼 이러한 권위주의 체제 아래 민주와 반민주 구도로 갈등했고, 권위주의 정권을 교체하려는 시도는 '북한의 적화통일'의 아류로 간주되어 억압되었다. 야당 지도자들의 탄

222

---

6. 이나미, 《한국의 보수와 수구》, 지성사, 2011, 149쪽.

압과 광주에서의 학살은 북한의 지령을 받아 움직이는 간첩 혹은 친북세력이라는 이름으로 이념 갈등을 덮을 수 있었다. 냉전시기 동안에는 자유민주주의의 이념에 대한 일부의 비판이 있었지만 심각한 갈등의 요인이 되지는 않았다.

문제는 1987년 이후 노태우·김영삼 정부, 김대중 정부로 이어지는 민주화가 진행되는 과정에서 터져나왔다. 지역갈등 구도가 극렬히 표출되고 이념 갈등이 전면에 등장했다. 1993년 김영삼 정부 출범 이후 보수의 입지가 좁아지고 정권유지의 불안과 두려움 때문에 보수의 결집담론이 조금씩 생겨났다. 우리 사회에 보수에서 진보로 정권이 최초로 교체된 1998년 이후 보수와 진보의 갈등이 점차 커졌다. 보수가 집권하던 시기에는 정부의 정체성을 심각하게 문제 삼지 않았으나 진보 세력이 집권하면서 이념과 색깔을 문제 삼았다. 특히 김대중 정부 기간 중 북한과의 대화와 교류가 시작되고 남북정상회담을 개최하는 등 기존의 분단질서가 해체되기 시작하면서 보수가 내걸었던 반공의 정체성은 혼란에 빠졌다.

노무현 정부 집권기간은 이런 맥락에서 진보이념에 대한 보수의 도전이 극대화한 시기였다. 미군을 성토하는 촛불시위와 반핵·반김 국민대회, 미군철수를 주장하는 장갑차 시위와 미군철수를 결사반대하는 시청집회 등으로 첨예하게 대립했다. 한편에서 미국의 부시를 비난하며 성조기를 찢고, 다른 편에서는 북한의 김정일을 타도하자며 인공기를 불태우는 자극적인 행동을 자극적으로 감행하는 혼란스런 양상이 이어졌다. 대구 유니버시아드 대회를 앞두고 벌어진 인공기 소각과 북한의 불참 선언, 정부의 유감 표명, 그리고 대회 도중 벌어진 보수와 진보 세력 간의 충돌 등 '친북'과 '반북'으로 나뉘어 극단적인 대결을 벌였다.

여기에 1990년대 민주화 과정에서 성장한 무수한 시민단체가 민주정부를 지지하는 활동을 적극화하자, 권력을 상실한 보수 역시 2000년대에 뉴라이트 등의 시민단체를 결성하여 시민사회 내에서 이념 대립이 심화하는 형국으로 발전했다. 시민사회는 과거 역사 해석을 통해 이념 논쟁에 적극 관여했다. 1970년대와 1980년대 경제성장을 주도한 산업화 정권을 어떻게 평가할 것인가 하는 부분이 문제다. 산업화를 위해 군부독재가 불가피했다는 '개발독재론'을 지지하고 긍정하는 세력과 산업화의 공적은 인정하지만 부당한 억압과 착취를 자행한 독재정권으로 규정하는 민주화 세력 간의 심각한 역사 해석과 정체성의 차이가 존재한다. 민주화 세력은 결국 독재정권을 타도하고 민주정부를 세웠다는 점에서 1970년과 1980년대를 '유신독재', '군부독재'로 규정하는 데 성공했고 문민정부, 국민의 정부, 참여정부를 세움으로써 과거 독재정권과 차별화했다.

　　민주화 정부는 독재정권의 부당성을 폭로하기 위해 산업화 세력의 정체성을 '친일'로 고발하여 독재와 친일을 결합했다. 친일청산이 이루어지지 않은 상태였던 터라 산업화 세력은 정치, 경제 등 여러 영역에서 친일주의자와 연결될 수밖에 없었고, 민주화 세력은 우리 사회의 기득권을 친일–독재로 규정하고 청산 작업을 시도했다. 노무현 정부 시절 박근혜 당시 한나라당 대표는 "역사에 관한 일은 국민과 역사학자의 판단이다. 어떤 경우든 역사를 정권이 재단해서는 안 된다. 정권의 입맛에 맞게 한다는 의심을 받을 수밖에 없다"라며 참여정부의 이러한 시도를 비판했다. "정치인들이 역사를 재단하려고 하면 다 정치적인 의도와 목적을 가지고 하기 때문에 제대로 될리도 없고 나중에 항상 문제가 된다"라고 경고하기도 했다.[7]

　　이런 점에서 한국 사회의 이념 갈등은 기본적으로 민주화의 후과라 할 수 있다. 산업화 세력에서 민주화 세력으로, 그리고 다시 산업화 세력으로 권력이 이동하면서 자기 정권을 정당화하고 정체성을 확립하려는 과정에서 이념 논쟁과 갈등이 확산된 것이다.

2. 국가보안법 체제에서 남북교류협력법 체제로의 전환

　　우리 사회에서 이념 갈등이 심각한 문제로 발전한 데는 국가보안법을 근간으로 하는 분단 체제가 남북교류협력법에 근거한 분단국 체제로 빠르게 전환되고 있기 때문이다. 주지하다시피 1948년 제정된 국가보안법은 북한을 우리나라의 안전을 위태롭게 하는 '정부를 참칭하는 반국가단체'로 규정하고 북한을 국가로 인정하지 않는다. 북한을 우리나라의 안보를 위태롭게 하는 적으로 간주하던 관행과 정체성이 오랫동안 유지되었으나, 탈냉전 이후 혼란을 겪게 된다. 즉 국제적으로 1991년 9월 남한(한국)과 북한(조선)이 유엔에 동시 가입하여 독립국으로 인정을 받게 되고 남북 간에도 그해 12월 역사적인 '남북기본합의서'를 채택하여 서로의 정치적 실체를 인정하기로 합의한 것이다. 그에 앞서 노태우 정부는 공산주의 국가에 문호를 개

---

7. "박 대통령, 야당 대표 시절 '역사, 정권이 재단해선 안 돼'", 《노컷뉴스》 2015년 10월 29일자(http://www.nocutnews.co.kr/news/4495470).

평화에 대한 기독교적 성찰

방하는 이른바 '7·7선언'을 천명하고 1989년에는 남북교류협력에 관한 법제화를 단행하여 법에 근거한 안정적인 남북 교류를 시작했다. 남북교류협력법 제정과 남북기본합의서 채택을 계기로 남북관계는 법적, 제도적 측면에서 기존의 적대적 관계를 협력적 공존관계로 만들어갈 수 있는 기틀을 마련했다. 남북기본합의서와 남북교류협력법 등은 국가보안법에 의해, 그리고 한국전쟁 이후 상대를 적으로 규정하며 대결적 행동을 해왔던 남북관계를 공존과 협력의 관계로 규정함으로써 반공을 국시로 한 우리 사회의 정체성을 흔들어놓았다.

흥미로운 것은 이러한 급격한 변화에도 불구하고 이념 갈등이 심각하지 않았다는 사실이다. 아마도 당시에는 냉전시기의 집권층이 분단체제의 해체를 주도한 데다 올림픽이라는 비정치적 사건의 필요성 때문에 별다른 저항이나 갈등이 없었던 것 같다. 다시 말하면, 당시 군사정권의 연장선에 있던 노태우 정부가 주도적으로 사회주의권과의 수교와 교류를 추진했기 때문이기도 하고, 다른 한편으로는 이러한 전환이 정치적 목적이나 이념적 편향성에 의해 시도된 것이 아니라 1988년 서울올림픽을 성공적으로 개최하기 위해 취했던 한국의 전략적 선택이었다고 보았기 때문이기도 하다. 수십년 간 반공을 국시로 내걸고 공산주의와의 교류에 빗장을 걸고 있었던 한국으로서는 공산주의에 문호를 개방한다는 일이 쉬운 일은 아니었을 터인데도 불구하고 정체성의 심각한 갈등이나 이념 논쟁이 없었다는 점은 매우 흥미롭다. 이런 점에서 한국에서 이념 갈등이 오늘날과 같이 심화되지 않고 해소될 수 있는 가능성과 희망을 보여주는 사례로 주목해볼 필요가 있다.

1990년대 초반과는 달리 2000년대 초반 우리 사회에 이념 갈등이 격화된 배경에는 지역대립 구조와 미국 대북정책 보수화, 세대갈등의 표출, 언론의 틀짓기 등이 작동했기 때문이다.[8] 1998년 집권한 김대중 정부는 대북포용정책을 추진하며 남북관계 개선을 시도했지만 지역갈등의 벽을 넘지 못했다. 냉전시기 오랫동안 공산주의에 대한 두려움에 사로잡혀 있던 터라 '햇볕정책'으로 북한을 포용하고 남북정상회담으로 화해와 통일을 추구하는 정책에 대해 경계의식을 늦추지 못한 것은 사실이나, 대북포용정책에 대한 호남과 영남의 지지가 65% 대 28%로 확연한 지역갈등구조가 형성되어

---

8. 김병로, "남남갈등 해소를 위한 정부의 대북정책 방향", 《통일정책연구》 12권 2호, 2003.

있었다. 이뿐만 아니라 때마침 미국의 부시 행정부가 북한을 '악의 축'으로 규정하면서 이념 논란을 가중시켰다. 여기에 이른바 386세대로 불리는 젊은 세대는 고소득자에 대한 세금 부과나 재벌개혁 등의 이슈에 대해서는 특별히 다르지 않았으나 미국과 주한미군에 대한 태도에서는 매우 진보적이었다.[9] 그리고 이러한 이념 갈등을 증폭시키는 데는 언론의 역할이 컸다. 언론이 보수와 진보의 자기 성향을 강하게 드러내며 틀짓기를 시도하면서 이념 대립 구도가 공고화되었다.

  탈냉전 이후 남한과 북한의 국가정체성이 강화됨으로써 한국 사회 내부에서는 '북한'이라는 실체를 두고 많은 논란과 논쟁을 빚었다. 조선과 한국이 국가(國歌)와 국기(國旗)로 상징되는 국가정체성을 강화하자 전통적으로 갖고 있던 같은 민족이라는 의식은 약화되었고 적대적 관계에서 교류협력의 대상으로 바뀌기 시작했다. 한편으로는 민족정체성이 약화되고 다른 한편으로는 교류와 협력을 추진하는 정상적인 국가관계로서의 성격이 강화된 것이다. 그 안에서는 여전히 북한을 협력의 대상으로 보아야 하는가, 우리의 안전을 위협하는 적으로 보아야 하는가에 대해 논란이 일고 있다. 대한민국의 국가정체성이 고조되었던 2002년 한일월드컵 시기에는 다수의 사람들이 북한을 협력대상으로 인식하고 20-30대 젊은 층의 북한 선호도는 미국 선호도보다 2배가 많은 정도로 북한에 대한 이미지는 개선되었다.

  이념 갈등을 심화시킨 더 결정적인 요인은 외교적 고립이 심화되는 가운데 북한이 이념 논쟁의 한복판에 직간접적으로 개입하고 있다는 점이다. 북한이 외교적 고립이 심화되는 가운데 구조적으로 안고 있는 인권문제가 국제 사회의 관심사가 되었고, 특히 핵무기를 개발함으로써 한국에게 심각한 안보의 위협을 가하고 있는 존재로 부상했다. 북한에 대한 한국인의 정서가 비판적으로 돌아선 계기는 아마도 북한이 1차 핵실험을 단행한 2006년 10월일 것이다. 그 이전까지 한국인들의 북한 인식은 매우 호의적이었으나, 2006년 10월 북한의 1차 핵실험 이후 비판적 인식이 급속도로 확산되었다. 게다가 미디어를 통해 북한이 남한의 이념 논쟁의 장에 개입함으로써 이념 갈등의 성격을 더욱 복잡하게 만들고 있다.

  한마디로 보수는 대한민국의 정체성을 대한민국 자체로 규정하려고

9. 강원택, "2002년 대선을 통해 나타난 세대간 불신", 〈한국사회의 불신구조와 해소방안〉(바른사회를 위한 시민회의 31차 심포지엄, 2003. 6. 2., 한국프레스센터), 6.

하는 반면, 진보는 대한민국을 북한과의 관계 속에서 보려고 한다. 즉 보수는 국가보안법의 연장선에서 대한민국의 정체성 안에 북한을 가급적 제외하려고 하는 반면, 진보는 대한민국을 분단체제의 한 부분으로 간주하여 북한을 적극 포용하고 관계를 개선함으로써 근대 국민국가(Nation-State)를 완성해나가는 것으로 보고 있다. 이러한 연장선에서 보면 1948년 8월 대한민국의 등장을 건국으로 볼 것인지, 정부 수립으로 볼 것인지에 대한 차이도 선명하게 드러난다. 보수는 대한민국이 한반도의 유일한 합법정부로 규정하며 건국으로 간주하는 반면, 진보는 대한민국은 상해 임시정부로부터 건국이 되었으며 1948년에는 정부 수립을 선포한 것으로 간주한다.

이런 점에서 보수는 북한을 이념 논쟁의 장으로 끌어들여 기성세대의 냉전 반공의식을 자극하고 젊은 세대에게는 북한의 반인권, 반인도적 측면을 폭로하며 반북의식을 고무함으로써 대한민국 정체성의 외연화를 시도한다. 즉 북한을 적으로 간주하던 의식과 핵무기 개발 이후 조성된 반북정서를 결집하여 대한민국의 정체성을 반공·반북으로 끌고 가려고 한다. 최근 진행 중인 역사교과서 국정화 논쟁에서도 1970년대 유신체제의 평가를 독재라고 비판한데 대해 당시 국내 상황이나 실정을 고려하지 않고 대한민국이 북한독재보다 못하다는 것이냐 라며 대뜸 '북한'을 끌어들이는 방식으로 전환시키는 전형적인 예를 볼 수 있다. 진보의 많은 활동이나 우리 사회의 여러 문제를 북한과 관련지어 비판하는 종북프레임을 작동시키는 것이다. 반면 진보는 통일담론을 부각하며 북한을 교류협력의 대상으로 개입시키는 전략을 구사한다. 여기에 보수 역시 통일담론에 적극적으로 대응하기 위해 통일 비전과 가치를 강조하지만, 방법론에서는 교류협력 대신 북한을 압박하거나 배제하는 입장을 견지함으로써 북한을 매개로 한 각자의 정체성을 강화한다.

3. 이념으로 기울어진 엘리트

한국에서 이념 갈등이 격렬해지는 세 번째 이유는 우리 사회 엘리트가 이데올로기 문제를 일반 국민보다 심각한 문제로 인식하고 있기 때문이다. 사실 우리 사회의 일반 국민들은 실업문제나 빈부격차 등 경제적 문제에 비하면 이념 갈등은 상대적으로 심각하다고 생각하지 않는다. 서울대학교 통일평화연구원의 '2014통일의식조사'에 따르면 국민들은 한국 사회의 문제들이 얼마나 심각한가라는 질문에 대해 실업문제(94.5%), 빈부격차(91.7%),

227

이념 갈등(65.5%), 종교 갈등(46.7%) 등으로 응답하여 이념 갈등이 실업문제
나 빈부격차의 문제보다는 상대적으로 심각성의 수준이 낮았다.[10] 즉 일반
국민들은 이념 갈등이 심각하지만 먹고사는 문제에 비해서는 그리 심각한
편은 아니라고 생각한다.

동아시아연구원(EAI) 보고서에서도 한국 사회는 지난 20년 동안 이념
보다는 실용적인 문제에 더 많은 관심을 쏟고 있는 것으로 조사되었다. 보고
서는 한국 사회의 집회 시위의 주제는 '이념적인 것'에서 생활과 연관된 '현
실적인 것'으로 빠른 속도로 대체된 것으로 분석했다.[11] 즉 갈등이 지역주민
과 연관된 주제들이 많고 집단보다는 개인적 참여가 늘어났으며 시위 지속
기간도 하루에 그치는 경우가 많은 것이 특징으로 나타났다. 이러한 변화
는 일반 국민들의 의식과 생활 속에서는 이념지향성이 약화되어가고 있음
을 말해준다.

그럼에도 이념 갈등이 심각한 사회문제가 되는 이유는 무엇일까? 그
것은 정치인, 언론, 학자 등 우리 사회의 엘리트가 이념 갈등을 증폭하고 있
기 때문이다. 최근 한국 사회가 경험하고 있는 이념 갈등의 중심에는 일반
국민이 있기보다는 갈등을 정치적으로 동원하는 엘리트가 있을 가능성이
크다. 우리 사회의 엘리트 집단이라 할 수 있는 정치인, 언론과 정치평론가,
시민단체, 학자, 관료들은 특히 진보와 보수 간에 현격한 차이가 있는 것으
로 나타나고 있다. 우리 사회의 엘리트 집단은 경제적 양극화 문제가 심각하
다는 데 95%가 동의하여 가장 심각한 갈등으로 간주하고 있고, 진보와 보
수 간의 이념 갈등은 92.1%로 두 번째로 심각한 것으로 보고 있다.[12] 일반
국민과 비교할 때 엘리트의 이러한 갈등 인식은 일반 국민보다 더 심각하며
엘리트 집단 내 진보와 보수의 이념 갈등은 매우 심각한 것으로 조사되었
다. "우리나라 국민들은 자신이 누리는 자유와 권리의 수준만큼 책임과 의
무를 다하고 있는가"라는 질문에 대해 '진보' 엘리트는 그렇다 35.7%, 아니
다 34.5%인 반면, '보수' 엘리트는 그렇다 20.0%, 아니다 62.1%로 나타나 진
보보다 보수 성향의 엘리트들은 우리나라 국민들이 자신이 누리는 자유와

---

10. 박명규·강원택·김병로·김병조·송영훈·장용석·정은미,《2014 통일의식조사》, 서울대학교 통일평화
    연구원, 2014, 407-414.
11. 정원철, "2008 집회시위를 통해 본 시민사회 프로젝트(II)", EAI 보고서, 2008.
12. 이숙종, "2014 정치사회 엘리트 이념인식조사", EAI 보고서, 2014, 35.

권리만큼 책임과 의무를 다하지 않고 있다고 보는 경향이 강했다.[13]

한편, 서울대학교 통일평화연구원의 조사에 따르면 우리 사회의 정치와 외교, 안보, 통일 문제를 담당하는 고위 관료 엘리트 집단은 한국 사회의 다른 문제보다 이념 갈등이 매우 심각한 문제라고 인식하는 경향이 강하다. 이들은 한국 사회에서 이념 갈등(63.6%)이 빈부격차(22.4%)나 지역갈등(8.4%), 세대갈등(5.6%) 문제보다 훨씬 중요하다고 인식하고 있다.[14] 비록 통일·외교·안보 분야 전문가에 한정하여 조사한 결과이지만 일반 국민보다 엘리트 집단이 이념 갈등에 대한 심각성을 더 우려하고 있음을 알 수 있다. 이뿐만 아니라 북한을 보는 시각에서도 비판적 인식이 강한 것으로 드러난다. 예를 들면 북한을 '적대대상'으로 보는 인식이 52.3%로 일반 국민(13.9%)에 비해 4배가 높은 것으로 조사되었다. 물론 그럼에도 고위 관료 엘리트는 일반적 보수의 성향과는 달리 김정은 정권을 대화와 타협이 가능한 상대로 보는 시각이 일반 국민보다 2배나 높아 실용적 측면도 함께 지니고 있다.

무엇보다 심각한 문제는 엘리트 집단 내의 진보-보수 대립이 일반 국민보다 더 심각하다는 점이다. 엘리트 집단을 중심으로 보았을 때, 진보는 국민의 참여 증진을, 보수는 엄정한 법질서를 강조하고 있고, 동성 간 결혼, 표현의 자유, 집회와 시위의 자유, 기업규제, 평준화/수월성 교육, 전작권 전환 등 여러 사안들에 대해 의견이 완전히 대립했다.[15] 엘리트 정치인과 언론이 이념 갈등의 전선을 형성하고 시민단체 엘리트와 학자들이 여기에 참여함으로써 한국 사회의 전반적인 이념 논쟁을 격화시키고 있음을 짐작할 수 있다. 이러한 엘리트의 이념 갈등을 우리 국민들은 정치권에서 만들어내고 있다고 보고 있다. 국민들의 71.9%는 우리 사회의 진보-보수 이념 갈등이 심각하다고 답하는 반면, 88.3%는 새누리당과 새정치민주연합 간의 갈등이 심각하다고 답하고 있는 데서 여실히 볼 수 있다.[16] 우리 국민들의 다수가 정치권을 이념 갈등을 증폭시키는 진원지로 지목하고 있음을 보여준다.

---

13. 이숙종, 앞의 책, 25-26.
14. 서울대학교 통일평화연구원, 〈통일외교안보분야 전직 고위정책가들이 보는 통일 환경과 전략〉('광복 70년 분단 70년 평화와 통일의 길을 찾다' 학술회의, 서울대학교 호암교수회관), 2015년 5월 11일.
15. 이숙종, 앞의 책.
16. 이숙종, 앞의 책, 3.

4. 기독교의 정치 참여

이념 갈등을 증폭시키는 네 번째 요인은 기독교의 정치 참여일 것이다. 한국 사회에서 기독교는 진보와 보수로 확연히 갈라져 발전해왔다. 기독교 내에서의 진보와 보수는 한국 사회 일반에서 말하는 그것과 비슷하다. 한국 기독교계의 분열 과정에서 이른바 한국기독교교회협의회(NCCK)의 분립이 보수로부터 진보의 지형을 분리하는 데 역할을 했다. NCCK는 한국의 정치 변혁 과정에 깊이 참여해 민주화를 실현하는 데 결정적으로 기여했다. 냉전시기 진보교단이 정치적 민주화에 깊이 관여하는 동안 보수교단의 기독교는 국가조찬기도회 등에 참여하면서 정부의 정책을 지원했다.

역사적으로 보수 기독교는 '반공'과 직결되어 있다. 그것은 기독교 지도자들 중 많은 사람이 북한으로부터 월남한 신앙인들이었거나, 6·25전쟁을 거치면서 북한 공산주의로부터 기독교 지도자들이 피해를 받음으로써 공산주의에 대한 반감이 형성되었기 때문이다. 기독교와 공산주의가 초기부터 워낙 공존할 수 없는 적대적 관계를 형성해왔던 것도 결정적인 역할을 했다. 공산주의는 초기부터 종교를 '인민의 아편'으로 규정했을 뿐 아니라 서구의 맥락에서 종교는 기독교와 동일시되었기 때문에 기독교에 대한 비판과 배격이 공산주의 사상의 중요한 화두였다. 마찬가지로 기독교 쪽에서는 공산주의를 결코 타협할 수 없는 '사탄'으로 간주하여 철저히 배격하는 이론을 발전시켰다. 이런 점에서 한국의 기독교는 기독교와 공산주의는 물과 기름처럼 처음부터 섞일 수 없는 이질적 사상이었고 이를 철저히 배격하기 위한 반공주의의 선봉에 섰다.

남북교류협력법이 제정된 이후 보수 기독교의 방북 활동과 대북 지원이 이루어지면서 보수 기독교의 지형이 분화되었다. 대북 인도적 지원에 보수교단과 기독교 신앙에 기반을 둔 NGO의 활동으로 남북관계 개선과 통일운동에 적극 참여했다. '남북나눔운동'을 비롯한 수많은 기독교 대북활동단체는 대북 지원과 통일 운동을 기반으로 기독교의 정치적 지형을 바꾸어놓는 중요한 역할을 했다. 그럼에도 보수 대형교회를 중심으로 한 보수 기독교는 반북활동과 진보 정권 비판에 앞장섰다. 김대중·노무현 정부 10년 동안, 특히 노무현 정부 기간 중에 기독교는 반정부 활동의 전면에 자리했다. 이명박 정부가 들어서는 데서 한국의 보수 기독교는 정치 참여에 적극적으로 앞장섰다. 기독교 정권으로 불릴 정도였다. 그 때문에 이명박 정부 내내 불교계는 이명박 정부의 친기독교 정책을 문제 삼아 정부에 대해 비판적 입장을 견지했다. 보수 기독교는 반공에서 반북으로 정체성을 자리매김했다.

기독교에서도 문제는 일반 기독교인보다는 성직자나 일부 기독 엘리트 때문인 것 같다. 일반 국민 의식조사를 보면, 2015년 기준으로 주관적 정치성향은 불교, 개신교, 가톨릭 등 종교와는 뚜렷한 차이는 없는 것으로 나타난다. 그러나 북한을 바라보는 시각에서는 약간의 차이가 존재한다. 2014년 7월 조사에서 북한을 "힘을 합쳐 협력해야 하는 대상"으로 보는 사람들이 천주교인은 60.1%로 높은 반면, 기독교(개신교)인은 47.6%, 불교인 42.0%이며, 우리 국민의 절반에 해당하는 무종교인은 43.8%가 북한을 협력대상으로 보고 있다. 즉 북한을 바라보는 태도에서 개신교인은 우리 사회의 무종교인과 불교인의 생각과 거의 다르지 않은 반면, 천주교인들은 조금 다른 생각을 하고 있음을 말해준다. 대북 삐라 살포 등 몇 정책에서도 가톨릭보다 더 보수적인 견해가 나타난다. 그렇다고 모든 주제에서 뚜렷한 차이가 존재하는 것은 아니며, 대체로 개신교는 불교와 가톨릭의 중간 정도의 정치적 성향으로 나타난다. 가톨릭 신자에 비해서는 일반적으로 조금 더 보수적인 측면이 엿보인다는 점에서는 개신교의 보수성을 지적할 수 있으나 그 차이는 크지 않다. 그보다는 영향력 있는 대형교회의 성직자들이 보수 정권을 지지하고 진보 정권을 비판하는 행동을 가시화함으로써 기독교가 이념 갈등을 증폭시킨 역할을 한 것은 틀림없다.

IV. 평화적 공존의 길: 이념 갈등 해소를 위한 기독교적 대안

그렇다면 첨예하게 대립되어 있는 한국 사회의 이념 갈등을 해소할 수 있는 방법은 무엇일까? 성경에서 찾을 수 있는 원리는 무엇이며 기독교적 실천 대안은 무엇인가? 단순히 기독교적 해석을 넘어서는 운동성을 가진 실천 대안으로서는 무엇을 제시할 수 있을까? 기독교적 시각에서 대한민국의 정치적 이념은 무엇이 되어야 한다고 말할 수 있을까? 아무리 생각해도 뾰족한 해답이 떠오르지 않는다.

1. 트라우마 치유를 위한 공감

원론적인 얘기일 수 있으나 이념 갈등을 해소하려면 사람들의 내면에 깔려 있는 심리적 트라우마를 치유하는 데서 출발해야 한다. 우리 사회의 이념 논쟁은 심각한 정신적 질병 수준이다. 이념 논쟁의 대부분은 진보에 대한 보수의 문제제기로부터 야기되는 것인데 그러한 행동의 배경에는 한국전쟁의 살육과 천안함·연평도 사건 등 분단체제 하에서 북한에 의해 자행된 폭력적 경험이 깔려 있다. 그 폭력적 경험이 트라우마로 자리 잡고 있어서 공포와 불신, 분노의 감정이 발동되고 있기 때문이다. 북한에 대한 과도한 두려움은 모든 것을 북한이 조종하고 사주한다는 의심을 갖게 만들고, 그것은 실제로 북한의 통일전선부의 대남전략 목표로 드러나기도 하여 신념과 확신으로 발전한다. 그러나 그러한 확신과 신념은 북한 통일전선부의 '목표'일뿐 그대로 실행되는 일은 쉽지 않은데도 불구하고 마치 그것들이 북한의 의도대로 실행되고 있는 것처럼 확신을 갖는 경우가 많다. 통일전선부의 '의도'와 '목표'를 그대로 받아들이는 행위야말로 또 다른 형태의 '종북'이라 할 수 있다.

전쟁과 폭력의 경험으로 형성된 역사적 트라우마는 집단과 사회에 그대로 전수되어 사회적 불신과 불안을 낳는다. 우리 사회의 문제는 불신이다. 안보의식 조사에서 나타난 바에 의하면, 우리나라 국민들은 나의 안보의식은 매우 높은 것으로, 그러나 다른 사람의 안보의식은 낮은 것으로 평가한다. 그것은 안보의식의 문제가 아니라 불신의 문제다. 다른 사람에 대한 신뢰가 없는 것이다. 이러한 불신과 신뢰의 결여 역시 과거 이데올로기의 폭력적 경험, 즉 트라우마 때문이다.

이뿐만 아니라, 한국의 정치현실에서 권력은 국민들의 행복과 더 나은 미래를 창조하는 수단으로 인식되기보다 반대세력에게 불이익을 주고 정치적 생명을 위협하는 두려운 힘으로 인식되는 경향이 강하다. 그것은 역사적으로 오랜 독재정권의 경험과 몇 번의 정권교체 경험에서 터득한 결과일 것이다. 거기에 탈냉전 이후 확장된 북한 변수를 바라보는 입장과 해석이 달라 상호 간 불신은 더욱 커진다. 갈등이 때로는 궁극적인 사회의 안정과 통합에 기여한다는 긍정적인 측면을 받아들이기에는 투쟁과 분열로 사회를 파괴하는 갈등의 부정적 측면이 너무 크다.

이념 갈등으로 형성된 이러한 트라우마를 치유하려면 서로의 마음을 함께 느낄 수 있는 공감이 필요하다. 문제의 근원은 사람에게 있으며 트라우마로 왜곡된 사람의 마음에 기인한다. 따라서 "모든 지킬 만한 것 중에 더욱 네 마음을 지키라. 생명의 근원이 이에서 남이니라"(잠 4:23)라는 말씀처럼 트라우마로 분노하고 두려워하는 사람들의 마음을 먼저 다루어야 한

232

다. 그 방법은 어떤 중재나 타협 또는 조정으로 불가능하며 이해와 공감으로만 가능하다. 상대방의 마음을 함께 느낄 수 있으려면 가장 먼저, 현 상황에 대한 이해, 그리고 상대방에 대한 이해가 필요하다. 이해(understand)는 영어 표현대로 상대의 아래(under)에 서본다(stand)는 뜻이다. 상대의 마음 안으로 들어가 그 편의 입장에서 상황을 헤아려보는 것이다. 대한민국의 정체성에 '북한'을 포용할 것인가, 배제할 것인가, 과거 정권의 역사를 어떻게 바라보고 해석할 것인가 하는 문제를 상대편의 입장에서 생각해보면 이해할 수 있는 면이 충분히 있다.

최근 쟁점이 되고 있는 교과서 국정화 논쟁에서도 보수의 입장은 대한민국의 역사를 현재보다 조금 긍정적으로 재해석하자는 의도는 충분히 이해할 수 있다. 대한민국과 조선(북한)의 비대칭성이 커지고 있고 한국의 주도적 역할이 요구되는 탈냉전 상황에서 그 필요성은 이해되는 부분이다. 그러나 진보가 우려하듯 그러한 시도가 권력이나 정치권을 중심으로 논의되어서는 안 되며 더욱이 그러한 논쟁에 '북한'을 끌어들여 국정화를 반대하는 행위를 북한의 지령을 받았다거나 북한을 추종한다는 이른바 종북몰이로 끌고 가는 것은 비판받아 마땅하다. 대한민국의 정체성도 국가보안법에서 규정하는 적이라는 측면과 남북교류협력법에서 규정하는 교류와 협력의 대상이라는 실체가 중첩되어 있고 국민들의 다수는 북한을 '적'으로 보지 않고 '협력대상'으로 보고 있는 현실을 적극 수용해야 할 것이다. 더욱이 통일 준비를 국정 목표로 내걸고 있는 보수 정권이 통일의 대상인 북한을 원천적으로 배제하는 것은 이율배반적이다. 조선(북한)을 배제하지 않고 대한민국의 정체성을 어떻게 형성해 나가며 통일을 준비할 수 있을지에 대해 더 깊은 고민이 요구된다.

문제는 한국 기독교의 역량이 과연 진보와 보수를 이해와 공감으로 접맥시킬 수 있을까 하는 점이다. 종교는 원래 사회구성원들에게 삶의 가치와 의미를 부여함으로써 체제의 유지에 기여한다는 점에서 보수성이 강하다. 진보 기독교가 산업화 시기에 민주화의 편에 서서 개혁과 변화를 추구했지만, 대다수의 기독교는 보수적 특성을 갖고 있고 산업화 세력을 지지하고 지원했다. 그 결과 기독교 엘리트 중 상층 기득권으로 편입된 사람들이 많아졌고 기독교는 가진 자의 편, 지키려는 자의 편으로 인식되고 있다. 그뿐만 아니라, 기독교의 제도와 내용이 과거 한국 사회가 권위주의 시기였을 때에는 비교적 민주적인 절차와 제도, 내용을 도입하여 한국 사회를 선도한 부분이 있었으나 지금은 정반대 상황이 되었다. 사회적으로 민주화가 되었는데 기독교는 권위주의 질서와 제도가 그대로 남아 있고 내용 면에서도 사회보다 많이 뒤떨어져 있다.

진보와 보수가 갖고 있는 서로에 대한 불신과 분노를 이해와 공감으로 치유하기 위해서는 기독교의 역할과 역량 증진이 필요하다. 기독교 혹은 그리스도인이 진보와 보수의 생각을 소통시키고 공감하도록 만들려면 자기중심성의 탈피와 자기상대화라는 기독교의 중심적 가치를 회복해야 한다. 자기의 생각과 의견이 절대적으로 옳다는 생각, 그것이 바로 예수를 십자가에 못 박게 한 죄라는 깨달음이 있어야 자기 확신에 대한 늪에서 벗어날 수 있다. 이 과정에 '긍휼과 용서'는 더없이 소중한 기독교 자산이다. 긍휼과 용서의 마음을 가지면 자기와 다른 의견을 경청할 수 있는 마음이 생기고 자기를 상대화할 수 있는 여유를 갖게 된다. 긍휼과 용서, 사랑만이 이념에 포로 된 사람들을 자유케 할 수 있을 것이다. 기독교는 진보와 보수가 갖고 있는 불신과 분노를 서로 이해하고 공감하는 노력을 보여주어야 한다.

2. 기독교 가치를 담은 정책 대안 제시

둘째로, 성경에서 말하는 기독교의 가치를 찾아 진보-보수가 대립하는 이슈에 대해 구체적인 대안을 제시해야 한다. 그것은 성경이 말하는 사상과 정신이 무엇인가를 찾고 그 바탕 위에서 우리 사회 내 논란을 빚고 있는 이념 갈등 이슈에 대해 기독교 가치를 담은 구체적인 정책 대안을 제시해줄 수 있어야 한다는 말이다. 그렇다면 기독교는 이념에 대해 어떻게 말하는가, 성경의 사상과 정신은 무엇을 말하는가, 성경은 진보적 신념과 가치를 지지하는가, 보수적 사상과 가치를 지지하는가 하는 질문을 던져볼 수 있다. 그러나 성경에는 두 사상이 모두 포함되어 있다. 따라서 결과적으로는 이슈에 따라 기독교가 진보의 편에 서기도 하고 보수의 편에 서기도 하는 형태로 보일 것이다.

이즈음에서 성경은 자본주의와 사회주의 어느 쪽을 더 지지하는가를 성찰해보는 것도 유익할 것이다. 역사적으로 막스 베버(Max Weber)는 프로테스탄트 정신이 자본주의를 태동시킨 결정적인 요인으로 분석했다. 즉 자본주의는 기독교 정신에 바탕을 두고 있고 기독교는 자본주의 사회의 가치와 정신에 더 가까운 것으로 연결한다. 그러나 반대로 칼 마르크스(Karl Marx)는 기독교의 천년왕국설에 근거하여 그러한 이상세계를 공산주의 사회로 만들고자 했으므로 공산주의를 기독교의 정신과 가치에 더 가까운 것으로 해석해볼 수도 있다. 사정이 이러하니 자본주의나 공산주의가 모두 기독교 사상과 맞닿아 있고 기독교를 어떻게 해석하느냐에 따라 자본주의나 사회주의 양쪽 모두 끌어들일 수 있다는 말이 된다. 철학이나 사상, 가치와 정신의 차원에서 성경은 이처럼 자본주의와 사회주의 요소를 모두 갖고 있다. 성경에 나타난 기독교의 정신과 가치는 세상의 이념을 초월한다는 점에서 이러한 결론은 당연한 이치일 것이다. 기독교 정신과 가치는 이념과 공존하면서도 이념에 지배받지 않아야 하는 속성을 갖고 있다. 따라서 사회의 이슈들을 성경으로 어떻게 조명하고 해석하느냐 하는 문제는 전적으로 신앙인의 몫이다.

그럼에도 최근 우리 사회에 만연한 물질만능주의와 자본의 논리를 당연시하는 분위기는 기독교 신앙에 비추어 비판적으로 성찰할 필요가 있다. 세계적 금융위기를 겪으면서 과도한 금융상품에 대한 비판이 제기되기도 했었는데 우리 사회에서도 국민소득에서 자본소득이 차지하는 비율이 매우 높아 불평등의 요인으로 지적된다. 구약 시대의 희년제도는 자기가 소유한 토지와 노예를 50년마다 해방시키고 되돌려줌으로써 사회의 형평성을 도모했다. 오늘날 자본주의 기준으로는 가히 혁명적이라 할 수 있는 진보적이고 급진적인 조치였다. 초대 기독교 공동체도 자기의 재산을 모두 내어놓고 필요한 사람에게 분배하도록 하는 공산사회의 원형에 가까웠다. 물론 자신에게 부여된 달란트를 최대한 활용하여 이윤을 남기는 원리나 구약 시대에 50년 동안 최선의 노력을 기울여 부를 축적하는 과정에서는 자본주의적 요소가 엿보이기도 한다. 그러나 자본이 우상이 되어 있는 현대 자본주의 사회에서 비기독교적인 가치와 정신을 냉철하게 따져보는 노력이 그 어느 때보다 필요한 시점이다.

기독교가 우리 사회의 이념 갈등을 해소하려면 우리 사회에서 논란을 빚고 있는 이념 갈등 이슈에 대해 용서, 화해, 사랑, 평화 등 기독교 가치를 담은 구체적인 정책대안을 제시해줄 수 있어야 한다. 이념 논쟁의 쟁점이 되고 있는 '북한'에 대한 입장과 과거 정권에 대한 평가는 기독교 관점에서는 포용적이고 관계개선 지향성을 갖고 문제를 풀어야 할 것이다. 즉 대한민국의 정체성에 북한을 포함시켜야 할 것인가 하는 문제는 정치적으로 대단히 민감한 주제다. 왜냐하면 북한이 함축하는 의미는 사회주의와 주체사상의 가치를 의미하는 것이기 때문이다. 정치적으로는 대한민국을 자유민주

235

적 질서에 입각한 정치체제로 규정하고 있어서 사회주의와 주체사상을 헌법적 가치로 규정하고 있는 북한을 받아들이기 어려울 것이다. 그러나 북한이 강조하는 공동체성이나 수령론을 제외한 주체사상의 인간 중심 철학 등의 부분은 화해와 평화를 지향하는 기독교 정신에 입각하여 확장된 대한민국, 통일조국의 범주 안에 포함하는 것도 가능할 것이다. 그래야만 그러한 가치를 내면화하고 있는 북한 사람들을 포용할 수 있을 것이기 때문이다.

이러한 정책적 논의는 역사교과서 국정화 문제, 경제민주화, 복지정책, 평준화/수월성 교육, 동성애 문제, 환경문제 등 여러 사안들로 확장할 수 있을 것이다. 사회문제 외에도 한미동맹과 대중국 정책 등 외교문제에 대해서도 기독 전문가들의 토론을 통해 대안을 모색할 수 있을 것이다. 문제는 기독교적 대안을 찾는 논의 과정에서도 사회의 논의와 전혀 다르지 않게 사고의 폭이 제한되어 있다는 점이다. '사회주의'라는 말 자체가 금기시되어 있는 우리 사회에서 이념을 초월한 기독교적 대안 제시가 쉽지 않은 것이 현실이다. 그런 면에서 얼마 전 빌 게이츠(Bill Gates)가 기후문제와 같은 지구적 문제를 해결하는 데는 사회주의가 미래의 유일한 대안이라는 발언을 할 수 있었던 것은 내용의 진실성 여부를 떠나 그 자체만으로 되새겨볼 가치가 있는 사건이다. 기독교적 정책대안을 모색하기 위해서는 한국 사회의 대안적 이념으로 제시되고 있는 공동체 자유주의, 진보적 자유주의, 시장사회주의 등에 대해서도 관심을 갖고 평가해볼 필요가 있다.

3. 신앙고백적 통일운동

마지막으로 작금의 한국 사회 이념 갈등을 해소하는 유력한 방법은 성경의 정신에 입각한 통일운동을 적극적으로 추진하는 것이다. 앞에서 지적했듯이 우리 사회의 이념 갈등이 이처럼 심각한 양상으로 전개된 배경에는 남북관계의 개선과 교류협력의 진전이라는 구조적 변화가 존재한다. 국가보안법 체제에서 남북교류협력법 체제로 전환되는 과정에서 발생하는 이러한 이념 갈등을 근원적으로 해결하려면 통일운동을 적극적으로 추진하여 이념 갈등의 근본환경을 바꾸어야 한다. 이념 갈등의 근원인 북한문제를 해결하지 않고는 우리 사회의 이데올로기 갈등을 근본적으로 해결할 수 없다. 남북의 분단은 단순히 나누어져 있는 상태를 의미하지 않는다. 분단상황에서 상대를 불신하고 미워하고 증오하고 있는 상태를 포함하는 것이므로 이것은 하나님의 뜻이 아니다. 전쟁 직후에는 평화 유지(peace-keeping)의 방편으로 남과 북을 잠시 분단 상태에 두는 것이 합리적 대안이었을 수 있으나, 70년이 지난 지금에는 보다 적극적으로 평화를 만들고(peace-making) 세워나가는(peace-building) 노력이 더해져야 한다.

현재 한국 사회의 진보-보수의 대립 구도에서 통일을 지향하고 북한을 돕고, 민족을 돕는 정신을 유지하는 것은 진보적인 가치로 통한다. 그러나 보수 역시 방법은 조금 다르나 통일의 가치와 통일운동에는 전적으로 공감한다. 이념 갈등을 극복하는 길은 화해와 협력을 도모하는 것인데 그것은 바로 기독교 정신이기도 하다. 이런 점에서 기독교적 가치를 담은 통일운동은 한국 사회의 이념 갈등을 근원적으로 해결할 수 있는 지름길이다. 그러기 위해서는 북한을 대화 상대로 인정하고 대화와 교류협력을 통해 북한과 평화적 공존을 실현해야 한다. 그 과정에서 북한에 대해 이산가족과 납북자 문제 등 인도주의 사안의 해결을 적극적으로 요구하고 협상해나가며 분단으로 야기된 모든 이념적인 문제들을 '가족'과 인도주의 정신으로 풀어나간다. 이런 점에서 신앙고백적 통일운동은 성경이 말하는 용서와 화해의 정신 위에 사랑과 평화의 나라를 건설함으로써 북한문제로 야기되는 이념 갈등을 해소할 수 있게 된다.

신앙고백적 통일운동은 갈등하는 행위자들을 미래의 가치로 통합하는 어려운 과정이므로 과거에 사로잡히지 말고 미래의 가치에 초점을 맞추도록 해야 한다. 남북한이 만나서 통일을 이루려면 분단의 과거사를 긍정적 시각에서 바라보는 지혜가 요구된다. 그러나 분단 과거에 대한 긍정적 이해가 과거 청산과 화해라는 작업과는 다른 차원에서 진행되어야 한다. 분단체제에 안에서 이루어진 남한의 과거 독재의 문제는 독일과 같이 그 사회 내부의 '법치주의'를 기준으로 엄정하게 평가해야 할 것이다. 그러나 그러한 평가 작업이 미래의 화해와 평화로 나아가는 데 걸림돌이 않도록 배려해야 일 또한 중요하다. 서로의 과거 역사 가운데 긍정적인 부분은 없는가를 진지하게 성찰하는 작업이 병행되어야 할 것이다. 북한에는 "오늘을 위한 오늘에 살지 말고 내일을 위한 오늘에 살자!"라는 구호가 있다. 이 구호의 의미처럼 과거를 너무 따지다 보면 다툼이 일어날 수 있으므로 과거에 얽매이지 말고 미래를 위해 화해하고 협력하는 자세를 갖는 것은 중요하다.

V. 나가는 글: 이념을 넘어서는 기독교 신앙은 불가능한가

지금까지 이념 갈등을 해소할 수 있는 기독교적 대안을 제시했으나, 우리 신앙의 현실은 전혀 그렇지 못하다. 교회 안에서도 정치적 신념이나 이념 문제는 거의 꺼내지 못한다. 이념적으로 대립하고 있는 이슈에 대해서는 교회에서 대화를 하지 않는 것이 관행으로 되어 있다. 대부분의 목회자들도 이념 논쟁이 될 수 있는 민감한 주제에 대해서는 언급하지 않는다. 신앙보다 이념이 더 강하게 작동하고 있는 현실을 보여준다. 신앙 안에서 조차 이념논의가 건강하게 진행되지 못하고 심각한 갈등양상으로 떨어지고 만다. 신앙도 보수-진보의 이념 틀에 완전히 갇혀 있다.

기독교가 이념 문제를 넘어서지 못하는 이유는 한국 사회의 민주화와 남북관계의 변화, 엘리트 형성 과정과 긴밀히 연결되어 있기 때문이다. 1970-1980년대 산업화 세력과 1990-2000년대의 민주화 세력 간의 대격돌이 진행 중인 한국 사회에, 기독교와 북한 공산주의와의 오랜 적대관계, 그리고 기득권화된 기독교 엘리트의 특성 때문에 기독교는 이념 갈등을 객관적으로 바라보기 어렵게 되어 있다. 이러한 이념 갈등은 '지키려는 자'와 '바꾸려는 자'와의 투쟁이고 그것은 단순히 경제적 자원 배분만이 아니라 지위나 명예, 권력, 학벌을 포함하여 사회의 질서와 권위, 가치와 정체성을 포괄적으로 담고 있어서, 이 갈등을 조정하고 통합하는 일은 결코 쉽지 않다. 이러한 대립과 갈등은 앞으로 더 격화될 것이며 통일과정에서는 더 심각한 상황으로 전개될 것이다.

그렇기 때문에 이해와 공감을 통한 트라우마 치유가 필요하며 기독교 정신을 담은 정책대안 제시와 화해와 평화의 정신을 기반으로 한 신앙고백적 통일운동이 요청된다. 한국 사회 이념 갈등의 큰 구조가 분단으로 인해 발생한다는 측면에서 분단의 문제를 단순히 정치적 문제나 안보의 문제로 보지 않고 신앙의 주제로 받아들여 분단의 극복과 통일운동을 적극적으로 펼쳐나가야 한다. 남북한이 서로에게 주었던 과거의 상처를 공감하고 서로를 용납하고 화해하고 사랑을 베푸는 통일운동이야말로 우리 사회의 이념 갈등을 궁극적으로 해소하는 길이 될 것이다. 한국교회가 이러한 신앙고백적 통일운동을 선도한다면 한국 사회에 화해와 평화의 가치를 확산하고 이념 갈등을 해소할 수 있는 계기가 마련될 것으로 생각한다.

강원택, "세대, 이념과 노무현 현상", 《계간사상》, 2002.

강원택, "2002년 대선을 통해 나타난 세대간 불신", 〈한국 사회의 불신구조와 해소 방안〉, 바른사회를 위한 시민회의 31차 심포지엄, 한국프레스센터, 2003. 6. 2.

강원택, 《한국의 선거정치: 이념, 지역, 세대와 미디어》, 푸른길, 2003.

강원택, "한국의 이념 갈등과 진보·보수의 경계", 《한국정당학회보》, 2005.

강정인, "민주주의의 한국적 수용: 한국의 민주화, 민주주의의 근대화", 《서구중심주의를 넘어서》, 아카넷, 2004.

김무경·이갑윤, "한국인의 이념정향과 갈등", 《사회과학연구》, 서강대학교, 2005.

김병로, "남남갈등 해소를 위한 정부의 대북정책 방향", 《통일정책연구》 12권 2호, 2003.

김병로, 《남북한 교회 통일콘서트》, 기북선, 2006.

김장수, "정당일체감에 따른 인식의 양극화: 기제와 완충요인을 중심으로", 《국제정치논총》 45(4), 2005.

박명규·강원택·김병로·김병조·송영훈·장용석·정은미, 《2014 통일의식조사》, 서울대학교 통일평화연구원.

박성복, "한국 사회 정책갈등의 이념적 구조 분석논리", 《한국 사회와 행정연구》 22(1), 2011.

서울대 통일평화연구원, "통일외교안보분야 전직 고위정책가들이 보는 통일 환경과 전략", 서울대학교 통일평화연구원 광복 70년 분단 70년 평화와 통일의 길을 찾다 학술회의, 서울대 호암교수회관, 2015. 5. 11.

윤성이·이민규, "한국 사회 이념측정의 재구성", 《의정연구》 17(3), 2011.

여유진 외, 《국민통합의식에 관한 연구》, 한국보건사회연구원, 2013.

이갑윤·이현우, "이념투표의 영향력 분석: 이념의 구성, 측정 그리고 의미", 《현대정치연구》 1(1), 2008.

이나미, 《한국의 보수와 수구》, 지성사, 2011.

이내영, "한국 사회 이념 갈등의 원인: 국민들의 양극화인가, 정치엘리트들의 양극화인가?", 《한국정당학회보》 10(2), 2011.

이병희, "남북한관계 어떻게 볼 것인가: 카오스, 조화, 질서?", 충청국제정치학회 춘계학술대회, 대전: 목원대학교, 2004년 9월 24일.

이숙종, "2014 정치사회 엘리트 이념인식조사", EAI 보고서, 2014.

임재형, "한국의 공공분쟁에 있어서 시민단체의 개입이 분쟁기간에 미치는 영향에 관한 경험적 연구", 《정치정보연구》 10(2), 2007.

임현진·송호근, "박정희 체제의 지배 이데올로기", 역사문제연구소(편), 《한국 정치의 비대 이데올로기와 대항 이데올로기》, 역사비평사, 1994.

정원칠, 《2008 집회시위를 통해 본 시민사회 프로젝트(II)》, EAI 보고서, 2008.

정원칠, "[특집]한국 이념지형지도 수시로 '변덕'", 《위클리경향》, 2009.

정한울, "안보 이슈는 이념적 쟁점인가? 이슈특성으로 본 한국인의 안보인식 변화",

《EAI OPINION Review》 2013-03.

주성수, "한국 시민사회의 '권익주창적' 특성: CIVICUS 시민사회지표분석을 중심으로",
　　《한국정치학회보》 40(5), 2006.

최장집, 《민주화 이후의 민주주의》, 후마니타스, 2010.

크리스토퍼 라이트, 《현대를 위한 구약윤리》, IVP, 2015.

한준·설동훈, 《한국의 이념 갈등 현황 및 해소방안》, 한국여성개발원, 2006.

홍두승·박용치·설동훈·이남영·한준, 《한국인의 이념 조사연구》, 한국조사연구학회,
　　2002.

홍두승·박찬욱·설동훈·이계오·한준, 《한국인의 이념 조사연구》, 한국조사연구학회,
　　2003.

Hays, Richard B., *The Moral Vision of the New Testament: A Contemporary Introduction to New Testament Ethics*(New York: Harper Collins Publishers, 1996).

Horowitz, Irving L., *Foundations of Political Sociology*(New York: Harper & Row, Publishers, 1972).

인터넷자료

다음사전, http://dic.daum.net/word/view.do?wordid=kkw000204018&q=
　　%EC%9D%B4%EB%85%90(검색일: 2015. 7. 15.).

브리태니커, http://100.daum.net/encyclopedia/view/b17a3097b(검색일:
　　2015. 7. 17.).

240

9장_ 한국 사회의 통합과 분열에 대한 기독교적 성찰

김중호(한국수출입은행 북한동북아연구센터 선임연구원)

I. 들어가는 글

오늘날 대한민국 사회는 심각한 분열을 경험하고 있다. 한 사회의 분열은 반드시 직간접적인 비용을 초래한다. 이는 개개인과 국가가 지불해야 하고, 현세대뿐만 아니라 다음 세대에게까지 부담이 된다.[1] 분열은 대화를 통해 갈등이 해결되지 못할 때 나타난다. 사회 구성원들 간 의사소통이 지연되고 필요한 합의가 도출되지 않음으로써 사회 운영에 필요한 주요 정책 이슈들이 방치되고 공동체 관리가 허술해지면 결과적으로 피해를 보는 것은 사회 구성원 개개인이다. 그래서 분열이 발생하면 사회 구성원들은 공동체 보존을 위해 반드시 통합을 위한 노력을 시도하게 된다. 분열이 발생하면 사회의 평화가 깨어진다. 서로 대립하기 때문에 평화로운 관계를 유지할 수 없는 것이다. 반대로, 통합을 하게 되면 사회의 평화가 회복된다. 대립 대신 화합을 선택하는 순간 평화가 찾아오는 것이다.

그런데 이러한 설명은 통합과 분열이라는 현상을 평화와의 인과관계

---

1. 논의의 영역을 넓혀 한 사회가 아니라 한 국가를 중심으로 설명한다면, 한 국가 내부의 분열은 다른 나라에까지 막대한 직간접적 비용을 초래하기도 한다. 국가의 통치체계가 약화된 나라(예: 소말리아, 시리아 등)의 분열에 따른 직간접적 비용이 이웃 국가, 심지어는 국제사회로까지 전가되고 있음을 오늘날 목도할 수 있다.

에서 매우 소극적으로 설명하는 것이다. 통합과 분열을 사회 발전 과정의 맥락에서 본다면 다르게 해석될 수도 있다. 마치 인간의 몸이 성장할 때 끊임없는 세포 분열을 경험하듯이, 우리 사회의 성장과 성숙의 과정에서도 분열의 반복은 불가피한 현상으로 간주될 수 있기 때문에 분열을 반드시 부정적으로 볼 수는 없다. 동시에 발전 과정에서의 분열을 인위적으로 가로막는 통합은 언제나 긍정적인 것만은 아니다.

　이와 같이 사회의 상호작용 과정과 현상이 매우 복잡하기 때문에 통합과 분열에 대한 설명 역시 복합적으로 제시될 필요가 있다. 마치 잘 정돈된 머리카락을 흩날려 버리기도 하고 두껍게 쌓인 먼지를 단번에 날려버리기도 하는 바람처럼, 분열은 바람직하지 않은 현상일 수도 있고 동시에 불가피한 현상일 수도 있다. 한편, 와인을 숙성시키기 위해 용기(容器)를 밀봉하기도 하고 잘 익은 음식을 꺼내기 위해 그릇을 깨기도 하는 것처럼, 통합은 안정을 위해 필요하기도 하고 또한 발전을 위해 버려지기도 한다.

　그러므로 통합과 분열 중 어느 것이 평화의 핵심 요소인지를 정하는 것은 쉽지 않다. 통합은 평화의 즉각적인 도래에 필수적이지만, 분열은 미래의 새로운 평화를 수립하기 위한 첫 발자국이 되기도 한다. 사회공동체를 유지·발전시키고 궁극적인 평화를 추구한다는 차원에서 볼 때, 분열은 반드시 새로운 통합으로 이어져야만 의미가 있다. 분열이 분열로만 그치면 그것은 파괴에 불과하다. 새로운 미래를 창조한다는 명분이 있을 때에만 과거에 대한 파괴는 가치를 부여받는다. 그러나 각각의 시점에서 어떠한 분열이 과연 창조적인 것인지 정확히 알 수 없다는 것이 인간의 한계다.

　종교의 영역에서는 세속으로부터 벗어나는 것(분열)이 영계(靈界)로의 입문(통합)을 위해 필요하다고 가르친다. 세속의 상대적 가치와 기준이 다르게 해석되고 대체됨으로써 분열과 불화가 발생한다고 할 때, 종교에서 제시하는 절대적인 가치와 기준은 완벽한 통합과 평화 수립의 지름길처럼 보인다. 그러나 문제는 종교의 절대적 가치와 기준을 세상의 상대적 가치와 기준에 맞춰 재해석하고 혼용하는 데에 있다. 그러므로 종교의 시각이 세상의 시각과 혼합되는 순간, 종교는 또 다른 분열의 원인이 되고 만다. 그러나 그러한 위험성에도 불구하고, 종교가 제시하는 절대적 가치와 기준은 언제나 세속의 통합과 분열이 더 나은 세상을 만드는 데 기여하도록 길잡이를 하고 있음을 부인할 수 없다.

　이 글은 통합과 분열을 기독교적 시각으로 해석하고 처방하려는 데 목적을 둔다. 기독교라는 종교의 시각을 일방적으로 적용하려는 것이 아니라, 기독교의 독특한 접근법을 통해 사회의 통합과 분열에 대한 건설적인 담론을 제시하는 데에 의의가 있다고 하겠다. 이 글의 저자가 신학자가 아님에도 불구하고 이러한 시도를 하려는 이유는 세속 학문의 방법론이 갖는 한계를 극복하고 대안을 찾으려는 현실적 필요가 증대하고 있기 때문이며, 또한 신학과 세상 학문이 모두 인간에 대한 이해를 바탕으로 구축된다는 공통점 때문이다.

이 글의 전개 방식은 다음과 같다. II장에서는 통합과 분열의 원인을 이론적 틀 속에서 설명할 것이며, III장에서는 한국 사회 내 통합과 분열의 특징을 살펴볼 것이고, IV장에서는 통합과 분열에 대한 기독교적 성찰을 시도할 것이다.[2]

II. 통합과 분열의 원인

통합과 분열은 사회적 현상이다.[3] 사회가 처한 정치경제적 여건의 변화에 따라 구성원들의 생각과 입장, 그리고 이해관계가 변화하면서 경험하게 되는 사회변화 과정의 현상이다. 통합과 분열의 현상은 사회 구성원 간의 갈등 또는 화합의 정도를 반영하는 것이며, 평화 구현 과정의 중요 변수로 작용하게 된다. 그러므로 한국 사회를 평화롭게 만들고자 한다면 통합과 분열의 현상을 이해하고 원인을 파악하여 평화지향적인 요소들이 극대화되도록 정책결정과 시민운동을 전개해야 할 것이다.

그러나 정책결정과 시민운동의 전개 과정에서 구성원들의 대립과 갈등은 언제나 존재하기 마련인데, 그 이유는 사회 구성원들이 공유하거나 추구하는 가치, 이익, 권력, 신념 등 사회공동체 구성 요소들이 단일화 또는 동질화되지 않음으로써 구성원들의 인식 및 행위 체계가 대립하기 때문이다. 즉, 각자의 경험, 지식, 소유, 지위, 관계 등의 수준과 범위에 따라 사회 구성원들의 인식과 행위가 달라질 수밖에 없는데, 이러한 차이가 사회 구성원

---

2. 이 글 자체가 한국 사회의 분열을 반영하지 않도록 최대한 객관적이고 중립적인 접근을 시도하겠으나, 저자의 주관과 지식의 한계에 따른 설득력의 부족이 존재할 수 있음을 주지하기 바란다.
3. '사회적'이라 함은 정치, 경제, 사회 등으로 구분하는 수평적 영역들 중의 하나를 지칭하는 것이 아니라 개인적 차원 보다 더 큰 차원의 영역을 나타내는 용어이다.

간 대립 및 갈등의 씨앗으로 존재하기 때문에 정책결정과 시민운동을 통해 평화 상태를 유지하는 것은 언제나 힘겨운 시대적 과제로 존재하고 있다.

통합과 분열에 대한 심도 있는 논의는 그 사회현상의 주체가 되는 행위자들의 특성 및 관계에 대한 이해에 기초해야 한다. 하나의 사회 공동체 안에는 독립된 개개인뿐만 아니라 개인들이 소속한 비영리 단체, 기업, 노조, 국가(또는 정부) 등의 다양한 행위자들이 공존한다. 각 개인이 갖는 성향도 중요하지만 대체로 개인이 속한 집단의 속성 및 목적에 따라 통합과 분열에 대한 이해와 해석이 달라질 수 있다. 즉, 어느 행위자의 입장에서 보느냐에 따라 통합과 분열에 대한 인식은 다양해지는 것이다.

이와 관련하여 올슨(Olson)의 집단행동 이론을 잠시 살펴보자. 올슨은 경제학자로서 인간 행동의 특성을 연구하던 중 '집단 행동의 논리'를 정리하게 되었는데, 그는 집단의 규모가 클수록 구성원 간 합의가 어렵고, 규모가 작고 단결력이 강할수록 공동 행위에 대한 합의가 쉽다는 인식에 기초하여 이익집단의 정치구조를 분석하고 있다.[4] 그의 분석은 소수에 의해 주도되는 이익집단이 더 큰 이득을 확보할 때 조직화되지 않은 나머지 구성원들(일반 국민)이 그 비용을 나누어 분담하는 현실을 잘 설명한다.

오늘날 이익집단은 국가 권력기구 내부에도 존재하며 경제, 교육, 복지, 종교 등 여러 영역에 걸쳐 존재하고 있다. 이익집단들의 단결 수준이 높기 때문에 기득권 구조는 저절로 바뀌지 않는다. 사회 구성원의 일부가 개혁, 혁신, 또는 혁명, 심지어 전쟁까지 요구하는 이유는 바로 소수로 구성된 이익집단이 기득권을 독점하기 때문이다. 특정 세력의 기득권 유지가 사회 전체에 도움이 되지 않는다고 인식하는 구성원들이 늘어날 때 기득권에 대한 도전이 발생하게 된다. 그러므로 기득권을 수호하려는 세력과 기득권을 나누라고 요구하는 세력이 충돌하고 대립하면서 통합과 분열은 자연스런 사회 진화의 현상으로 나타나게 된다.[5]

한편, 1986년 노벨경제학상을 수상한 미국 학자 제임스 M. 뷰캐넌은 '공공 선택 이론(public choice theory)'을 주창했는데, 그는 정치와 행정이 표

---

4. Mancur Olson, *The Logic of Collective Action: Public Goods and the Theory of Groups*(Cambridge, MA: Harvard University Press, 1971).

5. 올슨은 민주주의 사회에서 로비와 담합이 왜 빈번이 발생하는지, 그리고 그로 인해 민주 사회의 가치들이 어떻게 잠식되어가는지를 분석하고 있다. Mancur Olson, *The Rise and Decline of Nations: Economic Growth, Stagflation, and Social Rigidities*(New Haven: Yale University Press, 1982).

방하고 있는 공적인 명분과는 달리 그 영역의 조직원들이 사익을 추구하는 비즈니스로 기능하고 있음을 지적한다.[6] 즉, 공공정책 결정 과정에 관여하는 정치인이나 관료들이 기업인이나 시장 상인처럼 자기 자신의 이익을 위해 노력하는 이기적 개인이라는 가정 아래 공적인 영역과 사적인 영역의 공통분모를 찾아내고 있다. 그에 따르면, 정책결정의 영역은 다양한 사회적 욕구들을 선별적으로 고려함으로써 공적 지위와 권한을 극대화하고자 하는 세력이 사적 이득을 극대화하고자 하는 세력과 일종의 타협을 시도하는 공간으로 설명된다. 그러므로 정책결정 과정에서 여러 개인과 조직의 이익들이 다양한 조합의 방식으로 존재하기 때문에 정책결정의 과정과 결과를 둘러싸고 통합과 분열이 반복하는 것으로 볼 수 있다.

그런데 통합과 분열에 대한 인식에 있어서 사회 구성원이 동의하는 공통된 기준이 없다면 사회는 곧 무질서의 상태에 빠질 것이다. 왜냐하면 인간 각자가 자기의 기준으로 판단하고 행동한다면 공동체의 가치와 질서가 유지될 수 없기 때문이다. 그러므로 어떤 사건이나 이슈, 그리고 현상 등에 대해 누가 어느 기준에 따라 해석하느냐 하는 것은 공동체 질서 구축 및 유지의 핵심 사안이 된다. 기준의 설정은 해석 및 판단의 권위와 연관되어 있다. 대부분의 현대 사회에서 궁극적인 '해석과 판단의 권위'는 국가 또는 정부에 속하는 것으로 이해된다.

권위의 원천 및 범위에 대한 고민과 갈등이 바로 정치체제 발전의 원동력이 되어왔다. 권위를 어떻게 부여하고 누가 행사하느냐에 따라 독재정치, 과두정치, 민주정치 등 여러 체제 유형이 등장한다. 예를 들면, 독재정치 체제에서는 최고 권력자 1인이 모든 권위를 독점하기 때문에 사회 구성원이 그의 최종적 판단을 무조건적으로 수용해야만 한다. 민주정치 체제에서는 권력자 및 권력기관에 부여하는 권위의 정도와 시기 및 절차를 법으로 제한하고 있어서 '권위적 해석과 판단'에 사회 구성원의 다양한 의견을 투영시키는 것이 가능하다.

---

6. 국가와 정부를 위해 일하는 사람들이 애국심 때문에 희생하고 봉사하는 측면도 있겠지만 또 다른 면에서 보면 이기적인 동기에 따라 움직인다고 볼 수 있다. 사회적 정의, 평등, 복지 등을 추구해야 할 가치로 내세우지만 사실상 정부 기능과 규모를 확대함으로써 관련된 정부 조직들이 이득을 얻는 측면이 존재한다. 중앙정부와 지방정부가 행정 기능을 추가하여 몸집을 불리면 그 비용, 즉 재정적자는 눈덩이처럼 불어나게 되고 그것은 국민의 세금으로 충당하게 된다. James M. Buchanan and Robert D. Tollison, *The Theory of Public Choice*(Ann Arbor: The University of Michigan Press, 1984).

한국 사회가 독재체제에서 민주체제로의 발전을 경험하면서 '권위적 해석과 판단'의 주체 및 절차는 다양해지고 복잡해졌다. 개개인들의 권리를 우선시하는 시각에서 보면, 사회 구성원들의 다양한 목소리가 '권위적 해석과 판단'에 투영되는 것이 최고의 선(善)으로 간주된다. 오늘날 한국의 민주주의는 다수결의 원칙뿐만 아니라 소수의 권리 존중이라는 새로운 원칙도 포용하는 등 다양한 사회 구성원들의 정치참여 권리를 보장하는 데 초점을 두고 있다.

그러나 민주체제 안에서 국가 공동체의 리더십을 중시하는 시각도 존재하는데, 이는 최고 수준의 정보를 독점하는 국가 지도자 및 기관이 가장 합리적인 정책을 결정하고 수행함으로써 공동체의 질서와 번영을 추구할 수 있다는 전제하에, 한국 사회의 난해한 쟁점들을 다루는 데 있어서 국가기관(예: 대통령, 헌법재판소, 대법원 등)이 '권위적 해석과 판단'의 주체가 되어야 함을 강조하고 있다.

경제 영역에 국한해서 볼 때, 정부의 역할에 대한 입장도 다양하다. 그 중 하나는 민간 영역의 자율성을 최대한 보호하기 위해 정부의 개입을 최소화해야 한다는 '작은 정부론'이 있는가 하면, 반대로 정부가 민간 영역에 대한 지원과 관여를 최대화해야 한다는 '큰 정부론'이 있다. 정부의 역할은 주로 경제 또는 복지 정책과 관련하여 정부의 민간 부문에 대한 지원의 폭을 어느 정도로 할 것인가에 대한 논의 속에서 다루어지곤 한다.[7]

정치 영역에서도 정부 또는 국가의 역할은 언제나 논란의 대상이다. 국가건설(state-building) 과정에서 엘리트가 관리하는 국가기구(정부기구)가 주축이 되어야 하는지 아니면 일반 시민사회가 주축이 되어야 하는지에 대한 논란 역시 다양한 대립각을 보이고 있다.

무엇보다, 한국 사회의 통합과 분열이 한반도 분단이라는 특수한 국제정치적 구조 속에서 다뤄져야 하는 측면도 존재한다. 분단국에서의 사회적 현상을 설명하는 데 여러 가지 이론적 방법들이 사용되지만, 그중에서도 국내 정치와 국제 정치의 상호작용에 관한 국제관계 이론이나 또는 국가–사회 관계의 상호작용 과정을 분석하는 비교정치학적인 접근법들이 이해의 심화를 돕고 있다.[8]

246

---

7. 예를 들면, 미국에서 뉴딜 정책이 채택되어 정부의 사회지원 및 관여가 증대하게 되면서 '작은 정부'에서 '큰 정부'로의 전환이 나타났다.

이외에도 통합과 분열을 분석하는 데 유용한 다양한 이론적 도구들이 각 학문 영역별로 존재한다. 어떤 영역에서 어떤 접근을 하든 간에 통합과 분열은 세 가지 분석 수준(levels of analyses)으로 나뉘어 설명될 수 있을 것이라 생각한다. 그 세 가지는 바로 개인, 국가, 국제 시스템 등이다. 개인 수준에서의 분석은 주로 리더십을 중심으로 전개된다. 그리고 국가 수준에서의 논의는 정책결정 시스템 및 권력조직들의 특성에 초점을 둔다. 그리고 국제 시스템 수준에서의 분석은 국제 사회의 법·규범, 레짐(regime), 국제기구 등을 중심으로 국가들 간의 관계 및 행위 특성이 국내 정치에 미치는 영향을 설명한다. 이와 같이 다양한 분석 수준에서 접근함으로써 통합과 분열에 관한 이해도를 제고할 수 있을 것이다.

통합과 분열에 관한 이론적 시각에 대한 이해를 바탕으로 다음 장에서는 한국 사회의 통합과 분열이 갖는 특징을 살펴보고, 향후 우리 사회의 평화 유지를 위해 필요한 정책 과제들을 검토해보겠다.

III. 한국 사회 통합과 분열의 특징

한국 사회의 통합과 분열 현상은 당연히 한국 사회의 특징과 맞물려 있기 때문에 한국 사회의 역사적 흐름과 특징을 이해할 필요가 있다. 현재의 변화 자체를 세밀하게 분석하는 것보다 과거 한국 사회 형성 및 발전 과정의 역사적 배경을 살펴보는 것이 오늘날 한국 사회의 특징을 이해하는 데 도움이 될 것이다. 이 글에서는 논의의 효과성을 위해 한국 근현대사의 몇 가지 사례를 살펴봄으로써 한국 사회의 특징을 찾아내고자 한다.

한국 사회는 과거 100년 동안 매우 극단적이고 이질적이며 다양한 역사를 경험했다. 100년 만에 식민지, 분단국, 전쟁폐허, 개발도상국, 경제선진국 등 여러 호칭을 바꾸어가며 한국 사회는 역동적으로 발전해왔다. 서너 세대가 교체하는 짧은 시간 동안 한국 사회의 경험은 극에서 극으로 바뀌었다. 즉, 한국 사회의 서너 세대는 해방, 전쟁, 재건, 경제건설, 민주화, 세계화 등을 경험하면서 그들의 고민과 신념, 좌절과 성취를 여전히 현재형으로 기억하고 있다. 이것이 한국 사회의 역동성을 배태하는 역사적 배경이다. 그

---

8. 이와 관련하여 다음을 참조하라. Robert Putnam, "Diplomacy and Domestic Politics: The Logic of Two-Level Games", *International Organization*, No. 42, 1988, 427-460.

러나 여러 이질적인 경험에 대한 기억들이 긴 시간 속에서 일정 간격을 두고 축적되는 것이 아니라 짧은 시간 속에 혼재되어 있다는 것은 오히려 한국 사회의 취약성으로 기능한다.

일제 식민지 시대의 수혜자들과 피해자들이 아직 생존해 있고, 개발 독재의 수혜자들과 피해자들이 공존하고 있으며, 민주화를 반대한 세력과 민주화를 위해 희생한 세력이 공존하고 있다. 경제성장의 수혜자들과 피해자들이 공존하며, 국제화의 수혜자들과 피해자들도 공존한다. 과거 100년 내의 특정 경험에 대한 기억이 박물관의 '박제'처럼 죽은 것이 아니라 아직 생존하는 경험자들로부터 직접 들을 수 있는 현재형으로 존재한다.

여러 시기의 다양한 경험에 대한 기억들과 목소리들이 동시대에 존재한다는 것은 한국 사회에 다양성이 있다는 의미도 되지만 동시에 이질성이 그 특징으로 존재한다는 뜻이기도 하다. 이는 한국 사회에 수많은 분열의 도화선들이 내재되어 있음을 시사한다. 그럼에도 불구하고 역동적인 역사 변화의 시기 동안 한국 사회가 후퇴하지 않고 더 나은 모습으로 전진할 수 있었던 것은 분열의 동기만큼이나 통합에 대한 열망과 의지가 강했기 때문인 듯하다.

위태위태한 역사의 고비마다 분열을 통해 주저앉을 수밖에 없었던 한국 사회를 새로운 통합으로 이끌었던 동력은 무엇이었을까? 아마 몇 가지 요인들 속에 교육열과 신앙심이 포함되지 않을까 싶다. 우리 역사 속에서 교육은 인성 훈련과 더불어 리더십 배양을 위한 필수 항목이었다. 더군다나 역사의 전환기에 겪는 혼란과 무질서 상태에서 교육은 개인의 노력에 상응하는 사회적 성취를 보장해주는 유일한 통로로 기능했다. 교육은 문맹률을 낮추는 데 그치지 않고 사회 구성원들의 지적 수준을 향상시키고 새로운 것들을 신속히 흡수하도록 도와주며 낯선 삶의 방식을 수용하는 데 기여했다.

급속한 발전과 변화의 시기동안 사회 구성원들 간 정치경제적 불평등에도 불구하고 교육의 평등이 사회의 공통분모로 기능했다. 즉, 교육은 서민들이 중산층으로 진입할 수 있는 매우 효과적인 통로로서 사회의 기저를 두텁게 만드는 데 기여했다. 그러나 오늘날 한국 사회에는 사교육 시장 확대의 폐해로 인해 심각한 분열의 조건들이 증대하고 있다. 교육은 더 이상 신분상승의 통로가 아니라 신분세습의 도구로 전락했다는 비판을 받고 있다.[9]

종교는 사회 질서 구축 과정에서 매우 순기능을 담당했다. 종교는 내부적으로 통합과 순종을 중요하다고 가르쳤다. 절대적 존재의 위임을 받은 종교 지도자는 물질세계에 얽매이지 않는 권위의 상징으로 받아들여졌고, 자발적인 복종이 최고의 미덕으로 강조됨으로써 종교 공동체의 단결력은 국가에 버금갔다. 그것이 극단적 사회 변동의 시기마다 고난 극복의 힘이 되었으며 사회 평화를 유지하는 능력이 되었던 것이다. 비록 형식과 내용이 상이하긴 해도 한국 사회에 뿌리내린 대부분의 종교는 이른바 구국 신앙을 강조했는데, 그것이 종교들의 공통점인지 아니면 한국 사회만의 특징인지는 따로 논의해야겠지만, 그러한 측면이 우리 사회에서 통합의 핵심 요인으로 기능했던 것이다.

그러나 종교의 울타리 안으로 많은 사람이 몰려들면서 오늘날 종교를 중심으로 새로운 인맥과 금맥이 형성되었으며 결국 정치세력화 현상이 나타나고 있다. 종교는 그 안에서 누구든지 평등하다고 가르쳤으나 이제는 그 안에 불평등이 제도화되고 있다. 특정 종교 지도자를 지지하는 세력이 종교 내부의 갈등을 부추기고, 기존 종교의 교리 해석에 반발하는 세력이 새로운 이단 종교를 창시하여 기존 종교에 도전하고 있다. 속세에서 경험하는 것과 다르지 않을 만큼 심각한 정치적 계산과 이기적 행동, 그리고 부패와 폭력의 현상들이 목격되고 있다. 과거에 분열 극복과 치유의 능력을 보여줬던 종교는 오늘날 빈부의 양극화 현상을 그 안에서도 경험하고 있으며 약자에게 상처를 안겨주고 있다.

한국 사회의 통합과 분열을 이해하기 위해 그 역사적 배경을 살펴보자. 한국 사회가 경험한 통합과 분열의 한 가지 특징은 권위 또는 권력 확보의 기준에 대한 합의가 결여되어 있어 정당성에 대한 논란이 지속된다는 점이다. 특정 기준에 대한 합의를 도출하는 과정이 생략되거나 불충분하여 국민적 인식을 형성하고 성숙시킬 만한 시간적 여유가 없었다는 것이 우리 근현대사의 특징이라 할 수 있다.

일제의 국권침탈로 말미암아 우리 민족 내부의 리더십 형성 과정이 왜곡 또는 붕괴했고 그 결과 우리 사회의 통합이 급속도로 약화되었는데, 그것의 첫 번째 현상은 독립운동 세력과 친일 세력으로의 분열이었다. 일제

---

9. 교육감 직선제 도입은 교육계의 이념 논쟁이 본격화하는 계기가 되었다. 보수 진영에서는 진보 진영이 영재교육의 개념을 특혜교육으로 이해하면서 하향평준화하는 정책들을 도입했다고 비판한다. 우리나라 입시제도가 정권에 따라 바뀌기 때문에 일부 학부모들은 사교육을 통해 수험생들의 취약점을 극복하고자 한다.

의 식민통치에 대한 반응(즉, 저항 대 순응)은 광복 후 오늘에 이르기까지 한국 사회 분열의 핵심적인 기준으로 존재한다. 해방정국의 혼란 속에서 출범한 '두 개의 정부'가 정통성 확보를 위해 체제 경쟁을 벌이면서 우리 민족은 친공 세력과 반공 세력으로 분열하게 되었는데, 이 역시 한국 사회 분열의 또다른 핵심 기준으로 작용하고 있다.

남북한 태생 이후의 한국 사회에서 일관되게 발견되는 '분열 DNA'는 일본과 공산주의 세력에 대한 평가라고 할 수 있다. 한민족의 공동체에 악영향을 끼쳤는가 하는 것이 평가의 기준이 되는데, 일제에 대한 평가는 대체로 합의를 보이는 듯하나, 공산주의 세력에 대한 평가에서는 복잡한 양상을 보인다. 더군다나 친일 세력이 반공 세력과 어느 정도 구조적으로 연계되어 있었음을 감안한다면 일제에 대한 평가와 공산주의 세력에 대한 평가는 한국 사회의 분열을 더욱 복잡하게 만드는 요인이 되고 있다.

어쨌거나 일제 식민지 시기와 해방 이후 분단시기 (또는 남북한 체제 경쟁 시기)의 공통점은 한국 사회 내부의 합의 도출 시스템 및 국민적 지지 기반이 붕괴 내지 약화되어 권위의 원천과 권력의 정통성이 정치적 시빗거리로 전락했다는 것이다. 권위의 원천을 외부에서 찾으려는 세력과 내부에서 스스로 장줄하려는 세력 간의 입장 차이와 갈등이 사회 분열의 근본적 요인으로 작용했던 것이다.

분열은 권위에 대한 시비가 발생함으로써 촉발되는데, 경쟁구도의 승자가 자기중심의 질서를 구축하기 위해 패자 또는 경쟁 세력에게 통합을 강요하거나 설득함으로써 분열은 멈추게 된다. 통합을 강제하는 이유는 지엽적인 지지를 일반화하고 권력 지위를 강화하기 위함이다. 외세 개입의 기회를 차단하기 어려운 분단 구조에서는 기존의 질서를 새롭게 해석하고 변경하려는 시도가 정당화되기 어려울 뿐만 아니라 분열의 단초를 제공하는 주요 원인이 되기도 한다.

그렇다면 한국 사회의 통합과 분열을 촉진시켰던 주요 사건 내지 이슈들은 무엇인가? 역사적 사건 및 이슈들은 오늘날 정치경제적 사건 및 이슈들과 맥을 같이하고 있다. 예를 들면, 일제 식민지 시기 독립운동과 친일 행위, 전승국들에 의한 분단과 남북한 정부수립, 한국전쟁과 휴전, 한-미 동맹, 한-일 국교수립 등이다. 정치경제적인 맥락에서 보면, 전후 재건사업과 개발독재, 군사독재와 민주화, 경제 성장과 분배, 복지 혜택과 재정적자, 지역갈등, 신분상승과 교육열, 기복신앙과 정치적 영향력 등 수많은 이슈들이 존재한다.

분열은 정치, 경제, 법·제도 등 다양한 이슈 영역에서 발견된다. 정치 영역에서의 분열은 헤아릴 수 없이 많다. 정치권의 분열은 정당, 행정-입법 관계, 선거, 여론 등에서 나타난다. 방사성 폐기물 처리장, 쓰레기 소각장, 고압 송전탑 등의 부지를 선정하는 문제는 정부와 지역 주민들 간의 힘겨운 줄다리기 주제다. 영호남 지역갈등은 이미 오래된 레퍼토리다. 정당 내 계파 간 분열이라거나 선거를 앞둔 이합집산의 행태는 당위성과 정당성을 넘어 각자의 이익이 중심이 되고 있다.

특히 북한 문제는 한국 사회가 안고 있는 딜레마다. 북한을 적으로 보느냐 대화 상대로 보느냐에 따라 보수꼴통과 종북좌파로 편가름을 한다. 한국 정부의 대북정책 중심축이 10년의 '햇볕정책'에서 10년의 '강풍정책'으로 전환하는 것을 경험하면서 한국 사회는 북한 문제의 해법을 찾기는커녕 오히려 극단적인 시각이 고착화되는 것을 목도해왔다. 국회가 지난 10년간 북한인권법을 처리하지 못했던 것은 정치인들의 대북 인식 격차가 좁혀지지 않기 때문이다.

역사 문제가 등장하면 한국 사회는 홍역을 앓는다. 한국 사회에서 김구 선생님과 이승만 대통령에 대한 평가는 여전히 뜨거운 논쟁거리다. 2015년 김영삼 전 대통령의 서거 이후 한국 사회는 김 대통령의 공과를 재조명하기 시작했다. 이른바 IMF시대의 책임을 묻느라 문민시대를 개막했던 김 대통령의 공적이 가려져 있었던 것이다.

법·제도 영역의 분열은 정치·경제 등 여러 영역의 이슈들과 연계되어 있어서 더욱 심각한 영향을 미친다. 2014년 3월에 발생한 세월호 사건은 우리 사회의 분열이 제도적으로도 심각하다는 것을 보여주는 단적인 예다. 세월호 사건을 다루는 데 있어서 해양경찰청, 소방서, 방재청, 해양수산부, 교육부, 안정행정부, 그리고 청와대 등 주요 행정부처 기관들이 조직 논리 및 정책 입장의 차이로 인해 분열된 양상을 보여주었다.

외교 영역의 이슈들이 사회 이슈와 연계되어 분열의 단초를 제공하기도 한다. 일본군 위안부 이슈는 한일 간 갈등과 대립의 한가운데에 위치하고 있다. 특히 박근혜 정부와 일본 아베 정부 간 입장 차이는 한일 간 대화 단절과 더불어 증오의 확산 현상을 초래했다. 2015년 말에 도출된 위안부 이슈에 대한 한일 정부 간 합의는 한국 사회 차원에서 전적으로 수용되지 못하고 있다. 정부와 민간이 특정 쟁점을 인식하고 기대하는 것이 다르기 때문에 대외적으로 정리된 내용이 내부적으로는 분열의 요소가 되기도 한다.

경제 영역에서의 분열은 대체로 노사갈등으로 표현된다. 1997년 아시아 경제위기 이후에는 비정규직 고용 문제가 심각한 이슈로 자리 잡고 있다. 노동계에서도 한국노총과 민주노총의 입장 및 시각 차이는 우리 사회의 분열을 더욱 촉진되게 하는 요소다.

1980년대 GATT(관세무역일반협정) 우루과이 라운드 협상에서부터 본격화된 시장개방 문제는 여전히 한국 사회의 분열을 촉발시키는 이슈다. 2000년대에 들어와 우리 정부가 추진하고 있는 양자간 또는 다자간 FTA(자유무역협정) 협상으로 인해 우리 시장의 개방 속도와 범위가 증대하고 있는데, 한편에서는 국제화의 불가피성을 인식하고 적극 대응하는 반면, 또 다른 한쪽에서는 국제화의 피해를 보는 국내 이익집단들이 생존 대책을 요구하며 저항하고 있다.

2015년은 광복 70주년을 기념하는 뜻깊은 해였다. 그러나 광복 후의 70년 세월은 우리 민족이 분단된 채 복잡한 국제정치의 난류에 휩쓸려 생존을 위해 몸부림쳐야했던 시간이었기에 광복 70주년을 맞이하는 우리의 마음은 무겁기만 했다. 다시 하나로 합쳐 완전한 자주독립국가가 되어 광복의 기쁨을 만끽하는 그날이 오기까지 우리는 또 얼마나 많은 시간을 분단된 채로 살아야 할 것인지 답답하기만 하다.

제2차 세계대전이 끝나면서 한국을 포함한 몇몇 나라들이 정치적으로 분단되긴 했으나 냉전이 끝나면서 대부분의 분단국이 다시 하나로 합치게 되었다. 분단국가인 한국에서 산다는 것은 평화의 내적 결핍 상태에서 생존의 몸부림을 이어가야 함을 의미한다. 마치 필수 호르몬 분비 기능을 결여한 상태로 태어난 아이가 외적 공급에 의존하듯이, 분단국가는 평화의 인위적 공급을 위해 외부세력에 의존하지 않을 수 없다. 즉, 분단국가는 구조적으로 결핍된 평화를 스스로의 힘으로 만들어낼 수 없기 때문에 평화 조건의 생성 및 성숙을 위해 외부세력과 결탁하게 되는 것이다.

분단국가의 대외관계는 내부 사회의 통합과 분열에 결정적인 영향을 미친다. 특히, 광복 직후 국가 수립 과정의 초기부터 외부세력의 개입과 간섭을 경험했던 한국 사회로서는 더욱 외부의 영향에 흔들리지 않을 수 없다. 강대국들의 이해관계가 매우 첨예하게 부딪히는 지정학적 특성 때문에 작은 나라 코리아가 자기만의 길을 가는 것은 사실상 불가능한 일처럼 보인다. 그러한 국제정치적 환경 속에서도 한국이 통합과 분열의 반복을 통해 새로운 모습으로 발전해왔다는 것은 놀라운 일이 아닐 수 없다.

IV. 기독교적 성찰

"어떻게 하면 한국 사회의 평화를 견고히 구축하고 안정적으로 유지할 수 있을까?" 이것이 우리의 궁극적인 질문이다. 이 질문에 대한 답을 찾는 과정에서 우리는 통합과 분열이라는 이슈를 다루지 않을 수 없다. 흔히 통합은 평화지향적이고 분열은 평화파괴적이라는 인식을 갖고 있다. 이에 바탕을 둔다면, 통합을 촉진하는 요소들을 활성화하고 분열을 촉진하는 요소들을 비활성화할 수만 있다면 우리가 소원하는 평화를 극대화할 수 있을 것이라는 논리가 성립된다.

그러나 인간이 존재하는 모든 사회의 발전 경로를 보면 통합과 분열, 그리고 평화를 다룬다는 것이 그렇게 간단하지 않음을 알 수 있다. 인간의 역사 속에서 "항상 통합되어 있고 항상 평화를 유지하는" 그런 사회는 존재하지 않았다. 동서고금의 철학과 종교 속에서 그런 사회가 이상향으로 제시되어 왔을 뿐이다. 사회가 끊임없이 변화하고 발전하는 과정에서 통합과 분열은 수도 없이 반복하여 왔고 그에 따라 평화가 세워지거나 깨어지곤 했다. 속세를 떠나 산속으로 들어가자고 의기투합한 사람들도 얼마 후에는 분열했고, 세상을 평정한 장수나 철인(哲人)도 새로운 도전자들에 의해 쫓겨나기 일쑤였다. 역사를 거슬러 올라갈 필요도 없이 우리 사회의 현재만 보더라도 통합과 분열은 마치 끊임없이 밀려왔다 쓸려가는 파도처럼 우리 일상의 풍경으로 자리 잡고 있다.

앞에서 살펴본 바와 같이, 한국 사회의 통합과 분열 현상은 몇 가지 핵심 단어들을 떠오르게 한다. 예를 들면, 권위, 기준, 이익, 리더십, 도전, 전통, 혁신, 비전, 해법 등의 단어라 하겠다. 반드시 통합이 선한 것이 아니며 반드시 분열이 악한 것도 아님은 그 기준과 목적 등이 무엇이냐에 따라 해석이 달라지기 때문이다. 거시적인 차원에서 보면, 인류 역사의 발전은 통합과 분열의 반복이 있었기 때문에 가능했던 것이다.

그런데 미시적 차원에 머무는 인간들이 너무 거시적인 차원에서 세상을 보는 것은 쉽지 않다. 그래서 속세로부터 너무 동떨어진 얘기를 하는 신비주의 종교들은 역사 속에서 퇴보하곤 했다. 수천 년간 인간의 사고체계와 사회 생활에 영향을 미친 종교들은 모두 땅과 하늘의 연결고리를 찾아주고 있으며 속세의 삶에서 영원한 세계로 인도하는 길을 제시하고 있다. 종교의 가르침은 사회통합의 핵심이 되어왔으며 평화의 길잡이 역할을 감당했다. 그러나 개인의 기본권과 사회정의 그리고 기회의 평등이 훼손되는 순간에는 종교의 정적인 가르침이 기존 질서 및 가치 체계에 저항할 수 있는 신념과 능력이 되곤 했다.

한국 사회의 근현대사에서 기독교의 영향은 막대하다. 지난 100년 동안의 역사 속에서 한국 사회가 경험한 격변의 과정은 통합과 분열의 반복이라 해도 과언이 아니다. 그 과정에서 기독교의 가르침은 순기능과 역기능 모두를 포함하고 있다.

우선 기독교는 일제의 식민통치 시기 동안 한국인들의 유일한 결사체 내지 소통의 채널로 기능했다. 교회는 해방 직후 민족의 지도자가 결여된 상태에서 한국인들의 의견을 수렴하고 여론을 형성하는 기능을 수행했다. 특히 조만식 선생과 같이 평양의 주요 교회들을 이끌던 장로들이 정치 리더십의 공백을 일정 부분 메우는 역할을 감당했다.

해방 직후 38도선 이북 지역에서 소련 군정이 수립되고 노동당에 의한 인민 관리가 시작되면서 교회의 역할은 급속히 축소되었다. 한국전쟁 전후로 이북 지역의 교회 지도자들 상당수가 남하하여 남쪽에서 귀향의 때를 기다릴 수밖에 없었다. 그러나 휴전이 되고 남북한 정권의 대립이 고착화되자 남하했던 교회 지도자들의 일부는 이남 지역에서 반공운동을 주도했고 기독교 교회와 반공주의 세력의 유착관계 형성에 기여했다.

교회는 성부, 성자, 성령의 절대적 권위에 대한 순종을 가르친다. 조선시대의 유교적 권위주의 문화와 일제시대의 군국적 권위주의 문화가 혼재된 한국 사회는 권위에 대한 순종을 가르치는 기독교에 저항하지 않았다. 오히려 격변의 시기를 거치면서 기독교의 가르침은 복받는 비결로 인식되어 1970년대 이후 급격한 교회 부흥의 요인이 되었다. 이승만 정권이나 박정희 정권의 권위주의적 정치 행태에 대해 한국 사회의 일부가 비판하고 저항할 때에 한국 교회 내부의 분열은 불가피했다.

1980년대 교회 부흥의 효과는 1990년대 대형교회의 등장으로 나타났다. 인력과 재력을 갖춘 대형교회들은 국내 구제와 봉사에 앞장서는 동시에 해외 선교에도 눈을 돌렸다. 그러나 그것의 부작용은, 비록 의도하지 않았다 해도, 대형교회의 국내외 조직 확대 내지 영향권 확대였다. 특정 대형

교회들이 교단을 장악하고 좌지우지하는 현상도 나타났다. 교회의 정치화가 진행되면서 교회는 선거 때마다 정치인들의 중요한 유세장으로 변했다.

그러나 이러한 역기능 이면에 교회의 순기능도 충분히 인지된다. 구한말 시기의 개화운동, 식민시기의 독립운동, 해방기 및 재건기의 구제와 지원, 경제개발 및 민주화 시기의 개혁운동 등 역사의 중요한 순간마다 교회의 참여와 기여가 중요한 역할을 했음을 부인할 수 없다. 교회가 세운 학교, 병원, 각종 봉사시설 등은 정부의 역량이 모자라던 시기에 사회 곳곳에 빛을 비추는 역할을 수행했다. 눈에 띄지 않는 교회의 수많은 순기능에도 불구하고, 종종 구설수에 오른 몇몇 정치인이나 기업인이 교회에 다닌다는 이유만으로 교회가 비난의 화살은 받는 것은 억울한 일이 아닐 수 없다.

과거에도 그랬지만 오늘날에도 거짓은 필요 이상으로 넘쳐나고 있다. 진실이 배척받는 사회 속에는 진실에 대한 목마름이 간절하기 마련이다. 예수 그리스도를 어설프게 아는 자들로 인해 그리스도의 가르침이 왜곡되는 상황에서 교회는 사회의 통합과 분열에 대해 무엇을 말할 수 있는가? 교회는 누구의 편에 설 것인가? 교회는 다시 예수 그리스도의 눈높이와 초점을 되짚어봄으로써 교회의 자리를 찾아야 할 것이다.

신약성경을 보면, 무리들이 간음한 여인을 예수에게 끌고 와서 예수의 입장을 물어보는 장면이 나온다. 모세의 법은 무리들을 하나로 통합시키는 완벽한 기준으로 간주되었다. 모세의 법에 따르면 간음한 여인을 돌로 쳐죽여야 했다. 무리들의 통합 기준에 부합하는지 여부를 확인함으로써 예수에 대한 고발거리를 찾으려는 것이었다. 그러나 예수 그리스도의 사고체계는 모세의 법에 갇혀있지 않았다. 간음이라는 행위를 했느냐 안 했느냐를 판단의 기준으로 삼았던 무리들과는 달리, 예수의 판단 기준은 죄의 존재 여부였다.

너희 중에 죄 없는 자가 먼저 돌로 치라 (요 8:7).

세상에 하나님 한 분 외에 죄 없는 자가 없으므로 하나님 외의 어떤 존재도 남을 판단할 권한이 없음을 지적한 것이다. 예수가 땅에 손가락으로 쓴 것은 하늘의 법이었고 그것은 모세의 법을 능가하는 상위법이었다. 예수의 눈높이는 모세가 아니었고 초점은 간음이 아니었다. 예수의 눈높이는 하나님이었고 초점은 생명이었다.

그러므로 교회의 눈높이는 머리 되신 예수 그리스도의 눈이어야 하고 그 초점은 하나님이 창조하신 생명이 되어야 마땅하다. 교회가 세상에 제시하는 해법이 세상의 눈높이에서 만든 것이라면 그것은 이미 능력을 상실한 것이다. 하늘의 눈높이에서 본 것을 말하고, 무릎을 꿇어 땅에 하늘의 법을 써줘야만 세상에 영향을 미칠 수 있다.

또 신약성경에는 어떤 율법교사가 예수에게 이웃의 정의에 대해 물어보는 장면이 나온다. 율법교사가 영생을 얻는 방법에 대해 물어보자 예수는 성경의 핵심이 무엇인지 되묻는다. 율법교사는 "하나님을 사랑하고 이웃을 사랑하는" 것이라고 정답을 말하고, 예수는 그대로 행할 것을 주문한다. 그때 율법학자가 물었다. "누가 내 이웃입니까?" 예수는 비유 하나를 설명한다. 제사장과 레위인이 길을 가다가 강도 만난 자를 보고는 피해서 지나갔다. 그러나 사마리아인은 다가가서 강도 만난 자를 치료해주었다. 비유의 끝에 예수는 질문한다. "누가 강도 만난 자의 이웃인가?"

"누가 나의 이웃인가"를 물어보는 세상에 대해 교회는 "누가 강도 만난 자의 이웃인가"를 물어보아야 한다. 그동안 교회 안과 밖에는 나의 이웃으로 선택된 자들과 그렇지 않은 자들이 존재했다. 세상에 속한 자들이 자기중심으로 편가름할 때 예수는 이 땅의 작은 자들을 중심으로 편가름을 했다. 사회의 통합과 분열에 대한 예수의 기준은 세상의 기준과 다르다. 그러므로 교회는 통합과 분열의 목적이 무엇인지에 대해 근본적인 질문을 던져야 한다.

> 내가 세상에 화평을 주려고 온 줄로 아느냐 내가 너희에게 이르노니 아니라 도리어 분쟁하게 하려 함이로라 이후부터 한 집에 다섯 사람이 있어 분쟁하되 셋이 둘과, 둘이 셋과 하리니, 아버지가 아들과, 아들이 아버지와, 어머니가 딸과, 딸이 어머니와, 시어머니가 며느리와, 며느리가 시어머니와 분쟁하리라 하시니라(눅 12:51-53).

세상의 기준을 중심으로 살던 사람들이 예수가 전한 하늘의 기준으로 삶을 바꿀 때 거기에는 엄청난 분열이 발생한다. 가장 가까운 식구끼리도 분열할 수밖에 없다. 왜냐하면 인생과 세상에 대한 눈높이와 초점이 달라지기 때문이다.

1907년의 평양 부흥 시기에 일어났던 변화의 모습들은 전설로만 전해져야 하는가? 교회가 하늘의 기준을 올바로 제시하고 있다면 세상의 기준을 버리겠다는 사람들로 인해 세상은 요동칠 수밖에 없다. 교회가 살아 있는데 어떻게 세상이 고요할 수 있단 말인가. 어떤 이들은 교회가 세상을 보듬어 안고 세상 속으로 들어가야 한다고 주장한다. 이는 매우 성경적인 주장으로 들리지만, 혹시 세상과의 적당한 타협이나 공존을 당연시하는 논리가 그 속에 있다면 그것은 세상 무리들이 모세의 법 속에 하나님을 가두어놓는 것에 지나지 않을 것이다.

> 평안을 너희에게 끼치노니 곧 나의 평안을 너희에게 주노라 내가 너희에게 주는 것은 세상이 주는 것과 같지 아니하니라 너희는 마음에 근심하지도 말고 두려워하지도 말라(요 14:27).

지난 100년 동안 한국인들은 다양한 격변의 시기를 거치면서 수많은 염려와 두려움을 직면해야 했다. 정당해보이나 결코 합당하지 않은 '무리의 요구'를 거스르지 못했다. 무리가 사용하는 폭력은 정당해보이기 때문에 묵인하거나 동참할 뿐 저항할 생각은 하지도 못했다. 의지할 만하고 어울릴 만한 '나의 이웃'을 찾는 데 급급했다. 결국 세상이 주는 것은 근심과 두려움이 가득한 평안이었다. 그것을 쫓아내기 위해 교회로 들어왔지만 여전히 근심과 두려움에 짓눌려 살아야 했다.

세상의 권위와 권력의 기준이 수도 없이 바뀌고, 전쟁에서 살아났어도 정치로 인해 죽으며, 일확천금을 얻은 자가 세상 권세를 누리고, 세상의 성공과 자랑이 하나님의 복이라고 믿는 그런 사회에서 교회는 평안의 기준을 바꾸어주었던가 되묻지 않을 수 없다. 말로만 아니라 삶으로써 세상이 주는 것과 같지 않은 하늘의 평안을 교회가 보여주었는지 되돌아보아야 한다.

V. 나가는 글

통합과 분열은 정반대의 상태를 일컫는 말들이다. 그러나 그 둘은 긴밀히 연계되어 있다. 통합된 상태에서 분열이 가능하며, 분열된 상태에서 통합을 시도하기 때문이다. 통합된 상태 자체가 사회의 목적이 될 수는 없다. 그것은 인간이 추구하는 사회 발전 과정에서 나타나는 현상이기 때문이다. 통합의 현상이 나타나면 머지않아 분열의 현상도 발생한다. 분열 이후에는 통합이 추구된다. 통합과 분열의 현상은 사회 발전의 양면과 같다.

최근 한국 사회에 등장한 신조어들은 대체로 부정적이다. 비정규직 직원을 의미하는 미생, 가정 경제력의 사회 신분 결정력을 의미하는 흙수저와 금수저, 젊은이들의 절망을 표현한 N포 세대 등이 있다. 원정출산은 이미 한물간 표현이지만 이 역시 신분 상승 또는 신분 유지를 위해 고안된 편법이다. 사교육 시장의 끊임없는 확대 추세는 돈과 출세가 곧 평안한 삶의 핵심이라는 믿음의 결과다.

더군다나 국제화 물결은 한국 사회의 분열을 촉진시켜왔다. 사회 구성원들이 변화에 대응할 준비를 생각할 겨를도 없이 빠른 속도로 새로운 변화를 강요당해왔다. 빠른 속도의 변화 속에서 승자가 되기 위해 소수 특권층은 재력과 학력과 인맥에 더욱 의존하는 반면, 대부분의 서민은 자신의 노력 위에 요행과 운을 기대하는 것이 고작이다.

강남 일부 지역의 학원교육 열풍은 부동산 가격마저 뒤흔들고, 재산가치의 상승을 위해 지역 이기주의가 만연한 지는 이미 오래다. 소송 만능주의가 퍼지면서 아파트 앞에 새로운 건물이 들어선다고 하면 일조권을 내세운다거나 환경오염과 교통체증 등을 이유로 보상을 요구하는 행태가 일상화되었다. 새로운 지하철이 자기네 동네를 통과하도록 관계기관에 압력을 넣기 위해 서명운동을 펼치는 풍경 또한 낯설지 않다.

자기중심주의, 집단 이기주의, 지역 이기주의 등은 어느 사회에서나 목격되는 현상을 지칭하지만 특히 오늘날 한국 사회의 주요 특징을 일컫는 말이 되고 있어 안타깝기 그지없다. 무리 속에 들어가야 안심하는 사회, 나의 이웃을 이기적으로 선택하는 사회, 근심과 두려움 속에 갇혀서 평안을 누리지 못하는 사회, 그런 사회를 향하여 교회는 예수의 말을 외치고 있는가? 한국 사회의 통합과 분열에 대한 교회의 정답은 오직 예수뿐이다. 예수를 남에게 강요하는 것이 아니라 내가 예수로 살아가는 것이다.

참고문헌

김충남, 《대통령과 국가경영: 이승만에서 김대중까지》, 서울대학교 출판부, 2006.

로버트 D. 퍼트넘·데이비드 E. 캠벨, 《아메리칸 그레이스: 종교는 어떻게 사회를 분열시키고 통합하는가》, 페이퍼로드, 2013.

손호철 외, 《한국전쟁과 남북한 사회의 구조적 변화》, 경남대학교 극동문제연구소, 1991.

주인석, "정당의 분열과 통합: 기원적 특징과 조직변화", 《21세기정치학회보》 제22집 1호, 2012년 5월.

Buchanan, James M. and Robert D. Tollison, *The Theory of Public Choice*(Ann Arbor: The University of Michigan Press, 1984).

Olson, Mancur, *The Logic of Collective Action: Public Goods and the Theory of Groups*(Cambridge, MA: Harvard University Press, 1971).

Olson, Mancur, *The Rise and Decline of Nations: Economic Growth, Stagflation, and Social Rigidities*(New Haven: Yale University Press, 1982).

Putnam, Robert D., *Making Democracy Work*,(Princeton University Press, 1993).

Putnam, Robert, "Diplomacy and Domestic Politics: The Logic of Two-Level Games", *International Organization*, No. 42, 1988.

Suh, Dae-sook., *Kim Il Sung: The North Korean Leader*(Columbia University Press; Revised ed., 1995).

Suh, Dae-Sook and Chae-Jin Lee. *Political Leadership in Korea*(University of Washington Press, Reprint edition, 2014).

5부
국제사회와 평화

———

10장_ 전쟁이 없는 세상을 어떻게 만들까

조동준(서울대학교 정치외교학부 교수)

I. 들어가는 글

　　전쟁은 인간 집단 간 조직화된 폭력이 표출된 현상으로 인류가 집단 생활을 시작한 이래 상수처럼 인류와 함께한다. 기원전 2,450년 일어났던 우마-라가쉬 전쟁(Umma-Lagash War)이 기록에 남은 최초의 조직화된 전쟁이지만, 인간 집단 간 전쟁은 인류의 시작부터 항상 존재했다. 특히, 신석기 시대 인류가 정주생활을 하면서 전쟁의 빈도와 강도가 높아졌다는 것은 상식이다. 인류가 지구상 전쟁을 체계적으로 기록한 1816년부터 2007년까지 1,000명 이상 전사자가 발생한 국제전이 97회, 1,000명 이상 전사자가 발생한 내전이 337회, 1,000명 이상 전사자가 발생한 비국가단체 간 전쟁이 62회 발생했다.[1] 1816년부터 2010년까지 국가가 관여된 군사적 위협, 군대 동원, 무력 시위, 전투 등을 포괄하는 공격적 행위가 총 2,586회 발생했다.[2] 전쟁의 양상은 21세기에 들어서도 큰 차이를 보이지 않는다. 2001년부터 2010년까지 국가 간 무력분쟁이 97회 발생했고, 2011년 시작된 시리아 내전의 경우 2015년 5월 말 기준으로 전사자가 최소 25만 명, 최대 32만 명에 이른다.[3]

---

1. Correlates of War Project, 2014a.
2. Correlates of War Project, 2014b.
3. Zaimov, 2015.

지상에서 평화가 가능한가? 전쟁이 없는 세상을 어떻게 만들까? 현대 전쟁의 큰 파괴력으로 인하여 인류의 멸망까지 초래할 수 있는 상황이 되면서, 전쟁과 평화에 관한 질문은 인류의 실존적 문제가 되었다. 또한, 남북한이 서로에게 치명상을 가할 무력을 보유하고 있어 전쟁과 평화의 문제는 한민족의 생존과 관련되어 있다. 특히, 평강의 하나님과 예수를 주로 고백하며[4] "화목하게 하는 직분"(고후 5:18)을 받은 기독교인들은 평화와 전쟁의 문제에 민감할 수밖에 없다.

이 글은 평화와 전쟁에 관한 여러 관점을 기독교의 시각에서 조망하고자 한다. 이 글은 세 부분으로 나뉘어 있다. 첫째, 평화와 전쟁에 관한 성경의 언급을 분류한다. 구체적으로 평강·평화를 분석 수준에 따라 검토하며, 평화와 연결된 사회적·자연적 현상을 비교·분류한다. 또한 성경에 나온 전쟁을 전쟁의 발생원인에 초점을 맞추어 분류한다. 둘째, 평화와 전쟁에 관한 기독교의 주요 시각인 성전론, 정전론, 평화주의를 각각 정리한다. 이 세 가지 관점은 전쟁과 평화에 관한 현재 논쟁에도 중요한 함의를 가지고 있다. 셋째, 현대 국제정치학자들이 전쟁을 막기 위하여 제안한 여러 방책을 기독교의 전쟁·평화관에 비추어 분류하고 조망한다.

II. 성경에서 나타난 평화와 전쟁

성경은 이스라엘 민족이 경험한 역사적 사건, 예수 그리스도의 사역, 복음의 전파 과정 등 객관적으로 일어난 현상을 하나님이 주시는 영감으로 해석하여 기록한 산물이다. 따라서 성경은 객관적 현상으로서 전쟁과 평화에 대한 기독교적 해석을 보여준다. 이 절은 평화와 전쟁에 관한 성경 구절을 검토함으로써, 전쟁과 평화에 관한 성경적 해석을 정리한다.

1. 평화

성경에서 나타난 평화는 크게 네 차원으로 나누어 정리할 수 있다. 첫째, 개인적 차원에서 평화는 마음과 영의 안전 상태를 의미한다. 하나님

---

4. 평강·평화와 하나님을 직접 연결한 성경 구절로 롬 15:33; 롬 16:20; 빌 4:9; 살전 5:23; 히 13:20; 고후 13:11 등이 있고, 평강·평화와 하나님·예수님을 직접 연결한 구절로 살후 1:2; 고전 1:3; 고후 1:2 엡 1:2; 빌 1:3 갈 1:3 롬 1:7; 딤후 1:2 등이 있다.

은 당신을 경외하는 사람이 나아갈 길을 보이시고 인도하며 또한 선대하기 때문에 그의 영혼이 평안하다(시 25:13; 116:7; 사 38:17). 개인을 대적하는 적대자들이 없는 상태가 영혼의 평안을 가져오는 외부적 환경이다(시 55:18). 또한 평화는 신체적 안전과 평온을 의미하기도 한다(겔 34:25-28; 렘 12:12; 살전 5:3). 구체적으로 평화는 번영과 형통을 의미하며(시 122:7; 욥 8:6; 12:6; 21:23; 렘 12:1), 건강 상태와 연결되기도 하고(막 5:34; 눅 8:48), 앞길에 장애물이 없는 상태와 이어지기도 하며(시 119:165; 잠 10:9; 사 57:2), 순탄한 자연사와 연관되기도 한다(창 28:1; 렘 34:5; 왕하 22:20). 이처럼 개인적 차원에서 평화는 여러 좋은 상태와 연결되지만, 궁극적으로 개인의 평화는 하나님과의 좋은 관계에서 비롯된다(욥 22:21; 신 28:28; 출 20:24).

둘째, 사람과 사람 간 관계의 차원에서 평화는 소극적 의미에서 대적하는 사람이 없는 상태, 적극적 의미에서 양자 간 의견이 합치하는 상태다. 이웃을 해치지 않으려는 마음이 이웃과의 평화를 가져오는 전제 조건이며(잠 3:29), 대적하는 사람이 없기에 평안하며(시 55:18), 형제와 한마음으로 같이 지내는 상태(고후 13:11)가 평화의 구체적 양상이다. 양자 관계의 차원에서의 평화도 궁극적으로 하나님과의 좋은 관계에서 비롯된다. 양자 관계에 있는 두 행위자가 이웃을 사랑하라는 계명을 지키면(레 19:18; 마 5:43; 막 12:31; 약 2:8), 이웃을 해치지 않는 마음이 자연스럽게 생기는 반면, 이웃을 대적하려는 마음이 사라진다. 이웃 사랑의 실천이 소극적으로 양자 간 갈등의 부재, 적극적으로 양자 간 마음의 일치까지 자연스럽게 이어진다.

셋째, 믿음의 공동체 차원에서 평화는 내부 질서, 안정 그리고 번영을 의미한다. 소극적으로 평화는 이스라엘이 내전 위기에서 상하지 않고 벗어난 상태(삼하 17:3; 행 7:26)를 의미한다. 조금 더 적극적 의미에서는 평화는 교회 안에서 질서가 잡힌 상태(고전 14:33), 믿음의 공동체의 복지와 번영(렘 29:7; 겔 28:26; 34:27; 슥 14:11; 시 128:2-6)을 의미한다. 공동체 차원의 평화도 궁극적으로 지도자와 하나님의 관계, 백성 전체와 하나님의 관계에 따라 결정된다. 하나님이 공동체를 위하여 개입하시거나(겔 34:25; 37:26; 말 2:5; 사 54:10), 지도자가 하나님을 경외함으로써 공동체가 평강의 복을 받거나(시 128:1-4) 지도자가 하나님 앞에서 스스로 겸비함으로써 재앙을 피할 수 있다(왕상 21:29; 대하 12:6-12).

넷째, 정치 공동체 간 관계의 차원에서 평화는 전쟁의 부재를 의미한다.[5] 성경은 이집트를 나올 때부터 시작된 이스라엘과 아모리 족속 간 전쟁이 사무엘이 다스리던 시기에 그친 상태(삼상 7:14), 솔로몬 재위기 주변 민족과 전쟁을 하지 않던 상태(왕상 4:24), 아사 재위기 전쟁이 없는 상태(대하 14:6) 등을 평화로 표현한다. 전쟁의 부재 역시 하나님과의 관계에서 비롯된다. 예를 들어, 아사가 선지자 아사라에게 임한 말씀에 따라 우상숭배를 깨뜨리고 백성으로 하여금 하나님을 찾을 때부터 10년 동안 전쟁이 없었다(대하 15:1-19). 반면, 아사가 하나님을 의지하지 않고 망령되이 행한 시점 이후부터 유다와 주변 국가 간 전쟁이 있게 되었다(대하 16:7-9). 이처럼 성경은 전쟁의 부재 역시 하나님과의 관계에서 비롯된다고 해석한다.

종합하면, 성경에서 평화는 소극적으로 전쟁, 갈등, 혼란, 신체에 대한 위해, 질병 등 부정적 현상의 부재 상태를 의미하며, 적극적으로 형통, 번영, 이익의 조화, 영혼과 마음의 평온 등 온전한 상태를 의미한다. 네 차원의 평화는 공통적으로 하나님으로부터 유래하거나, 하나님의 적극적 개입으로 이루어진다. 또한, 사람이 하나님이 주신 계명을 준행할 때, 평화가 유지될 수 있다(잠 16:7). 이처럼 성경은 평화에 관한 쟁점에서 하나님의 주권을 전적으로 인정하며, 사람의 노력을 통한 평화의 가능성을 상대적으로 낮게 본다(롬 12:18).

2. 전쟁

하나님께서 전쟁에 관여하는 방식은 크게 세 가지로 나뉠 수 있다. 첫째, 하나님이 믿음의 공동체를 대신하여 또는 믿음의 공동체와 함께 전쟁에 참여하는 경우다. 예를 들어, 광야 시대부터 가나안 정복에 이를 때까지 하나님은 이스라엘에게 영적 군대장관을 파송하시거나(수 5:14), 이스라엘과 함께한다는 신호를 보여주시는 방식으로(출 17:11; 민 31:6), 이스라엘과 다른 민족 간 전쟁에 관여하셨다. 모압, 암몬, 세일이 연합하여 유다를 공격할 때 하나님은 공격하는 민족끼리 서로 싸움을 하도록 하여 진멸시키셨다(대하 20:23-24). 성경은 이스라엘과 다른 민족 간 전쟁에서 이스라엘의 승전을 하나님의 개입으로 인한 결과로 해석하며, 하나님을 강하며 용맹하며 전쟁의 용사라고 표현한다(출 15:3; 시 24:8; 사 42:13). 하나님이 특정 사람과 함께하실 때, 인간적으로 약한 사람도 용사가 되어 전쟁을 승리로 이끌 수 있다(히 11:34; 삿 6:12).

둘째, 하나님이 믿음의 공동체 또는 지도자를 징벌하기 위하여 전쟁

---

5. 신약에서 언급되는 전쟁은 종말과 연결되어 인간 집단 간 무력충돌(계 12:17; 계 19:19; 계 20:8)과 종말 이전 세상에서 발생하는 민족 간 무력충돌(막 13:7-8; 마 24:6-7; 눅 21:9-10)로 구분된다.

을 사용하시기도 한다. 믿음의 공동체가 하나님을 떠나 범죄할 때, 성경은 하나님께서 징벌 수단으로 전쟁을 사용하신다고 기록한다(왕상 8:46; 호 10:9; 대상 5:25-26; 암 1:14). 적극적으로 하나님이 다른 민족의 마음을 일으키셔, 믿음의 공동체를 징벌하기 위한 전쟁이 일어날 수도 있다. 또한 지도자가 범죄할 때, 하나님은 다른 민족 혹은 동족을 들어 믿음의 공동체를 대상으로 전쟁이 일어나도록 관여한다. 예를 들어, 성경은 북이스라엘의 3대 왕 바아사의 개인사를 하나님의 징벌 차원에서 조망한다. "바알은 태양이다"라는 이름이 암시하듯이 바아사(Baasha)는 우상 숭배를 하고 악을 행했기 때문에 "바아사에게 속한 자가 성읍에서 죽은즉 개가 먹고 그에게 속한 자가 들에서 죽은즉 공중의 새가 먹게 된다"는 끔찍한 예언이 임했고, 북이스라엘 5대 왕 시므리에 의하여 실제로 집행되었다(왕상 16:1-19).

셋째, 하나님의 섭리와 계획을 이루기 위하여 전쟁이 불가피한 경우다. 구약의 예언서와 요한계시록에 있는 전쟁은 하나님의 섭리와 계획이 드러나는 것을 막은 세력과의 싸움으로 특정 민족의 잘못 또는 특정 지도자의 범죄와 무관하게, 인류 구속사의 측면에서 거쳐야 하는 과정으로 묘사된다(단 9:26; 10:1; 11:10; 계 11:7; 19:19). 이 유형의 전쟁은 악의 세력과 인간의 죄성이 하나님의 섭리와 충돌하기 때문에 일어나지만, 특정한 범죄를 징벌하기 위함이 아니다. 예를 들어, 다니엘 10장에 기록된 전쟁 예언은 페르시아의 고레스(Cyrus) 왕의 범죄 또는 페르시아 백성의 범죄와 무관하다. 세마포를 입은 듯 보인 영적 존재, 천사장 미가엘, 지상에 존재했던 페르시아를 후원하는 영적 존재인 '페르시아 군주', 지상에 존재했던 알렉산더 대왕 또는 알렉산더 사후 그리스 왕정을 후원하는 영적 존재인 '헬라 군주'와의 힘겨루기에 의하여 전쟁이 일어난다(단 10:1-21).

기원전 853년에 유다와 북이스라엘이 연합하여 아람과 싸운 전쟁을 성경이 기록하는 방식은 전쟁에 관한 하나님의 관여와 인간의 죄성 간 상호작용을 흥미롭게 보여준다. 출발 지점은 북이스라엘 아합 왕의 범죄와 요단 동편에 있는 길르앗 라못을 둘러싼 영토 갈등이었다.[6] 하나님은 악한 왕 아

---

6. 길르앗 라못(Ramoth-gilead)은 요단 동편에 있는 지역으로 이스라엘이 가장 먼저 정복했던 곳이다. 가나안 정복 이전부터 도피처가 이곳에 설치되었고(신 4:43), 솔로몬 왕의 즉위식이 이곳에서 거행될 정도로(왕상 4:13), 영적으로 중요한 장소였다. 시리아의 벤하닷 왕에게 정복된 이후, 시리아와 북유다 간 영토분쟁이 일어났다.

합을 꾀어 길르앗 라못으로 올라가서 죽게 할 마음을 먼저 가지셨다. 이후 한 영이 아합을 꾀어 길르앗 라못을 회복하고자 하는 마음을 일으키고, 선지자들에게 거짓 예언을 주어 유다왕 여호사밧까지 끌어들였다. 전쟁터에서 아합은 악한 꾀를 내어 자신은 변복한 반면 유다왕 여호사밧이 왕복을 입어 시리아의 정예병이 여호사밧을 공격하게 했으나, 결국은 자신이 화살에 맞아 전사했다. 반면, 하나님의 명령을 따르던 여호사밧은 전쟁터에서 벗어나 평화를 누리면서 자연사를 맞이했다(왕상 22:1-50). 이처럼 성경은 하나님이 사람의 악함까지 들어 정의를 실현한다고 기록한다.

성경은 전쟁이 하나님이 관여하지 않음에도 불구하고 사람의 죄성 때문에 일어난다고 해석하기도 한다. 인간의 죄성이 탐심으로 나타나 정치공동체 간 이해충돌로 이어지고, 전쟁을 통하여 쉽게 해결될 수 있다고 판단될 때는 전쟁으로 이어질 수 있다. 예수님이 언급한 "민족이 민족을, 나라가 나라를 대적"하는 행위는 종말의 전조일 뿐이다(마 24:7-8; 막 13:8; 눅 21:9-10). 성경의 관점에서 하나님께 속하지 않은 전쟁은 세상에서 불법이 성하기 때문에 일어난다(마 24:10-12). 즉, 하나님의 계명과 뜻을 따르지 않는 행위가 전쟁으로 이어질 수 있음을 의미한다.

성경이 기록한 최초 전쟁의 시작은 인간의 죄성과 연관되어 있다. 창세기 14장은 사람의 타락을 상징하는 소돔과 고모라의 왕과 "여신의 종"이라는 이름이 이미 암시하듯이 우상 숭배의 상징인 그돌라오멜(Chedorlaomel)이 벌인 전쟁을 기록한다. 소돔 왕 베라, 고모라 왕 비르사 등은 12년 동안 그돌라오멜을 섬기다가 배반했고, 시리아 남쪽 엘람 지역을 통치하던 그돌라오멜은 다른 세 개 민족을 이끌고 배신자를 응징하기 위한 전쟁을 벌였다. 전쟁에서 그돌라오멜의 연합군이 승리했고 소돔과 고모라의 모든 재물과 양식을 빼앗고 거주민도 노예로 삼기 위하여 잡아갔다(창 14:1-12). 이 전쟁은 범죄한 인간 집단 간 무력충돌로, 전쟁의 목적이 노략질이었다. 이처럼 하나님과 무관하게 사람의 죄성과 탐심에 의하여 전쟁이 일어나기도 한다.

요약하면, 성경은 전쟁을 하나님의 개입에 의한 인간 집단 간 무력행위 또는 인간 죄성에 따른 인간 집단 간 무력행위로 본다. 전자의 경우 하나님의 뜻을 이루기 위한 수단으로 전쟁이 일어나고, 후자의 경우 하나님을 떠난 죄인들이 벌이는 추악한 행위의 결과가 전쟁이다. 양자 모두 하나님의 성품에는 부합하지 않는 현상으로, 하나님의 적극적 개입이 있어야 전쟁 상태에서 평화로 이행된다고 본다.

III. 전쟁과 평화에 관한 기독교의 관점: 평화주의, 정전론, 성전론

전쟁과 평화에 관한 기독교의 관점은 신약 시대에 들어오면서 큰 변화를 겪게 된다. 기독교는 하나님을 민족으로서 이스라엘을 구원하는 영적 존재가 아니라 예수를 주로 고백하는 사람을 사랑하고 구원하는 영적 존재로 인식하기 때문이다. 또한, 기독교가 세상의 권력에 의하여 탄압을 받던 시절, 사도들과 교부들은 정교분리 상황에서 전쟁과 평화에 대한 관점을 재조정했다. 이후 로마의 기독교 공인, 이슬람으로부터 성지 회복, 종교개혁 등 중요한 역사적 변화를 반영하면서 전쟁과 평화와 관한 기독교의 관점이 변화했다. 이 절에서는 전쟁과 평화에 관한 기독교의 관점을 기독교 평화주의, 정전론, 성전론으로 구분하여 검토한다.

1. 기독교 평화주의

초기 기독교는 로마의 박해 속에서 평화주의와 무저항을 주장했다. 기독교인들이 평화주의를 주장한 이유는 크게 세 가지로 나뉠 수 있다. 첫째, 믿음의 공동체인 교회를 세상 정치권력으로부터 분리할 수 있는 근거가 존재했기 때문이다. 예수님이 세금 문제와 관련된 질문에 대하여 "가이사의 것은 가이사에게, 하나님의 것은 하나님께"라고 답함으로써(마 22:21; 눅 20:25; 막 12:17), 예수님의 제자들은 로마의 조직화된 폭력에 협조하지 않아도 문제가 되지 않았다. 당시 로마는 유대인에게 속주세의 납부만 요구했지 군역을 비롯한 여러 공적 의무를 유대인에게 강요하지 않았다. 황제를 신으로 인정하는 로마의 관행을 수용한다면, 기독교인은 로마의 군대와 정치권력으로부터 무관한 삶을 영위할 수 있었다. 로마가 평화를 유지하는 '전쟁, 승리, 그리고 평화'에 기독교인이 참여하지 않을 수 있었기 때문에,[7] 초기 기독교인들은 평화주의 입장을 보일 수 있었다.[8]

둘째, 초기 기독교인들이 예수님을 주로 고백하며 예수님의 말씀을 실천하려고 했기 때문이다. 예수님은 전쟁에 대하여 부정적 입장을 여러 차례 밝히셨다. 예수님은 군역을 부정하지는 않았지만(눅 3:14; 마 8:5-13), 폭력

---

7. Wengst, 1994[1987], 37.
8. RoBainton, 1981[1960], 86-109; Russell, 1999, 376.

을 통한 문제해결에는 반대 입장을 분명히 밝히셨다(마 26:52; 요 18:11). 폭력이 기독교인에게 가해질 때도 대적하지 말며 박해자를 위하여 기도하라고 가르쳤다(마 5:38-45). 더 나아가, 이웃 사랑을 하나님의 율법의 완성(마 22:39; 5:43; 19:19; 막 12:31; 12:33; 눅 10:27)으로 가르쳤다. 예수님의 가르침은 "눈에는 눈, 이에는 이"로 표현되는 구약시대의 율법과 질적으로 상이했다.[9] 예수님의 제자로 스스로를 규정한 초기 기독교인은 타자를 인정하고 사랑하라는 예수님의 가르침을 따랐다.[10]

셋째, 예수님의 제자들도 보편적 사랑을 설파했다. 하나님이 민족을 초월하여 보편적으로 사랑을 베푸신다고 알렸으며(요일 3:1; 4:9; 요 3:16-17; 고후 5:19; 약 2:5), 이웃 사랑을 설파했다(약 2:8; 롬 13:9-10). 예수님의 제자들에 의하여 혈연에 기반을 둔 공동체가 아니라 믿음의 공동체인 교회가 조직되었다. 초기 교회에서 예수님의 제자에 의하여 예수님의 말씀이 전파되면서, 기독교 교회는 유다 민족 중심의 폐쇄성에서 벗어났다. 교회가 사랑과 평화의 공동체가 되었다.

기독교 평화주의는 종교개혁 시기 다시 부상했다. 스위스 형제단에서 유래된 재세례파는 교회와 국가 권력이 결합된 국가교회를 타락한 교회로 규정하고, 신약에 나타난 사도적 형태를 엄격히 지키려 했다. 이들은 교회가 예수 그리스도를 주로 고백하는 믿음 위에 세워져야 하며 성경에 담긴 진리를 따라야 한다는 입장을 강조하면서(딤전 3:15; 골 1:18), 기독교인이 국가의 일에 참여하지 못하도록 했다. 16세기 재세례파의 신앙고백(Schleitheim Confession) 4조는 세상과 교회를 이분법적으로 해석한다. 즉, "모든 피조물은 선과 악, 신앙과 불신, 어둠과 빛, 세상과 세상에서 나온 사람, 하나님의 성전과 우상, 그리스도와 벨리알 등의 유형"으로 구분되며, 교회가 "마귀가 심은 악한 자들과 사악한 자들로부터 분리"되어야 한다는 입장을 밝힌다. 따라서 이들은 국가의 통치 과정에 참여하길 거부했다.

재세례파는 평화를 전면에 부각했다. 재세례파의 신앙고백 6조는 "무력이 악한 자를 벌하며 죽이지만 선한 자를 지키며 보호한다"는 긍정적

---

9. 구약시대에도 이웃 사랑의 계명이 있었고(레 19:18), 사회적 약자인 과부, 고아 등을 돌보라는 계명이 있었다(출 22:22; 신 24:17). 하지만 범죄에 대해서는 보응 또는 보상을 정했다(레 20:15-16; 민 35:16-17; 35:21; 출 22:1-20).

10. Bainton, 1980[1960], 53-54.

역할을 가진다고 인정하면서도 "무력이 그리스도의 완전함 밖에 있다"고 규정한다. 무력은 세상의 위정자들이 사용하도록 만들어졌기 때문에, 기독교인이 사용하는 도구로 허용되지 않는다고 밝혔다. 따라서 재세례파는 무기를 들지 말아야 하며 전쟁에는 당연히 참여하지 말아야 한다고 주장했다. 재세례파는 국가 권력과 심각한 충돌을 경험하면서 동유럽, 러시아, 미주로 종교적 자유를 찾아 떠났다. 이들은 현재 메노나이트 교단으로 이어졌다.[11]

　　퀘이커교도(Quaker)와 형제단교회(Church of the Brethren)도 평화를 전면에 내세웠다. ①퀘이커교도들은 모든 사람이 성령의 빛과 하나님의 지혜를 받을 수 있기 때문에 모든 사람을 형제와 자매로 대하여야 한다고 생각한다. 퀘이커교도들은 "퀘이커교도를 진리로 인도하는 성령이 퀘이커교도로 하여금 그리스도의 왕국을 위하거나 이 세상의 왕국을 위하여 무기를 가지고 싸우거나 전쟁을 하도록 하지 않는다"고 평화를 전면에 내세웠다.[12] 이들의 교리가 세속 정치권력과 충돌을 빚어 종교적 박해를 받게 되자, 종교적 박해를 인내하거나 자유를 찾아 신대륙으로 이동할 수밖에 없었다. ②18세기 초 등장한 형제단교회도 교회와 세상이 분리되어야 한다는 입장을 가진다. 따라서 기독교인이 국가의 통치 행위에 참여하지 못하도록 하며, 특히 국가가 주도하는 전쟁에 참여하지 못하도록 했다.[13] 형제단교회는 종말 직전의 혼란과 전쟁에서 인내함으로써 구원을 얻는다는 성경 구절에 주목하여 (마 24:13; 막 13:13; 눅 21:19), 무력 대응보다는 무저항 인내를 강조한다.

　　20세기 기독교 평화주의는 천주교회에 의하여 주도되었다. 천주교회는 핵무기로 인하여 인류가 전멸할 수 있다는 위험을 지적하면서 인류가 더 이상 전쟁을 치르지 말아야 한다는 입장을 보였다.[14] 천주교회는 민간인을 대상으로 하는 전쟁, 총력전, 핵전쟁 등을 포함한 일체의 전쟁을 반대하며 선제공격과 무기경쟁도 반대한다.[15] 감리교 등 일부 진보적 성향을 보이는 개신교단도 기독교 평화주의 전통을 이어가고 있다. 예를 들어 감리교 주교단(The United Methodist Council of Bishops)은 핵무기 반대, 핵전쟁 반대, 군비

---

11. 김명배, 2014, 173-188.

12. Fox, 1660.

13. 형제단교회에 소속된 교인이 반드시 형제단교회의 교리를 준수한다고 보기는 어렵다. 제2차 세계대전 중 통계를 보면, 징집대상 형제단교회의 교인 중 10%만이 양심적 거부를 선택한 반면, 약 80%는 현역 근무를 선택했고 10%는 군무원으로 근무했다(Durnbaugh 1997, 474; Brown 1995, 467).

14. Pope Pual Ⅵ, 1960; Pope John Paul Ⅱ, 1982; U.S. Bishops, 1983, para.331.

15. Darring, 1987.

반대 등을 명시적으로 요구했다.[16]

요더(John Howard Yoder)는 20세기 기독교 평화주의자의 대표다. 그는 예수님이 십자가에서 불의에 저항하지 않고 죽음을 수용함으로써 하나님의 계시를 이루었다는 점에 주목하며, 십자가에서 예수님의 죽음을 기독교 평화주의와 무저항의 정당한 출발점으로 본다.[17] 예수가 보여준 순종은 무능함이나 포기가 아닌 '혁명적 순종'으로써 폭력이 아니라 사랑이 세상을 지배할 수 있다는 사실을 보여준 모범으로, 모든 기독교인이 따라야 한다는 입장을 밝혔다.[18] 요더는 무저항과 복종이 세상에서 예수님의 증인으로 사는 방식이라는 실천적이고 급진적 정치 윤리를 주장했다.

요더는 세상과 교회가 대립적이지만 교회가 세상을 극복해야 한다는 입장을 가졌다. 즉, 요더는 세상에 있는 악한 정치권력마저 하나님의 섭리 안에서 사용된다고 보고, 세상이 교회와 기독교인을 평화적 방식으로 대하지 않는다 하더라도, 교회와 성도가 예수님처럼 평화적 방식으로 세상의 압박에 대처해야 한다고 주장했다. 교회는 세상에 대하여 비판적 증인의 역할을 담당하며 예수님의 사랑으로 세상을 극복할 때, 세상에서 중요한 변화가 이루어질 수 있다고 보았다.[19] 요더는 평화를 기독교 윤리의 중심적인 문제로 보기보다는 복음 자체를 비폭력적으로 해석했다.[20]

요약하면, 기독교 평화주의는 비폭력과 무저항으로 세상을 이김으로써 또는 세상의 악함을 인내하여 하나님의 섭리가 구현될 수 있도록 노력한다. 기독교 평화주의의 평화는 궁극적으로 하나님의 섭리가 완성된 상태이기 때문에, 비폭력과 무저항이 궁극적 평화를 앞당긴다고 주장한다. 즉, 비폭력이 평화로 이어진다.

2. 기독교의 정전론

정전론은 로마의 기독교 공인과 밀접하게 연결되어 있다. 313년 콘스탄티누스 황제가 기독교를 공인한 후 교회와 정치권력이 밀접히 연결되면서, 교회는 로마의 정책에 협조하고 로마의 안녕을 기원하는 역할을 담당하

---

16. The United Methodist Bishops, 1986, 49-52; The United Methodist Council of Bishops, 2009.
17. Yoder, 1971, 59
18. Yoder, 1994[1972], ch.9.
19. Yoder, 1971, 31.
20. Hauerwas, 1986[1974], 200.

게 되었다. 국가가 실행하는 조직화된 폭력인 전쟁에 기독교의 관여를 정당화시켜야 할 필요성이 자연스럽게 생겼다. 로마 황제가 하나님의 권위를 인정하여 기독교의 박해가 끝났지만, 초기 기독교가 가졌던 평화주의 전통은 변모할 수밖에 없었다. 기독교를 국교로 인정한 국가에 의한 폭력이 기독교인의 의무와 긍정적 선으로 수용되게 되었다.[21]

기독교의 정전론은 국가 권력과 교회가 밀접히 연결된 상황에서 평화에 관한 기독교의 가르침과 기독교를 국교로 삼는 정치공동체의 안보를 조화시키기 위한 지적 활동의 산물이다. 기독교 정전론의 발전에 있어 세 교부가 중요한 역할을 담당했다. 첫째, 암브로시우스는 군인들이 구원을 얻기 위하여 무엇을 해야 하는가 하는 질문에 예수님이 "사람에게 강탈하지 말며 거짓으로 고발하지 말고 받는 급료가 족한 줄로 알라"고 대답한 성경 구절(눅 3:14)에 주목하면서, 군대를 자비와 자선의 도구로 적극적으로 해석했다. 암브로시우스는 이웃이 공격당할 때 아무것도 하지 않는 기독교인을 부덕한 사람, 심지어 진정한 기독교인이 아니라고 보았다. 사랑이 없기 때문에 정당한 폭력이 사용되어야 할 때에도 폭력을 사용하지 않는다고 해석하면서, 정당한 폭력의 행사가 긍정적 의무가 될 수 있다고 주장했다.[22] 즉, 폭력이 세상의 선을 위하여 사용될 때 정당하다고 주장했다.

둘째, 아우구스티누스는 세상에 평화와 질서가 유지되기 위해서는 정의롭고 질서가 잡힌 무력의 사용이 필요하다는 입장을 가졌다. 공동체 안에서 평화와 질서가 있는 삶(saeculum)과 평안한 질서(tranquillitas ordinis)가 사회에서 최소공통분모로써 필요한데, 이를 위하여 폭력은 정당하다고 보았다.[23] 즉, 폭력의 사용은 불의를 당한 제3자를 보호하려는 기독교 사랑의 의무와 합치한다. 기독교 공동체에서 신실한 기독교인은 좋은 시민으로 정당한 무력을 사용하여 사회 질서를 지키고 극심한 불의를 제거해야 한다.[24] 공동체 밖을 향한 폭력은 정의로운 평화를 위하여 주권자에 의하여 사용될 수 있다.[25] 구체적으로 불의한 압제자로부터 방어하거나, 적국에 갇힌 무고한 희생자를 보호·구호하거나, 동맹국을 방어하거나, 공격을 퇴치하기 위하

21. Yoder, 1984, 135.
22. Ambrosius, para.129, On the Duties of Clergy, ch.27; Cole 2002, 20-21.
23. St. Augustine, City of God, Book 19, ch.13.
24. St. Augustine, Letter, 189.
25. St. Augustine, City of God, Book 19, ch.7.

여 주권자가 벌이는 전쟁은 정당하다. 전쟁 개시의 조건이 정당하다고 하더라도 폭력의 수위, 폭력 사용의 조건, 비전투원과 전투원 간 구별 등 전쟁 중의 절차적 정당성(jus in bello)도 중요하다고 보았다.

정전론을 집대성한 토마스 아퀴나스는 세상에서 정치권력을 가진 자가 세상 내 질서를 유지하며 사회의 부를 보호하는 것을 의무로 여겼다. 즉, 세상에서 정치권력을 가진 자는 공공선을 보호해야 하는 의무를 가지고 있다고 보았다. 따라서 특정한 조건에서 세속 군주가 무력을 행사하는 것이 정당하다고 보았고, 공동선을 목표로 하며, 성공 가능성이 높으며, 전쟁 후 평화를 이룰 가능성이 높으며, 문제 해결의 최종 수단으로 선택된 전쟁이 정당하다는 입장을 가졌다. 토마스 아퀴나스는 폭력의 사용이 범죄 정도에 비례해야 한다는 입장을 가지며, 잘못을 바로잡기 위한 폭력이 "적당한 수준"(kindly severity)에 머물러야 한다고 주장하여, 전쟁 중 전투 행위의 정당성에 많은 관심을 가졌다.[26]

교부들에 의하여 발전된 정전론은 신교와 현대 천주교회로 이어졌다. 루터, 칼뱅, 츠빙글리는 모두 사회질서를 유지하고 악을 막기 위하여 세속 군주가 정의로운 무력을 행사할 수 있다는 입장을 가졌다. 개신교 다수파는 교회와 세속 간 분리를 전제하지만, 세상에도 하나님의 섭리가 작동한다는 입장을 가진다(롬 13:1). 따라서 세속 군주가 세상에서의 평화 유지에 중요한 역할을 담당한다는 점을 인정하고(딤전 2:1-2), 일정한 조건 아래서 세속 군주의 폭력 사용을 용인하는 입장을 취한다. 따라서 국가와 교회가 분리된 상황에서도 국가에 의한 전쟁 준비와 폭력 사용을 조건적으로 용인한다. 현대 천주교회도 정전론의 입장을 일부 수용한다. 천주교회는 자위권을 인정하고, 전쟁을 억지하는 선까지 핵억지 개념까지 수용한다.[27]

현대 기독 신학자 중 니버는 기독교의 정전론을 계승한 대표적 신학자다. 니버는 예수님이 가르친 계명이 윤리적 당위이지만 세상에서 달성할 수 없는 이상이라고 고백한다. 예수님이 가르친 사랑의 계명이 이 세상에서 바로 실현될 수 있다는 믿음은 사람이 무한한 가능성을 가지지만 유한한 피조물에 불과하며 인간 본성이 악하다는 사실을 감안하지 못한다고 비판한

26. Daryl, 2005, 597-598.
27. Darring, 1987.

다.[28] 니버는 인간이 본성적으로 예수님의 사랑을 실천할 수 없기 때문에 예수님의 계명이 현실 세계에서 정합성이 없다고 본다. 따라서 전쟁이 없는 세상을 만들려는 노력은 실현되지 못한다. 오히려 세상에서 일어나는 불의와 폭력으로부터 자신을 보호하기 위해서, 제한된 폭력이 용인될 수밖에 없다는 입장을 취한다. 예를 들어, 니버는 군비경쟁에 대하여 비판적 입장을 취하지만, 국가 간 분쟁이 존재하고 무력충돌의 위험이 있는 한 군비경쟁을 피할 수 없다는 입장을 취한다.

정리하면, 기독교 정전론은 폭력적 방법으로 세상의 악을 제거함으로써 또는 세상의 악에 대하여 군사적 대응 방안을 모색함으로써, 평화를 유지하려고 한다. 즉, 제한된 폭력적 대응이 평화를 가져오는 수단이다.

3. 기독교의 성전론

성전론의 원형은 광야 시대에 여러 차례 나타난다.[29] 광야 시대와 가나안 정복 시대 전쟁은 하나님의 뜻을 관철하기 위한 통로였다. 성경은 하나님이 하나님에게 적대하는 세력 또는 우상을 숭배하는 민족을 섬멸하고 심판하기 위하여 전쟁을 사용한다고 해석한다(신 2:34; 7:2-24; 13:15; 수 8:26; 11:11-21). 성전의 양상은 고대 전쟁과 상이하다. 예를 들어, 가나안 정복을 앞둔 상황에서 모세가 전한 전쟁 관련 명령은 일반적 전쟁과 성전의 차이를 선명하게 보여준다. 일반적 전쟁의 경우 공격하는 세력이 수비하는 세력에게 강화를 요구하고 수비하는 세력이 강화를 거부하면 전쟁이 시작된다. 승자는 함락된 성에 있는 성인 남자를 죽이고 여자, 유아, 육축, 재물을 노략할 권리를 가진다. 반면, 하나님이 이스라엘 족속에게 준 가나안 땅에 사는 민족에게는 호흡이 있는 사람과 동물을 진멸하라고 명령했다(신 20:10-18). 후자의 경우, 전쟁은 하나님의 뜻을 이루기 위한 무자비한 무력행사다.[30]

가나안 정복 이후 성전의 양상은 이스라엘의 정치적 운명에 따라 다

---

28. Niebuhr, 1998[1935], 111.
29. 성경에는 성전에 해당하는 개념이 존재하지 않는다. 가장 근접한 개념은 '여호와의 전쟁'이다(민 21:14; 삼상 25:28). '여호와의 전쟁'은 하나님이 직접 진행하는 전쟁 또는 하나님의 뜻을 이루기 위한 전쟁으로 해석된다.
30. 성전을 위임받은 행위자가 성전을 온전히 수행하지 않을 때, 심대한 심판이 따른다. 예를 들어, 성경은 아멜렉 족속을 진멸하라는 명령을 받은 사울이 좋은 양과 소를 죽이지 않고 차지하자, 하나님이 사울의 왕위를 폐했다고 기록했다(삼상 15:1-35).

르게 묘사된다. 이스라엘이 독립 국가를 유지하고 하나님의 계명을 따를 때, 다른 민족을 대상으로 하나님의 뜻을 이루기 위한 성전이 몇 차례 진행되었다(대상 4:41; 에 9:5; 암 2:9). 이스라엘이 독립을 잃은 후, 독립을 찾기 위한 과정에서 발생한 몇 사건이 성전에 가깝게 묘사되었다(마카베오상 3:18-19; 마카베오하 8:9-24). 하나님이 함께하는 전쟁이라는 개념은 구약 시기 이스라엘 민족에게 지속적으로 남아 있었다.

성전(bellum sacrum) 개념은 1095년 천주교회에 의하여 공개적으로 사용되었다. 교황 우르바누스 2세(Urbanus Ⅱ)는 동로마 제국과 루마니아가 이슬람 세력에게 공격을 당하고 있으며 성지가 이슬람 세력의 지배로 들어간 현실을 언급한 후 기독교인 형제를 도우며 성지를 회복하기 위한 전쟁을 성전으로 표현했다. 성전이 복음을 실천하는 적극적 행위이며 성전에 참여하는 행위는 죄악을 씻는 행위로 묘사되었다. 성전 호소에 응한 경건한 사람들과 범죄를 용서받으려는 사람들이 성전 회복을 위한 전쟁에 참여했다.

기독교에서 성전 개념은 세 가지 계기로 힘을 잃었다. 첫째, 성지를 회복하기 위한 운동이 실패했기 때문다. 성지회복운동의 실패는 하나님의 뜻을 잘못 해석했거나 하나님의 뜻을 온전히 이행하지 못했기 때문이라고 결론을 내릴 수밖에 없다. 절대자이자 주권자인 하나님이 정말 성지 회복을 원했고 또한 기독교인이 이 과업을 성실히 이행했다면, 성지가 당연히 회복되어야만 한다. 성지회복운동이 궁극적으로 실패하면서 성전이라는 용어를 사용하기 어려워졌다. 둘째, 종교개혁기 신교와 구교 간 전쟁으로 기독교적 성전을 주장할 근거를 잃었기 때문이다. 신교와 구교가 교리 해석을 두고 치열한 전쟁을 치렀지만, 신교와 구교 간 전쟁에 성전 개념을 적용하기에는 두 종파 간 유사점이 너무 많았다. 셋째, 시민혁명을 거치면서 종교의 자유가 보장되면서, 대부분 기독교 국가에서 정교분리가 이루어졌기 때문이다. 즉, 국가가 기독교 성전의 주체가 될 수 없는 상황이 도래했다. 현재 기독교 성전 개념은 보수적 기독교 비정부단체, 보수적 기독교인에 의해서만 통용되게 되었다.[31]

---

31. 성전의 개념은 신약시대에 더 이상 유효하지 않다는 주장이 제기된다. 예수님이 십자가 위에서 최종적으로 남기신 "다 이루었다"(요 19:30)는 말씀이 사단에 대한 최종 승리를 의미하기 때문에, '여호와의 전쟁'이 더 이상 존재하지 않기 때문이다. 반면, 보수적 성향의 기독교인 일부는 성전을 언급한다. 20세기 초 '테러와의 전쟁'이 부시 미국 대통령과 참모진의 종교적 성향에 의하여 성전과 종종 연결되었는데, 이는 매우 이례적 현상이다(MacAskill 2005; Scheer 2004; Taylor 2009).

IV. 어떻게 평화를 이룰까

전쟁과 평화는 국제정치학의 핵심 연구주제다. 국제정치학의 존재 이유가 바로 전쟁의 발생 원인을 규명하여 전쟁을 예방하기 위함이다. 따라서 국제정치학은 전쟁을 막고 평화를 이루어내기 위한 생각을 만들어냈다. 이 절에는 국제정치학에서 개발된 평화구축안을 공세적 대응, 방어적 대응, 평화적 방화벽 구축으로 구분하여 정리한다.

1. 공세적 대응

국가 간 전쟁은 이해 갈등의 정도, 전쟁을 수행하는 능력, 전쟁을 수행할 의지 등에 의하여 영향을 받는다. 폭력을 통한 공세적 대응은 상대방의 전쟁 수행 능력을 사전에 약화시킴으로써 상대방의 도발을 방지하는 방식이다. 상대방의 전쟁 수행 능력을 사전에 없앨 수 있다면, 상대방을 일방적으로 굴복시킬 수도 있다. 극단적 경우를 제외하고는 누구도 전쟁 수행 능력을 포기하지 않기 때문에,[32] 전쟁 수행 능력의 사전 분쇄는 폭력 사용을 동반할 수밖에 없다. 따라서 전쟁을 막기 위하여 전쟁을 하는 모순적 상황이 발생한다.

우선 예방전쟁(preventive war)과 선제공격(preemptive war)은 아직 전쟁이 발생하지 않았지만 잠재적 적국이 도발을 한다는 예상 아래 잠재적 적국의 전쟁 수행 능력을 약화시키는 군사적 행동이다. 예방전쟁과 선제공격 간 차이는 공격 임박성의 정도다. 예방전쟁은 잠재적 적국의 공격이 임박하지 않지만 상대방에 대한 공격을 의미하는 반면, 선제공격은 잠재적 적국의 공격이 임할 때 상대방에 대한 무력공격을 의미한다. 양자 간 차이는 이념형에 따른 구분에 그치며 실제 세계에서 선제공격과 예방전쟁은 연속선 위에 있다.[33]

자위를 위한 전쟁과 국제연합 안전보장이사회가 승인하는 전쟁만 적법한 무력사용으로 규정하는 국제연합 헌장이 채택되기 전까지 선제공격은 자위권에 해당된다는 관습법이 통용되었다.[34] 즉, 잠재적 적국으로부터 공격

---

32. 코스타리카가 1949년 군대를 해산했다.

33. 강임구, 2009, 37-39. 공격할 의사가 없는 상대방을 일방적으로 공격하는 행위는 기습(surprise attack)이다. 이는 명백하게 국제법을 위반하는 침략행위다.

이 임박했다는 증거를 보이기만 하면, 선제적 공격이 적법 행위로 인정을 받았다. 예를 들어, 제1차 세계대전의 경우 누가 먼저 전쟁을 시작했는가 여부가 침략행위를 판단하는 데 아무런 도움을 주지 못했다. 이미 주요국이 군사동원을 진행한 상태였기 때문에, 전쟁 임박을 이유로 전쟁을 시작할 수 있는 환경이 마련되었기 때문이다. 반면, 국제연합 헌장의 채택 이후 선제공격의 적법성에 대한 도전이 일어나고 있다. 무력을 먼저 사용한 국가들은 모두 임박한 위협을 사전에 제거하기 위한 자위적 선택이었다고 주장했지만, 1967년 이스라엘의 공격은 선제공격으로 인정을 받은 반면, 1981년 이스라엘이 이라크의 오시라크(Osirak) 원자로를 공격한 사건, 2007년 이스라엘이 시리아 원자로를 공격한 사건, 2001년 미국 주도 연합군의 아프가니스탄 공격, 2003년 미국 주도 연합군의 이라크 공격은 선제공격으로 인정을 받지 못했다. 미국 주도 연합군이 벌인 전쟁에서는 임박성의 정도가 부족했다고 판단되었기 때문이다.

예방전쟁과 선제공격이 전쟁을 막을 수 있는가? 잠재적 적국에 대한 예방전쟁과 선제공격은 전쟁을 막지 못하고 오히려 전쟁의 수렁으로 끌려들어갈 수 있다. 2001년 아프가니스탄 전쟁과 2003년 이라크 전쟁은 안정화 작업의 실패 또는 미진으로 인하여 상황을 악화시켰다고 평가된다. 1981년 오시라크 원자로 공격과 2007년 시리아 원자로 공습은 국제전으로 이어지지 않고 이라크와 시리아의 핵무기제조능력을 감소시켰지만, 중동의 긴장은 해소되지 않았다. 이스라엘의 입장에서는 장기적 관점에서 안보위협이 줄어들었다고 평가할 수 있겠지만, 최소한 사건 발생 당시 긴장이 높아졌다.

2. 방어적 대응

잠재적 적국의 전쟁 수행 능력에 맞서기 위하여 자국의 방어 능력을 키워 전쟁을 막는 방책은 양국 간 국력 차이를 기준으로 크게 세 가지로 구분될 수 있다. 첫째, 자국이 군사적 능력을 상대방을 압도하는 수준까지 유지하는 방식이다. 자국의 군사력이 잠재적 적국을 압도하면 상대방이 자신의 패전을 예상하기 때문에 쉽게 전쟁을 도발하지 않는다는 논리에 기반을 둔다. 역사적 경험에 비추어보면, 압도적 국력을 가진 국가를 대상으로 전

---

34. Arend, 2003, 90-91.

쟁을 일으키지 않는 추세가 확인된다. 즉, 압도적 군사력은 상대방의 도발을 막는 효과를 가진다. 하지만 반대 경우 또한 자주 확인된다. 압도적 군사력을 가진 국가가 약한 국가를 위협하거나 약한 국가에게 불리한 조건을 강요함으로써, 정의롭지 못한 평화가 초래될 수 있다. 엄청난 파괴력을 가진 핵무기도 비슷한 효과를 가져온다. 핵보유국에 대한 도전이 줄어들지만, 핵보유국에 의한 압박 또는 도전이 증가하는 경향이 확인된다.[35]

둘째, 잠재적 적국의 군사력에 비례하여 군사력을 유지하는 방책이다. 이 방책은 전쟁의 승패 가능성이 0.5 근처로 모이면 전쟁의 불확실성이 늘어나기 때문에, 불확실성을 피하려는 잠재적 적국이 도발을 하지 않는다고 가정한다. 균형을 유지하는 방법은 자체 무장력을 활용하는 내적 균형과 동맹을 활용하는 외적 균형으로 나뉜다. 전자는 오랜 시일이 걸리고 경제적 부담이 크지만, 세력균형을 안정적으로 유지하는 장점을 가진다. 반면, 후자는 짧은 시일에 효과를 가져오고 경제적 부담이 없지만, 동맹국을 신뢰할 수 없기 때문에 세력균형을 안정적으로 유지하지 못한다. 세력균형은 정책으로써 익숙한 개념이지만, 경험 세계에서 평화보다는 갈등과 연결되는 경향을 보인다. 세력균형론의 가정과 달리 전쟁의 불확실성은 전쟁을 피하도록 하기보다는 전쟁으로 끌어들이는 효과를 가진다. 또한 균형을 유지하기 위한 노력을 공격적으로 인지하여, 안보 불안이 커지는 효과도 가진다.

셋째, 억지력을 유지하는 방책이다. 잠재적 적국이 원하는 것을 얻지 못하도록 하는 저지와 달리 억지는 잠재적 적국이 도발할 때 자국이 가하는 피해 때문에 전쟁을 시작하지 못하도록 한다. 즉, 잠재적 적국이 도발을 하여 원하는 것을 얻을 수도 있지만 도발에 대한 보복으로 인하여 심대한 피해를 감수해야 하는 상황을 만듦으로써 잠재적 적국의 자제를 유도한다. 성공적 억지는 상대방이 감내하기 어려울 정도의 보복 능력의 유지와 실제 사용할 의지에 달려 있기 때문에, 상대적으로 가장 적은 비용으로 상대방의 도발을 막는 방책이다. 특히 최소억지 정책을 따르면, 가장 효과적으로 전쟁을 예방할 수 있다.

억지정책은 본성상 불안정하다. 억지방책을 사용하는 국가는 잠재적 적국으로 하여금 도발에 따른 이익과 손해를 계산하라고 강요하지만, 잠재

---

35. Geller, 2014, 141-160.

적 적국이 합리적으로 행동하지 않을 때 억지정책이 효과를 가지지 못한다. 즉, 잠재적 적국이 도발에 따른 모든 피해를 감수할 의지를 보이면서, 반대로 억지정책을 쓰는 국가에게 도발에 대한 보복이 초래할 피해와 무대응 사이에 선택을 강요할 수 있다. 벼랑 끝 전술과 물귀신작전으로 상대국이 버틸 경우 합리적 억지가 성공하지 못하게 된다.

3. 평화적 방화벽 설치

비폭력적 방법으로 평화를 도모하는 방책은 크게 네 가지로 나눌 수 있다. 첫째, 민주정을 채택하여 집권자가 자의적으로 전쟁을 선택하지 못하도록 한다. 왕정 국가에서는 군주가 전쟁으로 인한 이익을 전유하지만 전쟁을 치르면서 감내해야 하는 피해는 신민이 담당한다. 반면 민주정에서는 시민이 전쟁의 발생 여부를 결정하는 동시에 전쟁으로 인한 고통과 과실을 함께 경험한다. 즉, 민주정에서는 다스림을 받는 자와 다스리는 자가 동일인이기 때문에, 민주 국가는 전쟁을 선택할 가능성이 낮아진다.[36] 민주정의 권력 분립, 탄핵, 법치 등은 정치권력의 자의적 사용을 막는 제도적 장치다.

민주평화론은 경험 세계에서 타당성을 가지지만 민주정과 평화 간 인과관계가 명확하지 않다. 민주주의 국가 간 전쟁이 일어날 위험은 민주주의 국가와 권위주의 국가로 이루어진 쌍 또는 권위주의 국가로 이루어진 쌍보다 훨씬 낮다. 성숙한 민주주의 국가 간 전쟁을 경험한 사례는 아예 없다. 이런 통계 수치는 민주주의 국가와 민주주의 국가 간 관계가 다른 국가쌍에 비해 질적으로 다르다는 점을 암시한다. 하지만 왜 민주주의 국가가 다른 민주주의 국가와 전쟁을 하지 않는지는 아직 명확한 인과관계가 확인되지 않았다. 민주주의 국가와 민주주의 국가 간 선호 일치, 경제적 관계, 규범 일치, 민주주의 국가의 제도적 장벽 등이 평화를 도모하는 요인이라는 가설이 존재할 뿐이다. 따라서 민주주의를 확산시킴으로서 국제 평화를 가져오려는 정책의 타당성이 검증되지 않았다. 일본과 독일처럼 민주주의가 이식된 후 평화를 추구하는 국가가 있는 반면, 대부분은 민주주의 이식에 성공하지 못했다. 더 나아가 민주주의 확산을 둘러싼 단기 갈등을 고려해야 한다.

둘째, 무역으로 인한 이익을 공유하여 전쟁을 쉽게 선택하지 못하도

---

36. Kant, Sect.2, Art.1.

록 한다. 최소한 단기적으로 비교우위에 따른 특화와 무역의 결합은 무역에 관여하는 모든 행위자에게 이익을 가져온다. 만약 비교우위가 인위적으로 창출되지 않고 부존자원에 의하여 결정된다면, 무역은 장기적으로도 무역에 참여하는 모든 국가에서 이익을 가져온다. 특정 국가가 분쟁에 연루될 경우 무역으로 인해 향유하던 이익을 포기해야 한다. 특히, 무역으로 인한 이익을 정치권력을 장악한 일부 사회계층이 향유하는 것이 아니라 일반 시민이 향유할 때, 전쟁으로 인해 포기해야 할 무역의 이익에 국민들이 더 민감해질 수 있다.[37] 무역의 파괴가 전쟁 즉, 촘촘한 무역관계에 참여하는 국가가 전쟁에 연루될 경우 포기해야할 이익이 전쟁을 결정하는 임계점을 높일 수 있다. 통계 자료를 통하여 확인된 바에 따르면, 다른 조건이 동일하다면 무역 규모가 많은 국가쌍은 전쟁을 하지 않는 경향이 보인다. 구체적 사례로서 델 컴퓨터에 들어가는 부품을 생산하는 공급망에 있는 국가들끼리 전쟁하지 않는 현상은 무역이 전쟁의 방화벽이 될 수 있다는 점을 암시한다.[38]

무역평화론은 정책으로서 두 가지 난제를 가진다. 먼저, 무역이 기존에 이미 만들어진 우호적 국제관계의 산물이지 무역이 평화의 생성 요인이 아닐 수 있다는 점이다. 즉, 양자 사이에 인과관계의 도치가 있을 수 있다는 점이다. 무역은 경제적 손실을 항상 수반하며 무역으로 인한 경제적 이익은 안보적 요인과 결합될 수 있기 때문에, 무역 상대국의 선정은 정치적 요인, 경제적 이익과 손실 등을 종합적으로 고려하여 결정된다. 따라서 무역량은 교역국 간 평화에 기여하는 독립변수가 아니라 평화를 반영하는 종속변수일 가능성이 있다. 또한, 무역 자체가 갈등요인이 될 수 있다. 국가 간 접촉의 부재는 이해충돌의 부재로 이어지는 반면, 국가 간 접촉의 증가는 잠재적 이해충돌의 개연성을 높인다. 실제 무역관계를 가지는 국가들은 낮은 강도의 분쟁에 더 많이 연루되는 경향을 보인다.

셋째, 평화 사상의 확산이 국가 간 평화에 기여할 수 있다. 특정 생각은 행위자의 정체성에 영향을 미치고, 행위자의 정체성은 사회적 현상으로 이어진다. 만약 평화 사상을 여러 국가들이 공유하게 될 경우, 국가 간 평화에 도움을 줄 수 있다. 생각의 변화에 따른 사회적 현상의 변화는 오랜 시간에 걸쳐 일어나지만, 생각이 개인 차원의 사회현상은 물론 국가 차원의 사회

---

37. Mousseau, 2014, 195-205.
38. Friedman, 2005, 421.

현상에 영향을 미친다는 점은 이미 확인되었다. 예를 들어, "전쟁이 다른 방식으로 나타난 정치의 연장"이고 "전쟁은 외교의 연장"이라는 표현은 전쟁을 국가 정책의 수단으로 부정한 켈로그-브리앙(Kellog-Briand) 조약 이후 적실성을 잃어가고 있다.[39] 전쟁을 국가정책의 수단으로 부정하는 생각이 제2차 세계대전 이후 점차 강화되고 있는데, 이는 평화 사상의 확산에 따라 전쟁의 임계점을 높이려는 노력이 성공할 수 있다는 점을 보여준다.

넷째, 국제기구를 통하여 국가 간 의견을 교환할 수 있는 통로를 마련하여 국가 간 평화에 기여할 수 있다. 제1차 세계대전 이후 국제연맹의 실패, 제2차 세계대전 이후 국제연합의 무기력이 보여주었듯이 국제기구는 주권국가의 권위에 앞선 권위를 가지지 못한다. 국제기구를 세계연방의 초보 단계로 파악하는 시각에서는 국제기구가 평화에 기여하는 바를 낮게 평가하겠지만, 국제기구는 국가 간 의견 전달의 장소로써 평화에 기여할 수 있다. 의사소통이 중요한 이유는 전쟁에 관한 의지가 국제관계의 향방에 영향을 미치는 중요한 요소이기 때문이다. 현대 전쟁의 파괴력이 너무 커졌기 때문에, 쟁점의 중요성, 국력 차이, 쟁점을 무력의 사용을 통해서라도 해결하려는 진정한 의지 등이 모두 공개된다면, 전쟁을 통하지 않고 문제를 해결하는 것이 훨씬 더 경제적으로 이익이 된다. 하지만 상대방이 무력의 사용을 통해서라도 쟁점을 해결하려는 의지를 모르기 때문에, 국제관계에서도 허풍과 기싸움이 전개된다. 이 상황에서 국제기구가 관련국 간 의견 교환의 통로로 사용되어 전쟁과 관련된 정보가 서로 전달된다면, 쟁점을 평화적 방법으로 해결할 개연성이 높아진다.

V. 나가는 글

평화를 이루는 여러 방식 중 기독교 정신에 부합하는 것이 무엇인가? 이 질문에 대한 답은 궁극적으로 하나님과 사람 간 관계에 관한 믿음에 따라 달라질 수밖에 없다. 퀘이커교도처럼 모든 사람이 하나님을 찾을 수 있는 '내부 빛'(inner light)을 가지고 있다고 생각한다면, 모든 사람이 하나님 안에서 형제와 자매이기 때문에 무기를 휴대하지 못하게 된다. 반면, 하

---

39. Clausewitz, 1984[1832], 87; Lenin, 1915.

나님의 무조건적·선택적 사랑으로만 타락한 인간이 구원을 얻을 수 있다고 믿는다면, 하나님에게 속하지 않는 악인을 대상으로 무기를 사용할 수 있는 여지가 생긴다. 요더처럼 세상에 있는 악한 세력도 하나님의 섭리를 이루기 위하여 존재한다고 믿는다면, 무저항 평화주의가 그 믿음에 부합한다. 반면, 사람이 우주적 교회에 있으면서 동시에 세상에도 속한다고 믿는다면, 사회의 공공선을 위한 폭력 사용을 용인할 수 있는 교리적 해석 공간이 생긴다. 이처럼 평화에 관한 관점은 교리와 교단에 따라 달라질 수밖에 없다.

    기독교 교리와 교단 차이점에도 불구하고 예방전쟁이 기독교 정신에 부합하지 않는다는 점에는 거의 모든 기독교인이 동의한다고 본다. 극소수 성전론자를 제외한다면, 기독교 교단을 가로지르는 공통 합의점이 존재한다. 기독교 현실주의·정전론을 가장 넓게 해석하면 선제공격까지, 가장 좁게 해석하면 최소 억지까지 기독교 정신에 부합한다고 할 수 있다. 또한 비폭력적 방법으로 전쟁의 방화벽을 높이는 노력에는 거의 모든 교단이 동의한다고 보인다. 교단 간 합의가 이루어지는 지점에는 연합하여 평화를 이루도록 하고, 합의가 이루어지지 않는 지점에서 각자 평화를 위한 노력을 경주해야 한다.

참고문헌

강임구, "선제공격의 정당성 확보 모델 연구",《군사발전연구》, 3(1), 2009, 35-64.

김명배, "16세기 재세례파의 '쉴라타임 신앙고백(Schleitheim Confession)'에 나타난 교회와 국가의 관계와 기독교 윤리",《현상과 인식》38(3), 2014, 171-191.

Ambrosius, Aurelius, *On the Duties of Clergy*.
http://www.biblestudytools.com/history/early-church-fathers/post-nicene/vol-10-ambrose/ambrose/duties-clergy-introduction.html

Arend, Anthony Clark, "International Law and the Preemptive Use of Military Force", *The Washington Quarterly* 26(2), 2003, 89-103.

Associated Press, "Pope's message to Bosnians: 'War never again!'", *Los Angeles Times*, 2015. 6. 6.

Bainton, Roland H,《전쟁, 평화, 기독교》, 대한기독교출판사, 1981(1960).

Bowman, Carl, *Brethren Society: The Cultural Transformation of a "Peculiar People"*(Baltimore, MD: Johns Hopkins University Press, 1995).

Clausewitz, Carl von, edited by Michael Howard and Peter Paret, *On War(Vom Krieg)*(Princeton, NJ: Princeton University Press, 1984(1832)).

Cole, Darrle, *When God Says War Is Right: The Christian's Perspective on When and How to Fight*(Colorado Springs, CO; Waterbrook Press, 2002).

Correlates of War Project, "COW War Data, 1816-2007" v. 4.0, 2014a.2.5.
http://www.correlatesofwar.org/data-sets/MIDs.

Correlates of War Project, "Militarized Interstate Disputes" v. 4.1. 2014b.2.5.
http://www.correlatesofwar.org/data-sets/MIDs.

Darring, Gerald, *A Handbook of Catholic Social Teaching-War and Peace*, 1987.
http://www.shc.edu/theolibrary/resources/handbook_warpeace.htm.

Daryl, Charles, J., "Just-War Moral Reflection, The Christian and Civil Society", *Journal of the Evangelical Theological Society* 48(3), 2005, 589-608.

Durnbaugh, Donald F., *Fruit of the Vine: A History of the Brethren: 1708-1995*(Elgin, IL: Brethren Press, 1997).

Fox, George, "A Declaration from the Harmless and Innocent People of God called Quakers against All Sedition, Plotters and Fighters in the World", 1660. 11. 21.
http://www.quaker.org/peaceweb/pdecla07.html.

Friedman, Thomas., *The World is Flat*(New York, NY: Farrar, Straus and Giroux, 2005).

Geller, Daniel S., "Nuclear Weapons and War." in John A. Vasquez ed., *What Do We Know about the War?*(New York, NY: Rowman & Littlefield, 2014).

Hauerwas, Stanley, *Vision and Virtue: Essays in Christian Ethical Reflection*(Notre Dame, IN: University of Notre Dame Press, 1986(1974)).

http://www.usccb.org/upload/challenge-peace-gods-promise-our-response-1983.pdf.

Kant Immanuel, *Perpetual Peace: A Philosophical Sketch*(1795).

https://www.mtholyoke.edu/acad/intrel/kant/kant1.htm.

Lenin, Vladimir I., *Socialism and War*(1915).

https://www.marxists.org/archive/lenin/works/1915/s+w/ch01.htm.

MacAskill, Ewen. "George Bush: 'God told Me to End the Tyranny in Iraq'", *The Guardian*, 2005. 10. 7.

Mousseau, Michael, "A Market-Capitalist or a Democratic Peace." in John A. Vasquez ed., *What Do We Know about the War?*(New York, NY: Rowman & Littlefield, 2014).

Niebuhr, Reinhold, 《기독교윤리학》, 은성, 1998(1935).

Pope John Paul Ⅱ. "Message of His Holiness Pope John Paul II to the General Assembly of the United Nations", 1982. 6. 7.

Pope Paul Ⅵ. "Address to United Nations General Assembly", 1965. 10. 4.

Russell, Jane Elyse, "Love Your Enemies: The Church as Community of Non-Violence", Ash, Christopher and R. Kent Hughes, eds., *The Wisdom of the Cross*(Grand Rapids, MI: Wm B. Eerdan Publishing Co., 1999).

Sarkees, Meredith Reid and Frank Wayman, *Resort to War: 1816-2007* (Washington DC: CQ Press, 2010).

Scheer, Robert, "With God on His Side…", *Los Angeles Times*, 2004. 4. 20.

St. Augustinus, Aurelius Hipponensis, *City of God*.

http://www.newadvent.org/fathers/1201.htm

St. Augustinus, Aurelius Hipponensis, *Letters of St. Augustine of Hippo*, http://www.newadvent.org/fathers/1102.htm

Taylor, Aaron, "Was Iraq a Holy War?" *Sojourners*, 2009. 5. 22.

The United Methodist Bishops, *In Defense of Creation*(Nashville, TN: Graded Press, 1986).

The United Methodist Council of Bishops, *God's Renewed Creation: Call to Hope and Action*, 2009. 11. 3.

U.S. Bishops, *The Challenge of Peace: God's Promise and Our Response*, 1983. 5. 3.

Wengst, Kalus, 《로마의 평화》, 한국신학연구소, 1994(1987).

Yoder, John Howard, *The Original Revolution: Essay on Christian Pacifism*(Scottadale, PA: Herald Press, 1971).

Yoder, John Howard, *The Politics of Jesus: Vicit Agnus Noster*(Grand Rapids, MI: Eerdmans, 1994(1972)).

Yoder, John Howard, *The Priestly Kingdom: Social Ethics as Gospel*(Notre Dame ID: University of Notre Dame Press, 1984).

Zaimov, Stoyan, "Syrian Civil War Death Toll Climbs Over 320,000 Casualties; Observatory Group Slams International Community's Silence as Encouraging Bloodshed", *CP World*, 2015. 6. 10.

286

평화에 대한 기독교적 성찰

11장_ 전쟁과 평화: 기독교, 민주주의, 시장경제

정성철(명지대학교 정치외교학과 교수)

사랑할 때가 있고 미워할 때가 있으며
전쟁할 때가 있고 평화할 때가 있느니라(전 3:8).

I. 들어가는 글

국제정치는 전쟁의 역사다. 틸리(Charles Tilly)는 "전쟁은 국가를 만들었고, 국가는 전쟁을 만들었다(War Made the State, the State Made War)"라고 말했다. 전쟁은 국가를 파멸로 몰기도 하지만 동시에 국가를 형성한다. 그렇다면 이러한 전쟁은 왜 일어나는가? 지난 두 세기 동안 전쟁의 발발과 결과는 어떠한 변화를 보였는가? 과연 '전쟁할 때'와 '평화할 때'는 언제인가? 20세기 초 두 차례의 세계대전을 겪으면서 국제정치에 대한 관심이 증폭된 후, 많은 이들은 전쟁과 평화, 협력과 갈등의 원인과 결과를 둘러싼 연구를 진행했다. 본 글은 전쟁과 평화의 양상을 빈도와 강도를 통해 살펴보고, 전쟁의 원인을 둘러싼 주요 설명을 소개한다. 또한 민주주의와 시장경제를 통하여 전쟁의 부재와 평화의 지속을 설명하는 민주평화론(democratic peace)과 상호의존론(economic interdependence)을 검토하고, 기독교와 평화의 관계에 대한 시론적 고찰을 시도한다.

II. 전쟁과 군사비

1. 전쟁

전쟁은 무엇인가? 리비(Jack Levy)와 톰슨(William Thompson)은 전쟁을 "정치 조직 사이의 지속적이고 조율된 폭력"(sustained, coordinated violence between political organizations)으로 정의한다.[1] 복수의 정치 행위자가 서로를 향해 일정 기간 동안 조직적으로 폭력을 행사한 사례를 뜻한다. 따라서 단 기간의 충돌과 위기, 혹은 한 쪽의 일방적인 무력 사용은 전쟁으로 볼 수 없다. 일반적으로 전쟁은 둘 이상의 주권국가 사이에서 발생한 경우를 의미하지만, 국가 내 정부군과 반정부군 사이에 발생한 내전 역시 지속적으로 발생하고 있기 때문에 전쟁은 국가 간 전쟁(interstate war)과 국가 내 전쟁(intra-state war, civil war)으로 나누어볼 수 있다.

그렇다면 전쟁의 발발과 피해는 어떠한가? 현재의 국제체제는 일반적으로 유럽에서 17-18세기에 근대국가의 형성과 더불어 형성된 후 전 세계로 확산되었다고 본다. 따라서 국가 간/국가 내 전쟁의 발발은 19세기부터 살펴보는 것이 타당할 것이다. 먼저 국가 간 전쟁을 살펴보자. Correlates of War 프로젝트는 1년 이내에 1,000명 이상의 사망자를 발생시킨 국가 사이의 무력충돌을 국가 간 전쟁으로 정의하고 데이터를 구축하고 있다.[2] 이를 통해 1820년대부터 2000년대까지 발발한 전쟁의 빈도를 10년 단위로 살펴보면, 1910년대(14회), 1970년대(12회), 1860년대(10회)에 가장 많은 전쟁이 발발했으며, 1980년대부터 2000년대까지 10회 미만의 전쟁만이 발발하고 있다([그림 1]). 같은 기간의 국가 간 전쟁의 강도의 경우, 양차 대전이 발생한 1940년대(8,318만 명)와 1910년대(3,471만 명)가 정점을 이루었으며, 1910년대 이전까지는 약 30만 명, 1940년대 이후는 약 126만 명의 전쟁 관련 사망자가 매 10년 발생했다([그림 2]). 2000년대에는 약 1만 1천 명의 사망자를 나타내 1920년대를 제외하고 가장 낮은 수준을 보였다.

---

1. Jack S. Levy and William R. Thompson, *Causes of War*(Malden: Wiley-Blackwell, 2010), 5.
2. Sarkees, Meredith Reid and Frank Wayman, *Resort to War: 1816-2007*(Washington DC: CQ Press, 2010).

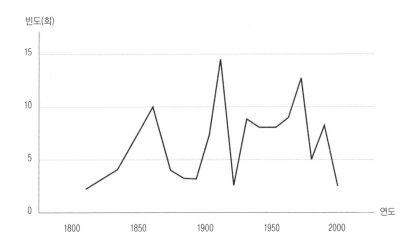

〔그림 1〕 국가 간 전쟁 빈도, 1820~2007(출처: COW War Data v4.0)

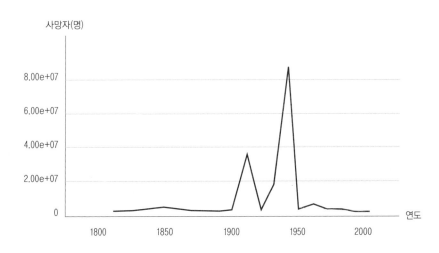

〔그림 2〕 국가 간 전쟁 강도, 1820~2007(출처: COW War Data v4.0)

한편, 국가 내 전쟁, 즉 내전의 경우 국가 간 전쟁에 비하여 높은 빈도를 보여준다. 앞서 언급한 Correlates of War 프로젝트의 내전 데이터를 참고하면,[3] 1년 이내에 1천 명 이상의 사망자를 발생시킨 내전은 1820년대부터 2000년대까지 매 10년 평균 약 19회 발발했다([그림 3]). 주목할 부분은 1970년대(38회)에 최초로 30회 이상의 내전이 일어난 후 1980년대(35회)와

3. Sarkees and Wayman, 2010.

1990년대(47회)의 높은 수준이 유지되고 있다는 것이다. 반면에, 내전의 사망자 수를 통해 살펴보면 매 10년 발생한 사망자 수의 평균이 67만 명으로 국가 간 전쟁의 사망자 수의 평균 810만 명보다 현저히 작다([그림 4]). 하지만 1990년대부터 국가 내 전쟁 사망자 수가 국가 간 전쟁 사망자 수를 추월했다. 1990년대 국가 간 전쟁 사망자는 22만 9천 명, 국가 내 전쟁 사망자는 29만 5천 명이고, 2000년대 국가 간 전쟁 사망자는 1만 1천 명, 국가 내 전쟁 사망자는 3만 7천 명이다. 이처럼 탈냉전기에 들어서 국가 내 전쟁은 국가 간 전쟁보다 빈도뿐 아니라 강도에 있어서 높은 수준을 보인다.

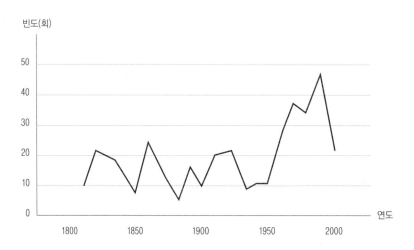

〔그림 3〕국가 내 전쟁 빈도, 1820~2007(출처: COW War Data v4.0)

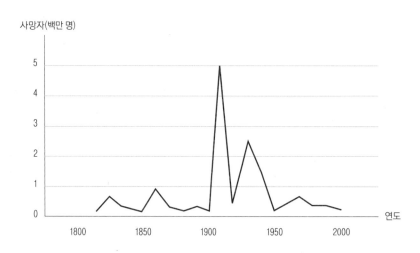

〔그림 4〕국가 내 전쟁 강도, 1820~2007(출처: COW War Data v4.0)

앞으로 전쟁의 내용과 형태는 다양한 환경요인―①정치경제, ②위협환경, ③정치조직, ④군사조직, ⑤무기―과 상호작용하며 변화할 것이다.[4] 많은 전문가들은 핵무기의 확산과 경제적 의존관계로 강대국 혹은 선진국 사이에서 전면전이 일어날 가능성은 매우 낮아졌다고 주장한다.[5] 하지만 이들 국가들이 군사기술의 혁신과 경제이익의 충돌 속에서 경쟁과 갈등을 지속할 것은 자명하다. 한편, 내전은 국가건설의 실패, 체제이행의 불안정, 테러집단의 활동 등으로 아프리카와 중동, 아시아 지역에서 심화될 것으로 예상된다.

2. 군사비

그렇다면 전쟁의 발발과 피해는 어떠한 결과를 낳는가? 제2차 세계대전 이후 전체 국가의 군사비 지출을 살펴보면 꾸준한 증가세를 확인할 수 있다. National Material Capabilities v4.0 데이터를 활용하여 1950년대부터 2000년대까지 세계 군사비를 국가 수로 나눈 값을 확인하면,[6] 1950년대(11억 달러) 이후 증가하여 1980년대에는 49억 달러에 이르렀고 2000년대에는 최고 수준(54억 달러)을 보인다([그림 5]). 이는 냉전의 종식에도 불구하고 군사비 지출이 줄지 않았음을 나타낸다. [그림 6]에서 나타난 바와 같이 미국의 경우 1950년대 이후 군사비 지출을 늘리면서 전 세계 군사비의 약 35.3%를 지출했다. 비록 1970년대 24.6%로 떨어졌지만 이후 증가하여 2000년대에는 41.4%에 이르렀다. 중국은 같은 기간에 전 세계 군사비의 약 5.2%를 지출하고 있으며, 1970년대 8.1%를 지출한 이후 감소세를 보이다가 2000년대에 5.2%로 증가했다. 이처럼 글로벌 차원에서 군사비 지출은 줄지 않고 있으며 미국과 중국 두 강대국의 군사비는 냉전의 종식 이후 증가하는 모습을 보여주고 있다. 미국은 테러와의 전쟁 이후 새로운 위협에 맞서고 있으며, 중국은 지속적인 경제성장을 통하여 자원 확보가 용이한 상황이다. 더불어 미국과 중국이 경제적 협력을 추구하지만 동시에 군사적 경쟁과 견

4. Jack S. Levy and William R. Thompson, *The Arc of War: Origins, Escalation, and Transformation* (Chicago: University of Chicago Press, 2011), Ch. 8.

5. 예를 들어, Robert Jervis, "Theories of War in an Era of Leading-Power Peace", *American Political Science Review* 96(1)(2002).

6. 전체 기간에서 매 10년마다 전체 군사비를 전체 국가 수로 나누었으나 2000년대의 경우 2000년부터 2007년까지의 데이터만을 사용했다. Singer, J. David, Stuart Bremer, and John Stuckey, "Capability Distribution, Uncertainty, and Major Power War, 1820-1965", in Bruce Russett(ed) *Peace, War, and Numbers*(Beverly Hills: Sage, 1972).

제를 지속할 것을 예상할 수 있다.

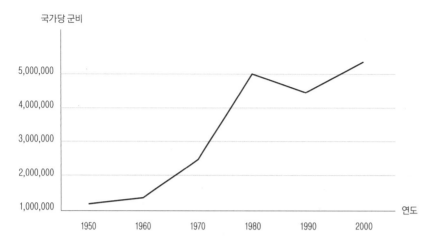

[그림 5] 국가 당 군사비, 1950~2000
(단위: 천 달러, 출처: National Material Capabilities v4.0)

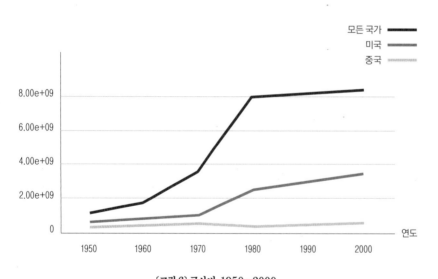

[그림 6] 군사비, 1950~2000
(단위: 천 달러, 출처: National Material Capabilities v4.0)

III. 전쟁의 원인

전쟁은 왜 발발하는가? 많은 국제정치학자들은 이에 대한 답을 찾기 위한 노력을 오랫동안 경주해왔다. 이러한 노력은 크게 세 가지 접근-인간,

국가, 체제-을 통해 이루어졌다.[7] 첫째, '인간'에 집중하는 이들은 히틀러와 후세인, 김일성과 스탈린 같은 지도자의 존재와 영향을 강조한다. 특히 카리스마를 지닌 지도자의 경우 주요 결정에 있어서 압도적 영향력을 행사하기 때문에 지도자 변수는 중요할 수밖에 없다. 무력 사용은 보통 높은 비용과 리스크를 수반하기 때문에 외교와 협상보다 국익 극대화에 불리할 수 있다. 그러기에 역사 속 전쟁을 일으킨 많은 사례가 '국익을 위한 결정'이 아니라 '지도자를 위한 결정'으로 평가받는다. 따라서 "만약 히틀러가 없었다면 제2차 세계대전이 발발했을까?"와 같은 질문은 자주 등장할 수밖에 없다.

더불어 각 개인의 경험과 특성, 믿음과 인식이 다르기 때문에 특정 지도자의 속성이 전쟁 발발을 몰고 온다는 분석도 존재한다. 많은 사람들이 2003년 이라크 전쟁을 지켜보면서 "만약 부시가 아니라 고어가 대통령이 되었다면 어떤 결과가 일어났을까?"라는 질문을 던졌다. 부시 대통령의 세계관과 개인사가 일정 부분 미국의 이라크 침공을 이끌었다는 평가가 존재하기 때문이다. 국제정치에서 군사력과 경제력과 같은 물질 요인도 중요하지만 인식과 정향과 같은 비물질 요인의 중요성을 간과할 수 없다. 다른 국가의 능력(capability)에 대한 이견이 존재하는 경우도 있지만, 다른 국가의 의도(intention)에 대해서는 합의를 찾기 힘든 경우가 대부분이다. 따라서 한 국가가 어느 국가를 어느 정도 위협으로 보는 문제에 있어서 지도자의 영향은 상당할 수밖에 없다.

둘째, '국가'를 강조하는 이들은 개별 국가의 특성을 강조한다. 각 국가의 정치제도, 정치문화, 이데올로기, 경제체제 등을 통해 국가의 외교정책과 대외관계를 설명하려는 시도다. 대표적으로 민주주의와 비민주주의를 구분하여 정치제도와 외교정책의 관계를 설명하는 연구가 존재한다. 칸트가 《영구평화론》에서 공화주의 지도자와 다른 지도자가 전쟁을 고려하는 것이 틀릴 수밖에 없다고 지적한 이후, 많은 이들이 민주주의 지도자가 전쟁을 개시하는 것을 꺼려하고, 전쟁의 상대를 신중히 결정하고, 전쟁을 승리로 이끌고, 장기전을 선호하지 않는 경향이 있다고 주장했다. 물론 이와 관련하여 일련의 비판과 논쟁이 존재하지만, '두 민주주의는 서로 전쟁을 벌이지

---

7. Kenneth N. Waltz, *Man, the State, and War: A Theoretical Analysis*(New York: Columbia University Press, 1959).

않는다'는 '민주평화론'(democratic peace)의 영향 속에서 민주주의와 전쟁에 대한 연구는 확산 및 증대하고 있다.

한편, 대내 불안과 대외 도발을 연계하는 국가 중심 접근도 존재한다. 국내 정치·경제·사회 불안이 존재할 때 지도자는 국내 청중의 대내결집효과(rally-round-the-flag effect)를 발생시키고 자신의 능력을 입증하기 위해 다른 국가와 갈등을 일으킨다는 주장이다. 실제로 양차 대전이 발발할 무렵 유럽 국가들이 이념 갈등과 경제문제로 극심한 사회 혼란을 겪은바 있다. 냉전의 종식 이후 핵·미사일 개발과 잦은 도발로 지역 불안정을 초래하는 북한도 경제 실패와 식량 부족, 권력 세습이라는 만성적인 국내 불안에서 시달리고 있다. 물론 모든 국내 불안이 국제 분쟁을 초래하는 것은 아니다. 현재 러시아가 경제 불황을 겪고 있지만 푸틴의 인기는 오히려 상승하는 경우처럼, 국내 위기 혹은 재난 속에서 지도자에 대한 국내 도전은 미약하고 사회 통합이 이루어지는 경우가 존재한다.

셋째, 전쟁의 발발을 '체제' 변수를 통해 설명하는 접근이 존재한다. 투키디데스(Thucydides)는 《펠로폰네소스 전쟁사》에서 "아테네의 국력 성장과 이에 대한 스파르타의 두려움" 때문에 양국 사이에서 전쟁이 발발했다고 기술했다. 결국 어느 개인 혹은 일방의 문제가 아니라 양자 혹은 구조의 문제라는 것이다. 예를 들어, 세력균형이론(balance of power theory)에 따르면, 국가의 노력(자강과 동맹)에도 불구하고 국가(군) 간 세력불균형이 해소되지 않을 경우 전쟁 발발 가능성은 높다. 달리 말해, 한 쪽이 힘의 우위를 점하지 못하는 경우 전쟁의 승리를 장담하는 집단이 존재하지 않기 때문에 전쟁은 억제된다는 것이다. 나폴레옹 전쟁 이후 제1차 세계대전이 발발하기 전까지 유럽의 국가는 세력균형을 통해 이른바 '유럽협조체제'(Concert of Europe)를 구축한바 있다.

냉전 이후 두 강대국 사이에서 발생하는 세력 전이에 대한 관심은 고조됐다. 특히 글로벌 혹은 지역 차원에서 패권을 차지한 국가와 이에 대항하여 상승하는 국가 사이에서 전쟁이 발발한다는 주장은 뜨거운 논쟁을 낳았다. 소련의 붕괴 이후 미국이 명실상부한 세계 패권국으로 등장했지만 1970년대 후반부터 중국이 고속성장을 꾸준히 지속하자 미국과 중국이 충돌할 수 있다는 우려가 커지고 있다. 특히 2008년 미국발 금융위기가 발생하면서 중국이 남중국해에서 동남아 국가와 긴장을 고조시키자 미중 관계에 대한 분석과 전망이 더욱 증가했다. 일반적으로 상승하는 강대국이 쇠퇴하는 패권국에 대한 도전을 한다고 알려졌지만, 패권국 역시 상승국의 도전이 가시화되기 이전에 예방조치(preventive action)를 통해 패권 유지를 시도할 수 있다. 하지만 분명한 것은 모든 강대국 세력전이가 패권전쟁을 발생시키지는 않는다는 사실이다. 20세기 초 영국과 미국 사이에서 일어난 글로벌 리더십 교체는 평화로웠다.

IV. 평화의 조건? 민주주의와 시장경제

그렇다면 평화는 언제 찾아오는가? 평화를 위한 우리의 노력은 어떠해야 하는가? 앞서 언급한 전쟁 연구는 결국 평화의 충분 혹은 필요조건을 찾기 위한 노력이었다고 할 수 있다. 현재까지 전쟁의 부재, 평화의 정착과 관련하여 가장 눈에 띄는 연구는 민주평화론과 상호의존론을 들 수 있다. 두 이론은 각각 민주주의와 자본주의의 확산의 긍정적 안보효과를 강조하면서 대표적인 자유주의 국제정치이론으로 자리 잡았다.

앞서 언급한 바와 같이, 민주평화론은 두 민주주의 사이의 전쟁 부재를 제시하면서 민주주의의 특징을 통해 국가 간 평화와 협력을 설명한다. 민주주의는 다른 민주주의를 신뢰하고 존중하는 '규범적' 설명과 더불어, 민주주의가 선제공격과 기습공격이 어려울 뿐 아니라 자원 동원과 전쟁 준비를 비밀리에 진행하기 어렵다는 '제도적' 설명이 존재한다. 하지만 많은 이들이 여전히 민주주의가 평화를 낳는 원인이라는 주장에 의문을 제기한다. 왜냐하면 대부분 민주주의 국가는 정치제도뿐 아니라 다른 측면의 공통점을 보이기 때문이다. 냉전기 미국이 이끄는 자유주의 진영에 속한 많은 민주주의 국가는 전략적 이해를 공유하면서 우호적 관계를 유지했다. 결국 민주주의라는 정치체제가 아니라 자유진영의 안보 이해로 인하여 민주주의를 공유하는 국가가 서로 분쟁 대신 협력을 선택했다는 반박이다.

민주평화론과 별도로 자유주의자는 경제적 상호의존관계가 생성하는 안보 효과를 강조한다. 전쟁보다 협력이 이익이 된다면 국가는 후자를 선택할 수밖에 없다는 논리다. 이른바 세계화의 흐름 속에 많은 국가들이 상품과 자본, 인력을 자유롭게 교환하면서 경제적 이해를 추구하고 있다. 무력 사용에 의한 영토와 자원 확보는 일회적으로 이익을 가져다줄 수 있지만 무력 분쟁 상대와 반복적 협력을 통한 장기적 이익은 사라지기 때문에, 적어도 경제적 상호의존이 형성된 국가 사이에서 대규모 무력 충돌이 발생할 가능성은 낮을 수밖에 없다. 하지만 과연 안보 이익과 경제 이익이 충돌하는 상황에서 국가의 선택은 무엇인지에 대한 의문이 남는다. 제1차 세계대전기 서유럽 국가들은 경제적 상호의존이 심화되는 모습을 보여주었다. 하지만 그들의 선택은 전쟁이었다는 점을 기억할 필요가 있다. 더구나 국가는 자국의 이익을 고려할 때 다른 국가의 이익과 비교하여 상대적 이익을 따지기 때문에, 자국에게 이롭다 하더라도 타국의 이익이 보다 클 경우 협력을 꺼려할 수 있다.

이처럼 국제정치학자는 민주주의와 자본주의를 통하여 '평화구역'(zone of peace)을 찾는 노력을 경주해왔다. 민주주의 국가 사이에서 전쟁을 발견할 수 없고, 경제적 의존관계를 형성한 국가 사이에서 협력이 지속된다는 주장은 널리 받아들여지고 있다. 이러한 연구는 갈등지역에 민주주의를 전파하고 경제적 관여를 확대하는 대외정책을 뒷받침하는 논리를 제공한다. 우리 사회에서 북한의 체제변화를 강조하는 주장은 전자에, 남북한 경제 협력의 확대를 주장하는 목소리는 후자에 기반하고 있다고 볼 수 있다.

V. 기독교와 평화

과연 정치제도와 경제 의존이 평화의 조건이 될 수 있을까? 냉전 이후 점차로 많은 이들은 종교와 문명에 대한 관심을 보이고 있다. 냉전이 끝나자 헌팅턴(Samuel Huntington)이 이념의 시대 이후 '문명의 충돌'(Clash of Civilizations)을 예견한 바 있다.[8] 이는 상당한 전 지구적 반향을 불러일으켰지만 학계에서는 경험적 지지를 결여한 가설적 주장에 불과하다고 평가했다. 하지만 2001년 9·11 테러가 발생한 이후 이슬람 테러집단에 대한 우려가 증폭되는 가운데, 헌팅턴의 주장을 재조명하는 이들이 늘어났다. 헌팅턴은 종교—기독교, 유대교, 러시아정교, 이슬람교, 불교, 유교, 힌두교, 신도— 를 근간으로 8개의 문명권을 제시하고 문명 간 갈등을 이야기하는 것을 통해 국제정치에서 종교의 중요성을 부각시켰다. 최근 이슬람국가(ISIS)의 무차별 테러와 세력 확장을 생각한다면, 세계 정치에서 종교와 문명, 특히 이슬람과 기독교

---

8. Samuel P. Huntington, *The Clash of Civilizations and the Remaking of World Order* (New York: Simon & Schuster, 1996), Ch. 2.

를 둘러싼 관심과 연구는 증폭될 것이다.

그렇다면 기독교와 국제정치의 관계는 어떻게 봐야 하는가? 우선 초대교회 교부들로부터 시작한 정전론(正戰論, just war theory)을 생각할 수 있다. 정의로운 전쟁이 존재하는가? 만약 그렇다면 어떠한 조건이 충족될 때 전쟁을 정의롭다고 할 수 있는가? 전통적으로 정전론은 '전쟁 개시'(jus ad bellum)와 '전쟁 양상'(jus in bello)과 관련된 논의로 대별되었다. 전자는 전쟁 개시의 대의(cause)와 의도(intention), 최후의 수단 여부, 합리적 성공 가능성 등을 고려한다면, 후자는 전투병과 민간인의 차별, 비례적인 폭력 사용 등을 살펴보았다. 최근에 와서 군가 개입 이후 철수 시점에 대한 논란이 자주 발생하는 가운데 '전쟁 이후'(jus post bellum) 정의에 대한 논의가 활발해지고 있다. 이러한 기독교의 규범 전통은 국제법의 형성에 지대한 영향을 미쳤고, 강대국의 외교정책의 준거틀로서 작용하는 모습을 보여준다. 북한 문제의 복합성과 불확실성, 북한 인권의 심각성을 고려할 때 향후 정전론에 대한 국내 연구와 적용은 늘어날 것이다.

한편, 기독교와 전쟁은 어떠한 상관성을 보이는가? 기독교 국가와 다른 비기독교 국가의 차이는 존재하는가? 기독교 국가는 서로 어떠한 관계를 맺는가? 베버의 개신교와 자본주의에 대한 연구는 대표적 고전으로 자리잡았고(기독교-자본주의),[9] 우드베리(Robert D. Woodberry)는 최근 개신교와 민주주의에 대한 연구로 주목을 받고 있다(기독교-민주주의).[10] 그렇다면 기독교와 전쟁과 평화의 관계는 어떠한가?([그림 7]) 만약 민주주의가 규범과 제도로 평화를 증진시키고, 자본주의가 의존관계를 통해 전쟁을 억제한다면, 기독교가 전쟁과 평화에 미치는 영향은 어떻게 이해할 수 있을까? 이와 관련된 학문적 연구는 향후 본격화될 것으로 전망된다.

9. 막스 베버, 박성수 역, 《프로테스탄티즘의 윤리와 자본주의 정신》(문예출판사, 1988).
10. Robert D. Woodberry, "The Missionary Roots of Liberal Democracy", *American Political Science Review* 106(2) (2012).

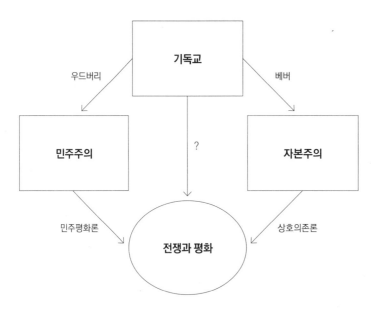

〔그림 7〕 전쟁과 평화: 기독교, 민주주의, 자본주의

사실 기독교와 개신교 국가가 전체 국가에서 차지하는 비중은 20세기 중반부터 소폭 감소했다가 증가하는 모습을 보인다. [그림 8]은 World Religion Data v.1.01을 활용하여 '기독교 국가'(기독교인이 최대 다수)와 '개신교 국가'(개신교인이 최대 다수), '민주 국가'가 전체 국가에서 차지하는 비중을 나타낸다.[11] 전 기간에 걸쳐 기독교 국가는 평균 61%, 개신교 국가는 10%, 민주 국가는 28%로 나타낸다. 기독교 국가와 개신교 국가의 비중은 1945년 이후 하향세를 보이다가 1970년대 이후 회복세를 보여, 개신교 국가의 비중은 1945년과 2000년 거의 유사하다. 민주 국가 비중도 유사한 패턴을 보이는데, 1960-1980년대는 20%대에 머물렀으나 1990년대부터 30%에 진입하여 1994년에는 41%에까지 이르렀다.

11. Zeev Maoz and Errol A. Henderson, "The World Religion Dataset, 1945-2010: Logic, Estimates, and Trends", *International Interactions* 39(3) (2013). World Religion Dataset은 15개 종교-기독교, 유대교, 이슬람교, 불교, 조로아스터교, 힌두교, 시크교도, 신도, 바하이교, 도교, 유교, 자이나교, 혼합주의, 애니미즘, 무교-를 상정하고 있으며, 기독교는 개신교, 가톨릭, 동방정교, 성공회, 기타 기독교로 나누고 있다. 필자는 15개의 종교 그룹 중 가장 많은 인구가 기독교를 믿는 국가를 기독교 국가, 기독교 이외 14개 종교 그룹과 기독교 5개 그룹 중에서 개신교 인구가 가장 많은 국가를 개신교 국가로 보았다. 한편, 민주 국가는 Polity IV 데이터의 Polity Score(-10: 가장 비민주적~+10 가장 민주적)를 활용하여 +7 이상의 국가를 민주주의 국가로 보았다.

298

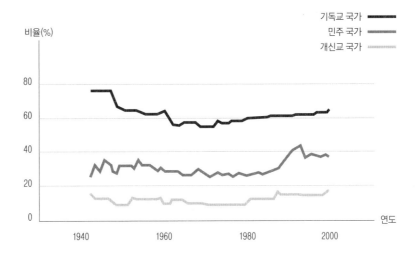

〔그림 8〕 전체 국가에서 기독교/개신교/민주 국가의 비율, 1945~2000
(출처: World Religion Data v1.1, Polity IV Data)

과연 기독교·개신교와 국제 분쟁 사이에서 특정 패턴을 발견할 수 있는가? 이에 대해 다양한 접근이 가능하겠지만, 여기에서는 기독교, 개신교, 민주주의를 공유하는 국가쌍과 그렇지 않은 국가쌍의 무력분쟁 경험을 비교해보도록 한다. 앞서 기술한 바와 같이 민주 국가쌍은 서로 전쟁을 일으키지 않고 활발히 협력한다. 그렇다면 기독교와 개신교 신앙을 공유하는 국가들 사이에서도 그러한 모습이 나타날 것인가? [표 1]은 국가 사이의 무력 위협, 무력 시위 혹은 무력 사용을 동반한 무력 분쟁이 두 국가 사이에서 일어났는지 여부를 Militarized Interstate Disputes v3.10 데이터를 통해 정리한 것이다.[12] 전 지구상의 국가들이 맺을 수 있는 국가쌍을 상정한 후 1945년부터 2008년까지 매해 새로운 무력분쟁이 발생한 경우와 그렇지 않은 경우를 구분했다. 예상한대로 민주주의를 공유한 국가쌍은 그렇지 않은 국가쌍에 비하여 분쟁경험비율이 낮았으며, 기독교를 공유하는 국가쌍과 개신교를 공유하는 국가쌍도 마찬가지로 동일한 모습을 보여주었다. 다만, 민주주의와 기독교의 경우 분쟁이 줄어드는 비율이 개신교의 경우와 비교하여 크다는 것이 드러났다(민주주의: 0.29%→0.19%, 기독교: 0.32%→0.21%, 개신교:

---

12. Ghosn, Faten, Glenn Palmer, and Stuart Bremer, "The MID3 Data Set, 1993?2001: Procedures, Coding Rules, and Description", *Conflict Management and Peace Science* 21(2) (2004).

0.28%→0.24%).

[표 1] 국가쌍 종류와 무력분쟁 발생, 1945~2008
(출처: World Religion Data v1.1, Militarized Interstate Disputes Data v3.10)

갈등과 분열		무력분쟁		합
		네	아니오	
기독교	네 (%)	396 (0.21)	185,234 (99.79)	185,630 (100)
	아니오 (%)	1,182 (0.32)	371,136 (99.68)	372,318 (100)
개신교	네 (%)	13 (0.24)	5,305 (99.76)	5,318 (100)
	아니오 (%)	1,565 (0.28)	551,065 (99.72)	552,630 (100)
민주주의	네 (%)	87 (0.19)	44,799 (99.81)	44,886 (100)
	아니오 (%)	1,491 (0.29)	511,571 (99.71)	513,062 (100)
합		1,578 (0.28)	556,370 (99.72)	557,948 (100)

VI. 나가는 글

한반도의 통일과 평화는 언제 오는가? 세계는 양차 대전의 악몽을 벗어나자마자 미소 냉전에 돌입했고, 소련이 붕괴하자 테러의 위협에 긴장하고 있다. 한반도는 제2차 세계대전의 종결 속에서 광복을 맞이했지만, 남북 분단과 한국전쟁의 비극을 겪으면서 휴전 상태를 유지하고 있다. 냉전의 종식으로 미국이 이끄는 단극체제가 등장하였지만, 중국의 경제적 부상으로 미중 간 경쟁이 한반도를 포함한 아시아에서 격화되고 있다. 이러한 상황 속에서 북한 핵개발과 인권 문제는 최근 위협을 넘어 위기로 다가오고 있다. 하지만 북한 문제의 시급성과 어려움이 부각될수록 남북통일만이 이러한 문제의 근본적 해결책이라는 인식이 국내외적으로 확산되고 있다. 한국이 주도하는 정의롭고 평화로운 통일에 대한 목소리가 더욱 힘을 얻는 것이다. 한반도의 통일과 평화를 위해 하늘을 향해 기도하며 이 땅을 걸을 때다.

내 이름으로 일컫는 내 백성이

그 악한 길에서 떠나

스스로 겸비하고

기도하여 내 얼굴을 구하면

내가 하늘에서 듣고 그 죄를 사하고

그 땅을 고칠지라(대하 7:14).

301

참고문헌

막스 베버, 《프로테스탄티즘의 윤리와 자본주의 정신》, 문예출판사, 1988.

Ghosn, Faten, Glenn Palmer, and Stuart Bremer, "The MID3 Data Set, 1993-2001: Procedures, Coding Rules, and Description", *Conflict Management and Peace Science* 21(2), 2004.

Huntington, Samuel P., *The Clash of Civilizations and the Remaking of World Order*(New York: Simon & Schuster, 1996), Ch.2.

Jervis, Robert, "Theories of War in an Era of Leading-Power Peace", *American Political Science Review* 96(1), 2002.

Levy, Jack S. & William R. Thompson, *The Arc of War: Origins, Escalation, and Transformation*(Chicago: Chicago University Press, 2011).

Levy, Jack S. and William R. Thompson, *Causes of War*(Malden: Wiley-Blackwell, 2010).

Maoz, Zeev and Errol A. Henderson, "The World Religion Dataset, 1945-2010: Logic, Estimates, and Trends", *International Interactions* 39(3), 2013.

Sarkees, Meredith Reid and Frank Wayman, *Resort to War: 1816-2007* (Washington DC: CQ Press, 2010).

Singer, J. David, Stuart Bremer, and John Stuckey, "Capability Distribution, Uncertainty, and Major Power War, 1820-1965", in Bruce Russett(ed) *Peace, War, and Numbers*(Beverly Hills: Sage, 1972).

Waltz, Kenneth N. Man, *the State, and War: A Theoretical Analysis*(New York: Columbia University Press, 1959).

Woodberry, Robert D., "The Missionary Roots of Liberal Democracy", *American Political Science Review* 106(2), 2012.

12장_ 동북아 안보 환경과 평화 정착에 대한 기독교적 성찰[1]

박원곤(한동대학교 국제어문학부 교수)

I. 들어가는 글

동북아[2]는 냉전이 끝난 25년이 되는 현 시점에서 세계 정치경제의 중심에 있다. 동북아에는 인구, 영토, 경제, 군사력 등으로 국력을 평가할 때 미국과 함께 이른바 'G2'로 분류되는 중국과, 이와 경쟁이 가능한 강대국으로 인식되는 일본이 위치하고 있고, 비록 탈냉전으로 세계 초강대국 위치에서 벗어났지만 여전히 강대국 중 하나인 러시아가 있다. 군사력만을 따로 놓고 판단한다면 2015년 군사비 지출 세계 2위 중국, 4위 러시아, 8위 일본, 10위 한국과 핵무기와 미사일을 개발하여 역내 긴장을 고조시키고 있는 북한도 동북아에 위치한다.[3] 경제 측면에서 볼 때 2015년을 기준으로 GDP 규모 세계 2위인 중국, 3위인 일본, 11위인 한국, 12위인 러시아가 동북아에 위치한다. 이들 국가의 GDP를 합치면 17조 5천억 달러로 전 세계 GDP 73조 1천

---

1. 이 논문은 《신앙과 학문》 21권 3호(2016년 9월)에 개제되었던 논문이다.

2. 동북아 국가를 어떻게 정의하는지는 논란의 여지가 있다. 단어 자체가 의미하는 지리적 위치를 따르면 한국, 북한, 중국, 일본, 몽골, 대만, 극동러시아(시베리아) 등이 포함된다(Economic Research Institute for Northeast Asia, 1999, 248). 그러나 역사적·경제적·군사적 측면 등을 고려하면 한국, 북한, 중국, 일본, 러시아 등을 동북아 핵심 국가로 간주한다. 미국의 경우 지리상 동북아에 위치하지는 않지만, 한국과 일본에 군사력을 전진배치하고 역사·정치적으로 민감한 이해관계를 반영하고 있으므로 관계 및 의제 측면에서 분석할 때 역내 주요 행위자로 간주하고자 한다.

3. Stockholm International Peace Research Institute: SIPRI Fact Sheet, 2016.

7백억 달러의 4분의 1정도가 되는 거대 경제권이다.[4]

동북아 지역은 경제·통상을 비롯한 비안보 분야의 상호 의존이 심화되고 있다. 한국은 제1무역국인 중국과 자유무역협정(FTA)을 맺었고, 한중일을 모두 포함하는 다자간 자유무역협정인 RCEP(Regional Comprehensive Economic Partnership)를 추진하고 있다. 양자 간 무역 순위를 한국 중심으로 보면 중국의 4대 무역국, 일본의 3대 무역국이다.[5] 이와 같이 동북아는 1978년 개방을 선택한 이래 전례 없는 경제 성장을 지속하고 있는 중국, 전후 성공적으로 복구하여 2010년까지 미국에 이어 세계 2위의 경제대국을 이룬 일본, 한강의 기적으로 불리는 경제 성장을 단기에 이룩한 한국, 막대한 천연 자원을 갖고 있는 러시아 등이 양자 또는 다자간 경제 의존을 심화시켜왔다. 이외에도 자연재해, 재난, 환경·기후, 에너지, 수자원 등의 분야에서도 협력이 확대되고 있다.

그러나 경제적으로 상호 의존이 심화되면 서로 간의 갈등과 전쟁보다는 평화를 추구한다는 주장[6]에도 불구하고 동북아는 이른바 '아시아 패러독스'가 존재한다.[7] 경제적으로는 상호 의존이 심화되지만, 안보 측면에서 불안정과 갈등 양상이 지속되거나 오히려 악화되는 상황이 발생하고 있다. 이러한 현상은 일본의 아베 신조 수상이 중국과 일본 관계를 제1차 세계대전 이전 활발한 경제 교류에도 불구하고 결국 전쟁으로 치달은 영국과 독일 관계로 비유하면서 더욱 불거졌다.[8] 저명한 국제정치 학자인 헨리 키신저(Henry Kissinger)와 그레이엄 엘리슨(Graham T. Allison) 등도 비슷한 분석을 내놓은바 있다.[9]

동북아 역내 상황을 보면 적지 않은 문제가 있음을 확인할 수 있다. 우선 역내 양자 간 국가 관계가 편치 않다. 국가 간 외교·안보 이해의 충돌이 쉽게 발견되고 보다 근원적 차원의 역사 인식도 간격이 크다. 19세기적 영토 갈등의 양상도 다수 발생하고 있다. 이외에도 안보 차원을 넘어서 세계 정치·외교에 영향을 주는 핵무기가 북한에 의해 지속적으로 개발되고 있는

4. World Bank, 2016.
5. 한국무역협회, 2015.
6. Mosseau, 2013.
7. 박근혜, 2013.
8. New York Times, 2014.
9. Tirone and Donahue, 2014; Allison, 2014.

것도 역내 불안정 요인으로 작동한다. 따라서 동북아는 이해와 협력 대신 분쟁의 가능성이 항상 내재한다.[10] 부연하면 동북아는 세계 어느 지역보다 급속한 발전을 이루고 비안보 분야의 협력이 심화·확대됨에도 불구하고 19세기 유럽이 성공적으로 이룩한 민족 중심의 근대국가 형성을 아직도 성취하지 못했고, 제국주의 침탈과 식민주의 경험 등의 역사적 상처를 안고 있으며, 20세기 냉전의 산물인 남북 분단과 북한 핵 문제 등이 산재해 있어 21세기 통합과 협력의 시대로 나아가지 못하고 있다.

　　더욱 심각한 문제는 동북아에 만연한 갈등을 분석하고 대안을 제시하는 과정에서 기독교 성찰이 이뤄지지 않는다는 것이다. 1919년 제1차 세계대전 이후, 전쟁의 참사를 막고 평화를 담보하기 위해 국제정치학이 탄생했다. 그러나 21세기 현재 동북아의 문제를 포함한 전반적인 국제정치 담론은 기독교 세계관을 배제한 체 국가의 물질적·단기적 이익 극대화에만 몰두하는 (신)현실주의 패러다임이 학계를 지배하고 있다. 따라서 기독교 관점에서 국제정치를 분석하는 시도는 제한된다. 그나마 논의가 진행되는 분야는 전쟁의 정당성과 관련된 정당전쟁론(정전론)과 평화주의 또는 이를 절충하는 시도다. 후술하겠지만, 전쟁의 정당성 논의는 성경 말씀에 기초한 초기 기독교 사상가에 의해 시작되었고, 현대에는 도덕·윤리적 측면에서의 접근이 강화되었지만 여전히 기독교 세계관을 바탕으로 하는 해석과 적용이 시도되고 있다.[11] 현대에 들어 정당전쟁론은 기독학자인 폴 램지,[12] 정치윤리학자인 마이클 왈저[13] 등에 의해 주도되고, 평화주의는 신학자인 존 하워드 요더[14]가 체계화했다. 이들은 전쟁의 정당성에 대한 근원적인 논쟁을 성경적·윤리적 측면에서 지속하면서 현대 전쟁의 중요한 의제인 핵억제, 선제공격, 인도주의적 개입, 예방전쟁 등에 대한 분석도 시도했다. 그러나 이러한 논의의 시기와 영역, 대상은 대부분 미국을 중심으로 하는 서구에 국한되었다. 미국의 베트남 전쟁의 부당성에 대한 지적에서 시작되어 21세기 테러와의 전쟁의 일환으로 이루어진 이라크 전쟁에 대한 정당성 논의가 주된 연구

---

10. 하영선, 2015.
11. 박원곤, 2016; Baer, 2015; Allen, 2014; Regan, 2013; Patterson, 2007; Holmes, 2005; 신원하, 2003.
12. Paul Ramsey, 1968.
13. Michael Walzer, 1997, 2004.
14. John Howard Yoder, 1994.

대상과 시기다. 정전론과 평화주의를 동북아의 안보 문제, 특히 북한 핵문제에 대해 적용할 여지가 있음에도 현재까지 이를 구체화한 연구는 부재하다.

동 논문과 연계된 국제정치의 주제 중 기독교 세계관과 성찰을 담은 연구는 더욱 제한된다. 폴 마샬,[15] 로널드 사이더[16] 등이 동 논문이 주목하는 국제정치 현상인 민족주의, 국가 간 모형, 국제기구를 통한 통합 등에 대해 언급했지만 전체 저서 분량 중 10분의 1 정도만 할애하여 기초적인 수준에서 논의를 전개했다. 특히 이러한 현상을 미국과 유럽 등의 서구사회에만 부분적으로 접목하여 설명했다. 스티브 몬스마[17]는 국제정치 의제를 직접 다루지는 않았지만 적용 가능한 정의, 통합 등과 같은 의제에 대한 성경적 고찰을 시도했고, 짐 월리[18]는 선지자 미가의 사례를 통해 국가안보를 담보하기 위해서는 단순한 현상보다는 원인에 대한 해결이 중요함을 주장했다. 그러나 이러한 연구도 국제정치의 일부 현상을 이해하는 데 기여하지만, 직접적인 연계성은 미약하고 특히 동북아 안보환경이라는 지역적 특성을 분석하기에는 충분치 않다. 이외에도 벤덜카 쿠바코바,[19] 미카 루오마-아호[20] 등이 국제정치와 기독교 세계관을 통합하는 연구를 시도했지만, 구체적인 주제를 다루기보다는 신학적 측면에서 현 국제정치학의 문제점을 제시했다. 종합할 때 기독교 관점에서 국제정치를 다룬 선행 연구는 정당한 전쟁과 관련된 논의를 제외하고는 깊이 있는 연구가 부재한 상황이다. 동북아 상황과 관련하여 기독교 성찰을 시도한 연구는 더욱더 제한된다.

이와 같이 국제정치에 기독교 세계관을 반영하는 신앙과 학문의 통합 노력이 매우 저조한 상황이므로 신학적 관점에 따른 학문 영역에서 분석의 상이성을 논하기가 쉽지 않다. 기본적으로 본 논문이 전제하는 기독교 세계관은 창조, 타락, 구속을 기반으로 성경의 무오성과 성경이 그리스도인 삶의 기반과 믿음의 최종 권위, 구세주 예수님을 믿음으로 얻게 되는 구원은 하나님의 은혜, 복음 전파 등을 믿는 복음주의에 기초한다.[21] 동 논문에서 시도하는 기독교 성찰은 복음주의 기독 사회학자인 제임스 데이비슨 헌터

306

15. Paul Marshall, 1997, 227-264.
16. Ronald J. Sider, 2012; 181-190.
17. Steve Monsma, 2008.
18. Jim Wallis, 2005.
19. Vendulka Kubalkova, 2000.
20. Mika Luoma-aho, 2012.

(James Davison Hunter)의 접근법에 동의한다. 헌터는 인간을 "하나님의 의도와 자신의 본성에 의해 세상을 만드는 자(world-maker)"로 창조하셨다고 전제한다.[22] 이후 인간들은 자신들이 발전시킨 기술, 학문, 제도 등을 통해 개인적·집단적 운명을 실현한다. 이런 활동의 궁극적 목적은 하나님의 선하심과 번성케 하려는 그분의 계획이 반영된다. 그러므로 그리스도인의 삶은 세상에 관여하고 세상을 형성하고 나은 방향으로 발전시키는 것이다. 부연하면 기독교인이 된다는 것은 "개별적·집단적·사적·공적인" 모든 영역에서 생명을 회복하라는 하나님의 목적을 추구하면서 세상에 관여하는 것이다.

　　　이러한 접근법에 따라 본 논문이 추구하는 기독교적 성찰은 국제정치 영역에서 하나님의 선하심과 번성케 하려는 계획을 실현하기 위해 적극적인 개입을 시도하는 것이고 이를 위해 동북아 안보환경이라는 특정한 상황과 영역에서 나타나는 갈등적 현상을 분석하고 기독교 세계관에 입각하여 안정과 평화를 위한 조건과 방안을 도출하는 것이다. 이를 위해 우선 동북아에서 나타나고 있는 갈등과 분쟁 현상을 배타적 민족주의, 군비경쟁, 영토분쟁, 북한 핵문제, 미중 패권경쟁 등으로 나누어 고찰하고자 한다. 이후 역내 갈등을 위한 해결책으로 배타적 민족주의 완화, 역내 평화협력 공동체 구성, 북한 핵억제 및 비핵화 등을 제시하되 각각의 방안에 기독교 성찰을 담고자 한다.

II. 동북아 역내 갈등

1. 배타적 민족주의

　　　동북아 국가 사이에는 아직도 청산되지 않은 과거로 인한 불신이 깊이 남아 있다. 19세기 말에서 20세기 초 일본 제국주의 침략에 대한 통절한 반성보다는 이를 왜곡·미화하려는 일부 일본 내각의 행태로 인하여 역

---

21. Operation World, 2016. 복음주의도 정치참여와 관련하여 보수적 복음주의, 진보적 복음주의, 급진적 좌파 복음주의, 신우파 근본주의 등으로 구분이 가능하지만, "그들이 살고 있는 사회를 정의와 평화가 넘치는 곳으로, 그리고 기독교적 가치를 보다 높이 구현"하는 공통된 목표를 갖고 있다(신원하, 2003, 101-129). 기독교 성찰이 기초적인 수준에 머물고 있는 국제정치학에서 우선적으로 요구되는 것은 다양한 개념과 이론을 기독교 세계관에 의거하여 재평가하는 작업이므로 현 상황에서는 다양한 복음주의가 공유하는 공통된 목표에 기반을 두어 논의를 우선 진행하고 신학적 관점에 따른 세분화된 접목은 향후 지식이 축적된 상황에서 시도해야 할 것이다.

22. Hunter, 2010, 16-17.

내 국가 양자 또는 다자간의 미래를 지향하는 건설적 관계 구축을 저해하고 있다. 일본의 역사 교과서 왜곡, 주요 정치인의 태평양 전쟁 전범을 안치한 야스쿠니 신사 참배, 위안부 문제 등은 제2차 세계대전 후 끝없는 자기반성을 통해 주변국과 화해하고 신뢰를 이룬 독일과 대비되면서 갈등의 원인이 되고 있다.

특히 일본의 아베 신조 내각의 우경화 행보는 주변국을 자극하고 있다. 2013년 12월 아베 총리가 고이즈미 준이치로 총리 이후 7년여 만에 처음으로 야스쿠니 신사를 참배함으로써 주변국의 비난을 불러왔다. 또한 일본의 침략으로 시작된 태평양 전쟁에 대해서도 아베 총리는 "침략이라는 것이 어떤 식으로 해석될 수 있는지는 아직 학계와 국제사회에서 정의되지 않았다"고 사실상 전쟁 책임을 부인하는 발언을 하여 미국 언론에서도 "수정주의"[23]와 "역사적 사실을 부인"하는 행위[24]라고 비난한바 있다.

이러한 아베 신조 내각의 행태는 역내 각국의 민족주의 발흥과 연계되면서 동북아 안보 질서의 불안정성을 가중시키고 있다. 다양한 형태의 민족주의 중 동북아에는 국내정치 지지를 위한 국수주의를 추구하는 '국가강화 민족주의'(state strengthening nationalism)가 만연하여 국가 간의 반목과 갈등을 증폭시킨다.[25] 이러한 배타적 민족주의는 영토에 대한 타협 절대 불가, 역사 문제에 대한 감정적 대응 등의 외교·안보정책으로 이어진다.

일본 민족은 "관용의 민족"이라는 전제[26]하에 아베 신조 내각이 추구하는 전쟁할 수 있는 나라로의 전환을 추구하는 '보통 국가화', 중국 시진핑 체제가 출범하면서 중화주의를 재천명하고 나선 '중국의 꿈', 북한의 한민족 순혈주의에 기반한 '우리 민족끼리' 등 역내 모든 국가가 배타적 민족주의를 기반으로 한 정책을 추진하고 있다. 한국도 외교·안보정책에서 국수주의 성향을 쉽게 발견할 수 있다. 독도, 위안부 문제, 역사 교과서 등의 일본 연계 사안, 중국의 동북공정 등에 대해서는 감정적 대응이 우선되어 어떠한 전향적 정책 제안도 사실상 불가능하다. 특히 배타적 민족주의가 가

---

23. *Washington Post*, 2013.
24. *Wall Street Journal*, 2013.
25. Breuilly, 2014, 389.
26. 아베 신조 총리가 2006년 저술한 《아름다운 나라》에 따르면 "일본인은 예로부터 도덕을 중요시하는 민족"이고 "관용의 정신"을 갖고 있으며 "설령 국가와 국가가 마찰을 일으켜도, 상대국의 사람들에게 변함없이 친절하게, 성실하게 응대한다"고 주장한다. 이러한 주장은 일본의 제국주의 침탈을 부정하는 논리로 이어진다(아베 신조, 2006, 155; 김준섭, 2015, 68에서 재인용).

장 강력하게 작동하는 영역은 영토 문제다. 국가강화 민족주의는 한일 간의 독도/다케시마, 중일 간의 댜오위다오/센카쿠, 일러 간의 쿠릴열도, 미중 갈등으로 번진 남중국해 문제 등의 영토 문제를 감정적으로 대응하므로 이성적·합리적 타협이 사실상 불가능하고 국가 간의 무력 충돌로 악화될 가능성을 내포하고 있다.[27] 따라서 현재 동북아는 과거가 미래를 구속하는 상황이 지속되고 내부적으로 배타적 민족주의가 강화되면서 대외관계에 부정적 영향을 주어 관계 발전을 제어하고 있다.[28]

2. 군비 경쟁

현상적으로 나타나는 동북아의 대표적 안보 갈등은 군비 경쟁의 격화다.

[표 1] 2015년 세계 10대 군사비 지출 국가 주요 통계
[출처: SIPRI 2016 Fact Sheet(for 2015)]

순위	국가명	군사비(단위: 10억 달러)	GDP 대비(%)
1	미국	596.0	3.9
2	중국	215.0	1.9
3	사우디아라비아	87.2	13.7
4	러시아	66.4	5.4
5	영국	55.5	2.0
6	인도	51.3	2.3
7	프랑스	50.9	2.1
8	일본	40.9	1.0
9	독일	39.4	1.2
10	한국	36.4	2.6

위의 표에서 볼 수 있듯이 2015년 기준으로 세계 10대 군사비 지출 국가 중 동북아 국가가 중국, 러시아, 일본, 한국 등 4개국이나 된다. 이들 국

27. Zakaria, 2008.
28. 동북아 평화협력 구상팀, 2014, 39.

가의 군사비를 합칠 경우 3,587억 달러로 전 세계 추산 군사비 총액 1조 6천 7억 달러의 4분의 1 수준이다.

막대한 군사비 사용과 더불어 동북아 안보 환경을 불안정하게 하는 또 다른 현상은 역내 국가가 도입하고 있는 공격용 무기다. 공격용 무기는 방어용 무기보다 무력 분쟁의 발발 가능성을 높인다. 현대전에서 공격 무기와 방어 무기의 구분이 쉽지 않지만, 명확한 공격용 무기는 여전히 존재한다. 예를 들어 중국이 전력화를 추진하고 있는 항공모함은 대표적 공격 무기다. 현재 중국은 1척의 항모를 보유하고 있고 2척을 건조하고 있다. 항공모함은 자국 방어의 목표를 넘어서 타 지역에 군사력을 투사할 때 사용되는 무기체계로서 보통 항공모함과 수송함, 이지스함, 잠수함 등으로 전단을 구성하고 약 40대의 각종 함재기를 탑재한다. 중국이 실제 항공모함 전단을 운용하기까지는 앞으로 상당 시간이 필요할 것으로 예상되지만, 중국이 자국을 벗어나 적어도 동북아 지역의 헤게모니를 추구하고 있는 것은 항모 건조를 통해서 확인할 수 있다.

한편 이미 태평양 전쟁에서 항공모함 전단을 운용한바 있는 일본도 2015년 3월 헬리콥터 탑재가 가능한 2만 7천 톤급 구축함 '이즈모'와 8월 19,500톤급 '가가'를 진수했다.[29] 두 함정 모두 일본이 도입을 확정한 F-35B 전투기를 탑재할 수 있으므로 일본 정부의 부인에도 불구하고 중국의 항모 건조에 대항하는 공격용 무기체계 도입 시도로 해석될 수 있다. 이러한 중국과 일본의 군비경쟁은 전통적인 안보 딜레마에 따른 악순환 형태를 보이고 있다. 안보 딜레마는 한 국가가 자국의 안보를 강화하기 위해 취한 조치가 비록 다른 국가를 공격할 의도가 없더라도 타국에게 위협으로 전달되어 이에 대응하게 되는 국제정치에서 널리 통용되는 개념이다.[30] 중국의 항모 건조가 비록 일본을 직접 겨냥한 것이 아니더라도, 혹은 역으로 일본의 대형 구축함이 중국의 해군 투사 능력을 제한하는 목적으로 진수된 것이 아니더라도 양국은 상대방의 의도를 확신할 수 없으므로 서로를 견제하는 군비경쟁에 빠져드는 것이다.

안보 딜레마에 따른 군비경쟁은 한반도에서도 심각하다. 북한은 약 14,100문의 포를 보유하고 있고, 이중 5,500문은 2012년 연평 포격에서 사

---

29. *News Japan*, March 26, 2015.
30. Jervis, 1978, 167-174.

용했던 것과 같은 방사포다.[31] 방사포를 포함한 전진 배치된 북한의 장사정포는 한국의 수도권을 겨냥하고 있으므로 미사일과 함께 한국에 가장 실질적이고 즉각적인 위협이 되고 있다.[32] 북한은 주력포인 사정거리 65km의 240mm 방사포를 세배 이상의 사정거리와 GPS를 정착한 300mm 방사포로 성능을 개선하여 이르면 2016년말 실전배치할 가능성이 있다.[33] 이에 대항하여 한국도 타격 무기를 적극적으로 개발·도입 빛 배치하고 있다. 서북5도를 방어하기 위한 이스라엘제 스파이크 미사일이 배치되어 수차례 해상 사격 훈련을 했고,[34] 순항 미사일인 현무-3A, B, C를 배치하고 있으며,[35] 한미의 미사일 협정 개정에 따라 2015년 6월 사거리 500km 이상의 탄도 미사일 실험 발사에 성공한 후,[36] 800km 탄도 미사일도 거의 개발 완료된 것으로 알려졌다.[37] 이와 같이 동북아의 군비경쟁은 도입되는 무기의 성격과 사용 목적 및 체계 상 보다 공격적이고 강력한 파괴력, 정확도, 장거리 타격 능력 등을 추구하고 있으므로 충돌의 위험성을 높이고 있다.

3. 영토 분쟁

동북아에 특징적으로 나타나는 또 다른 주요 안보 현안은 영토 분쟁이다. 유럽의 대부분 국가가 20세기 두 번의 세계 전쟁을 치룬 후 영토 갈등에서 벗어난 것과는 달리 동북아에서는 여전히 국가 간의 영토 분쟁이 지속되고 있다. 실제 전쟁을 치른 남북한 간의 군사적 대립이 역내 가장 심각한 분쟁으로 남아 있고, 남중국해, 센카쿠/댜오위다오, 독도, 쿠릴열도, 대만 독립 등 영토 갈등이 산재해 있다.

2016년 역내 영토 분쟁 중 갈등이 가장 격화되고 있는 곳은 남중국해의 난사군도다. 난사군도는 약 100여 개의 소도, 사주, 환초, 암초 등으로 구성되어 있지만, 해면 위로 도출된 총면적은 약 2.1km에 불과하다. 현재 중국이 10개, 대만 1개, 베트남 24개, 말레이시아 6개, 필리핀 7개 등 브루나이까지 합쳐 총 6개국이 해수면상, 해수면하 또는 일부 수역에 대한 영유권을

31. 《국방백서》, 2014, 25-26.
32. 하영선 편, 2014, 70-76.
33. VOA, 2016. 4. 6.
34. KBS News, 2016. 6. 15.
35. 《국민일보》, 2015. 7. 30.
36. 《연합뉴스》, 2015. 6. 30.
37. VOA, 2015.9.12.

주장하고 있다. 난사군도 문제가 심각한 이유는 실제 당사국 간의 교전이 발생한 경험이 있기 때문이다. 1988년 베트남군이 중국이 점유하고 있는 난사군도의 적과초(赤瓜礁, Johnson Reef)에 상륙하면서 양측의 무력 충돌이 발생하여 다수의 사상자를 낳았다.[38] 또한 중국은 난사군도 문제에 대해서 보다 공세적인 정책을 취하고 있다. 중국이 난사군도 여러 곳에 인공 구조물을 설치하고 이를 기준으로 12해리 영해를 선포하자 미국은 이를 인정할 수 없다면서 군함을 12해리 이내로 파견하는 자유항행작전(FONOP, Freedom of Navigation Operation)을 2015년 10월, 2016년 1월과 5월에 실시하여 긴장이 고조되고 있다.[39]

센카쿠/댜오위다오도 일본과 중국이라는 동북아 역내 두 강대국이 첨예하게 대립하고 있는 영토 갈등 지역으로 향후 무력 충돌을 포함한 중일 간의 갈등이 본격화된다면 시발점이 될 것이라는 전망이 적지 않다. 센카쿠/댜오위다오는 일본 오키나와 서남쪽 400km, 중국대륙 동쪽 약 350km, 대만 북동쪽 190km에 위치한 총 면적 6.4km²의 8개 무인도로 구성되어 있다. 현재 일본이 실효 지배 중이고 중국과 대만이 영유권을 주장하고 있다.[40] 중국은 1895년 청일전쟁 이전 청국이 댜오위다오를 지배했고, 일본이 전쟁을 통해 이를 개명하여 센카쿠제도로 편입했다고 반발하는 반면 일본은 1895년 이후 만국공법에 따라 무주지를 합법적으로 영토로 편입했다고 주장한다.[41] 중일 갈등은 2012년 9월 일본이 사유지였던 센카쿠 지역 3개의 섬을 국유화하면서 본격화되었다. 중국 정부는 공개적으로 이를 비난하고 중국 내에서 반일 시위가 격화되었고 일본 제품 불매운동이 전개되었다. 중국 정부는 댜오위다오 해역 인근에서 '동해협력작전'라는 대규모 군사훈련을 실시했다.[42]

4. 북한 핵 개발

동북아 안보 환경의 불안정성을 높이는 핵심 상황 중 하나는 북한의 핵개발이다. 핵무기는 국제정치의 판도를 바꾸는 이른바 '게임 체인저'(game

38. 김태호, 2015, 87-88.
39. The Diplomat, 2016. 6. 7.
40. 김태호, 2015, 145.
41. 이명찬, 2013, 95.
42. 하도형, 2013, 144-145.

changer) 역할을 한다. 핵무기의 파괴력은 국가의 생존과 직결된다. 동시에 핵무기 보유 자체가 지역 내 권력 역학관계의 변화를 초래한다. 또한 핵무기의 비확산은 세계 정치적 의제이기도 하다. 국제사회는 미국, 중국, 소련, 프랑스, 영국 등 유엔 상임이사국의 핵 보유가 완료된 후 1968년 '핵무기비확산협약'(NPT)을 체결하여 핵 확산을 막고 있다.

　　이런 상황에서 북한은 1990년대 핵개발 사실이 밝혀진 후 2006년, 2009년, 2013년, 2016년 두 차례 등 총 다섯 번의 핵실험을 감행하여 한반도, 동북아, 세계안보의 심각한 도전이 되고 있다. 우선 북한 정권의 속성상 핵의 안정적 관리가 어려울 수 있다. 일인 지배 체제하의 북한이 대내외적 위기에 직면할 경우 핵무기 사용의 가능성을 완전히 배제할 수 없기 때문이다. 북한이 핵을 사용할 경우 미국의 핵우산이 작동되어 북한 정권 자체가 궤멸될 수 있지만, 많은 전쟁이 상대방에 대한 오인, 강경한 주장의 득세, 지도자의 잘못된 판단 등에 의해 시작된바 있다.[43] 또한 북한의 핵무장은 한국을 비롯한 일본, 대만 등 여타 국가가 핵 무장을 시도하는 핵 확산 도미노 현상을 초래할 수 있다. 이미 한국에서는 한국의 자체 핵무장 또는 1990년대 철수한 미국의 전술 핵무기 도입의 필요성이 주창된다.[44] 잘 관리된 핵 확산이 오히려 핵전쟁을 억제한다는 일부 주장에도 불구하고,[45] 핵보유국이 늘어날수록 그만큼 핵전쟁의 위험성이 높아진다는 것이 정설로 받아들여지고 있다.[46] 특히 동북아의 경우 이미 안보 딜레마 현상이 심화되고 있는 상황에서 핵 군비 경쟁에 돌입할 경우 안보 불안정성은 더욱 높아질 것이다. 마지막으로 북한 핵 보유는 이른바 '불량국가'(rogue state)나 테러집단의 핵 보유 의욕을 고취할 수 있고, 실제 북한에 의해 이들에게 핵무기 또는 핵물질이 유출될 가능성도 있다. 미국은 불량국가와 테러집단의 우선적 목표가 되고 있으므로 북한의 핵 확산 행위가 실현될 경우 군사적 선택을 비롯한 무력 충돌의 가능성도 배제할 수 없다.[47]

　　문제는 한국을 비롯한 국제사회가 다양한 방법을 통해 북한의 핵무장을 중지시키고 한반도 비핵화를 달성하기 위해 지난 20여 년간 노력했지

---

43. Kahneman and Renshon, 2007; Jervis, 1988.
44. 《조선일보》, 2015. 7. 2.
45. Mearsheimer, 1990.
46. Sagan and Waltz, 2003.
47. 황지환, 2014, 235.

만, 사실상 결실을 맺지 못하고 있다는 것이다. 1994년 1차 핵 위기를 겪으면서 1994년 10월 '미북 제네바 합의'를 도출했지만, 북한에 대해 강경한 미국 부시행정부의 등장과 북한의 우라늄 프로그램 개발 논란이 불거지면서 2002년 10월 합의가 파기되고 2003년 북한이 NPT 탈퇴를 선언하는 등 2차 북핵 위기가 시작되었다. 이후 한국, 미국, 중국, 일본, 러시아 등은 북한 핵문제를 다루기 위해 6자회담을 구성하고 2003년 8월 첫 회의를 개최했다. 그 결과 2005년 9월 '9·19 공동선언문'을 발표하며 타결의 조짐을 보였지만, 방코 델타 아시아 은행의 북한 비밀자금에 대한 미국의 경제제재로 9·19합의 실천에 어려움을 겪었다. 2007년 6자회담을 통해 2·13합의와 1·3 합의를 도출했지만, 미국과 북한의 주장이 충돌하면서 2008년 12월 이후 6자회담은 중지되었다. 북한 핵에 대한 진전된 합의를 마지막으로 이룬 것은 2012년 미북 간의 2·29합의지만, 보름 만에 파기되고 이후 북한은 2013년에 이어 2016년 1월과 9월에 핵실험을 감행하고 핵무기의 실천 배치를 기정사실화하고 있다.

이 과정에서 결국 핵심 문제는 북한이 과연 핵을 포기할 의사가 있는지 여부다. 2차 핵실험 이후 북한은 핵을 협상용이 아닌 보유 자체를 목표로 하고 있음을 분명히 했고, 2012년 북한 헌법에 핵 보유를 명시했다. 협상 과정에서 나타난 북한의 행태를 분석해봐도 북한의 핵 포기 의지가 없음을 알 수 있다. 다자 또는 양자 회담에서 북한 핵의 동결, 신고·검증, 핵 폐기의 수순으로 합의를 이루었지만, 실제로는 북한 핵의 동결 선언만 수차례 이루어졌고 핵물질 신고와 검증 단계를 넘어가지 못했다. 핵 폐기를 이루기 위해서는 북한 정부의 전략적 선택이 불가피하지만, 현재 북한 핵은 정권 유지의 최후의 보루이므로 포기 가능성이 없다는 것이 중론이다. 특히 2011년 12월 김정일이 사망하고 김정은 체제가 들어선 후 2013년 2월 3차 핵실험을 강행하고 3월 이른바 경제건설과 핵무력 건설을 병진하는 '경제·핵 병진 노선'을 조선노동당 중앙위원회 전원회의에서 채택했다. 2016년 북한은 4차 핵실험 이후 26년 만에 개최된 5월 제7차 당대회에서 병진 노선을 재천명함으로써 결코 핵무력을 포기할 의사가 없음을 다시 한 번 분명히 했다.

5. 미중 패권 경쟁

동북아 안보 환경은 미중 관계에 따라 크게 영향을 받는다. 양국 관계의 협력이 증진될 경우 역내 안보 환경의 안정적 운용 가능성이 높아지는 반면 양국 관계의 갈등이 심화된다면 전술한 많은 갈등이 더욱 불거질 수 있다. 미중관계는 국제정치학계에서 가장 많은 논의가 진행되고 있는 주제로서 이론적 성향에 따라 크게 셋으로 나눌 수 있다. 첫째, 자유주의 시각으로 판단할 때 미국과 중국은 특히 경제적 이해를 공유하므로 갈등을 최소화하고 협력의 방향으로 나갈 것이라는 전망이다.[48] 자유주의는 경제적 상호의존과 국제적 협력 기제 등이 작동하여 갈등을 완화하고 협력의 가능성을 높인다고 주장한다. 둘째, 국제정치에서 현재까지 사실상 지배적 패러다임으로 기능해온 신현실주의 설명을 따르면 폭력을 수반한 미중간의 갈등은 불가피하다.[49] 신현실주의는 국제정치를 무정부 상태로 규정하고 개별국가는 자국의 안보 및 국익 추구를 극대화하여 항상 경쟁 상태에 있다고 전제하므로 중국의 부상은 미국에 대한 심각한 도전을 초래한다. 마지막으로 미중관계는 미국 우위의 세계질서 하에서 부침이 있지만 비교적 안정적 상호작용을 지속한다는 것이다.[50] 미국이 군사 및 경제력과 같은 전통적 측면에서의 힘의 우위와 더불어 민주주의, 인권 등의 가치와 국내정치의 안정성 등에서 중국을 앞서므로 미국 우위의 틀 안에서 미중관계가 지속된다는 것이다.[51]

미중 관계 전망은 쉽지 않지만, 현 미중의 패권 경쟁이 심화되고 있는 것은 사실이다. 중국은 덩샤오핑의 '도광양회'(韜光養晦, 은밀하게 힘을 기르다), 후진타오의 '화평굴기'(和平崛起, 평화롭게 일어서다)를 거쳐 2012년 11월 시진핑 국가주석 출범 이래 '중국의 꿈'(中國夢)으로 대변되는 중화민족의 위대한 부흥을 주창한다. 중국의 꿈은 '신형대국관계'(新型大國關係)로 구체화되면서 미국과 대등한 대국으로서 중국을 인정하라는 헤게모니 추구의 성격이 강하다. 중국은 미 달러화의 최대 보유국으로 경제적 이해를 바탕으로 미국과의 상호 의존을 심화하고 있지만, '중국의 부상'은 1945년 제2차 세계대전 이후 구축해 온 미국 중심의 국제 질서에 도전으로 받아들여지고 있다. 미국은 중국의 급속한 군사력 증진과 난사군도를 포함한 영토에 대한 공세적 태도 등에 대해 역내 동맹 강화를 중시하는 '아시아 재균형 전략'을 통

48. 宋玉華과 王玉華, 2008; Ikenberry, 2008; Bergsten et al, 2006; Garrett, 2006; Brzezinski, 2005.
49. 張繼業, 2008; Mearsheimer, 2005; Christensen, 2001; Berstein and Bunro, 1997; Kristof, 1994; Roy, 1994.
50. 袁鵬, 2008; 閻學通, 2008; Hills et al, 2007; Ross, 1999.
51. Nye, 2015; Shambaugh, 2013.

해 대응하고 있다. 특히 미일동맹의 역할 확대를 위해 '신 가이드 라인'을 발표하고 한미동맹과 미호주 동맹과의 연계를 통해 중국을 견제하고 있다.

이러한 미중 간의 패권경쟁은 역내 불안정 요인으로 기능한다. 냉전 시기 경험했던 진영 논리가 다시금 재현되어 긴장이 고조될 가능성이 있다. 이 경우 산재한 역내 갈등이 진영 사이의 세력 다툼으로 확장되고, 영토 갈등으로 인한 군사적 충돌 가능성도 완전히 배제할 수 없다.

III. 역내 갈등 해결을 위한 기독교적 대안

전술한 바와 같이 동북아 안보 환경은 불안정하다. 배타적 민족주의, 영토 분쟁, 북핵, 미중의 패권경쟁 등이 역내 긴장을 고조시킨다. 그러나 이러한 현상이 동북아의 평화, 협력, 공존 등을 완전히 배제하는 것은 아니다. 국제정치라는 학문의 태동 자체가 전쟁 승리를 통한 패권의 완성이 아닌 안정과 평화를 가져오는 것이므로 현상적 어려움에도 불구하고 목적론적 측면에서 분쟁을 완화하고 협력과 공존을 모색하는 방안이 지속적으로 제시된다. 본 논문에서는 동북아의 평화를 위한 방책으로 배타적 민족주의 완화, 지역 협력을 위한 공동체 구성, 북한 비핵화 등을 기독교 세계관에 기초하여 제시하고자 한다.

1. 배타적 민족주의의 완화

동북아에 만연하고 지속적으로 강화되고 있는 배타적 민족주의 문제를 해결해야 한다. 그러나 이것이 민족 자체를 부정하는 것은 아니다. 사도 바울의 고백처럼 자기 민족에 대한 사랑 없이 타민족과 이방인을 하나님의 사랑으로 품을 수 없다. "내가 그리스도 안에서 참말을 하고 거짓말을 아니하노라 나에게 큰 근심이 있는 것과 마음에 그치지 않는 고통이 있는 것을 내 양심이 성령 안에서 나와 더불어 증언하노니 나의 형제 곧 골육의 친척을 위하여 내 자신이 저주를 받아 그리스도에게서 끊어질지라도 원하는 바로라"(롬 9:1-2). 사도 바울의 간절한 꿈은 민족 구원이었음을 알 수 있다.[52]

따라서 동북아 안보 환경의 안정을 위해서는 민족 자체를 부정하지

316

---

52. 하영조, 1998, 366.

않는 상황에서 기존의 국가강화를 위한 배타적 민족주의를 넘어서는 접근이 필요하다. 배타적 민족주의를 넘어설 필요성은 로마서 15장의 예수님의 예에서도 찾아볼 수 있다. "그리스도께서 하나님의 진실하심을 위하여 할례의 추종자가 되셨으니 이는 조상들에게 주신 약속들을 견고하게 하시고 이방인들도 그 긍휼하심으로 말미암아 하나님께 영광을 돌리게 하려 하심이라"(롬 15:8-9). 예수님은 민족을 배제하지는 않았지만, 배타적 민족주의자는 아니었으며 궁극적인 사역의 목표도 이방인을 포함한 전 인류의 구원이다. 따라서 동북아에 만연한 국수주의를 넘어서야 한다.

이런 측면에서 국제정치에 널리 통용되는 국가 이익을 재조명할 필요가 있다. 국제정치의 지배적 패러다임인 신현실주의는 국가의 최고 이익을 생존으로 규정한다. 세계 자체가 무정부 상태이므로 국가는 각자의 생존을 위해 자조(self-help)를 선택할 수밖에 없고 또한 상대방의 의도를 정확히 알 수 없는 안보 딜레마가 존재하므로 항상 생존을 국가의 최우선 이해로 삼아야 한다.[53] 현재 세계 대부분의 국가는 이러한 전제를 수용하여 국가를 단위로 안보 정책을 추진한다. 강대국의 경우 자국의 정치체제와 이념을 전파하고 물리적 영토를 확대하는 것이 안보를 더욱 공고히 하는 것으로 판단하고 공세적 정책을 취한다. 비강대국도 배타적 영토 주권과 자국 중심의 역사적 해석 등을 통해 주변국을 경쟁 및 잠재적 분쟁국으로 전제하고 생존을 위한 조치를 국가 이익의 최우선에 두고 있다. 생존을 국가의 핵심 이익으로 규정하는 것 자체가 비성경적인 것은 아니지만, 현재 대부분의 역내 국가가 추구하고 있는 국가안보 전략은 생존이라는 명분을 극대화하여 세력 확장의 방편으로 활용하는 측면이 존재한다. 특히 배타적 민족주의가 자국민만을 위하고 다른 민족(이방인)을 철저히 무시함에도 이에 대한 가치판단을 배재한 체 이를 최대한 활용하여 민족 부흥이라는 가치를 명분으로 생존의 필요성을 넘어선 공세적 국가 전략을 표출함으로써 갈등을 야기하고 있다.

따라서 기독교 세계관으로 민족주의를 성찰하고 나아갈 방향을 제시한다면 우선 기독교인부터 배타적 민족주의라는 감정과 정서를 성경 말씀에 비추어 꾸준히 극복하는 노력이 필요하다. 배타적 민족주의는 국민의 정서와 감정에 기반하므로 논리와 이성으로 설득해낼 수 없다. 그러나 기독

---

53. Waltz, 2010.

교인은 절대 진리인 성경 말씀을 믿음으로 이를 바탕으로 민족주의가 배출하는 감정적·정서적 틀을 넘어서야 한다. 또한 기독교인은 각 민족의 독특한 정체성을 인정해야 한다. 바울이 이스라엘 민족의 구원을 위해 노력했다면 개별 민족이 갖고 있는 독특성을 수용하고 존중할 필요가 있다.

관련하여 동북아에 팽배한 역사적 상처는 치유되고 극복되어야 하지만, 가해 민족의 통절한 반성이 없다고 이를 빌미로 다른 민족을 악의적으로 대하는 것도 정당화될 수 없다. 원수에 대한 예수님의 여러 가지 가르침 중에 핵심은 다음의 성경 구절에서 확인할 수 있다. "그러나 너희 듣는 자에게 내가 이르노니 너희 원수를 사랑하며 너희를 미워하는 자를 선대하며 너희를 저주하는 자를 위해 축복하며 너희를 모욕하는 자를 위하여 기도하라"(눅 6:27-28). 예수님은 사랑받지 못할 만한 자인 원수를 사랑하는 것이 진정한 사랑이며 "너희 상이 클 것이라"고 말씀하셨다(눅 6:35). 이 말씀을 역사적 상처를 받은 민족의 입장에 적용하면 비록 가해 민족이 여전히 자신의 잘못을 진정으로 뉘우치지 않고 피해 민족을 "모욕"하더라도 똑같이 반응해서는 안 된다는 것이다. 여기서 피해자의 사랑이 어느 수준을 말하는지에 대해서는 다양한 해석이 가능하지만, 적어도 가해 민족을 상대로 보복하거나 그들과 같은 수준에서 상호 모욕하는 것은 성경의 가르침에서 벗어난다. 따라서 3·1 운동으로 일제에 의해 학살당한 제암리 교회의 기념관에 있는 구호처럼 "잊지는 말되 용서하자"는 태도가 기독교인으로서 가져야 할 하나님 사랑 실천의 최소 기준이 되어야 할 것이다.

위와 같이 개별 기독교인이 민족주의에 대한 인식과 태도를 말씀에 기초하여 정립하는 것이 배타적 민족주의를 극복하는 중요한 첫걸음이다. 그리스도인이 시류에 휘말리지 않고 중심을 잡으면 각 나라의 정치인에 대해 영향력을 미칠 수 있다. 특히 동북아 역내의 민족주의는 정치 지도자가 국내정치적 목적을 달성하기 위해 활용하는 경향이 있다. 정치인들이 국내 정치적 지지 기반을 단기간에 확장할 수 있는 가장 효과적 방법 중 하나는 외부의 위협, 특히 역사적 뿌리가 있는 민족 갈등을 활용하는 것이다. 그리스도인으로서 너와 나를 구분하여 타자를 적대시 하는 것은 예수님의 가르침에 어긋나는 것이다. 성경은 "유대인도 헬라인도 아니다"(갈 3:23), "그는 우리의 화평이신지라. 둘로 하나를 만드사 중간에 막힌 담을 허시고"(엡 2:14) 등 화평과 하나 됨을 강조한다. 따라서 정부를 이끄는 정치 지도자는 배타적 민족주의를 활용하여 국민을 선동해서는 안 되며 공의로운 정부를 만드는 데 전념해야 한다. 기독교인은 민족주의에 대한 올바른 성경적 성찰을 통해 정치 지도자의 선동에 흔들리지 않고 오히려 이들의 문제점을 지적하면서 여론을 환기시켜야 할 것이다.

국가안보전략을 직접적으로 고민하는 기독 정치인, 관료, 학자 등은 국가 안보전략의 전제와 최종목표, 정책 실행 등에 있어서 기독교 세계관에 기초한 성찰을 해야 한다. 안보전략의 최종 목표인 국가의 생존은 중요하지만, 이를 넘어서 배타적 민족주의를 바탕으로 민족의 부흥, 귀환, 영광의 재현 등을 추구하고 역내 헤게모니 쟁취를 목표로 하거나 역사적 잘못을 부인하면서 공세적 세력 확장을 추구하는 안보전략은 역내 불안정의 요인으로 작용한다. 사해동포주의로 발전할 필요까지는 없지만, 그리스도의 가르침은 분명 '화평'이고 그리스도인은 "우주적이고 초국가적인 몸, 즉 그리스도의 몸의 지체들이기 때문에" 이러한 형태의 국수주의에 저항해야 한다.[54] 이러한 노력은 기존의 세상적 영역으로 생각했던 국가안보도 하나님의 주권 하에 있다는 명확한 인식이 바탕이 되어야 할 것이다.

위와 같은 기독교 세계관을 갖고 각국의 그리스도인은 민족의 특성과 정체성을 인정하되 배타성을 초월하여 갈등을 막기 위한 노력의 일환으로 다른 민족의 그리스도인과 교류를 강화할 필요가 있다. 다른 국가의 그리스도인들이 그들의 정치와 국가를 어떻게 인지하고 있는지 서로 간의 잦은 교류를 통해 생각을 나누어야 한다. 예를 들면, 한국과 일본의 과거 역사에 대한 인식을 각국의 그리스도인은 어떻게 생각하는지 심도 있게 논의해야 한다. 서로간의 기독교인 간에도 차이가 존재한다면 말씀으로 돌아가 그것을 어떻게 해석하고 간격을 줄여가야 할지 고민해야 한다. 이러한 노력이 지속되고 점차 확장되어 상호 간의 말씀에 근거한 공감대가 확장된다면 상처가 치유되고 갈등이 확산되는 것을 막는 데 도움이 될 것이다.

마지막으로 기독 정치학자의 기독교 세계관에 기초한 지성을 발전시키는 노력이 중요하다. 기독 정치학자가 모국과 세계를 동시에 품기 위해서는 세계정치의 흐름과 역동에 대한 이해를 증진시켜야 하고, 수많은 국제정치의 의제와 사건 등에 대한 전문적 식견을 가져야 할 것이다. 동시에 이러한 해석과 이해를 끊임없이 기독교 세계관을 바탕으로 재조명하는 작업을

---

54. Marshall, 1997; 진웅희 역, 227-228.

게을리 하지 않을 때 배타적 민족주의를 극복할 수 있는 논리적이고 설득력 있으며 시행 가능한 방안이 제시될 수도 있을 것이다. 이러한 방안은 충분히 세상적 공감대를 형성할 수 있고 이는 민족 갈등을 넘어서 상호 공존과 평화를 위한 정책 수립의 가능성을 높일 수 있을 것이다.

2. 지역 평화협력 공동체 구성

배타적 민족주의를 극복하는 것이 평화적 안보 환경 조성을 위한 시발점이 된다면, 지역 평화협력 공동체를 구성하는 것은 일보 진전된 보다 적극적 형태의 평화 추구 노력이다. 성경이 말하는 평화, 즉 샬롬은 단순히 전쟁이 중지되는 상태를 의미하지 않는다. 하나님과의 평화라는 의미와 함께 무력 분쟁이 없는 세계의 평화와 안녕을 건설하는 적극적 개념을 포함한다.[55] 전쟁이 이 땅에서 사라지는 완전한 평화는 예수님이 재림 하실 때까지 이루어지지 않을 것이지만, 그리스도인은 평화를 가져오기 위한 노력을 지속해야 한다. 성경도 끊임없이 전쟁을 방임하는 것이 아니라 평화를 촉진해야 한다는 메시지를 주고 있다.[56] 이사야는 "…무리가 그 칼을 쳐서 보습을 만들고 그들의 창을 쳐서 낫을 만들 것이며 이 나라와 저 나라가 다시 칼을 들고 서로 치지 아니하며 다시는 전쟁을 연습하지 아니하리라"고 예언한다(사 4:4).

따라서 동북아 지역의 평화를 위한 공동체 구상이 '신화'라는 비판에도 불구하고[57] 국가 주권을 넘어선 공동체 구성 노력을 지속해야 한다. 특히 국가 주권 개념은 기독교적 성찰이 필요하다. 널리 알려진 것처럼 국가 주권은 1648년 베스트팔렌 조약 이후 유럽을 중심으로 개별 국가의 배타적 권리를 인정한 것이 시발점이다. 국가 주권은 지도자(정부)가 국가를 통치하고, 외교와 국방에 책임을 지며, 타국은 다른 국가의 내정에 간섭할 수 없음을 전제로 하여 모든 국가는 기본적으로 동등하다고 정의한다. 그러나 이러한 주권 개념은 사실상 제대로 지켜지지 않았다. 베스트팔렌 조약 이후에도 유럽의 강대국은 비강대국의 주권을 존중하지 않고 침략과 전쟁을 지속했다. 양차 세계대전을 겪으면서 국가 주권 침탈의 정점을 이룬 후 현재까지도 여

---

55. Blue Letter Bible.
56. Marshall, 1997; 진웅희 역, 249.
57. 하영선, 2008, 31.

러 형태로 국가 주권에 대한 존중이 이루어지지 않고 있다. 이러한 현상에 대해 크라스너(Stephen D. Krasner)는 국가 주권을 '조직화된 위선'(organized hypocrisy)이라고 주장한다.[58]

기독교 세계관으로 볼 때도 국가 주권은 문제가 있다. 우선 주권은 국가에게 있는 것이 아니라 하나님에게 있다. 하나님만이 절대 주권을 갖고 계시기 때문에 국가가 주권이라는 최종적 권위를 행사할 수 없다. 따라서 국가가 주권을 주장하고 행사하는 것은 때로는 하나님의 주권에 대한 도전이 될 수 있다. 주권을 명분으로 편협한 자국의 이해만 추구하거나, 권위주의 체제 국가가 통치체제를 반대하는 세력을 잔인하게 학살하는 상황에서도 주권을 내세워 타국의 인도주의적 개입을 부정하는 것은 하나님의 공의를 실천하는 것이 아니다. 하나님의 공의는 개인과 집단, 나아가 국가를 망론하고 공동선(common good)의 추구를 의미한다. 공동선의 기본 개념은 십계명을 요약한 다음의 두 계명에서 찾을 수 있다. "네 마음을 다하고 목숨을 다하고 뜻을 다하여 주 너의 하나님을 사랑하라 하셨으니 이것이 크고 첫째 되는 계명이요, 둘째도 그와 같으니 네 이웃을 네 자신 같이 사랑하라 하셨으니 이 두 계명이 온 율법과 선지자의 강령이니라"(마 22:36-40). 공동선은 이와 같이 하나님에 대한 사랑을 바탕으로 네 이웃을 사랑하는 것으로, 구체화할 경우 '공생의 추구'를 의미한다.[59] 그러므로 기독교 세계관은 국가 주권을 넘어서 하나님의 주권 하에 공동체의 권리, 이익, 자유, 행복 등의 공동선을 공생을 위해 추구할 것을 제시한다. 이를 세계정치에 적용할 경우 전쟁을 방지하고 평화와 번영을 추구하는 공동체의 구성을 추구하는 것으로 귀결된다. 국가들은 주권을 내세울 것이 아니라 인근 국가들과 제휴하여 그들의 주권을 보다 큰 목표인 공동선의 실천을 위해 제한할 필요가 있다. 공동체를 구성하기 위해서는 조약과 국제법 등이 필요하고 이는 분쟁 방지에 대한 "기독교적 반응의 가능한 수단"이 될 수 있다.[60]

따라서 동북아에 만연한 영토분쟁, 군비경쟁, 패권 경쟁을 통제하기 위해서 배타적 민족주의를 넘어서는 노력과 함께 역내 국가 간 협력을 제도화할 기제를 구성하는 노력이 필요하다. 문제는 이러한 지역협력체 구상이

58. Krasner, 1999.
59. Wallis, 2013.
60. Marshall, 1997; 진웅희 역, 241.

동북아에서는 여전히 '신화'와 '맹아' 상태에 머무르고 있다는 현실이다.[61] 현재 동북아 국가만을 대상으로 하는 다자협력체제는 한국, 중국, 일본 3국 협력사무소(Trilateral Cooperation Secretariat)만 있는 상황이다. 북한과 러시아는 배제되었고, 동북아에 위치하지 않지만 역사적·정치적으로 사실상 동북아에 함께 묶여서 움직이고 있는 미국도 포함되지 않았다. 그리고 명칭에서 알 수 있듯이 '사무소'로 국한되어 있다. 보다 심도 있는 의제와 특히 안보 문제와 같은 민감한 이슈를 다룰 수 있는 조직체로서의 기본적인 기능을 수행하기에는 역부족이다. 더 큰 문제는 3국 협력사무소의 핵심적 행사인 삼국 정상회의가 2013년 이후 열리지 못하다가 2015년 11월 3년 만에 한국에서 재개된 사례에서 볼 수 있듯이 안정적으로 작동하지 못하고 있다. 북한 핵문제를 다루기 위해 한국, 북한, 미국, 중국, 일본, 러시아를 포함한 6자회담이라는 다자협의체가 있지만, 제한된 의제만을 다루는 한시적 기제이고 그나마 2008년 이래 사실상 기능이 정지된 상태다. 이외에도 동북아를 포함한 확대된 지역을 포괄하는 기구로 동남아시아 국가연합(ASEAN), 아세안 확대장관회의, 아세안 지역포럼, 아시아·태평양 경제협력체, 아시아·유럽정상회의 등이 있지만, 실질적 통합을 지향하거나 평화와 안보를 촉진하고 강제할 수 있는 구체적 수단이 부재하다.

이러한 상황은 동북아 협력체 구상에 몇 가지 방향성을 제시한다. 첫째, 다자 안보협력 기제 구성의 어려움을 극복하기 위해서 더욱 적극적인 양자 간의 대화와 협력을 증진해야 한다. 전술한 바와 같이 동북아 국가관계는 양자 간의 패권 경쟁, 역사 인식 등의 복잡한 역사·정치적 역동이 얽혀 있어서 양자 간 관계가 안정·발전되는 것이 다자간 협력체 구성에 중요한 영향 요인으로 작용한다. 또한 다자간 협력에 비해 오히려 양자 간의 대화가 더 빈번하게 이루어지는 양태를 보이는 것도 이를 통한 다자간 발전의 가능성을 구상하게 한다. 널리 알려진 것처럼 동북아내 다자 협력체 구성이 어려운 것은 양자관계의 역사적 갈등이 숙적관계로 발전했기 때문이다. 남북한의 6·25 전쟁 이후 70년 가까운 대립관계, 한국과 일본, 중국과 일본 간의 주기적으로 반복되는 역사 갈등, 패권 경쟁에 접어든 미국과 중국, 미국과 북한간의 극한 대립 등의 양자관계가 다자간의 협력을 저해한다. 따라서

322

61. 조동준, 2015, 237.

다자간 협의체의 발전을 위해서는 양자관계의 앙금을 해소하는 작업이 필요하다.

둘째, 복합적 다자체제 구성이 필요하다. 전통적으로 이해되는 다자체제는 역내 국가를 모두 포괄하는 것이다. 그러나 동북아는 다양한 전근대, 근대, 현대의 숙제들이 영토 분쟁, 분단 문제, 패권 경쟁, 역사적 앙금 등으로 남아 있는 상황이므로 보통의 방법으로 지역 협력체 구성이 어렵다. 따라서 틀을 벗어난 다양한 형태의 다자체제를 구성하고 이를 네트워크로 묶는 새로운 접근이 요구된다.[62] 예를 들면 현재 미국이 주도하고 있는 동맹 네트워크를 중국이 이끌고 있는 협력체와 연계하여 새로운 복합관계를 구성하는 방안이다. 미국이 추구하는 아시아 재균형 정책의 핵심인 한미일 안보협력이 중국을 봉쇄하거나 견제하는 것이 아닌 중국과 공존하고 평화 협력을 위한 네트워크로 확장되어야 한다. 이 과정에서 한국의 역할이 더욱 중요해지고 있다. 한국은 미일과의 협력과 중국을 연계하는 역할을 수행해야 한다. 냉전의 오래된 적대·봉쇄정책을 평화·공존 정책으로 바꾸는 데 한국이 기여하여 동북아 국가의 평화 네트워크를 구성해야 할 것이다. 이런 측면에서 중국 주도의 아시아인프라투자은행(AIIB)에 한국이 참여한 것은 평화 네트워크 구성을 위한 중요한 출발점이 될 수 있다. 정치적 의제 보다 덜 민감한 경제적 문제를 다루는 지역협력체에 한국이 참여하여 국제사회의 규범에 맞는 개발협력체로 만드는 데 기여하고 종국에는 미국과 일본 주도의 아시아개발은행(ADB)과 협업하고 가능하면 통합하도록 한국이 중재 역할을 수행해야 한다.

3. 북한 핵억제 및 한반도 비핵화

군사적 긴장 완화를 위해서는 기본적으로 군비 경쟁이 중단되고 나아가 군비 축소가 이루어져야 한다. 특히 북한의 핵개발은 전술한 바와 같이 역내 안보 환경 불안정의 핵심 요인 중 하나이므로 즉시 중단되고 궁극적으로 비핵화가 이루어져야 한다.

비핵 및 핵 반확산 문제를 포함한 군사적 긴장 완화에 대한 기독교 해석은 전쟁과 평화에 대한 논의에서 출발한다. 초대교회부터 현재까지 기

62. 하영선·김상배 편, 2010

독교는 평화주의와 정당전쟁론(정전론)의 두 전통으로 양분되어 발전되었다. 평화주의는 기본적으로 어떤 경우에도 폭력을 사용하는 것에 반대한다. 따라서 전쟁 자체를 죄악시한다.[63] 예수님이 주창한 것은 보복과 폭력이 아닌 사랑과 평화, 용서로서 "악한 자를 대적하지 말라, 누구든지 네 오른 뺨을 치거든 왼쪽 뺨도 돌려대라"(마 5:39)와 같은 말씀을 기반으로 한다. 반면 정전론은 정의 없이는 평화를 구현할 수 없다는 사고에서 출발한다. 전쟁 자체를 옹호하는 것이 아닌, 평화를 조성하고자 하는 노력의 일환에서 전쟁이 불가피하다면 보다 엄격한 기준과 조건을 통해 전쟁을 제한해야 한다는 것이다. 정전론도 성경적인 근거를 제시하고 있다. 예를 들면, 구약에서 여호와 하나님이 이스라엘을 대적하는 적들을 전쟁을 통해 물리치시는 사례를 많이 볼 수 있다(출 15:1-18; 신 20:14-15; 20:17; 사 10:5-11; 63:10; 렘 21:4-5).[64]

평화주의와 정전론의 두 전통은 군사적 긴장 완화를 위한 군비 축소와 특히 핵억제와 관련한 논의에서 다른 입장을 보인다. 평화주의자는 어떤 종류의 무력 사용도 반대하므로 재래식 무기를 포함한 핵무기 감축과 궁극적으로 핵무기 폐기를 주장한다. 필요하다면 일방적인 핵무기 폐기 선언도 지지한다. 반면 정전론의 전통을 따르는 학자들은 핵전쟁을 막기 위해서는 핵을 통한 응징 능력을 확보하는 것이 불가피하다고 주장한다. 다만 무차별적 핵전쟁을 막기 위해 핵은 반드시 방어용으로만 사용되어야 하고 보다 정교한 체계와 수단을 개발하여 피해를 최소화해야 한다. 평화주의에 기반한 핵무장 억제와 정전론에서 출발한 핵 억지론은 둘 다 기독교 세계관을 반영하고 있지만, 비판적 평가도 적지 않다. 우선 평화주의는 현실을 외면한 이상주의라는 비판을 받는다. 특히 일방적 핵무장 포기는 상대국의 공격 의지를 증진시켜 공세적 정책을 통한 세력 확장에 나설 수 있다고 판단한다. 반면 핵사용 가능성을 배제하지 않는 핵 억지론은 확전을 통해 결국 본격적인 핵전쟁으로 악화될 수 있다는 비판을 받는다. 전쟁이 시작되면 사실상 정전론이 제시하는 기준을 엄격히 지키기 힘들다는 것이다.[65] 두 주장의 문제점을 지적하면서 제3의 대안으로 제시된 것이 핵 평화주의다. 월터 스타인(Walter Stein)을 비롯한 다수의 학자가 제시한 핵 평화주의는 핵을 보유하

63. 박명철, 2011, 98; 신원하, 2003, 133, 135.
64. Regan, 2013, 9.
65. 신원하, 2003, 145-150.

되 억제를 위한 위협용이고 실제 사용해서는 안 된다는 것이다.[66] 그러나 핵을 사용하지 않고 보유만 한다면 핵을 선제 사용할 경우 반드시 핵으로 보복당한다는 이른바 '공포의 균형'이 이루어지지 않으므로 핵 억제가 작동하지 않을 가능성이 크다는 문제점이 있다.

북한이 핵을 지속적으로 고도화, 소형화, 다종화, 대량화하고 있는 상황에서 한국의 핵억제 전략 대안은 많지 않다. 주지하다시피 한국은 핵무기를 보유하지 않고, 미국이 제공하는 확장 억제에 따른 핵우산에 의존하고 있다. 핵우산은 한국이 북한에 의해 핵공격을 받을 경우 미국이 핵을 사용하여 북한에게 보복하는 형태로 작동한다. 따라서 현 한국의 핵 대응 전략은 핵을 직접 보유하지 않지만, 정전론에 기반한 핵 억지론을 받아들이고 있다. 다만 실제 핵 사용의 주체가 한국이 아닌 미국으로서 막강한 핵 능력을 가진 미국이 북한의 한국 핵 공격 시 핵 보복을 천명하여 북한의 핵 공격을 억지하고 있다.

이러한 상황에서 한국이 핵무장 해제를 주장하는 평화주의나 핵을 보유하되 사용하지 않는 핵 평화주의를 전략적 대안으로 선택하기 어렵다. 후자의 경우 핵을 보유해야 한다는 전제가 있으므로 현 상황에 적용할 수 없고, 전자의 경우도 북한 체제의 일인 지배 특성과 공세적 성격 등을 감안할 때 받아들이기 어려운 선택이다. 따라서 한국은 정전론에 기반한 핵 억지론을 대북 핵억제의 기본 전략으로 유지하되 이를 보다 정교화하여 정전론의 기준에 엄격히 맞추어나가는 노력이 필요하다. 이를 위해 우선 핵무기가 아닌 정밀 타격 무기의 개발 및 보유가 불가피하다. 북한과 같이 정책 결정에 대다수 국민의 의견이 반영되지 않는 권위주의 체제에 대한 핵 보복 공격은 대다수의 무고한 민간인을 희생시키므로 정당성 측면에서 더욱 어려운 문제를 제기한다.[67] 따라서 북한 지도부가 핵을 사용하거나 사용할 가능성이 있을 경우를 대비하여 한국은 북한 주민이 아닌 북한 지도부를 정확히 타격할 수 있는 무기를 확보하여 북한 핵 사용을 억제해야 한다. 핵무기만큼 파괴력이 강하지는 않지만, 사실상 대다수의 북한 주민보다 정권 안보를 우선시하는 북한 체제의 속성을 감안할 때 정밀 타격 무기는 북한 지도부의 핵무기 사용 결정에 영향을 줄 수 있기 때문이다. 또한 정밀 타격 무기

---

66. Stout, 1991.
67. Laqueur, 1987, 149.

는 불필요한 희생을 최소화할 수 있으므로 정전론이 규정한 민간인 공격 배제와 최소한의 무력 사용 등의 원칙에 부합된다.[68] 정밀 타격 무기는 핵무기와 같이 대규모 민간인 피해를 양산하는 무기가 아닌 특정 목표물만을 공격하므로 필요시 최소한의 희생으로 최초 핵 공격을 억제하거나 2차 핵 공격을 막을 수 있다.

둘째, 미사일 방어(MD) 체제의 가입을 전향적으로 검토할 필요가 있다. 현재 핵전쟁에 대한 기본적 억제의 작동 원리는 이른바 '상호확증파괴'(MAD, Mutual Assured Destruction)다. 상대국이 선제 핵 공격을 감행하더라도 반격할 수 있는 핵 능력을 비축하여 보복함으로써 결국 상호 공멸한다는 위협의 균형을 통해 핵전쟁을 억지하는 것이다. 반면 미사일 방어는 상대방의 핵 공격을 방어함으로써 핵 사용을 무력화시키는 것이다. 미사일 방어는 타국의 민간인을 공격하거나 주요 군사시설을 대규모로 파괴하는 것이 아닌 적대국이 발사하는 미사일을 격추하겠다는 것이다. 따라서 상호 살상 준비를 통해 핵전쟁을 억제하는 MAD와 살상에 대한 위협 없이 방어를 목표로 하는 MD 중 후자가 기독교 세계관에 부합한다. 또한 미사일 방어체제가 보다 완전한 형태로 구축될 경우 핵무기 감축 협상의 동력으로 작용할 수 있다. 이전과 같이 반격을 위한 2차 공격 능력의 필요성이 줄어들기 때문에 핵무기 감축이 가능해진다. MD를 구축한 국가가 여전히 공격용 핵무기를 보유할 수 있고 특히 공세적 확장을 모색하는 국가일 경우 오히려 방어체제 구축을 통한 공격을 추구할 수 있지만,[69] MAD 체제에 비해 핵무기 감축이 자국 안보의 위협으로 직접 연계되지는 않으므로 감축을 위한 전제는 마련된다. 일부에서는 MD 구축이 오히려 군비경쟁을 부추길 수 있다는 주장도 제기된다. MD 체제를 파괴하기 위해 보다 강력한 핵무기를 개발하고 대량화하여 MAD가 부과하는 안정성을 저해한다는 것이다.[70] 그러나 이러한 주장은 결국 국가의 의도 또는 국가 지도자에 달려 있다.[71] MAD 체제하에서도 핵보유국들은 지속적으로 핵무기를 고도화, 다종화했다. 경우의 수로 따져도 적어도 MD를 구축한 국가의 경우 핵무기의 대량화의 필요성은

---

68. National Conference of Catholic Bishops, 1985, 46.

69. Waltz, 2013, 465.

70. Labarre, 1995, 560.

71. Tucker, 1984, 7.

줄어듦으로 핵 감축 협상에 나설 여지가 MAD 체제에 비해 높아진다. 따라서 MD와 MAD 체제를 폭력과 파괴 대(對) 방어와 군축의 가능성 차원에서 비교한다면 MD를 통해 후자의 성취 가능성이 높으므로 MD를 선택하는 것이 바람직하다.

MD의 실제 구축과 관련해서 체제의 완성도 문제가 지속적으로 제기된다. 창과 방패의 싸움 중 방패에 해당되는 MD가 어느 정도 창을 완벽하게 막아낼 수 있는지 여부다. 이미 고도로 발달된 핵무기, 특히 다탄두가 장착된 핵무기의 경우 MD 체제가 완전히 막아내기는 쉽지 않다. 그러나 MD 체계 구축은 지속적으로 추진될 것이다. MAD가 부과하는 불안정성보다는 MD의 기술력의 부족을 극복하는 것이 국가 안보의 안정성 측면에서 우월하기 때문이다. 오바마 미국 대통령도 대통령 선거 후보 시절 MD에 대해 부정적인 인식을 표출한바 있지만, 대통령이 된 후에는 위와 같은 이유로 MD 구축을 지속하고 있다.

따라서 한국도 MD 참여를 긍정적으로 검토할 필요가 있다. 한국이 독자 핵능력을 갖추지 못한 상황에서 북한 핵에 대한 억제를 감당하는 미국이 MAD 체제에서 MD 체제로의 변환을 추진하므로 한국이 이를 수용해야 하기 때문이다. 부연하면 미국의 아시아 지역 MD 체계 구축이 북한의 핵보다는 중국을 겨냥한 것이라는 주장이 사실이더라도 북한이 핵을 개발하고 한국이 미국의 핵우산에 의존하는 한 MD 체제 가입은 불가피한 선택이 될 것이다. 더불어 MAD에 비해 MD는 방어적 성격이므로 정전론의 입장에서도 나은 선택이다. 특히 북한과 같이 핵을 개발하고 있는 국가의 경우 MAD에 기반한 2차 공격 능력이 충분히 확보되지 않았으므로 선제공격 가능성이 더욱 높을 수 있다. 한국, 미국 또는 한미 연합이 북한을 선제공격할 가능성은 없지만, 전쟁의 원인 중 대다수를 차지하는 오인에 따른 선제공격의 필요성이 북한에게 대두될 때 핵 선제 사용 가능성을 완전히 배제할 수 없다. 어차피 미국의 핵 공격을 받을 것이라고 오인할 경우 2차 대응 능력이 없으므로 북한은 선제 핵 공격을 감행할 수 있다는 것이다. 따라서 북한의 핵 공격을 막기 위한 수단으로써 MD의 필요성은 더 높아진다. 한국, 일본, 혹은 미국 본토를 겨냥한 북한의 핵미사일을 MAD에 기초하여 2차 공격을 통한 북한의 궤멸로 억제하는 것보다 MD를 통해 엄청난 민간인 피해가 불가피한 핵의 상호 공격을 막는 것이 도덕적·윤리적으로도 우월한 선택이다. 마지막으로 MD는 실수 혹은 사고로 인한 핵 공격을 막는 역할도 수행한다.

핵무기가 개발된 이래 최소한 40차례 이상의 핵미사일이 실수로 발사될 사고의 위험이 있었다.[72] 이러한 예기치 못한 상황을 막기 위해서도 MD 구축이 필요하다.

셋째, 대화와 협상을 통한 북한 핵무장 저지 노력을 포기해서는 안된다. 앞서 제시한 정밀타격무기의 개발과 MD 체제 편입 등은 핵억제를 위한 선택이므로 근본적 해결책인 비핵화를 위해서는 이를 다루는 기제가 필요하다. 핵억제를 위한 노력은 비핵화를 위한 대화와 연계될 때 보다 큰 정당성이 부여된다. 정밀타격무기의 개발 및 배치, MD 체제 편입 등은 핵억제를 위한 효과적이고 긍정적 조치임에도 국가의 의도에 따라 또 다른 형태의 군비경쟁을 불러일으킬 가능성을 포함하고 있다. 따라서 이미 1980년대 레이건 당시 미 대통령의 미사일 방어체제 구축 시도 과정에서 지적되었듯이 정전론의 입장에서 핵억제를 위한 노력은 대화와 병행될 때 도덕적으로 수용 가능성이 높아진다.[73]

북한이 5차 핵실험을 감행하고 유엔 주도의 대북제재가 시행되는 현시점에서 대화와 협상이 쉽지 않다. 특히 한국과 미국은 북한의 핵포기 선언과 이에 상응하는 행보가 없다면 대화가 의미가 없다는 판단이다. 그러나 어떤 시점에서 북한과의 협상은 불가피하다. 북한이 핵포기를 선언하거나, 혹은 핵동결만을 선포하고 중국과 함께 6자회담 재개를 제안한다면 한국과 미국이 대화를 무조건 거부하기는 쉽지 않을 수 있다. 따라서 비록 대화와 협상을 통한 북한 핵 포기의 가능성에 많은 의문이 제시되지만, 한국은 핵억지 정책의 정당성 강화, 북한의 전술적 변화에 대한 대응, 중국의 대한반도 정책 등의 다양한 요소를 고려할 때 대화 준비는 필요하다.

IV. 나가는 글

동북아의 안보 환경은 불안정하다. 경제적으로 세계의 중심에 서 있고 역내 국가 간 경제적 상호 의존이 증대하고 있지만, 안보 문제만큼은 여전히 화해와 협력의 가능성이 크지 않다. 역내 모든 국가가 추구하고 있는 배타적 민족주의와 해결되지 않은 국가 간 역사적 앙금은 상호 신뢰를 저

---

72. Labarre, 1995, 562.
73. National Conference of Catholic Bishops, 1985, 45.

해하여 세계 어떤 지역보다 치열한 군비 경쟁으로 이어지고 있다. 특히 역내 국가는 단순히 자국을 보호하기 위한 무기체계와 방어적 군사 전략보다는 영향력의 확장을 도모하는 보다 공세적 전략을 바탕으로 무장하고 있다.

또한 동북아는 1945년 제2차 세계대전이 끝날 때까지 100여 년간 국민국가 간 전쟁의 원인이 된 유럽의 사례와 같이 무력 충돌의 가능성이 가장 높은 국가 간 영토 갈등이 산재한다. 영토 갈등은 역내 만연한 배타적 민족주의와 결합되어 타협의 가능성을 배제한 채 무력 충돌로 이어지기 쉽다. 이외에도 역내 안보 환경의 판도를 바꾸는 북한의 핵 무장이 지속되고 있다. 핵무기 자체가 가지고 있는 속성은 단순히 군사 차원에서 벗어나 국제정치 역학 관계의 근간을 흔들 수 있으므로 동북아의 핵심적인 안보 불안정 요인 중 하나로 기능한다. 예를 들면, 비핵화 노력이 장기간 성과를 내지 못하고 북한이 핵개발을 지속하는 상황에서 한국을 비롯한 핵 비무장 역내 국가의 핵 무장론이 제기되고 있다. 또한 북한이 핵확산을 시도할 경우 이를 막기 위한 군사적 충돌도 예상된다. 마지막으로 미국과 중국의 패권 경쟁도 동북아를 중심으로 심화되고 있다. 양국이 적절한 타협점을 찾지 못할 경우 동북아의 다양한 안보 의제와 부정적으로 결합되어 긴장을 고조시킬 수 있다.

이러한 상황에서 기독교 세계관을 바탕으로 동북아의 안정과 평화를 가져오기 위한 방안을 제시하면 다음과 같다. 우선 배타적 민족주의를 완화해야 한다. 성경 말씀은 민족 자체를 부정하지는 않지만, 자기 민족만을 우선시하고 타 민족과의 갈등을 야기하는 것을 원치 않는다. 예수님이 이 땅에 오신 사역의 최종 목표는 이스라엘 민족만이 아닌 전 인류의 구원이므로 편협하게 정의되는 민족적 이해를 넘어서는 노력이 필요하다. 이를 위해서는 지속적으로 하나님의 말씀을 기반으로 민족주의가 부과하는 감정적 접근을 넘어서야 한다. 특히 각국의 정치인들이 자신들의 권력을 위해 민족주의를 활용하는 것을 막아야 한다. 또한 각 민족의 독특한 정체성을 인정하되 이를 품을 수 있도록 다른 국가의 기독교인과 교류와 협력을 강화하여 상호 인식을 확인하고 말씀에 비추어 공감대를 확장하는 노력이 필요하다.

두 번째로 지역 평화 협력을 위한 공동체를 구성해야 한다. 동북아의 다자협력체제, 특히 안보 분야의 협력은 국가 간의 뿌리 깊은 역사적 갈등과 미중 간의 패권 경쟁, 북한 핵 개발 등으로 인하여 구축하기 어려운 것이 사실이다. 그러나 국가 주권이 아닌 하나님의 주권을 인정하며 보다 적극적인 평화 협력을 달성하기 위해서는 다자협력 체제의 구성이 필요하다. 이를 구체화하기 위해서는 우선 적극적으로 양자 관계를 개선하는 한편 다양한 형태의 다자체제를 설립하고 이를 복합적으로 묶어 네트워크화하는 노력이 필요하다.

　　마지막으로 북한 핵억제와 한반도 비핵화를 위한 노력을 지속해야 한다. 군사 긴장완화에 대한 다양한 기독교적 성찰 중 북한이 이미 핵 무장을 시작한 시점에서 적절한 대안은 정전론에 기초한 핵 억지다. 이를 위해 한국은 상호 대량살상을 통한 핵 억지를 모색하는 기존 국제정치의 논리와 차별화하여 피해를 최소화하는 정전론의 원칙을 강화하는 방안을 모색해야 한다. 특히 북한이 일인 권위주의 체제임을 감안할 때 북한 권력과 무관한 대다수 민간인을 볼모로 하는 핵 억지론은 도덕적·윤리적 측면에서도 적절치 않다. 따라서 핵무기가 아닌 정밀 무기 체계를 개발하여 특정 목표만을 공격할 수 있는 능력을 통해 핵을 억제할 필요가 있다. 또한 공격보다는 방어에 치중하는 탄도 미사일 방어 체제를 적극적으로 도입해야 한다. 이러한 핵 억제를 위한 군사적 방안은 타협을 모색하는 대화와 병행되어야 한다.

　　동북아 역내의 안보 환경이 불안정할수록 이를 바라보는 기독교인은 하나님의 말씀을 바탕으로 더욱 치열하게 사고해야 한다. 기존 학문이 분석해내는 안보 갈등의 원인과 대응 방안을 기독교 지성을 갖고 면밀히 고찰하여 통합을 이루어내는 작업을 수행해야 한다. 갈등과 대립을 넘어서 안정과 평화를 가져오기 위한 대안은 결국 하나님의 말씀에서 그 준거를 찾을 수 있으므로 기독교 세계관을 바탕으로 하는 기독교 국제관계 지성의 끊임없는 개발과 이를 기반으로 하는 적극적인 정책 시행을 추동해야 한다.

참고문헌

《국민일보》, "천궁 양산을 계기로 본 한국 미사일 체계", 2015년 7월 30일자.

김준섭, "박근혜정부의 대일외교와 한일관계", 2015 한국세계지역학회 추계학술회의
　　　발표문, 2015.

김태호, 《동아시아 주요 해양 분쟁과 중국의 군사력》, 해양전략연구소, 2015.

대한민국 국방부, 《국방백서 2014》.

동북아 평화협력 구상팀, 《동북아 평화협력 구상》, 오름, 2014.

박근혜, "미국 상·하원 합동 연설문 전문", 2013.
　　　http://www1.president.go.kr/news/newsList.php?srh[view_
　　　mode]=detail&srh[seq]=139(검색일 2015. 11. 22.).

박명철, 《현대 사회의 윤리적 이슈들》, 연세대학교 출판부, 2011.

박원곤, "정당한 전쟁론 연구: 평화주의, 현실주의와의 비교", 《신앙과 학문》, 21(2),
　　　2016, 57-88.

신원하, 《전쟁과 정치》, 대한기독교서회, 2003.

이명찬, "센카쿠 제도를 둘러싼 중·일 간 갈등과 일본의 대응", 고봉준 외, 《동아시아 영
　　　토문제와 독도》, 동북아역사재단, 2013.

조동준, "동아시아의 역내문제 해결방식의 특수", 《세계정치》, 21, 2014, 207-246.

《코리아헤럴드》, "N.K. rocket threats escalate", 2015년 7월 26일자.

하도형, "댜오위다오 분쟁 격화에 대한 중국의 인식과 대응", 고봉준 외, 《동아시아 영토
　　　문제와 독도》, 동북아역사재단, 2013.

하영선 편, 《한반도 신뢰프로세스 2.0: 억제, 관여, 신뢰의 복합 추진》, 동아시아 연구원,
　　　2014.

하영선 편, 《동아시아 공동체: 신화와 현실》, 동아시아 연구원, 2008.

하영선, "복합화 시대의 동아시아 신질서 건축", EAI 하영선 칼럼, 2015.

하영선·김상배 편, 《네트워크 세계정치: 은유에서 분석으로》, 서울대학교출판문화원,
　　　2010.

하용조, 《로마서의 비전》, 두란노, 1998.

한국 무역협회 통계자료, 2015.

황지환, "북한의 핵정책", 체제통합연구회 편, 《북한이 체제와 정책》, 명인문화사, 2014.

張繼業, "美國對華軍事政策的變化趨勢", 現代國際關係 第3期, 2008.

袁鵬, "戰略互信與戰略穩定 – 當前中美關係面臨的主要任務", 現代國際關係 第1期,
　　　2008.

閻學通, "中美軟實力比較", 現代國際關係 第1期, 2008.

宋玉華·王玉華, "中美經濟融合與戰略經濟對話", 國際問題硏究 第2期, 2008.

Allen, J., *War: A Primer for Christian* (Texas A&M University Press, 2014).

Allison, G., "2014: Good Year for a Great War?", *National Interest* 1(Janu-
　　　ary), 2014.

Baer, H. D., *Recovering Christian Realism: Just War Theory as a Political*

Ethic(Maryland: Lexington Books, 2015).

Bergsten, C. F. Gill, B. Lardy, N. R. and Mitchell, D., *China: The Balance Sheet*(New York: Public Affairs, 2006).

Berstein, R. and Bunro, R., "Coming Conflict with America", *Foreign Affairs* 76(2), 1997.

Breuilly, J., "Nationalism", in Baylis, J., et el. *The Globalization of World Politics*(Oxford: Oxford Press, 2014).

Brzezinski, Z., "Clash of Titans", *Foreign Policy* 146(Jan/Feb), 2005.

Christensen, T. J., "Posing Problems without Catching up; China's Rise and Challenges for U.S. Security Policy", *International Security* 25(4), 2001.

Economic Research Institute for Northeast Asia., *Japan and Russia in Northeast Asia: Partners in the 21st Century*(Greenwood Publishing Group, 1999).

Garrett, B., "US-China Relations in the Era of Globalization and Terror: a framework for analysis", *Journal of Contemporary China* 15(48), 2006.

Hills, C. A. Blair, Dennis C. and Jannuzi, F. S., *U.S-China Relations: An Affirmative Agenda, A Responsible Course*(New York: Council on Foreign Relations, 2007).

Holmes, A. F., *War and Christian Ethics*(Grand Rapids: Baker Academic, 2005).

Hunter. J. D., *To Change the World*(2010); 배덕만 역, 《기독교는 어떻게 세상을 변화시키는가》, 새물결플러스, 2014.

Ikenberry, J. G., "The Rise of China and the Future of the West", *Foreign Affairs* January/February, 2008.

Jervis, R., "Cooperation under the Security Dilemma", *World Politics* 30(2), 1978.

Jervis, R., "War and Misperception", *The Journal of Interdisciplinary History* 18, 1988.

Kahneman, D. and Renshon, J., "Why Hawks Win", *Foreign Policy* 158(January-February). 34-48, 2007.

KBS News, "서방사 창설 5주년 위기조치 훈련 실시", 2016년 6월 15일자.

Krasner, S. D., *Sovereignty: Organized Hypocrisy*(Princeton: Princeton University Press, 1999).

Kristof, N., "The Rise of China", *Foreign Affairs* 72(6), 1994.

Kubalkova, V., "Towards an international political theology", *Millennium: Journal of International Studies* 29(3). 675-715, 2000.

Labarre, F., "Is Missile Defense Moral?", *International Journal* 60(2), 553-

573, 2005.

Laqueur, W., *The Age of Terrorism*(Boston: Little Brown, 1987).

Luoma-aho, M., *God and International Relations*(New York: Bloomsbury Academic, 2012).

Marshall, P., *Just Politics: A Christian Framework for Getting Behind Issues*(1997); 진웅희 역, 《정의로운 정치: 기독교 정치 사상과 현실 정치》, IVP, 1997.

Mearsheimer, J., "Why We will Soon Miss the Cold War", *The Atlantic* November, 1990.

Mearsheimer, J., "Better to Be Gozilla than Bambi", *Foreign Policy* 146(Jan/Feb), 2005.

Monsma, S., *Healing for A Broken World: Christian Perspectives on Public Policy*(Wheaton: Crossway Books, 2008).

Mousseau, M., "The Democratic Peace Unraveled: It's the Economy", *International Studies Quarterly* 57. 180-197, 2013.

National Conference of Catholic Bishops. "Nuclear Strategy and the Challenge of Peace" in Kegley. C. W. and Wittkopf. E. R. (Eds.), *The Nuclear Reader: Strategy, Weapons, War*(New York: St. Martin's Press, 1985).

News Japan, "Umiji largest destroyer "Izumo" commissioned helicopter equipped with capacity 9 aircraft", March 26. 2015.

New York Times, "Japan's Leader Compares Strain With China to Germany and Britain in 1914", Jan. 23, 2014.

Nye, J., *Is the American Century Over?*(Cambridge: Polity Press, 2015).

Patterson, E., *Just War Thinking*(MD: Lexington Books, 2007).

Regan, R. J., *Just War: Principles and Cases*(Washington DC: the Catholic University of American Press, 2013).

Ross, R. S., "The Geography of the Peace: East Asia in the Twenty-first Century", *International Security* 23(4), 1999.

Roy, D., "Hegemon on the Horizon? China's Threat to East Asian Security", *International Security* 19(1), 1994.

Sagan, S. and Waltz, K., *The Spread of Nuclear Weapons: A Debate Renewed*(W. W. Norton & Company, 2003).

Shambaugh, D., *China Goes Global: The Partial Power*(Oxford, UK: Oxford University Press, 2013).

Sider. R., *Just Politics: A Guide for Christian Engagement*(Grand Rapids: Baker Publishing Group, 2012).

Stout, J., "Ramsey and Others on Nuclear Ethics", *The Journal of Religious Ethics* 19(2), 1991.

The Diplomat, "Top US Officer visits US Aircraft Carrier in South China Sea", June 07, 2016.

Tucker, R. W., "The Nuclear Debate", *Foreign Affairs Fall*, 1984.

Voice of America, "한국 국방장관 '북한 핵 개발, 대한민국 겨냥'.", 2016. 4. 26.

Voice of America, "한국군, 북한 전역 타격 800km 탄도미사일 개발 완료 단계", 2015. 9. 12.

Wall Street Journal, "One Man's Invasion Is", April 27, 2013.

Wallis, J., On God's Side, Grand Rapid: Baker Publishing Group, 2013.

Walzer. M., *Just and Unjust Wars: A Moral Argument with Historical Illustrations*(NewYork: Basic Books, 1997).

Walzer. M., *Arguing About War*(New Haven: Yale University Press, 2004).

Waltz, K. N., "The Spread of Nuclear Weapons: More May Be Better", in Betts, R. K., *Conflict After the Cold War*(New Jersey: Pearson, 2013).

Waltz, K. N.,*Theory of International Politics*(Waveland Print, 2010).

Washington Post, "Shinzo Abe's inability to face history", April 26, 2013.

Yoder, J. *The Politics of Jesus*(Michigan: Wm. B. Eerdmans Publishing, 1994).

Zakaria, F., *The Post-American World*(W. W. Norton and Company, 2008).

Blue Letter Bible, https://www.blueletterbible.org/lang/lexicon/lexicon. cfm?Strongs= H07965&Version=kjv(검색일 2015. 11. 29).

Operation World.(2016), http://www.operationworld.org/glossary(검색일 2016. 8. 16.).

SIPRI(Stockholm International Peace Research Institute) Fact Sheet(2016),https://en.wikipedia.org/wiki/List_of_countries_by_ military_expenditures(검색일 2016. 7. 2.).

The Guidelines for Japan-US Defense Cooperation(2015), http://www. mod.go.jp/e/ d_act/anpo/.(검색일 2015. 11. 28).

Tirone, J. and Donahue P.(2014), "Kissinger Says Asia Is Like 19th?Centrury Europe on Use of Force", BollbergBusiness(Feb), http://www.bloomberg.com/ news/articles/2014-02-02/kissinger- says-asia-is-like-19th-century-europe-on-use-of-force(검색일 2015. 11. 29.).

World Bank(2016), World Development Indicators database, http://data- bank. worldbank.org/data/download/GDP.pdf(검색일 2016. 7. 2).

평화에 대한
기독교적 성찰
Christian Reflections on Peace

2016. 11. 1. 초판 1쇄 인쇄
2016. 11. 7. 초판 1쇄 발행

지은이 김병로 김중호 박원곤 양혁승 이상민 이윤주
이창호 이해완 임성빈 전우택 정성철 조동준
펴낸이 정애주
국효숙 김기민 김의연 김준표 김진원 박세정
송승호 오민택 오형탁 윤진숙 이한별 임승철
임진아 정성혜 조주영 차길환 한미영 허은
펴낸곳 주식회사 홍성사
등록번호 제1-499호 1977. 8. 1.
주소 (04084) 서울시 마포구 양화진4길 3
전화 02) 333-5161
팩스 02) 333-5165
홈페이지 www.hsbooks.com
이메일 hsbooks@hsbooks.com
페이스북 facebook.com/hongsungsa
양화진책방 02) 333-5163

ⓒ 한반도평화연구원, 2016

• 잘못된 책은 바꿔 드립니다.
• 책값은 뒤표지에 있습니다.
• 이 도서의 국립중앙도서관 출판예정도서목록(CIP)은
  서지정보유통지원시스템 홈페이지(http://seoji.nl.go.kr)와
  국가자료공동목록시스템(http://www.nl.go.kr/kolisnet)에서
  이용하실 수 있습니다.(CIP제어번호: CIP2016025318)

ISBN 978-89-365-1184-5 (03230)